『現場の「困った」に法務のプロが答える
自治体法的トラブル解決のポイント』

正誤表

本書の内容に一部誤りがございましたので、お詫びして訂正いたします。つきましては、恐れ入りますが次のとおり読み替えてご利用いただきますようお願い申し上げます。

49頁 登場人物欄　法務担当者のイラスト

誤	正

現場の「困った」に
法務のプロが答える

自治体
法的トラブル
解決のポイント

[編著]
筑波大学ロースクール
自治体法務研究会

ぎょうせい

推薦のことば

本書の執筆者は、いずれも法曹資格を有し、行政実務の現場に身を置く（あるいは置いていた）人たちです。彼らが自発的に集まって、現場の問題意識を持ち寄り議論した成果を、平成28年冬から「自治体法務研究」誌上で発表してきましたが、連載期間も４年を超え、現代の行政法務の関心領域をあらあら網羅するに至ったので、既存の論稿を補筆するとともに新作を加え、ここに単行本として上梓する運びとなりました。

この研究会の淵源は、筑波大学の法科大学院にあります。夜間開講の社会人大学院である同校からの司法試験合格者には、自治体職員が多く含まれていました。彼らが、卒業後も、法科大学院に併設された私の事務所に集まって、意見・情報の交換（もちろん守秘義務に慎重に配慮して）をするようになったのが始まりです。その後、他校出身者も加わって多様性を増しながら、現在に至っています。

今次の司法制度改革によって法曹には行政法の素養が求められ、他方、行政実務の現場でも、民事法の領域にもまたがる複雑な法的問題が増え、「行政」と「法務」とは今までになく密接な関わりを持つ時代を迎えています。そのような時代背景を踏まえ、自治体の法務部門は、事業部門に対しどのような貢献ができるかという視点から編まれたのが本書です。本書の記述の多くが、法務担当と各課職員との対話（法律相談）で構成されているのも、その趣旨からです。つまり、法務の役割は、事業部門の行ったことを後から批判して「事足れり」とするのではなく、現に生じている問題をどう解決し、将来に向けてどう改善・改革すべきかを、「ともに悩んで知恵を出す」（もちろん、無批判に同化し、正当化するわけではない）ところにあるというメッセージを込めています。

その意味で、各課からは、転ばぬ先の杖として法務担当を大いに活用するとともに、法務担当としては、（法的検証に基づく緊張感を持ちながらも）各課から信頼され、頼られる存在になるべきだというのが、本書の提言するところです。なお、法の世界には唯一の正解などはなく、いわんや、現代の複雑な自治行政の現場ではなおさらです。本書も、あくまでも「考え方の道筋」について１つのサンプルを示すものであって、マニュアルの類ではありません。あえて言えば、各課に「そうだ、法務に相談しよう」との動機付けを持っていただければ、それが正解になりましょうか。また、その受け皿（環境整備）として、各自治体において、法務人材の積極的な育成・登用による法務部門の一層の充実が望まれます。

ともあれ、対話形式によって示される課題解決に向けた「考え方の道筋」は本書の持ち味であって、広く自治行政に携わる皆様の参考に資するものとして、ここに推薦させていただく次第です。また、各地の現場の多様な実情に照らし、多くのご意見、ご批正を賜れば望外の幸せです。

最後に、本書が成るまでに、研究会の初期から長らく応援していただいた、（株）ぎょうせい出版事業部の前山那由他さん、越智大介さんには、この場をお借りして御礼申し上げます。

令和３年春　筑波大学東京キャンパスにて

筑波大学ロースクール自治体法務研究会世話人
筑波アカデミア法律事務所代表
弁護士　**山口卓男**

はしがき

筑波大学ロースクール自治体法務研究会は、同ロースクール出身の自治体職員（司法試験合格者）３名が発起人となり、平成26年の冬に発足しました。

当初は、当会のメンバーの司法修習への「送り出し」を応援したり、各自が所属する自治体の直面する法的課題や問題について議論したりしていましたが、その後、自治体職員向けのセミナーを開催したり、ロースクールでの授業を企画したりと活動の幅を広げてまいりました。

また、発足当時こそ筑波大学ロースクール出身者が大半を占めていましたが、回を重ねるにつれ、当会の活動が口コミで広がり、今では、半分以上が筑波大学ロースクール出身者以外の自治体職員で構成されています。

このように当会は、当初の活動から緩やかながらも変化し続けていますが、そこで議論されている内容は、いつも実際の実務に即した現実味のあるものばかりで、いつしか「ここでの議論を他の自治体職員にも知ってもらいたい」という思いが強くなり、平成28年の冬から、季刊「自治体法務研究」での連載がスタートしました。

雑誌の連載は、幸いにして、自治体職員を中心とする読者の方々からご好評をいただき、十数回の連載を重ねることができましたが、この度、より多くの自治体職員の方々のお手元に届きやすくするため、今までの連載に新作を加え１冊の単行本としてまとめることになりました。

本書は、決して体系的に整理されたものとは言えませんが、法律が苦手な自治体職員にとっても分かりやすいように、「事例編」と「解説編」に分けて構成されています。

「事例編」では、実際に裁判等で問題となった事例を題材として、職員間のやり取りを通じて話が進んでいきます。例えば、法務担当者と所管担当者での会話においては、所管担当者が当然と思っていたことが、法務担当者側から見れば法的には問題があったという事例が紹介されています。このような「認識のズレ」は、自治体の現場で頭を悩ませる原因とも言えるものですが、このズレをうまく埋めていくことこそが、法務担当者の腕の見せ所とも言えます。本書の法務担当者が、各事例においてどのようにして問題解決をしていくのか参考にしていただければ幸いです。

また、「解説編」では、認識のズレを埋めるためのヒントとなる解決策を紹介しています。ここでの解説は、単なる法律や判例の紹介だけにとどまらず、実務的な視点からの解説がなされ、実際に実務を担当したことがある者だからこそ分かる葛藤や悩みが色濃く反映されたものとなっています。中には、自治体法務担当者からの問題提起として記載されているものもあり、これを1つの契機として、自治体法務を巡る様々な問題について議論が深まることを期待しています。

このように本書は、実際に実務に携わっている自治体職員だからこそ分かる内容を分かりやすい形式で提供することを目指して作成されたものです。本書が同じような法的課題に直面している数多くの自治体職員の手にわたり、その問題解決に少しでも役立つことを願っております。

最後に、当会の発足当時からの世話人であります筑波アカデミア法律事務所代表弁護士の山口卓男先生には、当会の運営から本書の出版に至るまで大変お世話になりました。また、同会に参加していただいた自治体職員の皆様、（株）ぎょうせいの皆様にも大変なご助力をいただきました。この場を借りて、心から感謝の意を表させていただきます。

令和３年４月

筑波大学ロースクール自治体法務研究会　**榎本洋一**

凡　例

1　法　令

本文中の法令は原則として正式名称で示しています。

2　判　例

判例の略記の方法は次のとおりです。

最高裁判所令和○年○月○日判決・最高裁判所民事判例集○巻○号○頁

→最高裁令和○年○月○日判決・民集○巻○号○頁

判例誌の略記は次のとおりです。

最高裁判所民事判例集 → 民集

行政事件裁判例集 → 行集

判例時報 → 判時

判例タイムズ → 判タ

労働判例 → 労判

判例地方自治 → 判自

目次

推薦のことば
はしがき
凡例

第1章 条例

CASE 1 産廃処理施設の設置の民意を問い住民投票へ
——住民投票条例と条例制定の直接請求 …… 2

CASE 2 パチンコ店の開業を阻止したい、が……
——行政権の濫用と条例制定の違法 …… 14

第2章 行政手続

CASE 3 どこまで書く？ 不利益処分の理由の提示
——裁判例から考慮要素を考える …… 26

CASE 4 保育所入所保留処分の理由が簡潔すぎる！
——プライバシーへの配慮と説明の工夫 …… 38

CASE 5 申請書の「不受理」は審査請求の対象になるか
——行政手続法・行政不服審査法と「法令に基づく申請」…… 49

第3章 開示請求・守秘義務・情報提供

CASE 6 落選業者の商号等と提案内容、本当に非開示でいいの？
——公募型プロポーザルと情報開示請求 …… 66

CASE 7 弁護士法照会と守秘義務の板挟み
——比較衡量の行い方 …… 78

CASE 8 説明不足を理由に住民から損害賠償請求
——窓口における情報提供義務 …… 90

CASE 9 ハザードマップのホームページ公表で風評被害？
——情報提供の「限界」はどこか …… 100

第4章 争訟

CASE 10 勝敗をも左右する「事実認定」の重み
——「法的判断」との区別と証拠の重要性 …… 112

CASE 11 市長個人が訴えられた！ そのとき、法務は？
——公務員の個人責任と自治体ができる支援 …… 126

CASE 12 退職した職員が職員住宅に居座り
——自治体における建物明渡しの強制執行 …… 135

CASE 13 職員給与の過払いが発覚！ 返納を求めたが応じてくれない
——自治体における金銭執行の手続 …… 146

CASE 14 滞納処分に対し不服申立て・却下できるか
——差押処分・配当処分と訴えの利益 …… 161

第5章 財産・契約

CASE 15 議会の議決を回避するために工事を分割？
——法務に求められる「聞き出す力」 …… 174

CASE 16 公共工事が原因で近隣の住宅に亀裂？
——責任の所在、事業損失の法的性質、補償の要否 …… 186

CASE 17 都市公園で長年営業してきた売店に新たな管理許可を認めず
——公共の財産の使用許可等に係る損失補償 …… 197

第6章 その他

CASE 18 児童虐待から子どもを守れ
—— 一時保護決定の取消訴訟等に対する対応 …… 212

CASE 19 不正受給？ 生活保護費の徴収決定をめぐり審査請求
——生活保護法第78条第１項に基づく徴収金額決定処分の留意点 …… 223

CASE 20 インターネットで見つけた写真等を市ホームページに掲載
——著作権と権利制限規定 …… 235

CASE 21 所管課の弁護士相談に同伴
——相談を効果的に進めるための工夫 …… 247

編著者プロフィール・執筆者一覧

第1章

条　例

CASE 1

産廃処理施設の設置の民意を問い住民投票へ——住民投票条例と条例制定の直接請求

住民参加の一形態としての住民投票は、聞いたことこそあっても、実際に経験することはあまりない制度です。近年では、住民投票条例を設けている自治体も増え、また、個別の課題が生じた際に、直接請求で住民投票条例を制定し住民投票が行われる事例も生じています。

そこで、本項では住民投票と条例制定の直接請求について検討します。

第１　事例編

事案の概要

Ａ市では、産業廃棄物施設（以下「施設」といいます。）の設置を検討していました。ところが、施設の設置に反対するＡ市の市民グループが住民投票を実施して、その結果で施設の設置の可否を決めようと運動を始めています。Ａ市では、数年前に、住民投票条例とその施行規則を制定し、当該条例では、住民投票の実施の要件として18歳以上の住民の３分の１以上の連署をもって実施を請求すること等が定められています。市民グループは、住民の３分の１以上の署名を集められるかどうか微妙な状況です。

登場人物

所管担当者

法務担当者

所管担当者からの相談

1　住民投票についての相談

施設の設置に反対する市民グループが、住民投票で住民の民意を明らかにしたいらしいですよ。

住民投票ですか。本市にも住民投票条例がありますからね。

そうなんです。数年前に条例を制定したのですが、住民投票をするといっても、市では初めてのことですし、どのようにしたらいいのでしょうか？

基本的なことは、住民投票条例や施行規則に定められていますよ。

なるほど、条例や規則で、投票資格や期日前投票まで規定されているんですね。もし、住民投票の結果で、施設の設置反対が過半数になったら、施設の設置はできなくなってしまうんですか？

条例の第○○条に、「市長は、住民投票の結果を尊重しなければならない」と規定されているように、住民投票の結果に市長が拘束されるとまでは言えないですね。住民投票の結果は重要だとは思いますが、投票結果に拘束されてしまうとすると問題が生じ得ますね。

住民投票を実施するには、かなりの費用が掛かると思うのですが、それなのに結果に拘束されないのですか……。

　当市には、住民投票条例がありますけど、この条例がなければ、住民投票は、実施できないのですか。

いいえ、当市のような住民投票条例がない場合でも、特定の事項について市長や議会が住民投票条例案を提出して議会で議決して住民投票を行う場合もあります。また、有権者の50分の１以上の連署があれば、住民投票条例制定の直接請求を行って、住民投票条例を制定して行う場合もあります。

直接請求ですか。聞いたことはあるけど、あまり馴染みがないなあ……。当市の住民投票条例の第○○条に、住民投

票を請求できる要件として、投票資格者の３分の１以上の署名が必要となっていますが、直接請求が有権者総数の50分の１以上の連署で請求できるのであれば、直接請求の方がハードルが低いですね。

直接請求の場合、議会で条例案について議決し、可決されないといけませんね。

２　直接請求へ

その後、市民グループは、直接請求により個別の住民投票条例の制定を請求し住民投票を実施することとし、その代表者が、所定の手続を経て署名の収集を行い、市選挙管理委員会に署名簿を提出しました。その翌日、所管担当者が法務担当者のもとに相談に訪れました。

昨日、署名簿が提出されたのですが、今後は、どのように手続を進めればいいのでしょうか。

直接請求の手続は、地方自治法第74条以下や地方自治法施行令第91条以下に規定されていますね。署名簿が提出されたので、提出の日から20日以内に署名の効力の審査を行って証明をする必要があります。

その後も、いろいろ手続がありそうですね。多くの市民が署名などで関与しているので、個人情報の管理も注意しないといけないですよね。

そうですね。署名収集手続の関連書類を情報公開請求で公開してしまい自治体が損害賠償責任を負った事例もありますので、一連の手続が終わったとしても気が抜けないですね。

確かに、個人の政治信条に関わるプライバシー情報を含みますから注意が必要ですね。まずは署名の効力審査を頑張ります。

3　住民投票の実施へ

その後、署名の総数が有権者総数の50分の１以上であることが確認され、所定の手続を経て、住民投票条例が議会で可決されました。そして、新しく制定された条例に基づいて住民投票の準備がなされ、期日前投票も実施され、投票日を翌日に控えていました。

明日は、ついに投票日ですね。期日前投票も、予想以上に多くて、市民の関心が高いですね。最初はどうなるかと思いましたが、なんとかやってこれました。

　この後も、いろいろ手続がありそうですね。多くの市民が署名などで関与しているので、個人情報の管理も注意しないといけないですよね。

まだ終わりではないですよ。明日が投票の本番で、即日開票ですからね。もう少し頑張らないといけないですね。

第２　解説編

１　住民投票について[1]

(1)　住民投票の類型

住民投票に関する現行法の制度には、

①憲法上の住民投票として、一の地方公共団体のみに適用される特別法の制定に係る住民投票（憲法第95条）

②法律上の住民投票として、議会の解散請求（地方自治法第76条等）や議員又は長の解職請求（同法第81条等）、市町村合併特例法に基づく住民投票

③各自治体が制定した条例による住民投票

があります。

条例による住民投票は、個別の事案を想定せず、住民投票を実施す

るために必要な事項を規定した条例により行う場合（常設型）と、個別の事案で住民投票を行うために議会で条例を制定し行う場合（非常設型）があります。

⑵　住民投票条例

ア　条例の規定

条例による住民投票の場合、実施に関する事項は条例・規則で定めることになります。

住民投票条例で規定する項目としては、投票権に関する事項（年齢要件、国籍要件等）、住民投票の成立要件（投票有資格者の２分の１以上の投票等）、投票の選択肢（二者択一、多者択一等）、投票前の運動に関する事項、再投票禁止期間等があります。また、常設型の条例では、住民投票の対象（ポジティブリスト、ネガティブリスト）や実施の発動要件（実施の請求における必要署名数等）を規定します。

イ　判決①（広島地裁平成23年９月14日判決）[2]

ここで、住民投票条例上の手続が問題とされた判決を紹介します。

甲市住民投票条例は、市政運営上の重要事項について住民投票制度を設け、また、所定数の10分の１以上の署名が集まり、住民投票の実施を請求した場合、市長は住民投票を実施しなければならないと定めていました。

本件は、原告が、甲市長に対し、旧甲市民球場の解体の賛否を問う住民投票の実施を求めて、署名を収集する前提となる住民投票実施請求代表者証明書の交付を申請したところ、却下処分を受けたので、その取消しを求めた事案です（下線は筆者。以下同じです）。

判決は、「……本件条例及び本件規則は、処分行政庁が、代表者証明書の交付申請の審査において、重要事項該当性の判断を行い、その結果、当該住民投票に付する事項が重要事項に当たらないと確認した場合には、代表者証明書交付申請の却下をすることができるというべきである」等とし、また、諸事情を総合して、旧甲市民球場解体の賛否を問うという事項が重要事項に当たらない等とし、原告の請求を棄却しました。

本事案では、市長が、代表者証明書の交付申請の審査において、住民投票の対象について市政運営上の重要事項該当性の判断ができるとしました。本件は、証明書が交付されて署名収集・実施請求がなされると住民投票を実施しなければならず、多額の費用、人的負担が発生することも考慮すれば、代表者証明書の交付の段階で重要事項該当性の判断をする必要がある事案と言えます（後述の条例制定の直接請求における代表者証明書の交付申請に関する判決（判決③）と比較してみてください。)。

⑶　住民投票の拘束力（判決②（那覇地裁平成12年５月９日判決）[3]

条例による住民投票の結果に拘束力を持たせることができるかという点については、学説の見解は分かれています[4]。以下では、住民投票の結果の拘束力が問題となった判決を紹介します。

本件は、原告ら（乙市に居住し、又は居住していた者）が、乙市における米軍のヘリポート基地建設の是非を問う住民投票の結果が反対多数であったにもかかわらず、乙市長が米軍ヘリポート基地建設を受け入れたことが違法であるとし、市に対して国家賠償法第１条に基づき、市長に対して民法第709条に基づき連帯して損害賠償の支払を求めた事案です。

本件の住民投票条例では、結果について、有効投票の賛否いずれか過半数の意思を尊重するものと規定（尊重義務規定）していました。

判決は、「仮に、住民投票の結果に法的拘束力を肯定すると、間接民主制によって市政を執行しようとする現行法の制度原理と整合しない結果を招来することにもなりかねないのであるから、右の尊重義務規定に依拠して、市長に市民投票における有効投票の賛否いずれか過半数の意思に従うべき法的義務があるとまで解することはできず、右規定は、市長に対し、ヘリポート基地の建設に関係する事務の執行に当たり、本件住民投票の結果を参考とするよう要請しているにすぎないというべきである」との判断を示しました（請求棄却)。

住民投票の結果について法的拘束力を否定した諮問的なものであるとしても、条例に規定されている尊重義務の程度については検討する余地があります。すなわち、結果の尊重義務といっても、首長が住民投票の結果に反した行為を行ったことが違法と評価される場合もあり得そうです。上記判決は、事務の執行に当たり「結果を参考とするよう要請しているにすぎない」と判断しており、このように解すると、結果に従わないことが違法と評価される場合はほとんど生じないと言えるのではないでしょうか。

しかし、住民投票を実施するとなると、自治体の規模にもよりますが費用が数千万円以上必要になります。また、自治体職員にとっては、広報・市民等の問合せへの対応・投票準備・開票作業などが大きな負担となります。

このような実施についての負担を考慮すると、結果を「参考とするよう要請」している程度とするのは、議論の余地があると考えられます。

2　条例制定の直接請求について

(1)　手続の概要(5)

条例制定の直接請求の手続は、地方自治法（以下「自治法」といいます。）第74条以下、同法施行令（以下「自治令」といいます。）第91条以下、同法施行規則に定められています。大まかな手続の流れは、以下のようになります。

①請求代表者証明書の交付申請（自治令第91条第１項）

②普通地方公共団体の長は、請求代表者が選挙人名簿に登録されていることを確認し、請求代表者証明書を交付し、その旨を告示（同第

91条第２項）

③署名収集（同第92条、署名収集期間（同第92条第３項））

④請求代表者から、選挙管理委員会に対し、署名簿の提出（同第94条第１項）

⑤選挙管理委員会は、署名簿を受理したときは、20日以内に署名簿について審査を行い、署名の効力を決定し（自治法第74条の２第１項、自治令第94条）、署名押印した者の総数及び有効署名総数を告示・掲示（自治令第95条の２）

⑥指定した場所において署名簿を関係人の縦覧に供し（縦覧期間（７日間）、自治法第74条の２第２項）

⑦選挙管理委員会から署名簿を請求代表者に返付（同第74条の２第６項）

⑧請求代表者による条例の制定請求（同第74条）

⑨普通地方公共団体の長は、直ちに請求の要旨を公表（同第74条第２項）

⑩20日以内に議会を招集し、意見をつけて議会に付議し、代表者に通知・公表（同第74条第３項）

⑪議会は、審議を行うに当たって代表者に意見を述べる機会を与えなければならない（同第74条第４項、自治令第98条の２）

⑫表決（自治法第116条）

⑬審議結果を請求代表者に通知・告示・公表（同第74条第３項、自治令第98条第２項）

(2) 裁判例

条例制定の直接請求に関連する裁判例を紹介します。

ア　判決③（東京高裁昭和49年８月28日判決）(6)

条例制定請求代表者証明書の交付申請に際し、申請に付された条例案が条例制定事項に該当しないとの理由により知事が交付を拒否した事案について、「交付の拒否が違法」と判断した判決があります。

判決は、「……本来、請求代表者が選挙人名簿に登載された者であるかどうかを選挙管理委員会に確認を求めてその確認があつたときは証明書を交付するといういわば単純な事務に過ぎない筈の代表者証明書の交付申請の手続段階においては、……条例案を一見しただけで条例で規定し得ない事項又は条例制定請求をなし得ない事項であることが、何人にも論議の余地すらない程度に極めて明白であつて、爾後の法定の手続を進めることが全く無意義であると認められるような特別な例外的場合のほかは、たとえ長の見解によれば条例事項にあたらないと考える場合でも、その段階で代表者証明書の交付を拒絶して住民の条例制定請求の権利の行使を阻止することは現行法上許されないものというべきである」と判断しています。

この判決は、代表者証明書の交付において、条例案の内容を審査できる場合を極めて限定的に捉えています。これは、条例制定については後に議会での審議が行われるなど適切な判断が担保されていること等からも、合理的な判断と言えるのではないでしょうか。

これに対して、先の住民投票実施請求代表者証明書に関する判決（判決①）では、証明書の交付段階で重要事項該当性の判断ができるとされており、異なる判断がされています（両判決の下線部参照）。両事案は、代表者証明書の交付という手続的に似ている場面に関する事案ですが、対象の制度・その後の手続の進み方が異なり、結論を異にしたと言えます。

イ　判決④（高松高裁平成16年４月15日判決）[7]

近年は、情報公開との関係等で、個人情報等の取扱いが難しい問題となっています。直接請求に関連して情報公開請求がなされ、情報を開示したところ、当該開示が違法とされた判決があります。

本件では、住民投票条例制定請求において条例制定請求代表者から署名収集の委任を受けたとする原告らが、その氏名、住所及び生年月日の記載された署名収集委任届出書を丙市情報公開条例に基づき丙市長により公開され、プライバシーの権利を侵害されたとして、丙市に対しては国家賠償法第１条第１項に基づく損害賠償として、市長に対しては民法第709条に基づく損害賠償として、１人当たり10万円の慰謝料（及び遅延損害金）の連帯支払を求めました。

署名の収集は、条例制定請求代表者から署名収集の委任を受けた者が行いますが、受任者の氏名、住所等が記載された署名収集委任状の原本を受任者の受け持つ署名簿に綴り込まなければいけません。また、署名簿は、選挙管理委員会において署名の効力について証明が行われた後、所定の期間、関係人の縦覧に供されます。

これに対して、署名収集委任届出書は、受任者の氏名、住所、生年月日、委任の年月を記載し選挙管理委員会に届け出るものです。

原審は、市長が署名収集委任届出書を公開したことは一部の原告らの個人情報についてのプライバシー権を侵害する違法な行為であるとして、同人らの丙市に対する請求を５万円（及び遅延損害金）の支払を求める限度で認容したところ、丙市が控訴しました。

判決は、「……署名を収集する活動は、一定の政治的信条に基づくものということができ、そして、個人がいかなる政治的信条を有し、その信条に基づいていかなる行為を行うかは、個人の人格形成と密接な関係を有する事柄であり、そのような事柄と関わる情報については、いわゆるセンシティブ性の高い情報として、特に厚く保護されるべきものであるから、本件制定請求における受任者であるという情報については、その保護の要請は、単なる氏名、住所等に比較しても極めて高いものといわなければならない……」「……本件個人情報がみだりに公開され、本件制定請求における受任者が明らかになるとすれば、署名活動に対する萎縮的効果が生じ、その結果、本件のような条例制定請求を含め、地方公共団体等における住民等による直接請求権の行使全般が困難となって、いわゆる住民自治の見地から住民等による直接請求の制度を認めた法の趣旨を没却することになる……」こと等を指摘し、制定請求における受任者であるという情報の要保護性は極めて高いとして、本件情報公開は国家賠償法上の違法性を有すると判断しました（控訴棄却）。

判決では情報の公開が違法と判断されましたが、直接請求の手続上、受任者の氏名・住所等が記載された署名収集委任状は署名簿に綴られ関係人の縦覧に付される等の事情があり、また、直接請求自体まれな手続です。公開・非公開の判断は、難しい判断であったと思われます。

第3　法務担当者としての視点

条例制定の直接請求や住民投票は、自治体職員が実際に経験することは、まれなことと思われます。

そのため、周りに経験した者もおらず、未知の経験として手探りで対応することになると思われます。

直接請求については、自治法、自治令に手続について規定が定められていますので、それらの規定を確かめて進める必要があります。

住民投票については、実施するための手続は条例に規定されています。当該条例の制定時から、住民投票の実施を意識しておく必要があります。また、住民投票の実施は、複数の関係部署の協力が必要になりますので、連携して進める必要があります。

また、他の自治体に照会してみることも参考になります。ネット等で住民投票を実施した自治体を探して照会すれば、参考になる意見を聞くことができるかもしれません。この際は、実施から数年経っていると当時の担当者が異動していることもあるので、比較的近接した時期に実施した自治体に照会してみるのがいいのではないでしょうか。

（1） 住民投票についての参考文献は、新藤宗幸ほか『住民投票』（ぎょうせい、1999）、久保田治郎「第三章　住民投票制度」古川俊一編著『最新地方自治法講座③　住民参政制度』（ぎょうせい、2003）等があります。

（2） 判タ1381号130頁

（3） 白藤博行「住民投票条例の拘束力」『地方自治判例百選（第４版）』44頁（有斐閣、2013）

（4） 榊原秀訓「住民投票制度　住民の討議に基づく多数意思の尊重」室井力編『住民参加のシステム改革』212頁（日本評論社、2003）、松井幸夫「住民投票」大石眞・石川健治編『憲法の争点』320頁（有斐閣、2008）

（5） 直接請求については、直接請求実務研究会『実務解説　直接請求制度』（ぎょうせい、2014）が詳しいです。

（6） 薄井一成「条例制定請求代表者証明書の交付拒否」『地方自治判例百選（第４版）』40頁（有斐閣、2013）

（7） 判タ1150号125頁

CASE 2

パチンコ店の開業を阻止したい、が……
――行政権の濫用と条例制定の違法

本項では、風俗営業等の規制及び業務の適正化等に関する法律（以下、本項において「風営法」といいます。）に基づく規制を利用して、自治体が、特定の事業者による風俗営業を規制しようとした事例から、行政権の濫用及びそれに類似する条例制定の違法について検討します。

第１　事例編

事案の概要

Ａ市の閑静な住宅街の近くに大規模なパチンコ店が出店されるという話が持ち上がりました。パチンコ店の出店について、付近に住む住民から、住宅街の雰囲気が壊されるとして、反対運動が起こりました。そのうち、住民から、パチンコ店の近くに図書館を新設すれば、パチンコ店を開業できなくなるとして、この地域に開設する予定であった図書館を早く新設するように求める動きが起こりました。このような場合に、図書館の新設によってパチンコ店の開業を阻止することができるのでしょうか。

登場人物

所管担当者

若手
法務担当者

法務担当
係長

所管担当者からの相談

御存じのとおり、パチンコ店の開業について、付近の住民から反対運動が巻き起こり、予想外にも教育委員会の事業が問題になっています。都市計画法等の関係法令では開業できる場所なので、現状では風営法上の営業の許可申請が

あった場合、県知事は許可することになるそうです。そこで、図書館を早く造って開設を阻止してほしいという話が出てきています。

法務担当に異動してきたばかりで、詳しいことを知らないのですが、何か違和感が……。

風営法は、パチンコ店を「風俗営業」として規制しています。風営法第３条第１項で、風俗営業を営もうとする者は、営業所ごとに、当該営業所の所在地を管轄する都道府県公安委員会の許可を受けなければならない旨を規定しています。そして、第４条に許可の基準が規定されているのですが、そのうち第２項第２号に「営業所が、良好な風俗環境を保全するため特にその設置を制限する必要があるものとして政令で定める基準に従い都道府県の条例で定める地域内にあるとき」に該当する場合には許可をしてはならないことが規定されています。

県の条例では、風営法第４条第２項第２号の「条例で定める地域」について、「学校、図書館、児童福祉施設、病院及び診療所の敷地（これらの用に供するものと決定した土地を含む。）の周囲100メートル以内の地域」と規定されています[1]。

そこで、図書館の周囲100メートル以内の地域で、風俗営業であるパチンコ店の開設許可申請があった場合、公安委員会は、不許可としなければならないことになります。したがって、パチンコ店の開業ができなくなります。

似たような判例を聞いたような気が……。

昭和53年の最高裁判決（最高裁昭和53年５月26日判決・民集32巻３号689頁。以下「最高裁昭和53年判決」とい

います。）に、個室付浴場、当時は「トルコ風呂」と言っていたそうですが、その営業を阻止、禁止することを直接の動機、主たる目的としてなされた児童遊園設置認可処分は行政権の著しい濫用であるとしたものがあります。

でも、申請が出たときに、認可の要件を満たしているとすれば、認可せざるを得ないのではないですか。

最高裁昭和53年判決は、国又は公共団体の損害賠償責任について定める国家賠償法（以下「国賠法」といいます。）第１条第１項でいう「違法」があることを認めたものです。行政事件訴訟法第３条第２項に規定する「処分の取消しの訴え」が提起された場合に、「違法」として取り消されるか否かについては述べていません。

　最高裁昭和53年判決は、児童遊園設置認可処分という手段を利用して営業を阻止しようとした公務員の一連の行為を「行政権の著しい濫用」としたという評価があります(2)。

それでは、取消訴訟では適法であり、取り消すことができない行政処分でも、国賠法上は違法ということもあるのですか。

ある面では適法とされる行為でも、他の面では違法性を帯びることがあるので、行政処分として適法に成立したものでも、国賠法上違法と評価されることもあり得るという立場もあります(3)。

ところで、個室付浴場というのは性的なサービスが行われるところですよね。このような風俗店は、家の近所にできてほしくないという住民の気持ちは理解できますね。

ただ、既に存在していた施設を保護するために新しい営業を禁止する制度を、新しい営業を阻止する目的で使うこと

から、憲法の保障する営業をしようとする者の営業の自由や私有財産権を保護する必要があるということです。

このような話は、施設の建設が現実化してから、初めて大きな問題になることも多い気がします。でも、本来、造ってほしくない施設があれば、事前に法令で規制する等の手段を考えておくのが筋ですね。

ところで、最高裁昭和53年判決は、行政処分を行ったことの適法性が争われた事案ですよね。Ａ市では、図書館を新設するために図書館の設置条例を改正することの違法性が問題となると思いますが、この場合はどうなるのでしょうか。

条例の制定について、その目的や動機を理由に違法とした下級審裁判例があります。当市の件についても、目的や動機から違法とされる条例が制定されないように、直ちに手を打ちましょう。

第２　解説編

１　はじめに

民法第１条第３項は、権利濫用の禁止原則を規定していますが、同原則が、行政上の法律関係にも適用されることには異論はないとされています[4]。しかし、このような一般原則は、要件が明確に定められているものではないため、ある行為が実際に該当するのかについて、行為の過程においては、見過ごしてしまうおそれがあります。そこで、行政処分が行政権の著しい濫用とされた最高裁判決と、条例の制定が違法と判断された裁判例を見ていきます。

2　最高裁昭和53年判決

(1)　事案の概要

X社（原告、被上告人）は、B町において個室付浴場の開設（以下「本件浴場開設」といいます。）について準備を進めてきました。ところで、本件浴場開設予定地から134.5メートルのところに児童遊園（以下「本件児童遊園」といいます。）がありました。当時の風営法（当時は「風俗営業等取締法」という法律でした。）は児童福祉施設の敷地の周囲200メートルの区域内における個室付浴場営業を禁止していました。B町は、昭和43年６月３日、個室付浴場営業を阻止するため本件児童遊園について児童福祉施設の認可申請の方針を決め、Y県（被告）に対し本件児童遊園を児童福祉施設とする旨の認可の申請をしました。

これを受けたY県知事は、同年６月10日、児童福祉施設とする申請を認可しました（以下「本件認可処分」といいます。）。

しかし、X社は同年９月頃から個室付浴場営業を始めたため、昭和44年２月25日付けで当時の風営法の規定に基づきY県公安委員会から60日間その営業を停止する旨の処分（以下「本件営業停止処分」といいます。）を受けました。そこで、X社は、Y県に対し、国家賠償として、本件営業停止処分によって被った損害の賠償を求める訴えを提起しました。

(2)　原審判決(5)

この判決は、本件児童遊園は児童福祉施設としての基準に適合していたものであるから、客観的に見るとき、本件認可処分それ自体としては違法ということはできないとしました。

しかしながら、Y県知事はB町当局と意思相通じて、X社の計画していた個室付浴場営業を阻止、禁止すべく、本件児童遊園を児童福祉施設として認可したものというべきであるとし、Y県知事のなした本件認可処分は、Ｘ社が現行法上適法になし得る個室付浴場営業を阻止、禁止することを直接の動機、主たる目的としてなされたものであることは明らかであり、このような動機、目的をもってなされた本件認可処分は、法の下における平等の理念に反するばかりでなく、憲法の保障する営業の自由を含む職業選択の自由ないしは私有財産権を侵害するものであって、行政権の著しい濫用と評価しなければならないとしました。

⑶　最高裁昭和53年判決[6]

原審の認定した事実関係の下においては、本件認可処分は行政権の著しい濫用によるものとして違法であり、かつ、本件認可処分とこれを前提としてされた本件営業停止処分によってＸ社が被った損害との間には相当因果関係があると解するのが相当であるから、被上告人の本訴損害賠償請求はこれを認容すべきであるとしました。

３　条例制定を違法とした裁判例

東京地裁平成25年７月19日判決・判自386号46頁（以下「東京地裁平成25年判決」といいます。）は条例制定を違法としています[7]。

⑴　事案の概要

本件は、パチンコ店を出店する準備を進めていたX_1（原告）と、出店しようとする建物の賃貸人であるX_2（原告）が、Ｙ市（被告）がＹ市図書館条例を改正（以下「本件条例改正」といいます。）して隣接建物に図書館分館（以下「本件図書館」といいます。）を設置したため出店が不可能になったことについて、国賠法第１条第１項に基づき損害賠償を求めた事案です。

原告X_1は、平成18年７月28日には、原告X_2が所有する再開発区域内の建物を借り受けた上でパチンコ店の出店（以下「本件出店」といいます。）を計画していました。このことがＹ市の知るところとなり、以後、議会及び議会特別委員会等において、本件出店により、再開発ビルに占める遊技施設の権利床の割合が前例がないほど増加したり、補償費が増大したりするといった問題が生ずるなどの議論がされ、前市長、市長部局及び議員らにより、本件出店が本件再開発事業が成立する上で看過し得ない障害となるおそれがあるとの認識が共有されるようになりました。そして、隣接する建物に本件図書館を設置することにより本件出店を阻止する方策、すなわち風営法等の適用による対策を検討するようになりました。本件で適用される風営法の施行条例では、図書館の周囲100メートル以内の地域ではパチンコ店の営業許可ができないことになっていました。以後、顧問弁護士や大学教授に対し、本件図書館を設置することにより本件出店を阻止することについての法的問題を相談していました。

前市長、市長部局及び議員らにより、早急な対応が必要であること、訴訟になった場合のために図書館設置の必要性等を議論することが必要であることなどの認識が共有された上で、同年12月４日の議会後、本件出店に対し対応をする必要性を理由に代表者会議が緊急招集され、一刻の猶予もない緊急事態であり、「アリバイ」については本会議で議論を重ねることとして、図書館条例の改正を議員提案することが決定されました。さらに翌５日の議会で即日採決が行われ、全会一致で本件条例改正が成立したものであり、条例改正としては異例の早さで手続が進められました。

⑵　東京地裁平成25年判決の要旨

「事実経過、殊に、平成18年９月１日の議会以降、前市長、市長部局及び議員らが、本件出店を阻止すべきであるとの認識を共有した上、そのための対策につき検討を重ねてきたこと」「本件出店が実現するおそれが生じるや、緊急の対応が必要であるとの前市長及び議員らによる共通認識の下、議員提案により異例の速さで本件条例改正を行ったことなどに照らすと、本件条例改正は、本件出店を阻止することが、その主たる目的ないし動機であったものと認めることができる。そうすると、風営法第４条第２項第２号及び風営法関連条例等の規定は、図書館施設の近隣地域内において良好な風俗環境を保全しようとするものであるところ、被告は、このような法の趣旨を逸脱してこれらの規定を利用することにより、本件出店を阻止したものというべきである。」「本件再開発事業区域内には、本件条例改正当時、パチンコ店やスロット店が既に４店舗存在していたものであり、これらの店舗による営業は容認し、本件出店だけを阻止する合理的理由が存在することをうかがわせる証拠もない。」

「以上によれば、上記経緯によりされた本件条例改正は、原告らの営業上の権利を侵害するものであり、原告らに対する関係においては、社会的相当性を逸脱する行為として違法と解するのが相当である。」

第３　実務への指針

最高裁昭和53年判決では、行政処分が行政権の著しい濫用であるとして違法とされたのに対して、東京地裁平成25年判決では、条例の制定が社会的相当性を逸脱するとして国賠法上違法とされました。

いずれの判決も、行政側の行為の形式は異なりますが、形式的には適法な手続を経て、適法であった財産権の行使・営業を阻止しようとした行為が違法と評価された点に共通性があります。

「行政権の著しい濫用」については、一般的に言えば、①動機ないし目的、②手段の相当性、③侵害の態様・程度等の諸事情を総合考慮し、一連の行為が行政の活動として、是認できるものかどうかという観点から判断するという見解があります[(8)]。東京地裁平成25年判決は、「行政権の著しい濫用」という表現は使っていませんが、行政処分の場合だけでなく、条例制定の違法性についても同様の判断基準によるべきとする見解があります[9]。

行為の適法性を総合考慮により判断する際には、違法と評価する根拠となる事実と、違法性を否定する根拠となる事実を認定して、それを総合して判断するという方法がとられます。事実の経緯から、制度の趣旨・目的と異なる規制であることが明白であれば、違法であることは明らかと言えるでしょう。しかし、実際には判断が難しい場合もあります。

実務的には、様々な事実を総合した判断が必要となる場合、客観的な判断を得るために、外部の弁護士等の専門家に法律相談を依頼することも重要です。このような場合、関連する事実関係を詳しく説明する必要性があります。その際、あらかじめ時系列に沿って関連する事実関係を整理しておくとよいでしょう。法律相談に当たっては、事案を直接担当する部署が、意識的・無意識的を問わず、自分の立場に有利な事実を中心に説明をしてしまうことがあり得ます。その際、法務担当者は、客観的な判断を得られるよう、法律相談の際に説明すべき事実関係を確認する必要があります。

第4　おわりに

事案のような住民の強い意向に基づく決定は、政治部門の立場からすると、法的リスクをどこまで許容できるか、場合によっては、リスクを冒してでもやるべきかという問題になるのかもしれません。

自治体の職員は、上司の職務上の命令に従う義務があります（地方公務員法第32条）[10]。

しかし、職員は、その職務を遂行するに当たって、法令に従わなければならず（同条）、上司の職務命令に疑義がある場合は、上司に意見を述べることができることについては、「自明の理」であるとされています[11]。

法務担当者は、制度の本来の目的に反する規制権限の行使が行われ、市民の権利が不当に制限されないように上司に助言しなければならない立場にあります。さらに、組織内弁護士の場合、弁護士職務基本規程第51条において、担当する職務に関し、その組織に属する者が業務上法令に違反する行為を行い、又は行おうとしていることを知った時は、その者自らが所属する部署の長又はその組織の長に対する説明又は勧告その他のその組織内における適切な措置を採らなければならないとされています。

法務担当者としては、日頃から、相手方の職位の上下を問わず、相手の話をよく聞いた上で、法的見解を丁寧に説明して、自分の見解に対して耳を傾けてもらえる信頼関係を築いていきたいものです。

（1）東京都風俗営業等の規制及び業務の適正化等に関する法律施行条例（昭和59年12月20日条例第128号）第３条第１項第２号を参照しました。

（2）石井忠雄「行政権限の濫用と国家賠償の成否」藤山雅行・村田斉志編『新・裁判実務体系第25巻行政争訟〔改訂版〕』（青林書院、2012）499頁。中原茂樹「行政権の濫用」『論究ジュリスト（2012年秋号）』12頁以下は、「本件認可処分を単独で評価するのではなく、申請の慫慂およびそれを受けた申請行為を含む行政過程を全体として評価するという方法がとられた」としました。

（3）石井健吾「判批」『最高裁判所判例解説民事編 昭和53年度』214頁参照

（4）櫻井敬子・橋本博之『行政法［第６版］』（弘文堂、2019）24頁

（5）仙台高裁昭和49年７月８日判決・民集32巻３号713頁

（6）最高裁昭和53年６月16日判決・判タ366号192頁

（7）他に個室付浴場開業阻止のためになされた児童遊園を設置する条例制定を違法としたものに新潟地裁昭和58年12月26日判決・判時1129号110頁があります。

（8）石井忠雄前掲注（2）500頁参照

（9）襲田正徳「判批」自治研究92巻10号115頁以下参照

（10）違法な職務命令と服従義務については、村上博「職務命令と服従義務」高木光・宇賀克也『行政法の争点』（有斐閣、2014）194頁参照

（11）橋本勇『新版逐条地方公務員法〈第５次改訂版〉』（学陽書房、2020）681頁参照

第2章

行政手続

CASE 3 どこまで書く？ 不利益処分の理由の提示 ――裁判例から考慮要素を考える

行政手続法において、不利益処分を行う際に、聴聞、弁明の機会の付与や処分における理由の提示等の手続を行うことが定められています。

このうち、理由の提示が不十分であるとして、裁判所において、処分そのものが違法であるとして取り消される場合があります。

そこで、本項では、不利益処分における理由の提示について検討します。

第1　事例編

事案の概要

> ある県の法務担当者は、福祉部門の職員（所管担当者）から、障害者総合支援法[1]に基づく不利益処分について相談を受けました。その内容は、県内で居宅介護サービス等の事業所を運営する事業者に対して不利益処分をするというものです。処分通知を作成するに当たり、どのような点について注意するべきかが問題となりました。

登場人物

所管担当者

法務担当者

所管担当者からの相談

今回は、障害者総合支援法に基づく処分について相談にきました。障害者の自宅をホームヘルパーが訪問して援助を行う居宅介護サービスについて、福祉事業所でサービスを

行っていないのに、行ったかのように装って、介護給付費を不正に請求した事件がありました。不正請求を行った事業者に対して指定取消しの不利益処分を行うことについて相談したいんですが……。

もう少し、制度と事実関係を教えてくれますか。

障害者総合支援法では、居宅介護等の障害福祉サービスを行う事業者が市町村から介護給付費を受け取る仕組みは次のとおりになっています。

まず、①介護給付費の支給を受けようとする障害者は、市町村の介護給付費を支給する旨の決定、つまり支給決定を受けなければなりません（第19条第１項）。また、②障害福祉サービス事業（第５条第１項）を行う障害福祉サービス事業者は、都道府県知事から事業所ごとに指定を受けることができます（第29条第１項、第36条第１項）。そして、③支給決定を受けた障害者が、支給決定の有効期間内において、都道府県知事の指定を受けた障害福祉サービス事業者（指定障害福祉サービス事業者）から当該指定に係る障害福祉サービスを受けたときは、市町村から介護給付費が支給されます（第29条第１項）。④この場合の介護給付費について、市町村は、サービスを提供した指定障害福祉サービス事業者から請求があった場合には、支給決定を受けた障害者に対してではなく、直接その事業者に対して支払うことになります（第29条第４項、第６項）。

つまり、指定障害福祉サービス事業者は、サービスの提供を受けた者に代わって介護給付費を市町村から代理受領できるのです。

その介護給付費を事業者が不正に請求したのですね。

はい。市町村には、サービスを提供した者等に対して調査権が認められています。今回は、事業者の元従業員から情報提供があったため、事業者に介護給付費を支払った市が、事業者の従業員等から聞き取り調査を行ったり、帳簿書類を検査したりしました。

　その結果、この事業者が、１年以上にもわたり、居宅介護サービスを提供していない場合にも提供したかのように装い、市に対して介護給付費を請求して不正に受け取った事実が判明しました。

そこで、処分を検討しているということですね。

はい。障害者総合支援法第50条第１項は、「都道府県知事は、次の各号のいずれかに該当する場合においては、当該指定障害福祉サービス事業者に係る第29条第１項の指定を取り消し、又は期間を定めてその指定の全部若しくは一部の効力を停止することができる。」としています。そして、処分事由として同項第５号に「介護給付費若しくは訓練等給付費又は療養介護医療費の請求に関し不正があったとき。」が規定されています。そこで、同号に該当するとして処分することを考えています。聴聞も終わりました。

　ところが聴聞で、事業者側が、こちらが処分しようとする事実関係について争ってきました。聴聞主宰者の報告書は、事業者側の主張には理由がないとしており、それを前提に処分しようと考えています。

処分は、後々、裁判になった場合でも、裁判所に認定してもらえるだけの証拠に基づく事実を基礎に判断しなければ

なりませんね。

はい。あと、処分理由を書かなければならないのですが……。

どのように書くことを考えていますか。

聴聞の通知の際には、不利益処分の原因となる事実を詳細に書いたようですが、それでは長くなってしまいます。そこで、「実際には提供していないサービスをあたかも提供したように装い、居宅介護サービス費の請求に関し不正があった事実（障害者総合支援法第50条第１項第５号）」というような記述を考えています。

なるほど。しかし、処分理由の提示については、その内容が不十分な場合、処分そのものが取り消されるおそれがあります。

理由提示の不備で処分が取り消されるのですか。

はい。理由提示の不備を理由に処分が取り消される場合があることは、最高裁判決もあり、確立したものといえます。

でも、おかしくないですか。処分の必要があっても、理由の提示が悪かったというだけで処分が取り消されるということは、もう一度、処分するのに間が空いて、違法な業者を野放しにする期間が長くなるじゃないですか。

確かに、処分の手続が遅れてしまうこともあり得るのですが、適正な手続で処分しなければならないということが重視されています。最高裁判決を見てみましょう。

　最高裁平成23年６月７日判決（民集65巻４号2081頁。以下「最高裁平成23年判決」といいます。）は、懲戒処分としての一級建築士免許取消処分（当時の建築士法(2)第

10条第1項第2号及び第3号）が、行手法第14条第1項本文の定める理由提示の要件を欠いた違法な処分かなどが争われた取消訴訟のものです。

判決は、同項本文の趣旨について、「名宛人に直接に義務を課し又はその権利を制限するという不利益処分の性質に鑑み、行政庁の判断の慎重と合理性を担保してその恣意を抑制するとともに、処分の理由を名宛人に知らせて不服の申立てに便宜を与える趣旨に出たものと解される」としました。

次に、同項本文に基づいてどの程度の理由を提示すべきかは、上記のような同項本文の趣旨に照らし、①当該処分の根拠法令の規定内容、②当該処分に係る処分基準の存否及び内容並びに公表の有無、③当該処分の性質及び内容、④当該処分の原因となる事実関係の内容等を総合考慮してこれを決定すべきであるとしました。

そして、問題となった建築士法に基づく懲戒処分については、(i)処分の根拠規定の定める処分要件はいずれも抽象的であること、(ii)処分の選択について処分行政庁の裁量に委ねられていること、(iii)当該処分には処分基準が定められているところ、この処分基準は、意見公募の手続を経る等適正を担保すべき手厚い手続を経た上で定められて公にされており、しかも、その内容は、多様な事例に対応すべくかなり複雑なものとなっていることを挙げ、処分の原因となる事実及び処分の根拠法条に加えて、本件処分基準の適用関係が示されなければ、処分の名宛人において、いかなる理由に基づいてどのような処分基準の適用によって当該処分が選択されたのかを知ることは困難であるのが通例であると考えられるとしました。

さらに、(iv)重大な不利益処分であることを述べた上、その処分の理由として、本件処分基準の適用関係が全く示されておらず、いかなる理由に基づいてどのような処分基準の適用によって免許取消処分が選択されたのかを知ることはできないものといわざるを得ないとして、処分を取り消しました。

今回のような処分は、事業者にとって影響は重大ですし、事実関係を争っているということもあり、慎重に検討しなければなりません。

そうなんですか……。それでは、具体的に、どのように理由の提示をすればよいのでしょう。

理由の提示については、下級審裁判例においても、第一審判決と控訴審判決の結論が異なる場合も多く(3)、なかなか難しいです。

そうですか。でもどうすればよいでしょうか。

本件に関して言えば、①処分根拠となる法律の規定内容が「介護給付費……の請求に関し不正があったとき」と抽象的です。また、選択できる処分に「当該指定障害福祉サービス事業者に係る第29条第１項の指定を取り消し、又は期間を定めてその指定の全部若しくは一部の効力を停止することができる。」と幅があり、②処分基準はありません。また、③処分の内容は、指定障害福祉サービス事業者の指定取消しであり、このような処分が行われると、法人は当該事業所での事業を行うことが著しく困難になる重大な性質のものです。そして、④処分の原因となる事実関係については、長期間にわたる複数の不正請求を行政庁が認定しているところ、名宛人がそれを争っています。

以上からすると、根拠法令を示すことはもちろんのこと、いかなる事実関係に基づきいかなる法規を適用して処分がされたのかを具体的に了知させるために、特に、処分の原因として認定した事実関係を丁寧に書かなければならないものだと思います。

したがって、私見ではありますが、本件では、処分の対象となる不正行為について、日付、サービスを受けた者、回数、金額等の要素によって、行政庁が認定した事実を特定し、名宛人に認定した事実が理解できるように記載する必要があると考えます。

具体的には、例えば根拠法令に加え、「平成○年○月○日から同年○月○日にかけて、居宅介護サービスを提供していないにもかかわらず、提供を行ったとして、別紙のとおり、合計○円の介護給付費を不正に請求し、受領したことが、障害者総合支援法50条１項５号における『居宅介護サービス費の請求に関し不正があった事実』に該当する。」として、別紙で、処分庁が、架空のものと認定したサービスの日付、サービスを受けた者、サービスの内容、不正請求の請求日を記載する方法等が考えられます。

処分の量定については、処分基準がある場合には、基準と、不正行為が基準のどの場合に該当するかという適用関係を示します。

そして、基準の有無にかかわらず、例えば不正の行為者（組織の誰がどのように関与したか）、金額、期間、障害者に対する人権の侵害があればその内容、程度その他の事情からすると、障害者が基本的人権を享有する個人としての尊厳にふさわしい日常生活又は社会生活を営むことができるよう必要な障害福祉サービスに係る給付等を総合的に行い、もって障害者の福祉の増進を図るという障害者総合支援法の目的（第１章）から、当該処分が必要であることを示すことが考えられます。

分かりました。幸い、前に障害者福祉をやっていた係長に聴聞の主宰者になってもらい、聴聞調書や報告書も分かりやすく詳しいものを作っていただきましたので、それを元に検討したいと思います。

はい。今回は、既に終わっている手続ですが、聴聞の通知や弁明の機会の付与の通知には、不利益処分の原因となる事実を記載しなければならず（行政手続法第15条第１項第２号・第30条第２号）、これらの通知における記載の不備が不利益処分そのものの違法として取り消される可能性もあり得るので注意が必要です[4]。

話を戻しますが、不利益処分の理由の提示について、今後の対応としては、処分理由を書く立場としては、根拠法令や処分の原因となる事実を書くことを前提に、聴聞等の経緯を踏まえ、名宛人に、いかなる事実関係に基づきいかなる法規を適用して処分がされたのかについて、分かりやすいものを書くことが必要だと思われます。

第２　解説編

１　はじめに

行政手続法は、第３章において不利益処分の手続を定めています。そのうち、第14条第１項本文は、「行政庁は、不利益処分をする場合には、その名あて人に対し、同時に、当該不利益処分の理由を示さなければならない。」と規定しています。

もっとも、同項が、いかなる程度の理由提示を求めているかは、解釈に委ねられています。

そこで、最高裁平成23年判決後の同項に基づく理由の提示に関するいくつかの下級審裁判例について見ていきましょう。

2　考慮要素について

(1)　処分の根拠法令に規定された要件と効果

根拠法令に複数の禁止事項が列挙されている場合は、どの事項に違反しているかを特定する必要があります。また、要件が抽象的な場合や、行政庁が選択できる処分が複数規定されている場合は、行政庁の裁量の幅が広くなるために、処分庁が、いかなる事実がどの処分要件に該当すると判断しているかを細かく特定する必要が出てきます。

例えば、名古屋高裁平成25年４月26日判決・判自374号43頁は、「介護サービス費の請求に関し不正があったとき」（当時の介護保険法(5)第77条第１項第５号）に該当するとした県知事による指定居宅サービス事業者の指定取消処分について、処分要件は抽象的である上、上記同号に該当する事由がある場合に、指定居宅サービス事業者の指定取消処分をするか、又は期間を定めて指定の全部若しくは一部の効力を停止する処分をするかは行政庁の合理的裁量に委ねられているから、名宛人としては、本件通知書の記載から、いかなる態様、程度の事実によって取消しがされたのかを知ることができなければ、処分について裁量権行使の適否を争う的確な手掛かりを得られないことになるとしました(6)。

他方、要件が明確で事実の特定が容易な場合は比較的短い記載で適法と認められたものがあります。

例えば、東京地裁平成23年７月12日判決・裁判所ウェブサイトは、柔道整復師法第４条第３号の「罰金以上の刑に処せられた者」に該当したことを原因とする柔道整復師免許取消処分（同法第８条第１項）の事案で、「平成▲年▲月▲日、東京高等裁判所において詐欺により

○の刑に処せられ、柔道整復師法（昭和45年法律第19号）第４条第３号に該当することとなったため。」という処分理由について、結論として「処分の原因となった事実及びそれに適用されるべき法令の条項を明確に特定できる理由が付されている」としました。

⑵　当該処分に係る処分基準の存否及び内容並びに公表の有無

これについては、都市計画法に関する事例ですが、市街化調整区域にある土地について、予定建築物等の用途を「休憩所（ドライブイン)」とする開発許可(7)を受け、建築された建物についての、建築等の制限（同法第42条）違反等を理由とする使用停止命令（同法81条１項）等の取消しを求められた東京高裁平成24年12月12日判決・裁判所ウェブサイトがあります。

この事案は、市街化調整区域における開発行為の開発許可要件を定める同法第34条第９号、同法施行令第29条の７第１号についての「ドライブイン内販売コーナーの面積は50平方メートル以内とする。」という趣旨の解釈運用基準がある場合に、同基準が採用され、公表されており、名宛人からの開発行為の相談や開発許可申請、開業後の是正指導等にあたっても、同基準からみた適否が問題とされていたことが認められるにもかかわらず、処分理由には同基準に関する記載はないということを、理由の提示を違法とする考慮要素としました。

また、大阪地裁平成24年６月28日判決・裁判所ウェブサイトは、処分基準が複数ある場合に、どの基準を適用すべきか判断できる事実が記載されていないこと等から、理由提示の要件を欠くとして処分を取り消しました。

⑶　当該処分の性質及び内容

処分の効果が名宛人にとって重大かが検討されます。

例えば、上記名古屋高裁平成25年４月26日判決は、指定居宅サービス事業者の指定は、名宛人が居宅要介護被保険者に対して当該事業所による指定居宅サービスを提供した場合に、所定の居宅介護サービス費の支払を当該居宅要介護被保険者に代わって市町村から受けられる立場にあることを指定するものであるから（当時の介護保険法[(8)]第41条）、その取消処分は、名宛人にとって、介護保険からの収入を途絶させ、事業所の運営を著しく困難ならしめる重大な不利益処分であることを処分を違法とする考慮要素の１つとしました。

⑷　当該処分の原因となる事実関係の内容等

複数の事実が処分の原因となっている場合、行政庁が処分の根拠とした事実が、名宛人にとって理解が可能であることが求められます。

例えば、上記名古屋高裁平成25年４月26日判決は、行政庁が不正請求として指摘した事実関係はまちまちであり、また、名宛人は聴聞手続において事実関係を争っているのであるから、最終的に認定された処分理由を構成する具体的事実を把握できない限り、処分行政庁による裁量権行使の適否を判断することはできないとしました。そして、根拠となる法令の規定はもとより、同法令の適用対象となった個別具体的な事実（処分原因となった具体的な事実）をそれ以外の事実と区別できる程度に特定して摘示し、処分の名宛人に対し、いかなる事実関係に基づきいかなる法を適用して処分がされたのかを具体的に了知させるものでなければならないとしました[(9)]。

また、複数の類似の事実のうち、特定の事実を処分理由としている場合、処分の対象となる事実の特定を求めたものもあります。

名古屋地裁平成31年１月31日判決・判タ1478号165頁は、生活保護法78条に基づく徴収決定の取消しを求める訴えにおいて、「保護受給開始後から収入は無いとの申告を受けていたが、口座に振り込みを見つけ、申告が虚偽であることが判明」という理由について、「原告は、本件原告口座のほかにも複数の預貯金口座を保有し、複数回にわたり取引を行っていることが認められ、申告しなかったとされる口座への振込みについて、金融機関、振込日、振込金額等が具体的に記載されなければ、原告において、どの口座へのどの振込みを収入として申告しなかったことが処分の理由とされているかを理解することは困難である」として、理由の提示として不十分としました[10]。

3 おわりに

処分を行う以上、担当者としては、処分の原因となる事実、処分の根拠法令、処分基準の適用関係について、検討しているはずです。しかし、それを文章化するとなると、戸惑うこともあるのではないでしょうか。ただ、処分理由を文章化するために整理することは、処分庁側としても審査請求や取消訴訟といった後の争訟手続に備えるためにも有用です。処分の担当者も、根拠法令、処分基準にどの具体的な事実を当てはめて、なぜこのような処分をすることにしたのかを、不慣れなことは法務担当者と相談しながら、検討する機会と積極的に捉えていただきたいと思います[11]。

（1）正確には「障害者の日常生活及び社会生活を総合的に支援するための法律」
（2）平成18年法律第92号による改正前のもの
（3）例えば、名古屋高裁平成25年４月26日判決と津地裁平成24年７月30日判決・判自374号50頁、名古屋高裁平成25年10月２日判決・TKC文献番号25505971と津地方裁判所平成24年７月30日判決・TKC文献番号25505970、福岡高裁平成28年５月26日判決・判自422号72頁と熊本地裁平成26年10月22日判決・判自422号85頁
（4）広島高裁松江支部平成26年３月17日判決・判時2265号17頁参照
（5）平成23年６月22日法律第72号による改正前のもの
（6）他方、同号の規定について、内容は一義的であるとしたものに上記福岡高裁平成28年５月26日判決があります。
（7）都市計画法（平成18年５月31日法律第46号（平成19年11月30日施行）による改正前のもの）第29条第１項、第34条第８号（上記改正後は第９号）に基づきます。
（8）平成23年６月22日法律第72号による改正前のもの
（9）この判決は、聴聞手続を経ているからといって処分理由の提示の程度が軽減されるものではないとしています。他方、聴聞等の経過を考慮して処分の原因となる事実関係が明らかであるかを判断している裁判例（注（３）福岡高裁平成28年５月26日判決）もあります。
（10）国民年金法第36条第２項本文の規定に基づく障害基礎年金の支給停止処分について理由提示義務に違反したとする大阪地裁平成31年４月11日判決・判タ1466号114頁も興味深い判示が多く重要です。
（11）処分理由の書き方については、東幸太郎「行政職員は処分理由に「何を」「どう」書くべきか？」（自治実務セミナー2018年８月号377頁）も参考になります。

CASE 4

保育所入所保留処分の理由が簡潔すぎる！——プライバシーへの配慮と説明の工夫

第1　事例編

事案の概要

X市の保育所への入所申込みをしたお母さんのもとに、X市から封書が届きました。いそいそと開けてみると、紙が1枚。題名は「保育所入所保留処分通知」。「あれだけ保活をしたのに……理由は？」と、目を下に移すと、「定員超過のため」とだけ。

とても納得できないお母さんは、教示文を手掛かりに、「審査請求」「保育園」で検索して出てきた様式を見ながら審査請求書を書き上げて、X市に出しました。

さて、その口頭意見陳述(1)の席でのことです。

お母さんは、赤ちゃんを抱きながら、「紙切れ1枚で入所保留って、この子を預けなければ仕事に復帰できない私の辛さを何だと思ってるの！ しかも、理由は『定員超過のため』だけ。きちんと選考してるの?」と、涙を浮かべながら、その納得いかない思いを一気に吐き出しました。

審理員は、お母さんが落ち着いたのを見計らって、処分庁に対し、職権で質問を行いました(2)。

登場人物

審理員A

審理員B

処分庁職員

審理員と処分庁職員の会話

確かに、「定員超過のため」では、少し理由が足りないよ

うにも思います。
一方で、処分庁にも、事情があると思うので、お尋ねしたいのですが。

はい。保育所入所に際しての入所選考（利用調整[3]）は、保育を必要とする度合いを考慮して行っています。
当方では、各保護者の状況に応じた基本指数と、家庭の状況に応じた調整指数を、基準に照らしてそれぞれ算出し、２つの指数の合計が高い方から、希望先も踏まえて、入所承諾をしています。
指数の合計が同点のときには、「生活保護」「ひとり親」「障害」といった調整指数の加算の有無で決めています。どの順序で比較するかは、あらかじめ決まっています。
もちろん、申込みの際に配布する「しおり」にはこの方法が書いてあり、どのような基準で指数を何点計上するかも書いてありますので、申し込んだ方も自分の指数が推測できるようになっています。また、保育所別・年齢別の募集人数は事前に、入所者の最低指数については、入所者１名の場合を除き、事後に、それぞれ公表しています。
このため、「定員超過のため」と書けば、公表情報と合わせて、定員に空きはあったが、合計指数が入所者の最低指数に達しなかったか等が、おのずと分かるのです。

なぜ入所者１名の場合は、最低指数を明らかにしないのですか。

調整指数の性質上、入所できた１名の方と同指数で入所保留となった方からは、入所した方のプライバシーに関わる要素が推測できることになってしまうからです。

……それでも、申込者自身の指数くらいは通知に書けませんか？

現状では、入所保留通知に指数を書くとすれば、手作業で転記するしかありません。当方ですと、その通知が数百通にもなります。そうすると、指数の転記に誤りがないか、更に確認する必要も出てきてしまい、膨大な事務量になってしまいます。

自動的に打ち出せばよいのではないですか。それだけのことでしょう？

利用調整のやり方は各自治体で様々で、全国共通のパッケージがなく、自治体ごとに独自にシステムを入れたり、手作業を組み合わせたりして対応しているのが実情です。なので、それ「だけ」のために、千万単位、下手すれば億に届くシステム改修経費が掛かるのです。

（億……?）

（結果として入所できないのは変わらないのに、なぜこんなに言われなきゃいけないの……？）

第２　解説編

１　はじめに

CASE３に続き、理由の提示を取り上げます。

本項は申請に対する拒否処分、特に、保育所入所保留処分に係るものです。最近では解消に向かいつつありますが、待機児童問題が深刻化した中、保育所入所保留処分に対する審査請求が急増し、理由の提示の違法性をめぐる裁決も増えています。しかし、他の処分と比べて簡潔な理由の提示であることが多く、行政手続法第８条の趣旨に照らして適法・妥当なものか、悩むことが多いようです。

2　申請に対する拒否処分の理由の提示の判例

申請に対する拒否処分の理由の提示の判例[4]として、次の２つが著名なものとして挙げられます。なお、下線は筆者によるものです。

(1)　最高裁昭和38年５月31日判決[5]

「一般に、法が行政処分に理由を附記すべきものとしているのは、処分庁の判断の慎重・合理性を担保してその恣意を抑制するとともに、処分の理由を相手方に知らせて不服の申立に便宜を与える趣旨に出たものである」「ところで、どの程度の記載をなすべきかは、処分の性質と理由附記を命じた各法律の規定の趣旨・目的に照らしてこれを決定すべきである。」

「〔所得税法45条〕２項が附記すべきものとしている理由には、特に帳簿書類の記載以上に信憑力のある資料を摘示して処分の具体的根拠を明らかにすることを必要とすると解するのが相当である。」

(2)　最高裁昭和60年１月22日判決[6]

「((1)を引用し、旅券法が一般旅券発給拒否通知書に拒否の理由を付記すべき趣旨にもふれた上で、）このような理由付記制度の趣旨にかんがみれば、一般旅券発給拒否通知書に付記すべき理由としては、いかなる事実関係に基づきいかなる法規を適用して一般旅券の発給が拒否されたかを、申請者においてその記載自体から了知しうるものでなければならず、単に発給拒否の根拠規定を示すだけでは、それによって当該規定の適用の基礎となった事実関係をも当然知りうるような場合を別として、旅券法の要求する理由付記として十分でない。」

3　保育所入所保留処分における理由の提示の程度の検討

次に、保育所入所保留処分の理由の提示の違法性が争われた実際の裁判例について見てみましょう。

事案は、特定の保育所の入所者１名の枠に17名が申し込んだ結果、原告が不承諾（入所保留）となったもので、付記された理由は、「入所希望者が多数のため、選考した結果により、入所できません」というものでした。

⑴ 京都地裁平成25年１月17日判決

同判決では、「この記載からは、どのような事実関係があったため、〔原告の子〕よりも他の児童の優先度が高かったのかをうかがい知ることができない。このような理由の付記は、行政手続法８条に適うものとは言い難い」として、この理由の提示を違法であると判断しました（ただし、損害なしとして、結論としては請求棄却(7)）。

被告は、個別に詳細な説明を原告に対して行った旨も併せて主張しましたが、同判決は、前記最高裁昭和60年判決を引き、「処分の理由は書面の記載自体から相手方の知り得るように示さなければならない」「本件通知書外の事情を斟酌して理由付記が足りているかどうかを判断すべきではない」としました。その上で、事務処理の負担は認めつつも、取扱要領を公にすることで理由付記を簡略化できるとして、詳細な説明をしたことによる、いわば「追完」の主張を容れませんでした。

⑵ 大阪高裁平成25年７月11日判決（⑴の控訴審）

一方、控訴審（以下「大阪高裁判決」といいます。）は、この理由の提示を違法ではないと判断しました。

次のとおり、原告と担当職員のやりとりも踏まえ、より事案の特質に踏み込んで判断しています。

具体的には、「本件処分の理由をより具体的に記載するとなると、その性質上、他の児童の具体的な養育状況、各家庭における保護者の勤務状況等のプライバシーに亘る具体的事情との比較が問題とならざるを得ず、各希望者が相当に近くに居住する者であると推測されることに照らしても、更にその具体的事情まで踏み込んで本件通知書に記載することは、被控訴人の福祉事務所としては困難を伴うものというべきである」とした上で、本件入所申込みが、年度途中の、特定の保育所に限定して入所を希望したもので、さらに、担当職員とのやりとりから、本件処分の理由は十分に認識可能であったと考えられることに照らすと、理由付記が上記の程度であったとしても、少なくとも控訴人の権利又は法的に保護すべき利益を侵害する違法なものであったとまでは言えないと解される、としています。

(3) 保育所入所保留処分特有の問題・限界

この大阪高裁判決からも垣間見えますが、著名な判例の事案が、他の申請や他の許可に左右されない、いわば「一点もの」の処分を扱っていることと異なり、保育の必要性の高低に基づき判断される保育所への入所承諾の場合、多くは、他の申込者との相対的な比較でその可否が判断されます。

保育所入所保留処分の理由の提示においては、このことから生じる特有の問題・限界がありそうです。

ア　プライバシー侵害の問題

確かに、申込者がわずかで、募集人数が１人のみというような場合では、前記大阪高裁判決のとおり、理由を明確に書くほど、その理由付記によって、入所できた者のプライバシー侵害の問題が生じかねず、その点の配慮が必要になります。

一方で、全ての申込者につき、保育が必要な順にその希望を勘案の上、各保育所に横断的に割り振っていくような、例えば、全体で400人の定員枠に対して600人が申し込む状況であれば、入所者の中で保育の必要性が最低であった者との比較を多少詳細に書いても、比較対象となる入所者を特定すること自体がほぼ不可能であるため、プライバシー侵害は問題にならないでしょう。

大阪高裁判決の上記理由が、他の事案でどこまで当てはまるかは、熟慮が必要です。

イ　通知に適した分量にとどめる難しさ

では、プライバシー侵害が問題にならない場合に、どのような理由付記が可能でしょうか。

選考プロセスを数行で丁寧に書くだけでは、実質的内容は「定員超過のため」「選考の結果、あなたより保育の必要性の高い方がいたため」等と簡潔に書くのと、大差はありません。

そうすると、指数を用いた選考であれば、保護者や家庭の状況に係る事実を認定して、指数の基準を引用して、事実を当てはめて指数を算出し、各保育所の募集状況、申込者の指数の状況、それと当該申込者の指数を比較……と、「その記載自体から了知し得る」ように書き、指数を用いずに、総合考慮で判断・選考している場合には、その判断過程を詳細に書くのでしょう。

そうすると、これらの理由は、とうてい通知の余白に数行で書けるような量ではなくなります。

そして、アで挙げた例であれば、200人分の入所保留理由を準備することになりますが、実務的には不可能でしょう。

ウ　事務コストとの兼ね合い

イのような事情から、個別具体的な理由の提示を諦め、全員の処分通知に指数の内訳を記載したり、合計指数を記載したりするにとどめるとしても、現状対応できていない自治体においては、想定外のコスト（人員・時間）が必要です。利用調整の電算システムは各自治体バラバラで、改修に耳を疑うような経費を要するのが実情です。

⑷　検　討

さらに、各地の審査請求の裁決も踏まえて、なすべき理由の提示について検討してみます。

ア　「定員超過」か「欠員なし」か不明確なものは、違法とされてもやむなし？

理由の提示として、包括的に「定員超過又は欠員なし」としたものや、欠員なしにもかかわらず「定員超過」としたものにつき、いくつかの自治体(8)で審査請求を認容しています。

一般論としてはそのとおりです。ただ、現実には、募集時点で欠員がなくても、実際の利用調整の段階で欠員が生じた場合には、その分の入所を承諾することもあります。こうして欠員が埋まった結果、結局入所保留となったときに、その理由を「定員超過」と表現するか、「欠員なし」と表現するかは、説明の仕方の違いにとどまるのではないでしょうか。そうした場合についてまで「違法」と即断することには、慎重になるべきように思います。

イ　他の申込者との指数の比較の結果、入所保留としたのであれば、根拠とした指数は示すべき

一方で、指数を用いた利用調整を行っている自治体であれば、その際に根拠とした、申込者自身の指数は示すべきでしょう。

在宅トレーダーの保護者の指数につき、内職（指数７点）ではなく居宅内就労（指数10点）であるとの主張を受けて、就労の状況を細かに認定・評価して基準に当てはめ、その主張のとおり指数を算定し直した裁判例もありますが(9)、利用調整の基礎とした指数やその算出基準が分からなければ、こうした争い方自体がそもそもできません。

ただし、後述のように、代替手段で補完する余地もあり得るものと考えます。

４　まとめ

(1)　審理員や行政不服審査会に向けて

大阪高裁判決につき、「多数の入所申込者の中から少数の者を選考

した理由を、プライバシーに配慮しながら明らかにする方法が、まったくないとはいえないのではないだろうか[10]」とする論説もあり、実際に、類似の趣旨で審査請求を認容した自治体[11]もあります。

しかし、行政手続法や行政不服審査法の規定も、処分庁に不可能を強いるものではないでしょう。

また、処分庁が申込者一般に事前に情報提供を行っており、それをもとに申込者が処分庁の判断過程を検証し、それなりに争点を押さえた審査請求が可能であったのであれば、判例のそもそもの趣旨である「処分庁の恣意の抑制」「不服申立ての便宜」は実質的に果たされていると見ることもできます。処分庁が個別の説明にも応じる旨を事前に明らかにし、実際に事後に個別の説明に応じているのであれば、なお一層、そのような評価が可能でしょう。

このため、単に、「理由付記の記載自体のみから了知し得ない」から違法とすることは、保育所入所保留処分特有の問題・限界を見過ごし、妥当性を欠くように思います。

先行判例においても、「どの程度の記載をなすべきかは、処分の性質と理由附記を命じた各法律の規定の趣旨・目的に照らしてこれを決定すべきである」とし、また、「○○処分通知書に付記すべき理由としては」といった類の前置きをしていることに、もう少し注意を向けるべきです。

⑵ 処分庁に向けて

もし漫然と、簡潔な理由の提示だけで良しとしてきたのであれば、猛省すべきです。個別の処分通知における詳細な理由の提示が難しいとしても、全体の調整結果を同封する、公表情報のホームページアドレスを記載する等、通知を受け取った申込者に、なぜ入所保留となったのかという判断過程について検証・納得してもらえるような仕掛けについて、１つでも２つでも、工夫の余地はあると思われます。

こうした工夫もせず、指数や総合考慮の内容も明かさないままでは、申込者が処分庁の判断過程を検証することは不可能ですので、さすがに違法を免れないと考えます。実際に、審査基準が公にされていないこと（行政手続法第５条第３項参照）と理由の提示の不備を併せて、審査請求を認容した自治体もあります[(12)]。

厚労省通知[(13)]においても、「利用調整における選考過程の透明化を図り、もって保育所等の入所申込者の十分な理解が得られるよう、利用調整に当たって指数（優先順位）付け等を行っている市町村においては、当該申込者に係る指数等についても併せて通知するなど、申込者に対するきめ細かな支援を積極的に行うよう努めること」とされているところです。

第３　おわりに

第２までで取り上げた裁決のほか、大阪高裁判決及び処分に係る諸事情を踏まえ、簡潔な理由付記であっても違法・不当とせずに、正面から棄却として扱った裁決も何件か出されています[(14)]。

一方で、結論としては棄却としつつも、理由付記の点で違法があることを明記し、主文で違法を宣言する事情裁決（行政不服審査法第45条第３項）も一部に見受けられます[(15)]。しかし、①理由付記の不足のみを理由として違法・不当で取り消してみても、対象となった児童が保育所に入所できないという事情や、②理由付記の手間が膨大になること及び多額のシステム改修費用がかかるという事情の存在が、事情裁決の要件[(16)]を満たすか否かは、条文に照らした場合に、なお検討を要するのではないでしょうか。

実際に、いくつかの行政不服審査会では、本件のような事案では事情裁決の要件を満たさないのではないか、ということを自覚的に意識しつつ、いわば折衷的に「付言」の制度を生かすことで、建前と現実のバランスを図っているように感じます[(17)]。

また、入所保留処分の事案において、審理期間が長期にわたるものも一部にあります。しかし、裁決を出すために、慎重な審議を重ねる中で１年以上経ってしまえば、待機児童の状況もガラッと変わり、その後に出た裁決がたとえ実体的な違法がある旨を指摘するものでも、実質的な救済を実現できない可能性が高くなります。

審査請求制度の目的には、審査請求人とその権利利益の簡易「迅速な」救済があること（行政不服審査法第１条参照）も、再認識する必要があると思われます。

（1）行政不服審査法第31条参照。お母さんから申立てがあったという前提でお読みください。

（2）行政不服審査法第36条参照

（3）児童福祉法第24条第３項、同法附則第73条第１項参照

（4）不利益処分と異なり（一級建築士免許取消処分（最高裁平成23年６月７日判決・民集65巻４号2081頁、本書CASE３参照））、行政手続法施行後に、申請拒否処分の理由の提示についてなされた最高裁の判断は、未だありません。

（5）民集17巻４号617頁

（6）民集39巻１号1頁

（7）慰謝料等請求訴訟であり、処分取消訴訟ではないことから、「本件処分に係る理由付記の違法は、賠償を要する具体的な損害を原告に発生させたとまではいえない。」として請求自体は棄却されています。

（8）杉並区平成28年11月10日裁決、富山市平成29年３月14日裁決、千葉市平成29年９月21日裁決等。なお、以下のものも含め、裁決は総務省の行政不服審査裁決・答申データベース又は各自治体のホームページ掲載のものを参照しています。

（9）保育所入所不承諾処分取消請求等（東京地裁平成19年11月９日判決・判タ1279号132頁）。なお、入所できない状況は変わらなかったため、請求自体は棄却されています（確定）。

（10）田村和之「保育所入所不承諾（代替保護の不履行）に関する京都地裁判決」保育情報№458、68頁

（11）川崎市平成30年３月13日裁決

（12）京都府久御山町平成29年６月９日裁決

（13）「保育所入所不承諾通知書の名称等の変更について（通知）」平成28年８月雇児発0831第５号。ちなみに、通知の表題にあるとおり、この通知をきっかけに、保育所入所「不承諾」通知書から、保育所入所「保留」通知書に名称が変更されました。

（14）直近のものとして墨田区令和２年12月８日裁決。なお、中村真由美「保育所等の利用調整にかかる保留通知に対する審査請求実務」判自448号99～100頁参照

（15）例えば、「本件処分を取り消したとしても、適正な理由を提示して本件処分と同様に入所保留の処分が行われること等を総合的に考慮」して、棄却している自治体があります。

（16）行政不服審査法第45条第３項は、「審査請求に係る処分が違法又は不当ではあるが、これを取り消し、又は撤廃することにより公の利益に著しい障害を生ずる場合において、審査請求人の受ける損害の程度、その損害の賠償又は防止の程度及び方法その他一切の事情を考慮した上、処分を取り消し、又は撤廃することが公共の福祉に適合しないと認めるとき」に事情裁決を認めているものであり、①処分の取消し又は撤廃により公の利益に著しい障害を生ずること、②処分の取消し又は撤廃が公共の福祉に適合しないことを考慮要素として挙げています。

（17）「審査会としては運用を改めるべきであると思っていても、行政の側に何らかの根拠があってそのような運用をせざるを得ないという状況があるとすれば、審査会が一人走り過ぎるのも、良いことではないのかもしれない」（宮森征司「第二回行政不服審査交流会結果報告」行政管理研究第161号52～53頁〔小幡純子発言〕）という指摘もあります。

CASE 5

申請書の「不受理」は審査請求の対象になるか——行政手続法・行政不服審査法と「法令に基づく申請」

第1　事例編

事案の概要

Ｙ県では、住民からの審査請求の受付事務や問合せを法務課で行っています。今回、代表電話を通じて、住民Ｘから審査請求書の提出方法についての問合せを受けました。

Ｘの所属する団体では、来月に予定している絵画教室のために、庁舎内の空き会議室の貸出制度を利用して使用の予約をしていました。後日、使用料免除の要件に該当することが判明したため、所定の使用料免除申請書を提出しようとしたところ、既に使用料を納付済みであったことから、免除申請書は受け付けられないと担当者に言われたようです。

登場人物

所管担当者

法務担当者

住民X

1　住民からの問合せ

申請書を担当の窓口に持って行ったのですが、書類を提出しようとしても持ち帰るように言われて、受理してもらえませんでした。申請不受理処分を審査請求で争いたいので、審査請求書の書き方を教えてください。

申請不受理処分ですか……。

「処分についての審査請求」では、行政処分つまり行政機関が何か不利益な決定をしたことに対して、その取消しを求めることができます。その場合、審査請求書には、「審査請求に係る処分の内容」を書かなければならないことになっています。したがって、何らかの決定が既に行われていることが審査請求の前提となります。

通常、審査請求の対象となる行政処分は書面でその内容を通知することになっていますが、現時点で、申請書に不備があるとか、申請書の内容では申請は認められないといったことについて、何か書面で回答は出されていますか。

窓口に２回行って担当者と話をしましたが、受け取っても無駄になってしまうというようなことを説明されて、持ち帰るよう言われただけです。正式に書面などで回答はもらっていません。

なるほど。少し難しい説明になりますが、一般的には、法律などで定められた申請書が提出された場合には、行政機関の側では申請書を受け取った上で、内容を審査して、申請を認めるか、申請を拒否するかの回答をしなければいけないことになっています。したがって、受理・不受理という問題は通常は考えられません。

仮に、審査請求書に「申請不受理処分の取消しを求める」と記載したとしても、申請不受理処分は存在しない、あるいは単なる事実行為に過ぎないとして、審査請求は不適法で却下されてしまう可能性が高いです。

申請不受理処分を取り消してもらうことはできないということですか……。他に審査請求の方法はないのですか。

審査請求には、「処分についての審査請求」のほかに「不作為についての審査請求」があります。

しかし、ご事情を聞く限りでは、使用料免除申請書はまだ提出していないことから、客観的には申請が存在しない状態だと考えられます。したがって、「不作為についての審査請求」をご案内しても、申請に対して何らの応答がない「不作為」があるとは認められず、審査請求は不適法で却下されてしまう可能性が高いです。

処分についての審査請求、不作為についての審査請求のどちらもだめということですか……。

会議室の使用料の規定を見ましたが、使用者の中に身体障害者手帳を保有している人がいる場合には使用料が免除されると書いてあったので、要件は満たしているはずです。このまま何も争うことができずに諦めるしかないということですか。

今回の使用料の免除申請が行政手続法や行政不服審査法の規定する「法令に基づく申請」に該当するかどうかによって変わってくるところがあります。

当法務課では、所管部署に確認しないと正確なことは直ちに回答できませんので、所管部署の担当者と話した上で、後ほど所管からＸ様に連絡をさせるようにします。

2　所管部署への事情確認

Ｘさんから使用料免除申請書が不受理になったと聞きましたので、事情を聞かせてください。

はい。既に納付された使用料は還付しないことになっていますので、仮に使用料の免除申請が出されても、免除は認められません。せっかく申請書を提出してもらっても、お手数を掛けるだけになってしまいますので、その旨を説明して、申請は諦めてもらいました。

なるほど。免除申請のタイミングが遅かったという認識ですか。仮に、申請書が提出された場合には、使用料免除の要件自体は満たしていたのですか。

納付済みの使用料は還付できないという前提でいましたので、そこまでは確認していません。免除要件を審査するためには、申請書の添付書類として身体障害者手帳の写しなどが必要となりますが、窓口には持参していなかったので、追加で用意してもらう必要があります。使用料の免除が認められない結果になった場合に、そこまでやってもらうのも申し訳ないと思いまして……。

ところで、所管課としては、会議室の使用料の免除申請は、いわゆる「法令に基づく申請」に該当するという理解ですか。何か法律上の根拠に基づく手続なのですか。

会議室の貸出自体は、行政財産の目的外使用許可という位置付けでやっています。使用料の徴収や免除については、条例及び条例施行規則で手続や様式が定められています。

使用料の免除申請に対しては、何らかの応答の手続が規定されていますか。

　免除を認めない決定をする場合の通知書には、審査請求についての教示を付すことになっていますか。

確か、免除申請却下通知書が条例施行規則の様式で定められていたはずです。教示が付いているかどうか確認してみます。

本件の使用料免除申請が「法令に基づく申請」に該当する場合には、このまま「不受理」の状態にするのはまずいですね。

　Xさんとしては、審査請求の問合せをしてきた時点で、申請書を提出したいという意思が明確だと言えますので、申請の内容が認められない可能性が高いとしても、これ以上は提出を控えるように説得等はしない方がいいでしょう。

分かりました。

まずは、所管課で本件の使用料免除申請が「法令に基づく申請」に該当するかどうかを整理してください。

「法令に基づく申請」に該当する場合には、申請書の提出を受けた上で、何らかの回答をしなければなりません。そして、その結果に不服がある場合には審査請求を提起することができますので、Xさんに対しては、改めて申請書を提出するよう依頼し、その旨を説明してください。

3　その後の経緯

本件では、その後、所管部署で使用料の免除申請書を受け付けることとなり、同時に、住民Xからは不作為についての審査請求が提起されました。審査請求の審理の過程で、納付後の使用料は還付することができないとする規定と使用料の免除事由に基づいて事後的に使用料を免除する決定とは矛盾するものではないとの解釈に至り、また、申請の必要書類である身体障害者手帳の写しが追加提出されたことで免除要件を満たしていることが確認できたため、所管部署は使用料の免除を決定しました。

住民Xは結果に満足し、審査請求は取下げとなり終了しました。審査請求の窓口にたどり着かなければ、使用料の免除申請書は「不受理」のまま、住民Xは救済されなかった可能性がある事例です。これは筆者の実際の経験に基づき、具体的な申請の内容等を適宜改編した事案です。

第２　解説編

１　問題の所在

⑴　申請に対する窓口対応の実務

住民の方から役所の窓口に申請書類等が持ち込まれた際に、職員が申請書類の内容をチェックし、明らかに許認可等の要件を欠いていると思われるような場合には、その旨を伝えて申請書類等を持ち帰ってもらうような対応は珍しくないことと思います。

申請書類の修正や資料の追完等を求めたとしても許認可等は認められない見込みであれば、申請者に対して手間や負担を掛けないで済む方がよいという配慮から、申請を諦めるように差し向けることも多いと思われます。窓口対応において無用なトラブルを避けるための現場の知恵という側面も否定はできません。

しかし、このような対応は一種の行政指導と考えられますので、行政指導として許容される限度を超えて行うことはできませんし、申請の「不受理」や「返戻」といった法が本来予定していない態様で申請行為が事実上妨げられた場合には、国民に保障された申請権を侵害するものとの評価を受けることになります。

また、本稿の事例のように、申請の不受理や返戻行為は単なる事実行為であり、一般的には審査請求の対象とすることはできないと考えられます。そのため、申請の不受理や返戻は、申請者が申請に対して処分を受ける権利を侵害するのみならず、申請結果に対して不服申立てをする権利も不当に制限することとなるおそれがあることにも注意しなければなりません。

⑵　行政手続法の制定

申請制度を定めた法令は、国民に対して申請する権利（申請権）を付与しているものであり、申請に対する処分はこのような国民の権利行使に対する応答といえます。

行政手続法は、「申請」を「法令に基づき、行政庁の許可、認可、免許その他の自己に対し何らかの利益を付与する処分（以下「許認可等」という。）を求める行為であって、当該行為に対して行政庁が諾否の応答をすべきこととされているものをいう」（第２条第３号）と定義し、同法の申請が応答義務を生じさせるものであることを明らかにした上で、同法第２章の「申請に対する処分」（第５条から第11条まで）で申請に対する行政庁の応答に関する一般的な規律を定めています。

また、行政手続法の第４章「行政指導」の中には「申請に関連する行政指導」の規定が置かれ、申請の取下げ又は内容の変更を求める行政指導にあっては、行政指導に携わる者は、申請者が当該行政指導に従う意思がない旨を表明したにもかかわらず当該行政指導を継続すること等により権利の行使を妨げるようなことをしてはならないと定められています（第33条）。

なお、自治体の機関が条例・規則を根拠としてする処分等については、行政手続法の適用が除外され（第３条第３項）、各自治体の制定する行政手続条例の規定に従うこととなります。ただし、各自治体で定める行政手続条例は行政手続法と同一の規定ぶりになっていると思われますので、本項では法の規定に基づいて解説をします。

⑶　不作為についての審査請求

行政不服審査法第３条は、法令に基づき行政庁に対して処分についての申請をした者は、当該申請から相当の期間が経過したにもかかわらず、行政庁の不作為（法令に基づく申請に対して何らの処分をもしないこと）がある場合には、当該不作為についての審査請求をすることができると規定しています。

ここでいう申請は行政手続法第３条第３項の定義する申請と同義で

あると解されており、本稿では、「法令に基づく申請」と表記します。

2　申請に対する行政機関の対応が行政手続法の趣旨に違反すると判断された事例

もっとも、行政手続法の制定後においても、行政機関の申請に対する対応について、いわゆる不受理や返戻といった同法に違反する行為に該当し、違法と判断されるような裁判例は数多く存在し、実務上もそのような状況が少なからずあることは否定できません。

そこで、申請に対する行政機関の対応が違法であると裁判所に判断された事例を紹介しながら、行政手続法の規定や趣旨を改めて整理したいと思います。

〔事例１〕神戸地裁平成12年７月11日判決(1)

○行政手続法第７条の規定に照らして「受理」概念を否定した事例

産業廃棄物の処理施設の設置許可申請者が、県職員に申請書は受理できない旨述べられ、申請書を持ち帰ったという事実関係の下で、「受理拒否処分」という処分は観念できず、申請に対する不作為も存在しないとされた事例です（下線は筆者。以下同じです）。

(判旨)

行政手続法７条は、「行政庁は、申請書がその事務所に到達したときは遅滞なく当該申請の審査を開始しなければならず、かつ、申請書の記載事項に不備がないこと、申請書に必要な書類が添付されていること、申請をすることができる期間内にされたものであることその他の法令に定められた申請の形式上の要件に適合しない申請については、速やかに、申請をした者に対し相当の期間を定めて当該申請の補正を求め、又は当該申請により求められた許認可等を拒否しなければならない。」と規定し、申請が行政庁に到達すれば、行政庁は申請に対する審査、応答をしなければならないことを明らかにしている。

右規定は、従前、申請が行政庁に到達したにもかかわらず、行政庁がこれを受理しない取扱いをした上で申請の取下げを求めるなどの行政指導を行い、あるいは処理を遅延させるということがあったことにかんがみ、かかる不適切な運用を改善し、申請に対する迅速、的確な処理の確保を図るために設けられたものであり、右規定の趣旨からすると、申請に対する行政庁の審査、応答義務は申請の到達という事実によって発生し、その間に行政庁の「受理」又は「受理拒否」、すなわち申請を有効なものとして受け取り又は受け取らない行為が介在する余地はないと解すべきである。

したがって、同法の下では、行政庁の「受理拒否処分」という処分も観念し得ないものというべきである。

そうすると、原告主張の廃掃法15条１項に基づく産業廃棄物処理施設設置許可申請に対する被告の「受理拒否処分」なるものは存在するとは認められないから、その取消しを求める主位的請求に係る訴えは不適法といわなければならない。

前記認定の事実によれば、原告代表者は、被告担当者との面談終了後、本件申請書を鞄に戻し入れ、すべて持ち帰ったというのであるから、本件申請書は、未だ被告の了知し得る支配範囲に入ったとは認められず、被告に到達したとはいえない。

以上のとおり、本件申請書による廃掃法15条１項に基づく原告の申請は被告に到達したとはいえないから、これに対する審査、応答義務は未だ発生していないといわなければならない。したがって、被告が原告に対し何ら許否の処分をしていないことは違法とはいえないから、不作為の違法確認を求める予備的請求は理由がない。

まず、同判決は、行政手続法第７条の規定に照らして「受理」の概念を明確に否定しています。ここで重要なことは、行政手続法第７条は、「申請書の受理」ではなく「申請書の到達」という客観的な事実をもって申請の審査の開始の要件を規定していることです。

したがって、申請書が到達した以上は「受理」又は「受理拒否」という行為が介在する余地はなく、受理拒否処分の取消しを求める審査請求や抗告訴訟は対象となる処分を欠き不適法となります。

また、申請者が窓口での職員の説得等に応じて申請書を提出せず持ち帰った場合には、申請者は、受理拒否処分や申請に対する不作為については争うことができないということになってしまいます。

〔事例２〕千葉地裁平成14年５月31日判決[2]

○「申請」の意義を、「適式・適法な申請書の提出があったと行政機関が判断した場合に限る」とする解釈が否定された事例

被告県は、同県の公文書公開条例が定める「請求書の受理」とは、実施機関によって適式・適法な申請書の提出があったとの判断がされた場合に限るとの解釈を前提に、適式・適法な申請書によらない開示請求に対しては「不受理」とする趣旨の決定をした上で、当該決定に対する審査請求があった場合には、申請拒否処分である公文書の非公開決定とは異なり審査会への諮問手続を要しないとする取扱いをしていた事例です。

（判旨）

法令の解釈は、その文言の通常の用語例に従って解釈されるのが一般であるところ、「申請書の受理」は、「申請書の提出を受けたこと」と考えることができ、被告所論のように、実施機関によって適式・適法な申請書の提出があったとの判断がされた場合に限って「申請書の受理」にあたると解するのは無理がある。

> 行政手続法７条によると、行政行為の申請が行政庁に到達した場合、その申請行為に不備があるときは、行政庁として補正を求めるか、申請の拒否処分等をするべきであるとされており、被告所論のような「不受理」というような特別の措置をとる余地はないとされている。
>
> 被告所論のように解釈するとすれば、公文書公開請求を受けた行政機関としては、請求を「受理」すべきでないと判断しさえすれば、定められた期間内に申請に応答する義務がないという不都合な結果を招来することにもなる。
>
> 被告所論は、公文書公開条例が定める請求書の受理の意義を「請求書面の実施機関への到達」ではなく、「請求書面の提出」と「申請の前提条件を具備したという実施機関の認定行為」の双方を含むという誤った前提に立ったものであって、到底採用することができない。
>
> 「公文書の公開に関する規程」は、本件条例を承けて定められたものであることが明らかであるが、上記規程によって公文書開示請求についての「不受理」処分なるものが創設されたとする解釈は、本件条例の委任の範囲を逸脱するものであって採用することができない。

本事例でも、行政機関の「受理」概念の解釈の誤りが指摘されています。

行政手続法第７条は、申請書の到達があった場合の行政機関の手続を定めており、流れを図にすると次頁のとおりになります。

申請書の到達によって行政機関には応答義務が生じ、形式上の不備がある申請であっても、補正等を行わなければならず、補正に対して相当期間内に回答がない場合や補正が不可能である場合には、申請により求められた許認可等を拒否する処分を行わなければ、申請を受けた行政機関の応答義務が果たされたことになりません。形式上の要件に適合しないことを理由とする却下処分等も「申請に対する拒否処分」の一類型であることに注意が必要です。

仮に、行政手続法第７条の規定する「申請書の到達」とは別に、適式な申請に限って受理するとの概念を採用した場合には、行政機関が形式上の不備があると判断した申請に対しては応答義務が生じないこととなり、申請に対して拒否処分を行うことを回避したまま放置することも可能となってしまいます。その結果、申請者は、申請に対する処分を受けられず、申請に対する許否の判断を不服申立て等で争う機会も得られないこととなってしまいますので、妥当ではありません。

申請の到達から応答までの流れ

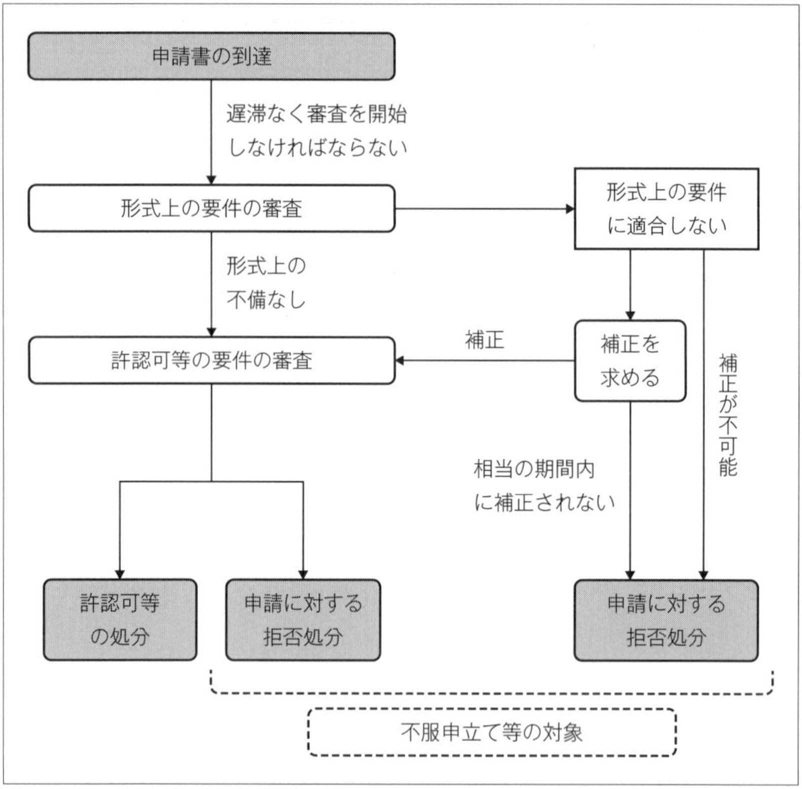

〔事例3〕大阪地裁平成15年5月8日判決[(3)]

○申請の不受理、返戻が国賠法上の違法と判断された事例

学童保育事業の実施を目的として設立された原告団体が、被告の空き教室において学童保育を行うために余裕教室を借り受けるべく、市有財産借受申請書を提出したところ、被告市側は原告代表者宅に赴き、申請書を返戻しました。その後、原告代表者が改めて窓口に申請書を持参したところ、被告市側が受取を拒絶した事例です。

> (判旨)
>
> 行政手続法7条は、国民の申請権を具体化する趣旨で、法定の要件を充足する申請についての不受理ないし返戻等の取扱いを排し、申請に対する行政庁の審査応答義務を規定している。
>
> また、行政財産の目的外使用許可の申請を拒否する行為に不服がある場合には、地方自治法238条の7に基づく不服申立てが認められており、同条による裁決に不服がある場合には、行政事件訴訟法に基づく抗告訴訟が認められているところ、行政手続法33条は、このような不服がある者が争う機会を保障する見地から、申請の取下げ等を求める行政指導によって申請者の権利を侵害してはならない旨規定している。
>
> とすれば、行政財産の目的外使用許可の申請について、不受理ないし返戻等の手段によって、その受理を拒否することは、申請を受理し応答する義務に違反し、使用希望者の申請権を侵害するものであって、原則として許されないものというべきである。
>
> 不受理ないし返戻は、何ら法律的根拠を有しない事実上の措置であるところ、かかる事実上の措置は、あくまで申請者の任意の応諾を前提とするものであって、申請者が、かかる事実上の措置に応じない意思を明確に表明し、直ちに申請の受理を求めていると認められる場合にまで、相手方を直接に強制し、事実上の拒否

処分と異ならない結果をもたらすことを容認するものではない。
　被告が本件各申入れを受理しない限り、原告が地方自治法238条の７の不服申立て等をすることは不可能であるところ、被告が本件申請書を返戻したり受理しなかったことによって、原告が不服申立て等をして判断を受ける機会が失われており、これが事実上の不利益に当たることは否定できない。

　申請に対する説得等の事実上の措置は相手方の任意の協力を前提に許容され得るという行政指導の一般原則に基づき、被告が申請書を返戻したり受理しなかった行為は、本件申請に応答する義務に違反し、原告の申請権を侵害するものであり、国賠法上違法というべきであるとされました。なお、原告団体の信用及び客観的評価が毀損されたとは認められないとして、損害の発生は認められませんでした。
　また、本事案でも、申請の受理を拒絶することによって申請に対する拒否処分を回避することを許した場合には、不服申立ての道が閉ざされることとなり、不服申立手続が設けられた趣旨を没却するおそれがあるとされています。

〔事例４〕東京高裁平成14年２月20日判決(4)

○返戻行為が申請却下処分に該当するとされた事例

　なお、産業廃棄物処理施設の設置許可申請に関して、事例１とは反対に、申請書の返戻行為が実質的に取消訴訟の対象となる申請却下処分に当たると判断された事例もあります。

（判旨）
　私人が産業廃棄物処理施設を適法に設置するためには、廃掃法15条１項が定めるとおり、都道府県知事の許可が必要不可欠であるから、都道府県知事に対し産業廃棄物処理施設設置許可申請をした者は、同申請につき法令に定める正当な手続によってその許否を判断されることを求める法律上の地位ないし権利を有すると認められる。したがって、廃掃法の規定する手続に従い産業廃棄物処理施設設置許可の申請がされた場合において、都道府県知事が、同申請に対する許否の判断をしないで申請書その他の書類を申請者に返却したときは、それが補正を要するためであるなど特段の事情が認められない限り、申請者の上記法律上の地位ないし権利に影響を及ぼし、ひいてはこれを侵害することになるから、実質的に取消訴訟の対象となる申請却下処分に当たると解すべきである。

そうすると、Ｙ県Ａ保健所長がした本件申請書の返却行為は、控訴人が廃掃法上に定められている産業廃棄物処理施設の設置についての被控訴人の許可を求めることができる地位ないし権利を正面から否定し、これを決定的に侵害するもの、すなわち、本件申請についての却下処分に該当するものといわざるを得ない。

本件申請書の返却行為は、もはや事実行為たるにとどまらず、控訴人の法律上の地位ないし権利に影響を及ぼし、これを侵害する行政処分の性質を有するというべきである。

（申請書の返却により）廃掃法15条の２の処分要件の審査をしないで本件申請を却下をしたと認められるから、その取消しを免れないものであることは明らかといわなければならない。

本事例のように申請書の返戻行為や不受理を実質的な申請却下処分に該当すると解した場合には、許認可等の要件の審査を行わずに申請を拒否したことになりますので、そのことのみをもって申請拒否処分としては違法と判断されることになります。

３　法務担当者としての視点

審査請求の問合せを契機として、申請を取り扱う所管部署で「不受理」や「返戻」のような対応がなされていることが判明する場合もあります。しかし、一般的には申請の不受理や返戻行為は審査請求の対象とはならない事実行為と解されることから、申請書が提出されていない状態のままでは、適法な審査請求の手続を案内することは困難だと思われます。

法務担当者としては、所管部署に事情を確認し、問題となっている申請行為が行政手続法第３条第３項及び行政不服審査法第３条の「法令に基づく申請」に該当する事項かどうかを検討し、該当すると判断する場合には、所管部署に対して、申請書類を受け付けた上で何らかの応答をするよう促すなどして、審査請求の俎上に載せるようにすることが求められるでしょう。

その際、現場レベルでは、申請の不受理や返戻から生じる問題点が認識されていないことも意外と多いと思われます。法務担当者としては、本稿で紹介した裁判例の判示に現れている行政手続法の規定や趣旨をよく理解した上で、申請拒否処分そのものから生じる不利益よりも、申請権の侵害及び不服申立ての機会が失われることによる不都合を説明することが重要だと思われます。

○参考文献

・一般財団法人行政管理研究センター（IAM）編『逐条解説　行政手続法〔改正行審法対応版〕』（ぎょうせい、2016）

（1）判自214号76頁
（2）裁判所ウェブサイト
（3）判タ1143号270頁
（4）裁判所ウェブサイト

第3章

開示請求・守秘義務・情報提供

CASE 6

落選業者の商号等と提案内容、本当に非開示でいいの？ ——公募型プロポーザルと情報開示請求

第１　事例編

事案の概要

A市情報公開条例では、開示が求められた文書のうち、「法人そのほかの団体に関する情報であり、公にすることにより、当該法人等の権利、競争上の地位その他正当な利益を害するおそれがあるもの」については、非開示にするものとされています。所管課の職員は、公募型プロポーザルの参加者から提出された文書のうち、この非開示事由に該当するとして、落選した参加者の商号等と提案内容を非開示にしようと考えていますが、これができるか否かを確認するため、法務担当者のもとに法律相談にきました。

登場人物

所管担当者

法務担当者

所管担当者からの相談

公募型プロポーザルの際に用いられた文書の開示が問題になっているようですね。

そうです。Ａ市が所有するＸ土地を売却するに当たって、集合住宅の用地とすることを売却の条件としましたが、私たちは、街づくりの一環として、新たな入居者と周辺住民の交流が生まれることが必要だと考えました。そこで、集合住宅の中に入居者と周辺住民の交流のための施設（以下「交流施設」といいます。）を設けるという条件を付し、交

流施設をどのようなものにするかについて、公募型プロポーザルを実施し、最も優れたアイデアを提案した者を契約の相手方にすることにしました。今回の開示請求の対象は、その提案書です。

どの部分を非開示にしようとしているのですか。

提案書は、申請書と提案内容を記載した資料（以下「提案資料」といいます。）で構成されています。申請書に公募型プロポーザルの参加者の商号と所在地（以下「商号等」といいます。）の記載欄があり、選定された参加者以外の者（以下「落選業者」といいます。）の商号等を黒塗りすることを検討しています。また、提案資料については、参加者の企画内容が記載された部分（以下「提案内容」といいます。）を非開示にしようと思っています。

公共工事の入札及び契約の適正化の促進に関する法律（以下「入札適正化法」といいます。）第５条第１号では、一般競争入札等について、入札者の商号又は名称及び入札金額を公表することになっており、Ａ市のホームページでは、これらは公開されていましたね。これに対し、公募型プロポーザルでは、どのような取扱いなのでしょうか。

一律の取扱いは決められていません。公募内容は、定型的類型的なものから知的財産に準じるようなものまで多岐にわたるので、個別に公表の可否を検討し、公募要項に示します。

本件では、どうだったのでしょうか。

情報公開条例に基づき公開されることがあるという抽象的な記載をしています。

より具体的に記載し、参加者に情報公開についての取扱いを理解してもらった上で、参加と不参加を決めてもらうべきだったかもしれません。開示に同意するか否かの参加者の意向を確認していることもないのでしょうか。

確認していません。そうした方がよかったでしょうか。

それだけで開示すべきかどうかが決まるわけではありませんが、参加者の同意があれば、ここまで悩まないで、開示できたかもしれません。ところで、落選業者の商号等と提案内容を黒塗りするつもりとのことですが、いずれの非開示事由に該当するのでしょうか。

「法人そのほかの団体に関する情報であり、公にすることにより、当該法人等の権利、競争上の地位その他正当な利益を害するおそれがあるもの」という非開示事由に該当すると考えています。

というと？

まず、提案内容についていうと、本件に限らず、集合住宅を新たに建設する場合、地域住民と新しい住民との交流は１つの大きなテーマです。提案内容に他の集合住宅で模倣・流用可能なアイデアが示されていますから、落選業者の正当な利益が害されると考えます。

　次に、落選業者の商号等についていうと、現時点では、公募型プロポーザルの手続が終わり、選定結果がＡ市のホームページに公表されています。そこでは、それぞれの参加者を匿名にし、参加者の①事業実績、②財務状況、③事業計画の３つについての選定委員会の講評文、獲得した点数や参加者の順位が示されています。落選業者の商号等を公表すると、落選業者と講評文・点数・順位等の評価とが結び付けられ、他の参加者よりも劣っているとの印象が独り歩きする等、その評判が落ちるおそれがあると考えています。

よく分かりませんね。公表されている選定結果では、参加者は匿名になっているのですから、評価が結び付けられるおそれはないようにも思うのですが……。

いや、そういうわけではありません。申請書には、参加者の商号等と受付番号が記載されています。そして、公表されている選定結果では、受付番号によって参加者が示されます。このため、申請書で商号等を開示してしまうと、両者を結び付けることは可能になります。

受付番号を非開示にするほうがいいと思いますが、状況は分かりました。検討してみましょう。

第２　解説編

１　公募型プロポーザルと情報公開請求

一般競争入札では、入札価格が最も低いものを落札者として契約するのが原則ですが(1)、技術力や企画力が要求される場合、公有財産の売買等の契約や業務内容の委託・請負契約を結ぶ際には、価格だけではなく、これらを競わせることによって契約の相手方を決定するのが妥当な場合があり、この際、契約の「性質又は目的が競争入札に適しないものをするとき」（地方自治法施行令第167条の２第１項第２号）に当たるとして、公募型プロポーザルによって契約の相手方を決定し、その者と随意契約が締結されることがあります。

公募型プロポーザルの手続は、法定されていませんが、次のような手順が履践されることが多いように思われます。まず、参加資格等を定める公募要項を示し参加者を募ります。参加者は、公募要項に基づき、提案書を提出しヒアリングやプレゼンテーションを行い、技術力や企画力等を競います。そして、このうち、最も高い評価を得た者が契約の相手方に選ばれることになります。技術力等の評価は、外部の有識者等によって構成された選定委員会によって行われることが多いようです。

公募型プロポーザルは、業者選定の公平性を担保するとともに、技術力等を柔軟かつ適切に比較検討することが期待できるというメリットがあり、今日、多くの地方自治体で用いられる手法となっています。

もっとも、その性質上、価格という明確な基準によらずに契約の相手方を決定するため、その判断過程は見えにくくなり、住民からすれば、選定の過程を事後的にチェックしたくなるのは自然であり、決定過程に関わる文書についての情報開示請求がしばしば行われることになります。

この際、特に悩ましいのが参加者が提供した提案内容と参加者の商号等です。事例でも指摘があったように、参加者が提供した情報が明らかになると、技術・ノウハウ等が競業者に模倣・流用されたり、落選業者の評判が落ちる等のおそれがあるからです。

2　判例の考え方

非開示事由は自治体ごとの条例によって異なると思いますが、その多くにおいて、行政機関の保有する情報の公開に関する法律（以下「法」といいます。）第５条第２号イの「公にすることにより、当該法人等又は当該個人の権利、競争上の地位その他正当な利益を害するおそれがあるもの」（以下「法人情報」といいます。）という非開示事由を設けており、この非開示事由の該当性が問題になるのではないでしょうか。そこで、まず、この非開示事由がどのように解釈されてきたかを見てみることにしましょう。

立法担当者によれば、正当な利益を「害するおそれ」とは、「単なる確率的な可能性ではなく、法的保護に値する蓋然性が求められる」とされていましたが[2]、その後、いわゆる省エネ法による定期報告書の非開示決定処分の取消しが争われた事件において、法人情報の該当性が争われることになりました。

東京地裁、大阪地裁及び名古屋地裁に訴えが提起され判決が出た後、さらにそれぞれ控訴審に進んだため、判決によってばらつきがあるものの、例えば、東京地裁判決では、「害するおそれ」とは、①「その権利、競争上の地位その他正当な利益が具体的に侵害される危険性の存することが客観的に認められる場合」(以下「客観性の要件」といいます。)をいい、②「その危険性は、単なる確率的な可能性では足りず、法的保護に値する蓋然性をもったものでなければならない」(以下「蓋然性の要件」といいます。)とし[3]、東京地裁及びその控訴審である東京高裁の判断を覆した最高裁の判決[4]も客観性と蓋然性の要件が必要であるとの判断は維持したという評価が一般的です[5]。そこで、本件でも、①及び②の要件が認められるかを具体的に検討することにしましょう。

3　提案内容について

(1)　客観性の要件

提案内容を参加者の技術的な知識やノウハウ等が集約されて示されるものとして抽象的類型的に捉えると、内容が明らかになることによって競業者に模倣・流用され、参加者の利益が害されると言えるように見えます。そこで、この要件は充たされていると考えてしまうかもしれません。

しかし、ここに落とし穴があります。

自治体が行った非開示決定処分に対し、審査請求が行われた場合、情報公開・個人情報保護審査会等の諮問機関が当該処分を検討し答申を示すことになりますが、公募型プロポーザルの提案内容が記載された文書の法人情報該当性を判断した答申の中には、提案内容が明らかになったとしても、求められている提案が特殊であり、他の事業で流用・模倣が困難であって、法人等の権利利益が害される客観的な危険性が認められないとの見解を示したものがあります(6)。技術的な知識やノウハウが示されているとしても、提案内容の模倣・流用の客観的な危険性を検討することなく、漫然と非開示とすることは避けなければならないというわけです。

本件でいえば、集合住宅を建設するに当たって、マンション建設の反対運動がしばしば起こることからすると、新旧の住民の調和は、他のデベロッパーにとっても大きな関心事です。その意味で、どのような交流施設を設けるかというアイデアは、競合業者に模倣・流用される客観的なおそれがあると言えます。したがって、本件では、客観性の要件は認められるように思われます。

(2) 蓋然性の要件

最高裁の判決は、どの程度の蓋然性が認められれば、「法的保護に値する蓋然性」があると言えるのかを定式化して示しませんでした。もっとも、下級審では、参加者の利益が侵害されるかもしれないという抽象的な危険だけでは、法人情報に該当しないという判断が大勢を占めているので、蓋然性の要件を検討するに当たっては、具体的な危険の程度を検討すべきでしょう。

とはいえ、この要件が充たされるかどうかは、危険性がどのくらいあるかという程度問題であり、判断に難しいところは残ります。例えば、先述した省エネ法による定期報告書の開示が争われた事件の大阪地裁の判決では、開示が求められている数値情報が明らかになったとしても、この情報から製造原価やエネルギー効率化技術等が正確に推計される可能性はほとんどなく、法人等の利益が害されないとし、蓋然性の要件が認められないとした一方[7]、最高裁は、これらの情報によっても、精度の高い推計を行うことが可能であるとし、大阪地裁の判断を覆しています（注(4)参照）。

本件では、競業者が提案内容を読めば、これを実現できるような場合、この要件を満たすように思われますし、逆に、提案内容が漠然とし、これのみでは、事業を行うのに参考にならないような場合、この要件を充たさないと考えるべきでしょう[8]。

4　事業者の商号等について

(1)　客観性の要件

落選業者の商号等が公表された場合、落選業者が公募型プロポーザルに参加したこと、そして、当該事業の選定業者になれなかったことが明らかになります。事例編では、これによって、落選業者と選定委員会の評価が結び付けられ、落選業者が選定業者に劣っている等、落選業者の社会的評価や信用の低下が招かれることから、法人等の利益が害されるとの担当者の見解が示されていました。

落選業者の商号等の非開示決定処分が争われた自治体における審査請求の事例では、落選業者と選定委員会等の評価が結び付けられることを理由として、社会的評価が低下するおそれがあると実施機関が主張し、その多くが情報公開・個人情報保護審査会等の諮問機関に認められています[9]。しかし、これらの判断に安心することなく、先にも述べたように、事案に応じた具体的な検討が必要になります。

例えば、財務状況が選定評価の対象とされ、その詳細な評価が選定結果に示される場合、財務状況は資金繰り等に影響を及ぼすのが一般的ですから、客観性の要件が認められるように思われます。また、企画力が問われる業態の場合、提案内容が酷評されているような時も、これに当たるとすることはできるように思います。これに対し、例えば、公表された評価が穏当かつ抽象的なものにとどまる場合、これのみをもって、落選業者の社会的評価や信用が低下すると客観的に言えるかは疑問です。

⑵ 蓋然性の要件

蓋然性の要件の検討に当たって注意したいのは、一般競争入札総合評価落札方式では、落選業者を含めた「入札者の商号又は名称」が公表されていることです（入札適正化法第５条第１号）。

総合評価落札方式は、価格のみならず、性能、機能及び提案を総合的に考慮に入れ落札者を決定する入札方式であり（地方自治法施行令第167条の10の２）、価格のみで争われる一般競争入札に比較すると、公募型プロポーザルに近いものです。ここでは、入札者の入札価格と提案内容等を一定の計算式によって点数化し、点数が高かったものが落札者になりますが、落選業者の点数や順位も公表されるのが一般的です。

公募型プロポーザルにおいても点数と順位のみが示される等、選定結果の公表の仕方によっては、公募型プロポーザルと総合評価落札方式とを同視できる場合があるように思われます。この場合、入札適正化法の趣旨からすると、法人等の権利利益が害される「法的保護に値する蓋然性」は認められないとされる可能性があります。

本件では、選定委員会の講評文がホームページ上で示されていることから、点数・順位のみが示されている総合評価落札方式と状況は同じではありません。ただし、蓋然性の要件を考える際、総合評価落札方式における結果の公表と比較検討されることが想定され、点数・順位のみが公表される場合、蓋然性の要件が認められないリスクがあります。

もっとも、情報が独り歩きするかもしれないという懸念も打ち消し難いところなので、本件において、開示の方法を再検討したいところです。すなわち、本件では、事業者の商号等と選定結果が結び付けられることによって、事業者の社会的評価が害されることが問題になっています。そうであるならば、事業者の商号と選定結果が結び付けられないように、事業者の商号等でなく、表紙に記載されている受付番号を非開示にすることを検討すべきではないでしょうか[10]。

⑶ 参加者の意向

客観性と蓋然性の要件と離れることになりますが、公募型プロポーザルの参加に当たって、参加者が提案書や参加者名の公表に同意していない場合、参加者の意向をどのように考慮するかという問題があります。

これについて、最高裁判例は、前提となる事実の中で、開示請求に対し、事業者の中に開示に反対する者がいたことを指摘するにとどまり、判断の中でこれに触れていません。これを敷衍すると、法人等の権利利益の危険性は客観的に判断されるものであり、法人情報の該当性の判断に当たっては、法人等の意向は影響せず、客観性又は蓋然性のおそれの考慮要素の１つにとどまるように思われます[11]。

第３ 法務担当者としての視点

公募型プロポーザルの関係書類の開示請求が求められた際、特に悩ましいのは、参加者の利益をどのように考えるかというところです。そこでは、参加者の利益と契約締結手続の透明性の要請とのバランスが問われ、自治体の担当者が参加者に成り代わってその利益を検討しなければなりません。

見てきたように、その際、参加者の不利益を具体的に検討していくことになりますが、担当者は、参加者がおかれている利益状況に精通しているわけでなく、決定までの短い期間制限の中で、情報を収集・検討するとしても、限界があることは否定できません。

こうした状況からすると、公募型プロポーザルの手続を進める中で、開示請求の可能性を見越した準備をすることが大切であるように思われます。

つまり、まず事前に情報開示のポリシーを詳しく公募要項に示すべきであるように思います。そうすれば、事業者は自分たちの利益状況を勘案して公募型プロポーザルに参加するかどうかを決めることができ、担当者も情報開示のポリシーを前提として、参加者の利益が害されるおそれの有無を検討することができます。

また、公表される選定結果が落選業者に悪影響を及ぼす心配があるのであれば、選定結果の記載の仕方も工夫する必要があるでしょう。反論ができない落選業者を一方的に貶めるような記載を避けるのは当然ですが、それだけでなく、公表の際、あくまでも選定結果の記載内容が本件事業での比較検討の結果を示すものにすぎないことを強調して示し、法人等の利益を害することがないように配慮すべきでしょう。

公募型プロポーザルの随意契約の一環として行われるものであり、契約締結までの手続を適正に進めようとする意識が高い一方、開示請求への意識が足りない場合も少なからず見受けられます。契約締結手続に対する信頼を損ねないためにも、開示請求も意識しつつ、公募型プロポーザルの手続を進めるようにしたいところです。

（1）一般競争入札の中には、価格のみだけではなく、価格と品質（技術やノウハウ）によって競争を行う総合評価落札方式（地方自治法施行令第167条の10の２）があります。本文中でも触れましたが、これは、公募型プロポーザルによる随意契約と似た性格を有するものです。

（2）総務省行政管理局『詳解情報公開法』（財務省印刷局、2001）57頁

（3）東京地裁平成19年９月28日判決・裁判所ウェブサイト

（4）最高裁平成23年10月14日判決・判タ1376号116頁

（5）佐伯彰洋「＜判例紹介＞省エネ法による定期報告書の不開示事由該当性」民商法雑誌146巻３号327頁～332頁

（6）京都市情報公開・個人情報保護審査会の答申情第10号。ここでは、他の理由とともに、法人情報に該当しない理由として、プロポーザルに用いられた「技術提案書は、実施機関が作成した説明書に基づき作成することとされている」が、「説明書には、『朱雀第四小学校エコ改修基本構想』を踏まえること、同小学校の伝統ある環境教育を守ること等の条件のもとで作成することとされており」「技術提案書第４号様式の内容が公にされても、他の設計業者によりそのまま他の異なる教育内容や施設に転用されるおそれがあるとは認められない」との見解が示されています。

（7）大阪地裁平成19年１月30日判決・裁判所ウェブサイト

（8）相模原市情報公開・個人情報保護審査会の答申情第29号では、メガソーラーに係る事業企画提案の内容が示された資料は「評価項目ごとに記載された提案内容の手法や状況が概要として簡単に記載されたものであり、その過程や工程といった実現に至る情報が記載されておらず、これらの記載からは、当然に競争上の地位その他正当な利益を害するおそれがあるとまでは言えない」との見解が示されています。この答申は、客観性の要件を否定したものとして考えることもできるかもしれませんが、具体的な危険性を前提とした上で、その程度が低いものとして、蓋然性の要件を否定したものと考えます。

（9）相模原市情報公開・個人情報保護審査会答申情第29号、さいたま市情報公開・個人情報保護審査会さ情審査答申第114号、京都市情報公開・個人情報保護審査会答申情第９号及び神戸市情報公開審査会答申第128号、神戸市情報公開審査会答申第173号。

また、落選業者名が公表されている場合において、落選業者名と落選業者の評価点が結び付けられるおそれがあるとして、評価点が法人情報に該当するとした答申としては、岡山市行政不服・情報公開・個人情報保護審査会岡情審査第50号、鎌倉市情報公開・個人情報保護審査会答申第63号があります。

（10）落選業者と評価点等の関係についても、手続の透明性の確保のために明らかにされるべきだという意見もありえますが、注（9）で示した各地方自治体の情報公開審査会等は、この点については、手続の透明性の要請よりも、参加者の利益を優越させているものと考えられます。

（11）公募型プロポーザルの公募者の意向については、第一義的には、法第５条第２号ロの要件の中で検討されるべきものであると思われます。

もっとも、注（7）大阪地裁平成19年１月30日判決では、法人からの開示に反対しない意見が大半を占めていたという事実は、「多くの事業者が、本件数値情報の開示により自社の正当な利益 が害されるおそれが大きくないと判断した結果であると評価することが可能であり、本件数値情報の開示による当該事業者の競争上の地位その他正当な利益が害されるおそれが一般的に存在するということの推認を妨げる事情と解すべきである」として、法人等の利益を害するおそれの有無を推認させる事情の１つとされています。なお、この点については控訴審大阪高裁平成19年10月19日判決が否定しています。

CASE 7

弁護士法照会と守秘義務の板挟み ——比較衡量の行い方

第１　事例編（１）

事案の概要

Ｘ市に対し、弁護士法第23条の２に基づく照会（以下「弁護士法による照会」といいます。）があり、Ｘ市のＡ消防署の救急活動の内容に関する事項について報告を求められています。この場合、どのような観点から報告すべき事項を検討すべきでしょうか。

登場人物

所管担当者

法務担当者

所管担当者からの相談

今回はどのような相談ですか。

弁護士法第23条の２による照会書が届いて、出動した救急車の要請時刻や通報者の氏名等について報告するように求められています。この照会に対しては回答しないといけないのでしょうか。

弁護士法による照会ですね。弁護士法第23条の２は次のように規定しています。

○弁護士法

（報告の請求）

第23条の２　弁護士は、受任している事件について、所属弁護士会に対し、公務所又は公私の団体に照会して必要な事項の報告を求めることを申し出ることができる。申出があつた場合において、当該弁護士会は、その申出が適当でないと認めるときは、これを拒絶することができる。

2　弁護士会は、前項の規定による申出に基き、公務所又は公私の団体に照会して必要な事項の報告を求めることができる。

　したがって、弁護士会は役所やその他の団体に対して必要な事項の報告を求めることができるということになります。

それは、照会があったら必ず回答しないといけないということでしょうか。

いえ、必ずしもそういうわけではありません。自治体職員には、地方公務員法第34条等による守秘義務が課されていますし、また、個人のプライバシーに係る情報は法的保護の対象となります。

　実際に、住民の前科情報について弁護士法による照会がなされ、それに回答した自治体が当該住民から国家賠償請求訴訟を提起された裁判で、前科情報を回答したことが違法な公権力の行使に当たるとして損害賠償が認められたという有名な判例があります。

照会に回答したことが違法行為であれば、やはり回答しない方がいいのではないでしょうか。

そうとも限りません。弁護士法による照会には原則として回答すべき義務があると考えられています。つまり、照会を受けた自治体は、地方公務員法等に基づく守秘義務と弁護士法に基づく照会の回答義務とについて、どちらを優先すべきか事例ごとに検討した上で対応を検討する必要があ

ります。ここで一旦今までの話を整理してみましょう。

第２　解説編（１）

１　弁護士法第23条の２に基づく照会

弁護士法第23条の２は「弁護士会は、前項の規定による申出に基き、公務所又は公私の団体に照会して必要な事項の報告を求めることができる。」と定めています。このように、条文上では「求めることができる」とされているだけで、照会を受けた団体の回答義務については明確には規定されていませんが、一般的な解釈として弁護士法による照会は、「弁護士が受任している事件を処理するために必要な事実の調査等をすることを容易にするために設けられたものであ」り、「23条照会を受けた公務所又は公私の団体は、正当な理由がない限り、照会された事項について報告をすべきものと解され」ています（最高裁平成28年10月18日判決・民集70巻７号1725頁）。

２　自治体職員の守秘義務

一方、地方公務員法第34条は、次のとおり定めています。

> **○地方公務員法**
> （秘密を守る義務）
> 第34条　職員は、職務上知り得た秘密を漏らしてはならない。その職を退いた後も、また、同様とする。

また、この守秘義務に違反して秘密を漏らした者については、１年以下の懲役又は50万円以下の罰金という罰則もあります（同法第60条第２号）。

職務を行う上で知った個人に関する情報は、多くの場合、この「秘密」に該当すると考えられますので、弁護士法による照会において個人に関する情報について回答が求められた際、この守秘義務との関係が問題となります。

なお、多くの自治体では、個人情報保護条例が定められており、原則として個人情報を外部に提供することを禁じていますが、「法令に基づく場合を除く」としているケースが多いようです。条例の定め方にもよりますが、通常は弁護士法による照会も「法令に基づく場合」に該当すると考えられますので、そうであれば個人情報保護条例との関係は検討する必要がないことになります。

【参考】東京高裁平成22年9月29日判決・判タ1356号227頁

転居届の情報は、生存する個人に関する情報であって、当該情報に含まれる氏名、生年月日その他の記述等により特定の個人を識別することができるものに当たり、個人情報保護法第23条1項により保護される個人情報に当たるが、同条項1号は、法令に基づく場合には、あらかじめ本人の承諾を得ないで、個人情報（個人データ）を第三者に提供することを許容しているから、被控訴人が弁護士法23条の2に基づく照会に対して報告することには、法的な制約はない。

3　弁護士法第23条の2による照会と守秘義務との関係

前記1のとおり、弁護士法第23条の2による照会は、原則として当該照会を受けた団体に対し当該事項について報告を行う法的義務を課したものですが、照会を受けたものが「正当な理由」を有するときは、報告を拒絶することが許されると考えられています。

それでは、ここで地方公務員法による守秘義務が課されていることは、この「正当な理由」に当たるのでしょうか。

この点については、地方公務員法による守秘義務ではありませんが、

「郵便物に関して知り得た他人の秘密に基づく守秘義務」（郵便法第８条第２項）と弁護士法による照会の報告義務との関係が問題となった裁判例（名古屋高裁平成29年６月30日判決・判タ1446号76頁）が参考になります。この判決は次のとおり述べています。

「23条照会の制度は、事件を適正に解決することにより、国民の権利を実現するという司法制度の根幹に関わる公法上の重要な役割を担っているというべきである。そうすると、照会先が法律上の守秘義務を負っているとの一事をもって、23条照会に対する報告を拒絶する正当な理由があると判断するのは相当でない。（中略）報告を拒絶する正当な理由があるか否かについては、照会事項ごとに、これを報告することによって生ずる不利益と報告を拒絶することによって犠牲となる利益との比較衡量により決せられるべきである。」

この判決と同様の考え方を取ると、弁護士法による照会を受けた自治体は、照会事項ごとに、報告をすることによって生ずる不利益と報告を拒絶することによって犠牲となる利益との比較衡量をした上で、各照会事項について回答すべきか否かを決定する必要があると言えます。

なお、地方公務員法に基づく守秘義務と弁護士法に基づく報告義務との関係について、『条解弁護士法』（日本弁護士連合会調査室編）によると、「個別的・具体的に両者の優劣を勘案し、報告義務が守秘義務より優先するときは、報告者について秘密漏示罪は成立しない」とされています。

第３　事例編（２）

なるほど分かりました。でも、利益衡量と言っても、普段業務でそんなことをしたことはありませんし、いったいどのように考えればいいのでしょうか。

まずは、報告することによって生ずる不利益はどのようなものか検討する必要があります。ここでのポイントは、照

会により報告が求められている事項がどのようなもので、どの程度保護すべきものであるかという点です。

本件は、老人ホームで起きた事故に関し、事故に遭った本人から依頼を受けた弁護士が、老人ホームへの損害賠償責任追及のため、老人ホームが適切に救急要請を行ったかどうかを検討するために照会したというもので、照会事項は、①救急車の要請があった時刻、②救急要請した者の氏名・住所となっています。

では、それらの項目ごとに照会に回答した場合の不利益を考えてみます。

　まず①の救急車の要請があった時刻ですが、これはそもそも地方公務員が職務上知り得た「秘密」に該当しない可能性もありますが、ひとまずそれを措くとしても、単なる救急車の要請時刻であり、このことを報告することによって生ずる不利益はあまりないように思います。

　次に②の要請した者の氏名・住所ですが、これは、救急車を要請した方のプライバシーに関わる情報であり、当該情報が公になったらその方のプライバシーを害することになります。ただし、あくまで明らかにされる情報は氏名と住所に限られているので、保護の必要性は比較的低く、不利益もそれほど大きくはないとも言えるでしょう。

なるほど。では次は、報告を拒絶することによって犠牲となる利益ですね。

そのとおりです。報告を拒絶することによって犠牲となる利益を考える際は、①どういう目的で照会がなされているか、②①の目的に照らしその項目を報告する必要性はどの程度かという点がポイントとなります。

先ほども話しましたが、照会書には、照会の目的は、老人ホームへの損害賠償責任追及のため、老人ホームが適切に救急要請を行ったかどうかを検討するためと記載されています。

その目的からすると、①の救急車の要請があった時刻は、老人ホームの対応の妥当性を検討するために必要な情報と言えそうです。したがって、報告を拒絶した場合に犠牲となる利益は大きいと考えられそうです。一方、②の救急要請した者の氏名・住所については、照会書にそれらを必要とする理由が具体的に記載されていないようですので、それらと老人ホームの対応の妥当性との直接の関係が現段階では不明です。上記の目的からは報告する必要性は低いと言えるのではないでしょうか。

そうすると、報告をすることによって生ずる不利益と報告を拒絶することによって犠牲となる利益を考えると、①については、報告を拒絶することによって犠牲となる利益の方が大きいと言えそうですね。一方、②については、報告をすることによって生ずる不利益はそれほど大きいとは言えないものの、報告する必要性が低いため、結論としては報告をすることによって生ずる不利益の方が大きいと考えてよさそうですね。

そうですね。基本的にはその方向でいいと思いますが、これはあくまで１つの考え方です。利益衡量を行う場合絶対的な正解があるわけではありませんので、その点はよく御留意ください。

第４　解説編（２）

１　利益衡量の行い方

利益衡量を行う際は、まず、①報告することによって生ずる不利益と、②報告を拒絶することによって犠牲となる利益とはどのようなものかについて、照会事項ごとに考えることが重要です。

そして、①と②を総合的に考慮して、報告すべきかどうかを決定することになります。

２　報告することによって生ずる不利益

報告をすることによって生ずる不利益を検討するに当たっては、照会により報告が求められている事項がどのような内容で、どの程度保護すべきものかという点がポイントとなります。その情報が、例えば前科や個人の詳細な所得状況のような秘匿性やプライバシー性が高い情報であれば、それらの情報が公にされた場合の不利益は大きいと考えられるため、報告することによって生ずる不利益も大きいと考えられます。一方で、例えば個人の住所や氏名などは、そもそも一定の範囲の他者には開示されることが予定されている情報であり、秘匿性は相対的には低いものになります。事案にもよりますが、それらの情報が公になった場合の不利益がそれほど大きくないケースもあると思われます。

３　報告を拒絶することによって犠牲となる利益

報告を拒絶することによって犠牲となる利益を考えるに当たっては、①どういう目的で照会がなされているか、②その目的に照らし、照会に回答しなかった場合にどのような利益が損なわれるのかを照会項目ごとに考える必要があります。

例えば、照会の目的が「強制執行手続（動産執行）を行うために、対象者の住居所を知ること」である場合、動産執行の申立てには債務者の住所を明らかにする必要があるため（民事執行規則第21条第１項）、対象者の「住居所」については、照会が拒絶された場合、住居所が判明せず、司法手続によって認められた強制執行を実現する機会が失われるため、これにより損なわれる利益は大きいと考えられます。これに対し、同じケースで対象者の「電話番号」については、これが分からなくても強制執行手続を行うことができるため、照会が拒絶された場合に損なわれる利益は比較的小さいと考えられます（前掲名古屋高裁平成29年６月30日判決・判タ1446号76頁参照）。

また、弁護士法による照会以外の方法で照会目的を達成する手段（代替手段）がある場合、報告を拒絶しても他の手段で目的を達成できるため、報告を拒絶することによって犠牲となる利益は比較的小さくなるといえるでしょう。

４　比較衡量

報告することによって生ずる不利益と報告を拒絶することによって犠牲となる利益とがどのようなものかを考えたら、最終的にはそれらを総合的に考えて、報告すべきか報告を拒否すべきか検討することになります。

異なるものを比較するという難しい検討が必要になりますが、前科や個人の詳細な所得状況のような秘匿性やプライバシー性が高い情報については、よほどの事情がない限り、弁護士法による照会を拒絶できる「正当な理由」があるとすべき場合が多いと考えられます。一方、秘匿性が相対的に低い情報については、報告を拒絶することにより失われる利益が大きい場合、弁護士法による照会に回答すべき場合もあると考えられます。

5　裁判例

ここで、弁護士法による照会に関する裁判例をいくつか見てみましょう。

⑴　最高裁昭和56年４月14日判決[1]

自治体に対し個人の前科等の情報について照会が行われ、それを報告した自治体に対して、プライバシー侵害等を理由に国賠請求がなされた事案です。

判決は、「前科及び犯罪経歴は人の名誉、信用に直接にかかわる事項であり、前科等のある者もこれをみだりに公開されないという法律上の保護に値する利益を有するのであって、」「前科等の有無が訴訟等の重要な争点となっていて、市区町村長に照会して回答を得るのでなければ他に立証方法がないような場合には、裁判所から前科等の照会を受けた市区町村長は、これに応じて前科等につき回答をすることができるのであり、同様な場合に弁護士法第23条の２に基づく照会に応じて報告することも許されないわけのものではないが、その取扱いには格別の慎重さが要求されるものといわなければならない」とし、本件においては、照会理由としては「中央労働委員会、京都地方裁判所に提出するため」とあったにすぎないのであり、このような場合に前科等の全てを報告することは、公権力の違法な行使に当たるとしました。

⑵　東京高裁平成22年９月29日判決[2]

郵便事業者に対し、①転居届の有無、②転居届の提出年月日、③転居届記載事項の転送先、④転居届の筆跡の状況、⑤転居届受理の際の本人確認の有無について照会が行われ、郵便事業者が回答を行わなかったため訴訟となった事案です。郵便事業者は、「郵便物に関して知り得た他人の秘密」（郵便法第８条第２項）に基づく守秘義務を負うため、弁護士法による報告義務との利益衡量が問題となりました。

この点、判決は、①～③については、単に住居所に関する情報であり、実質的な秘密性は低い反面、弁護士法による照会は、その制度趣旨からして報告の必要性は高いため、報告義務が守秘義務に優越するとしました。

これに対し、④及び⑤については、郵便業務の遂行の過程で取得した情報の開示を求めるものであり、①～③に比べて秘密性が高いとし、一方で、本件照会の主要な目的は、強制執行をするために対象者の新住居所を知ることであるが、④及び⑤の情報は、強制執行をするためには比較的必要性が低いというべきであるとして、報告を拒絶したことには正当な理由があったとしました。

⑶ 名古屋高裁平成23年7月8日判決[3]

自治体に対し、個別事案に関する救急隊の活動内容等について照会が行われ、自治体が回答を行わなかったため訴訟となった事案です。被告は守秘義務に係る主張は行わず、代替手段があることなどが報告拒絶の正当事由に当たると主張しましたが、報告を拒絶する正当な理由とは認められませんでした。

なお、照会事項の中には地方公務員法に基づく守秘義務の対象となる事項も含まれていると考えられるため、仮に被告がそのような主張を行っていたとしたら、一部項目については報告拒絶の正当理由が認められた可能性もあったと考えられます。

⑷ 大阪高裁平成26年8月28日判決[4]

税理士法人に対し、個人の確定申告書等について照会が行われた事案です。税理士法人が確定申告書の控え等を送付することにより報告を行ったことに対し、報告の対象となった確定申告書の作成を当該税理士法人の代表者に依頼していた本人がプライバシー権の侵害だとして損害賠償請求を行いました。

本件では、報告の対象となった確定申告書等の内容は、収入額の詳細のほか営業活動の秘密に関する事項等、プライバシーに関する事項を多く含むものであり、これらの事項が開示されることによる不利益は看過し難いものである一方、本件照会事項は、別件訴訟における真実の発見及び判断の適正を図るために必要かつ有益であるとは言い難いとして、本件照会への回答を税理士法第38条の守秘義務に違反する違法な行為であるとしました。

6　まとめ

上記の５⑴のように、前科情報のような極めて秘匿性の高い情報について照会に応じることは違法とされるケースが多いものと考えられます。また、⑷のように、秘匿性の高い情報が記載されている確定申告書の控えをそのまま送付することも違法とされるおそれが高いでしょう。一方で、秘匿性の低い情報については、⑵のように照会に応じないことが違法とされるケースもあります。

前科情報について報告したことが国賠法上違法とされた⑴の事件の影響もあり、また、地方公務員法に基づく守秘義務違反には罰則もあることから、実務上照会に回答することに消極的になっているケースも多いと思われます。回答に当たって慎重になることは正しい対応ですが、弁護士法による照会も回答すべき法的義務が課されたものであることを理解した上で、⑵の裁判例の判断で示されているように、報告することによって生ずる不利益と報告を拒絶することによって犠牲となる利益を具体的に検討し、比較衡量した上で、報告すべきか否かを決定することが必要になります。

（1） 民集35巻３号620頁
（2） 判タ1356号227頁
（3） 金融法務事情1988号135頁
（4） 判タ1409号241頁

CASE 8

説明不足を理由に住民から損害賠償請求——窓口における情報提供義務

　福祉制度の相談のため自治体の窓口に来庁した住民が、窓口での情報提供が不足していたことにより本来であれば利用できたはずの制度が利用できなかったとして、自治体に対し損害賠償の訴えを提起し、その請求が認められた事例がいくつかあります。

　そこで、本項では、実際にあった裁判例を基に、窓口における情報提供について検討します。

第１　事例編

事案の概要

　Ａ市の法務担当者は、福祉課の職員から窓口での対応に関する損害賠償請求について相談を受けました。相談内容は、福祉課の窓口で、子どもが重大な脳疾患を患って長期療養が必要となったため何か援助制度はないかと聞かれた職員が、そのような制度はないと回答したところ、後日、当該来庁者（以下「原告」といいます。）から、特別児童扶養手当が受給できるにもかかわらず援助制度がないという誤った回答を福祉課職員がしたため特別児童扶養手当をもらえなかった期間が生じたとして、損害賠償の訴えを提起されたが、どのように対応すべきかというものです。

登場人物

所管担当者

法務担当者

１　所管担当者からの相談

まず具体的な窓口でのやり取りを教えてもらえますか。

はい。原告が窓口に来て、子どもが重大な脳疾患のため長期療養しなければならず、何か援助してもらえる制度はないかと尋ねられました。対応した職員は、子どもが長期療養を必要とする病気になったときに援助できる制度はないため、そのような制度はないと答えました。

他には窓口ではどのようなやり取りがありましたか。

原告は、入院している病院の医事課に相談したところ、B県による支援の制度があり、市が窓口になっているはずだから相談するように助言されたと言っていました。

実際には、今回のケースで支援できる制度はあったのですか。

「子どもが長期療養を必要とする病気になったときに援助できる制度」はありませんが、本件の場合、子どもの病気により障害の認定ができる状態であったため、障害児の父又は母が障害児を監護するときに養育者に対して支給される「特別児童扶養手当」（特別児童扶養手当等の支給に関する法律第３条第１項）の受給が可能でした。ただ、特別児童扶養手当は、非遡及主義が採用されていて、請求があってからの分しか支給できません。そのため、原告は、制度について教えてもらえなかったから、特別児童扶養手当の申請ができることが分からず申請が遅れたとして、その分の損害賠償を請求してきたようです。

なるほど。原告から直接尋ねられたような援助制度はないものの、他の制度にまで考えを巡らせ、もう少し丁寧に話を聞いていれば、他の制度を案内できていたといったケースのようですね。

それはそうかもしれません。確かに原告に気の毒な面があったとは思います。ただ、原告から聞かれた質問の答えとしては「ない」で間違っていませんし、原告としても、もっと制度を調べて、「特別児童扶養手当」を受給できるかという相談をしてくれればよかったのではないでしょうか。そうすれば、福祉課の担当者も「特別児童扶養手当」の説明をきちんとできたと思います。漠然と子どもが病気になった時に援助できる制度があるかと聞かれても、全ての制度について熟知しているわけではありませんし、こんなことで損害賠償請求をされても……。

言い分は分かりました。最近では、窓口における情報提供義務について厳しい裁判例も出ているようですが、裁判では、おっしゃっていただいたような主張を盛り込みながら争うことにしましょう。

2　判　決

判決では、原告の主張が認められ、A市敗訴の判決となりました。判決理由としては、原告の相談を受けた窓口担当者は、原告に対し、特別児童扶養手当の受給の対象となる可能性があることを教示することもせず、子どもの具体的な病状等について聴取することもしないまま、援助の制度はない旨回答したものであって、こうした対応は、原告の相談を真摯に受け止め、その相談内容から特別児童扶養手当に係る制度を想起すべきであったのに、これを怠ったものであり、教示義務に違反したものと認めざるを得ないというものでした。

3　判決後のやり取り

どうして裁判で負けたのでしょうか。どうも納得できません。

判決のポイントは、特別児童扶養手当のように受給資格者の請求を前提とする社会保障制度の下においては、受給資格がありながら制度の存在や内容を知らなかったために受給の機会を失う者が出るような事態を防止し、制度の趣旨が実効性を保つことができるよう、制度に関与する自治体等は、制度の周知徹底を図り、窓口における適切な教示等を行う責務を負っているとされたことです。

そうは言っても、そのような教示義務を定めた法令はありませんし、窓口に来た住民に対して何をどこまで説明しないといけないのかよく分かりません。

判決では、その点は、来訪者が制度を特定しないで相談や質問をした場合であっても、具体的な相談等の内容に応じて何らかの手当を受給できる可能性があると考えられるときは、受給資格者がその機会を失うことがないよう、相談内容等に関連すると思われる制度について適切な教示を行う必要があるとされています。

なかなか難しいですね……。窓口で全ての制度を案内することは不可能に近いですし、窓口担当者としては悩ましいところです。しかし、我々としても改善の余地がありそうです。

そうですね。今後、どのような対応をしていけばいいのか、一緒に考えていきましょう。

第２　解説編

１　はじめに

本項の事例は、実際の裁判例（大阪高裁平成26年11月27日判決・判時2247号32頁）を参考に作成しました。窓口に来訪した市民に対し、どのような情報提供義務があり、どのような場合に違法とされるのかという点は、自治体職員にとっては重大な関心事項だと思いますので、関連する他の裁判例等も踏まえ、検討してみましょう。

2　誤教示の場合

東京高裁平成22年２月18日判決[(1)]

本件は、障害基礎年金の申請をするためＡ市市民課に赴いた控訴人が、受付担当職員から、障害年金の受給資格はない旨の誤った教示を受けたため、障害福祉年金及び障害基礎年金の申請を断念せざるを得なくなり、同年金の支分権を時効取得により失うという損害を受けたと主張して、国家賠償法（以下「国賠法」といいます。）第１条第１項に基づき損害賠償の請求を行った事案です。

裁判所は、上記年金の裁定請求書等の受付事務を完遂することを本来の職務とする職員は、控訴人に対してその窓口を閉ざすに等しい対応をしてはならないというべきであって、仮にも、控訴人に対し、自らの判断により、裁定請求をしても裁定を得られる可能性はないとか、裁定されることは困難であろうとか、請求が却下されるであろうとか意見を述べ、教示するなどして、裁定請求の意思に影響を与えて請求意思を翻させたり、請求を断念させたりする結果を招いたり、そのように仕向ける窓口指導等をしてはならず、法令の定める手続に従って裁定の審査を受ける機会を失わせてはならない職務上の義務を負うものというべきであるとした上で、本件において職員は控訴人には受給権がないとの誤った断定的判断を示し、裁定請求を断念するに至らせたものというべきであり、職務上の注意義務に違反したものであると判断し、控訴人の請求を一部認めました。

なお、本件は、窓口で誤った教示がなされたとされたときから19年以上経過した後に訴えの提起に及んだものであり、原審である東京地裁平成20年４月18日判決・判時2111号27頁では、誤教示の事実はなかったとされ原告の訴えが棄却されましたが、控訴審において誤教示の事実があったことが認められたという点でも特徴的な判決となっています。

3　情報提供義務違反が争われた場合

(1)　東京高裁平成28年4月7日判決[(2)]

本件は、控訴人が被控訴人に対し、被控訴人の職員は、特別障害者手当の受給対象者である控訴人に対し、同手当の内容や受給要件等の教示義務を負っていたのにそれを怠り、その結果、同手当の受給申請の機会を奪われた等と主張して、国賠法第1条第1項に基づき損害賠償の請求を行った事案です。

窓口でのやり取りの事実関係については争いがありましたが、判決で認定された事実としては、被控訴人の職員は、窓口で身体障害者手帳、身体障害者福祉ガイド及び身体障害者のしおりを交付し、身体障害者向けの主な援助制度を説明した上、これ以外にも様々な福祉制度があるので、後でしおりやガイドを読むように案内したが、特別障害者手当の説明はしなかったというものでした。

控訴人は、重度障害者又はその家族が窓口を来訪している場合には、前記手当の制度があるとの情報を提供し、申請方法等について教示する法的義務があると主張しましたが、判決においては、法律において必要な情報の内容やその提供方法について具体的に設けられていない場合には、情報の提供をいかに行うかについては行政機関や窓口担当者の広範な裁量に委ねられているとした上で、手当の要件に該当する可能性があることを窓口で伝えなくても、しおりやガイドなどの資料を交付し、読むように案内することで必要な情報の提供として足りると判断し、控訴人の請求を棄却しました。

⑵　東京高裁平成21年９月30日判決[(3)]

本件は、上告人が、被上告人の職員から上告人の長女の身体障害者手帳の交付を受けた際に、長女の鉄道運賃及びバス運賃については５割引きとの説明を受けたものの、介護者である上告人についての割引制度に関しては何らの説明を受けず、これが情報提供義務違反に当たるとして、国賠法第１条第１項等に基づき、上告人が介護者として鉄道及びバスに乗車した際に支払った運賃と割引額相当額との差額の賠償等の支払を求めた事案です。

判決では、身体障害者福祉法第９条第４項第２号は、市町村に対し「身体障害者の福祉に関し、必要な情報の提供を行うこと」を課しており、前記割引制度は同号の「必要な情報」に該当するとした上で、被上告人の職員は、介護者の運賃についての割引制度について窓口で説明していないこと、被上告人が発行していた障がい者福祉の手引きの記載が不十分で、介護者の運賃が５割引きとなるものと理解することは困難であり、同号の必要な情報を提供したものとは認められないとし、上告人の請求を棄却した原判決を破棄しました。

⑶　大阪高裁平成26年11月27日判決[(4)]

本件は、控訴人らが、同人らの子が脳腫瘍にり患したため、重病を患って長期療養が必要となった児童の監護者に対する援助の制度の有無について被控訴人の窓口に相談したところ、対応した被控訴人の職員が、特別児童扶養手当の制度が存在するにもかかわらず、同手当についての教示義務に違反して、援助制度はないとの回答をしたため、本件手当の支給を受けることができなかった等と主張して、国賠法第１条第１項に基づき損害賠償の請求を行った事案です。

第１審においては、控訴人が被控訴人の窓口に行き、子が脳腫瘍で長期療養しなければならず、原告は仕事をすることができないので、何か援助してもらえる制度はないか尋ねたところ、被控訴人の職員はない旨回答し、また、控訴人が病院の医事課で相談したことを伝え、再度質問したものの、被控訴人の職員は再びない旨の回答を行ったという事実関係のもと、控訴人の前記説明は、特別児童扶養手当の支給が考えられる事案であると認識されるような内容ではなく、被控訴人の職員において、控訴人に対し障害児の両親等に支給される手当である特別児童扶養手当について教示する具体的な義務が発生していたとは言えないとして、請求を棄却しました。

これに対し控訴審においては、まず、窓口の担当者においては、条理に基づき、来訪者が制度を具体的に特定してその受給の可否等について相談や質問をした場合はもちろんのこと、制度を特定しないで相談や質問をした場合であっても、具体的な相談等の内容に応じて何らかの手当を受給できる可能性があると考えられるときは、受給資格者がその機会を失うことがないよう、相談内容等に関連すると思われる制度について適切な教示を行い、また、必要に応じ、不明な部分につき更に事情を聴取し、あるいは資料の追完を求めるなどして該当する制度の特定に努めるべき職務上の法的義務（教示義務）を負っているとの一般論を示しました。

その上で、脳腫瘍にり患した場合、症状が重くなって日常生活に大きな困難をきたし、治療が困難であるため長期の療養が必要となる可能性が高いことは、社会通念上容易に推察できること、障害の認定基準によれば悪性腫瘍の認定の時期以後１年以上の療養を必要とするものは特別児童手当の１級又は２級に該当するとの認定をすることとされていることから、脳腫瘍にり患した児童については、法に定める障害児に該当するものとして、本件手当の対象となる可能性が高いとした上、本件においては、脳腫瘍にり患した控訴人らの子が本件手当の対象となる可能性が相当程度あったと考えられるから、窓口の担当者としては、本件手当に係る制度の対象となる可能性があることを教示する法的義務を負っているとしました。そして、窓口担当者は、控訴人に対し、本件手当の対象となる可能性があることを教示することもせず、また、具体的な病状や日常生活状況等について聴取することもしないまま、援助の制度はない旨２度にわたって回答をしたものであり、こうした対応は、相談を真摯に受け止め、その相談内容から本件手当に係る制度を想起すべきであったのに、これを怠った結果、教示義務に違反したものと認めざるを得ないとして、控訴人の請求を一部認めました。

４　検討

２の東京高裁平成22年２月18日判決は、誤った教示を行ったことに関し、国賠請求が認められたものです。このように窓口で誤った教示をすることにより来庁者に損害を与えた場合は、国賠請求が認められやすいものと思われます。

一方で、窓口での情報提供が十分ではなかった場合については、ケースによって結論は分かれると思われますが、3(3)の大阪高裁平成26年11月27日判決において、「来訪者が制度を具体的に特定してその受給の可否等について相談や質問をした場合はもちろんのこと、制度を特定しないで相談や質問をした場合であっても、具体的な相談等の内容に応じて何らかの手当を受給できる可能性があると考えられるときは、受給資格者がその機会を失うことがないよう、相談内容等に関連すると思われる制度について適切な教示を行い、また、必要に応じ、不明な部分につき更に事情を聴取し、あるいは資料の追完を求めるなどして該当する制度の特定に努めるべき職務上の法的義務（教示義務）を負っている」とされた点が注目されます。つまり、制度を特定しないで相談や質問がなされた場合でも、何らかの手当を受給できる可能性があると考えられるときは、その制度を特定し、情報提供しなければ違法とされる場合があり得るということです。

社会保障制度は複雑多岐にわたっており、一般市民にとってその内容を的確に理解することは困難である一方、自治体等の窓口は、一般市民と最も密接な関わりを持ち、相談や質問を受けることが多い部署であり、来庁者としても社会保障制度の有無や内容を把握するに当たり、窓口における説明や回答を大きな拠り所としているため、具体的に法令等に明記されていなくても、相談内容に直接該当する場合だけではなく、相談内容に関連すると思われる制度についても教示する義務があるという考え方が根本にあります。

前記大阪高裁判決の事案は、窓口での２度にわたる質問に関し、特段調べることもないまま即答したというやや特殊な事例といえるかもしれません。しかし、自治体としては、特定の制度についての質問ではなくても、来庁者の話から、もしかしたらこの制度が活用できるかもしれないと考え、案内することが求められているということを踏まえ、一人一人の職員が多様な制度を習熟することができるよう研修の充実を図ったり、制度を網羅したパンフレットを作成し、来庁者に配布したりすることなどにより、窓口での案内不足のために市民が本来であれば利用できた制度を利用できなくなるといったことを防止する工夫が求められていると考えられます。

（1）判時2111号12頁
（2）D1-Law28241394
（3）判時2059号68頁
（4）判時2247号32頁。本項の事例編の参考とした判決

CASE 9

ハザードマップのホームページ公表で風評被害？ ——情報提供の「限界」はどこか

第１　事例編

事案の概要

Ａ市では、土砂災害ハザードマップ（以下「ハザードマップ」といいます。）を作成し、ホームページで公表しています。

ここでは、Ａ市の地図上に土砂災害警戒区域（土砂災害警戒区域等における土砂災害防止対策の推進に関する法律（以下「土砂災害防止法」といいます。）第７条第１項）や急傾斜地崩壊危険区域（急傾斜地の崩壊による災害の防止に関する法律第３条）が目立つように黄色に着色され、避難場所の所在地や避難経路が示されています。また、要配慮者利用施設（土砂災害防止法第８条第１項第４号）については、赤枠で囲い、カーソルをおくと、その施設名と所在地が示されるような措置（以下「本件措置」といいます。）がなされています。

登場人物

所管担当者

法務担当者

所管担当者からの相談

放課後学童施設は、避難に時間がかかる小学校低学年の児童が多く通っていますが、同施設が土砂災害警戒区域内にあり、豪雨等によって災害が発生するおそれがある場合、できるかぎり早く避難を開始しなければなりません。そこで、Ａ市では、放課後学童施設が要配慮者利用施設とされ、

Ａ市ホームページ上で公開されているハザードマップにおいて、本件措置をしているところです。

Ｘ社会福祉法人が経営する放課後学童施設Ｙ（以下「Ｙ施設」といいます。）についても、本件措置がなされていますが、Ｘ社会福祉法人は、これによって、Ｙ施設への利用希望者が減少するといった損害が生じており、直ちにハザードマップの記載を改めるように申入れをしてきました。

それができないのであれば、Ｘ社会福祉法人は、Ａ市に国家賠償法第１条第１項に基づく損害賠償請求をすると言っていますが、このような情報提供は止めなければならないのでしょうか。

最終的には、本件措置が国家賠償法上違法なものであるかどうかが問題になりそうですが、まず、要配慮者利用施設について教えてください。

はい。要配慮者利用施設とは、社会福祉施設、学校、医療施設その他の主として防災上の配慮を要する者が利用する施設のことをいいます（土砂災害防止法第８条第１項第４号）。

これがどのように定められるかというと、まず、土砂災害防止法第７条第１項において、都道府県知事が土砂災害警戒区域を指定することができるとされています。この指定があるとき、市町村防災会議（災害基本対策法第16条第１項）が市町村地域防災計画の中で土砂災害警戒区域ごとに一定の事項を定めるものとされています（土砂災害防止法第８条第１項各号）。

この事項の１つとして、市町村防災会議は、傾斜地の崩壊等が発生するおそれがあり、施設の利用者の円滑かつ迅速な避難を確保する必要がある場合において、要配慮者利用施設の名称と所在地を定めるものとされています（土砂災害防止法第８条第１項第４号）。そして、Ａ市の地域防災計画の中で、Ｙ施設は、要配慮者利用施設の１つとされています。

Ａ市の地域防災計画では、Ｙ施設もまた、要配慮者利用施設に当たるものとして、名称と所在地が定められているということですが、地域防災計画の要旨は公表されているように記憶しています（災害対策基本法第42条第５項）。その中で、Ｙ施設の名称と所在地は、公表されていないのでしょうか。

そうですね。Ａ市では、地域防災計画の要旨の公表に当たり、要配慮者利用施設の名称と所在地を公表しています。だから、Ｙ施設が土砂災害警戒区域内にある要配慮者利用施設であることは、調べようと思えば、調べられる情報です。本件措置によって、新たに何らかの法的利益が侵害されているようには、思えないのですが……。

その点も考えなければならないところですが、まずは、法律上の根拠との関係において、Ｘ社会福祉法人の主張を整理しておく必要があるでしょう。ハザードマップを公表することについては、どう考えればいいでしょう。

土砂災害防止法では、市町村の長は、土砂災害に関する情報の伝達方法等と併せて、「その他警戒区域における円滑な警戒避難を確保する上で必要な事項」を住民に周知させるため、「印刷物の配布その他の必要な措置」を講じるように義務づけています（土砂災害防止法第８条第３項）。その上で、土砂災害警戒区域等における土砂災害防止対策の推進に関する法律施行規則（以下「規則」といいます。）第５条において、次のような規定がおかれています。

第５条　法第８条第３項の住民に周知させるための必要な措置は、次に掲げるものとする。

一　土砂災害警戒区域及び土砂災害特別警戒区域並びにこれらの区域における土砂災害の発生原因となる自然現象の種類を表示した図面に法第８条第３項に規定する事項を記載したもの（電子的方式、磁気的方式その他人の知覚によっては認識することができない方式で作られる記録を含む。）を、印刷物の配布その他の適切な方法により、各世帯に提供すること。

二　前号の図面に表示した事項及び記載した事項に係る情報を、インターネットの利用その他の適切な方法により、住民がその提供を受けることができる状態に置くこと。

法は「その他警戒区域における円滑な警戒避難を確保する上で必要な事項」を住民に周知しなければならないとし、規則は、この情報をインターネット等の適切な方法によって提供することが求めているのですから、本件措置に法律上の根拠が認められるように思います。

そうだといいのですが、本件措置は、確認できた限りでは、他の自治体で行われていないようなので、土砂災害防止法第８条第３項がいう「その他警戒区域における円滑な警戒避難を確保する上で必要な事項」に当たらないのではないかと心配です。

　また、仮に、法律上の根拠が認められるとしても、許される程度も気になります。情報提供の内容や態様も問われるのではないでしょうか。

もちろん、あらゆる内容や態様の情報提供が許されるというわけではありません。例えば、情報提供の目的に対して、手段が適合していないような場合などは、他の手段が取れ

たのではないかということが問題になりそうです。

そもそものところ、本件措置の目的は、どのようなものなのでしょうか。

社会福祉法人Xは、避難確保計画の策定等を行っているはずなのだから（土砂災害防止法第8条の2）、自らの施設が要配慮者利用施設であり、その所在地が土砂災害警戒区域にあることを認識しているはずです。すると、本件措置の目的が社会福祉法人X自身の注意を促すといった程度のものであれば、ハザードマップによって、ことさらに土砂災害警戒区域にY施設があるように強調するのは、行き過ぎであるという見方もできるかもしれません。

本件措置の目的は、施設の利用者やその関係者に情報を提供することにあります。つまり、土砂災害警戒区域にある施設を利用する要配慮者及びその家族等の注意を促し、早めの自主的な避難を促すのが本件措置の目的です。

放課後学童施設を例に挙げると、台風等による豪雨が発生することが予想される場合、保護者が施設が土砂災害警戒区域にあることを強く意識していれば、その日は児童を休ませたり、早めに迎えに行ったほうがよいのではないかと自分自身で考え、実際にそのような行動をとることができます。本件措置は、このような行動を促進する目的を持つものです。

そういうことであれば、本件措置も目的に適合的であるようにも思われます。より詳細に検討してみることにしましょう。

第2　解説編

1　情報提供と侵害留保の原則

法務担当者が述べたように、本件措置は、土砂災害防止法第8条第3項の「その他警戒区域における円滑な警戒非難を確保する上で必要な事項」に該当し、法律上の根拠を有するように思われます。

もっとも、行政機関が情報を提供する場合、必ずしも法律上の根拠があるとは限りません。こうした場合において、行政機関は、情報提供をすることが全く許されないのでしょうか。

このことが問題になったのが、大阪地裁平成14年3月15日判決・判タ1104号86頁（以下「大阪地裁判決」といいます。）です。

この事件は、O157による食中毒事件の発生を受け、当時の厚生大臣が原因が「カイワレ大根であると断定できないが、その可能性も否定できない」という中間的な情報提供を行い、その後の最終報告でも、食中毒の原因が特定の生産施設から出荷された「カイワレ大根の可能性が最も高い」という情報提供をしましたが、これらの情報提供後、食中毒の原因であると疑われた特定の生産施設のカイワレ大根等からは、O157が検出されず、当該施設の生産者が情報提供によって多大な損害を受けたとして大阪地裁に訴えを提起したものです。

なお、この事件について、カイワレ大根の製造団体が東京地裁に提訴した事件の裁判例（以下「東京地裁判決」といいます。）がありますが(1)、ここでは、大阪地裁判決を中心に検討し、東京地裁判決は適宜参照することにします。

大阪地裁判決の事案では、原告は、食中毒事故が起こった場合、その発生原因を特定して公表することを定めた法律上の根拠がないとして、法治主義違反であるという主張をしました。これに対して、大阪地裁判決は、次のように判示します。

「行政機関が私人に関する事実を公表したとしても、それは直接その私人の権利を制限しあるいはその私人に義務を課すものではないから、行政行為に当たらず、いわゆる非権力的事実行為に該当し、その直接の根拠となる法律上の規定が存在しないからといって、それだけで直ちに違法の問題が生じることはないというべきである。」

侵害留保の原則という考え方があります。これは、「行政のあらゆる活動が法律の根拠を要する、というのではなく、行政の一定分野、つまり行政が私人の自由と財産を侵害する行為についてのみ法律の根拠を必要とする」という考え方であり、実務はこれに基づくとされています(2)。

大阪地裁判決もまた、こうした考えに基づき、行政機関の情報提供は「直接その私人の権利を制限しあるいはその私人に義務を課すものではない」限りは、法律上の根拠がないとしても、これが認められるとしたものと考えられます。

これを本件について見てみると、要配慮者利用施設を赤い枠で囲う等の本件措置は、仮に、土砂災害防止法第８条第３項に基づくものではないとされても、個人の権利を制限し義務を課すものとは言い難く、法律上の根拠は不要ということになるでしょう。

逆に、制裁や強制手段としての性格を有するような情報提供は、法律上の根拠が必要であることにも注意が必要です。

例えば、東京地裁判決は、カイワレ大根事件における行政機関の情報提供が「行政上の規制や勧告に対する制裁ないし強制手段としての性格を有するものでもないから、法律上の根拠なくして行うことができない権力行為とみることができず、いわゆる非権力的な事実行為にすぎない」としています。

つまり、裏を返せば、行政機関による情報提供が行政上の規制や勧告等の行政指導に従わないことの制裁として位置付けられるような性質を持つときには、たとえ情報の内容が正しいとしても、侵害留保の原則に反するものとして違法とされる余地があります(3)。

実際、土砂災害防止法第８条の２第３項では、要配慮者利用施設の所有者又は管理者が避難確保計画の作成をしていない場合等には、市町村長が必要な指示をできるものとされた上で、同条第４項では、所有者又は管理者がこれに従わない場合、その旨を「公表」できるとされています。つまり、市町村長の指示に従わないことの公表は、行政機関による不利益な取扱いと考えられますが、この場合には、法律上の根拠が設けられているものと考えられます。

２　情報提供の限界

行政機関の情報提供に法律上の根拠が不要であるとしても、言うまでもなく、あらゆる態様の情報提供が許されるわけではありません。そこで、情報提供の限界がどこにあるかが問題になります。この判断に当たって、大阪地裁判決は、次のように述べています。

「……本件各報告の公表が原告の名誉・信用を毀損する違法なものであるかどうかを判断するに当たっては、公表の目的の正当性をまず吟味すべきであるし、次に、公表内容の性質、その真実性、公表方法・態様、公表の必要性と緊急性等を踏まえて、本件各報告を公表することが真に必要であったかを検討しなければならない。その際、公表することによる利益と公表することによる不利益を比較考量し、その公表が正当な目的のための相当な手段といえるかどうかを判断すべきである。」

したがって、まず、情報提供の目的の正当性の有無が問題になります。

所管課の担当者によれば、本件措置は、警戒区域にある施設を利用する要配慮者及びその家族等の注意を促し、早めの自主的な避難を促す目的を有するものとされており、この目的は「土砂災害から国民の生命及び身体を保護する」という法の趣旨（土砂災害防止法第１条）からしても、正当なものとすることができるでしょう。

次に、こうした目的に対して、ハザードマップ上で要配慮者利用施設を赤枠で囲うなどの本件措置が相当性を有するかどうかが問題になります。

本件における情報の内容は、住民の生命・身体の安全等に関わる重要なものであり、また、地域防災計画に示された確度の高い情報である以上、情報の内容や性質を踏まえる限りは、公表は相当なものであると考えられます。

もっとも、本件措置の目的が社会福祉法人の警戒や注意を喚起するものであるということであれば、例えば、社会福祉法人に個別に指導を行うなどの手段によっても達成可能であり、情報提供の方法・態様として過剰なものとされる若干の余地はあります。

しかし、本件措置が施設を利用する要配慮者及びその家族等に対する情報提供を目的とするものであるとすると、施設を利用する要配慮者及びその家族等と直接の関係性を有しない行政機関がこれらの者に情報を直に提供する手段は限られており、早期の避難行動を促す手段のひとつとして、本件措置のような形で情報を提供することは行き過ぎとまでは言うことはできないように思われます。

これに対して、既に公表されている地域防災計画において、施設名や所在地が公表されているのだから、ハザードマップで別途情報提供する必要はないというXの反論も想定されるところですが、大量の情報が集約されて示される地域防災計画とは別に、その情報をより分かりやすく目立つような形で示す必要性は否定し難いように思われます。

また、要配慮者利用施設が土砂災害警戒区域にあることは既に公表されていることからすると、提供される情報の重要性や有用性といった利益に比較して、新たに生じる不利益があるとしても、これは極めて軽微なものだと言えます。したがって、本件措置に相当性が認められないとすることは難しいように思われます。

以上からすると、本件措置の目的は正当なものであり、その手段も相当なものと言え、本件措置が国家賠償法上違法の評価を受けることはないと考えます。

第３　法務担当者としての視点

自治体の保有する情報は、幅広い分野に及ぶ充実したものであり、これによって、住民の生命・身体・財産の安全が守られるばかりでなく、生活の利便性が向上したり、新たな価値が創出されることも期待できます。このように行政機関が提供する情報は多種多様であり、近年、情報提供の必要性が高まっています。

そうした中、情報提供ができるかどうか、情報提供した場合の法的リスクはどのようなものなのかという法律相談が増えてきているように感じます。その際、情報提供のどのような点を取り上げて検討すべきなのかと考え込んでしまうことがあるのではないでしょうか。

行政機関の情報提供について、いわゆる名誉毀損の違法性阻却の法理による裁判例が多く認められるところですが、実際の法律相談で寄せられるケースでは、名誉毀損の類型と異なるものの、国家賠償法上違法とされる余地があるのではないかと心配になるものが多いように思われます。そのような場合、留意しなければならない点について、大阪地裁判決や東京地裁判決は、大きな示唆を与えてくれるものであるように思われます(4)。

（１）東京地裁平成13年５月30年判決・判タ1085号66頁
（２）塩野宏『行政法Ⅰ（第５版）』（有斐閣、2009）74頁
（３）行政指導に従わないことに対する制裁と評価できる場合には、行政手続法第32条第２項の問題も生じるため、注意が必要です。
（４）行政機関による情報提供の国家賠償法第１条第１項の違法性の判断に当たっては、いわゆる名誉毀損の違法性阻却の法理による裁判例が多くを占めていますが、こうした状況における大阪地裁判決が有する意義については、瀬川信久「二つの０-157判決――食中毒の原因を公表した行政の国家賠償責任」判タ1107号69頁以下を参照してください。

第4章

争　訟

CASE 10　勝敗をも左右する「事実認定」の重み——「法的判断」との区別と証拠の重要性

本項では、実際の裁判例を題材として訴訟における事実認定の重要性について解説したいと思います。重要なポイントは、次の２点です。

①「事実の認定」と「法令の解釈・適用」を区別すること

　裁判官は、争いのある事実の存否を証拠に基づいて認定し（事実認定）、その認定した事実に法律を適用して（法律判断）、結論を判決という形で言い渡します。

②「事実の認定」が訴訟の勝敗を左右すること

したがって、法務担当者が法律相談を受ける際は、法令の解釈・適用について回答を述べるだけでは十分とはいえません。訴訟になった場合に相談者が述べている事実が裁判所にも認定されるか、裁判所に認定してもらうための証拠が十分に揃っているかを検討することも必要不可欠となります。

第１　事例編

事案の概要

法務担当者は、違反行為を行った職員の懲戒処分について人事課の担当者から相談を受けました。その内容は、県の出先事業所の庶務係長であるＸが、正当な理由なく出勤時間に度々遅参した上、その事実を隠蔽するために部下に出勤記録の修正を指示していたことが判明したため、３か月の停職処分を検討しているが、懲戒処分の内容に法的な問題はないか法務部門の見解を教えてほしいというものです。

登場人物

所管担当者

法務担当者

法務担当係長

1　訴訟前の相談

それでは具体的な事情をお聞きします。Xが遅刻した回数は何回ぐらいですか。

およそ３年間で分かっているだけで、72回もの遅刻が確認されました。また、その全てについてXは出勤記録を部下に修正させていました。

懲戒処分の根拠となる法律は検討しましたか。

はい。Xの違反行為は、地方公務員法第32条（法令等及び上司の職務上の命令に従う義務）及び第35条（職務に専念する義務）に違反しますので、同法第29条第１号から第３号までの懲戒処分事由に該当します。

裁判で争われた場合には、処分量定が争点になるでしょうね。Xの違反行為に対して３か月の停職処分は重すぎるということはないですか。

人事担当の方で、「懲戒処分の指針」「欠勤等を繰り返す職員の取扱基準」といった懲戒処分の適用基準も詳細に検討しましたし、これまでの他の処分事例とも比較しまして、３か月の停職は十分に妥当だと考えています。

ところで、X自身は72回も遅刻したことや、部下に対して出勤記録の修正を指示したということについては認めているのですか。

いいえ、認めていません。Xはこの期に及んで、遅刻は１～２回はあったかもしれないけれど70回も出勤時間に遅れた事実はない、部下に出勤記録の修正を指示したことなど一度もないなどと言い逃れをしています。

そうすると、本当にそういった事実があったかどうかは必ずしも明らかではないということになりますね。

そんなことはありません。人事担当の方でも現場の職員に事情を確認しました。何人もの職員からＸが度々遅刻をしていたのを目撃したという話を聞いていますので、違反行為があったことは明らかです。職員が嘘の証言をするはずがないので、裁判所も当然分かってくれるはずです。それとも法務課さんは我々人事課や現場の職員の話を信用できないのですか。

分かりました……。そうすると違反行為があったことは明らかなようですね。それでは、Ｘを停職３か月とすることについて法的に問題がないかどうか検討の上で、後日回答します。おそらく違反行為の重大性や他の処分事例との比較からすれば妥当であるとの結論をお示しできるかと思います。

２　懲戒処分～第一審判決

その後、法務担当者からの回答を踏まえて、人事課では当初の方針どおりＸに対して３か月の停職処分を行いました。これに対してＸは、違法な停職処分により給与等を支給されず損害を被ったとして、県に対し、損害賠償を求める訴訟を提起しました。

これに対して第一審裁判所は、出退勤管理システムの処理履歴からすると、Ｘに関する出退勤記録が修正された処理について、遅刻を修正したものなのか、電車の遅延などによるやむを得ない事情で正規の出勤扱いに修正する処理をしたにすぎないものかは断定することができず、職員の証言内容には曖昧なところがあり、職員の証言だけでは遅刻等の違反事実は認定できないとして、県側敗訴の判決を下しました。

（判旨）

・証人Ａは、原告Ｘが出勤時限に遅れてきたことを度々見たことがあるとの記憶はあるものの、その具体的な日付については明確な記憶がないというのであって、証人Aの供述によっても原告Xが出勤時限に遅れてきたことを直ちに根拠付けることができないというべきである。
・被告が本件停職処分の対象とした72回の出勤時限に遅れたとの事実は、本件全証拠によっても、その全てが客観的事実であると認めるに足りないものといわざるを得ない。
・被告が本件停職処分の対象とした71回にわたって出勤記録につき出勤の表示への修正を指示したという事実は、本件全証拠によっても、客観的事実に合致したものと認めることはできない。
・結局、本件停職処分は、その根拠となる主要な事実の存在を認めるに足りないものというほかなく、違法な処分として取り消されるべきものである。

3　第一審敗訴後のやりとり

予想外の敗訴判決を受けて、法務担当者は上司の文書法務係長も交えて控訴審の打合せを行うこととしました。

判決には納得いきません。あれほど悪質な違反行為にもかかわらず、停職処分が違法だなんて。人事課の立場としては、Xに対する懲戒処分を軽減することは到底考えられません。法務課でも３か月の停職処分は妥当だと言っていたはずです。

まあ落ち着いてください。まずは、判決の内容を確認してみましょう。裁判所は３か月の停職処分が重すぎるという判断まではしていません。

それはどういうことでしょうか？

裁判所は、そもそもＸが72回も遅刻したという事実や部下に対して出勤記録を修正するよう指示した事実は存在しないとの判断をしています。したがって、控訴審では、まずＸが遅刻を繰り返していたという事実、それから部下に対して出勤記録の修正を指示したという事実があったことを裁判所に認定してもらう必要があります。県側が主張している違反事実が存在したとして、３か月の停職処分が妥当かどうかというのは、その先の話ですからしっかりと区別をする必要があります。

それでは、もう一度、Ｘの遅刻を目撃した職員が他にいないか、出退勤システムのマニュアルがどうなっているかなど、証拠を更に検討した上で、控訴審の準備をしましょう。

４　控訴審

控訴審では、県側が新たな証人の尋問や出退勤管理システムのマニュアルなどにより立証を補充した結果、出退勤管理システムの通常の処理手順からすると、Ｘの出退勤記録の修正履歴は、遅刻の記録を不正に修正する処理が行われたものと認められる上、新たな証人Ｂの証言は原審証人Ａの証言とも符合し、客観的な証拠にも沿うものであるとして、県側の逆転勝訴の判決となりました。

（判旨）

・以上によれば、本件停職処分の理由の72日の遅参のうち、69日についてはその事実が認められ、71日の修正指示のうち68日についてはその事実が認められる。したがって、本件停職処分は、その根拠となる主要な事実の存在が認められるというべきであり、この点に違法はない。

・遅参事実のほか、Ｘの出勤記録修正の入力指示が県の懲戒処分の指針の虚偽報告に当たること、Xが管理職員として、自らの有する権限を背景に不正を行ったと判断されたことなどから、Xを停職3か月とする本件停職処分がなされたものであって、懲戒処分の取扱基準及び標準処分量定からみても、本件停職処分が比例原則を逸脱したものということもできない。

第2　解説編

1　はじめに

本事例の第一審判決では法務担当者には予想外の敗訴判決が出されてしまいました。また、第一審判決と控訴審判決では、全く逆の結論が出されています。なぜ、このような結論の違いが生じるのでしょうか。

それは、法務担当者の法律相談と第一審裁判所の判決では、法的判断の前提とした事実が異なるということに理由があります。そこで、裁判所が法的な判断をする際の前提となる「事実」とは何か、訴訟において「事実」と「法的評価」とはいかにして区別されるかについて解説していきます。

2　「事実認定」と「法令の解釈・適用」の違い

(1)　裁判所の判決書の構成

判決書の構成を意識的に見ると、裁判所の判決では、「事実」と「法令の解釈・適用」が区別されていることが分かります。すなわち、裁判所の判決書の一般的な構成は次のとおりとなっています。

第1　請求
第2　事案の概要
　1　前提事実
　2　争点
　3　争点に対する当事者の主張
　（※事実に関する主張、法的主張が記載される。）

第３　当裁判所の判断
　１　認定事実
　２　争点に対する判断　｝裁判官の判断過程
　３　結論

このうち裁判所の判断が示されている「第３　当裁判所の判断」の部分に着目してみましょう。ここで、「１　認定事実」は裁判所による事実の認定、「２　争点に対する判断」は裁判所による法令の解釈・適用（いわゆる「当てはめ」）に当たります。つまり、裁判所は、まず判断の基礎とする事実の存否を証拠により認定し（①）、認定した事実に基づいて法的評価を行い（②）、結論を導く（③）という判断過程をとっていることが分かります。

①【認定事実】証拠に基づく事実の認定
↓
②【争点に対する判断】法令の解釈・適用（当てはめ）
↓
③【結論】判決

このように、裁判所が行う「事実の認定」「法令の解釈・適用」の各判断過程は、判決書でも「認定事実」「判断」という別の項目として記載が分けられています。

そして、裁判所が証拠からは事実と認定しなかった事情は、そもそも裁判所の法的判断の基礎とはなりません。当事者の主張する事実のうち証拠からは認定できない事実は存在しないものとして扱われます。

これを今回の事例に即して説明しますと、第一審裁判所は、県側が主張するようなＸの違反行為はなかったという事実認定をしていますので、Ｘに対する懲戒処分が適法であったかを判断するに当たって、Ｘの違反行為が存在したことは前提とはしていません。Ｘの違反行為がそもそも存在しないのであれば、処分の量定にかかわらず、懲戒処分は違法であるとの法的判断にならざるを得ないでしょう。

(2) 「前提事実」「当事者の主張する事実」「認定事実」の違い

次に、先ほどの判決書の構成を見ると、同じ事実でも、「前提事実」、「当事者の主張する事実」、「認定事実」とが区別されていることが分かります。

それでは、裁判所の認定する事実とその他の事実は何が違うのでしょうか。その違いは以下のとおりです。

ア 前提事実

まず、「前提事実」とは、一般的に当事者間（原告・被告間）に争いのない事実（民事訴訟法第179条）及び証拠及び弁論の全趣旨により容易に認められる事実を言います。

本件の事案では、県がXに対して懲戒処分を行った事実や懲戒処分の内容自体は争いのない事実と言えます。また、県が証拠として提出した懲戒処分の指針などからすると、これらの規程の存在や内容も証拠上明らかと言えます。したがって、これらは前提事実として記載されます。

他方で、Xが多数回遅刻をした事実や部下に記録の修正を指示するという違反行為を行っていた事実については、X自身はそれらの事実を否認しているところ、裁判官が証拠を検討するまでもなく容易に認められる事実とは言えませんので、前提事実とはなりません。

イ 当事者の主張（当事者の主張する事実）

そして、「前提事実」としても差し支えない事実以外は、当事者間で争いがある以上、あくまでも一方当事者の暫定的な主張にすぎないということになります。当該事実の存否は、訴訟上の争点として裁判所による判断の対象となります。

なお、裁判所の審理においては、当事者が主張する様々な事実のうち、裁判所が前提事実とすることのできる事実と当事者間で争いがあるため証拠に基づく認定が必要な事実とを的確に整理することが、円滑な審理に資することとなります。そこで、「当事者間で争いのない事実」を確定するために、当事者が答弁書や準備書面に記載する「認否」が重要な役割を果たします。答弁書において、訴状に記載された事実に対する認否が必要的記載事項とされているのは、このことを反映したものであると言えます（民事訴訟規則第80条参照）。

図：訴訟における事実認定の流れのイメージ

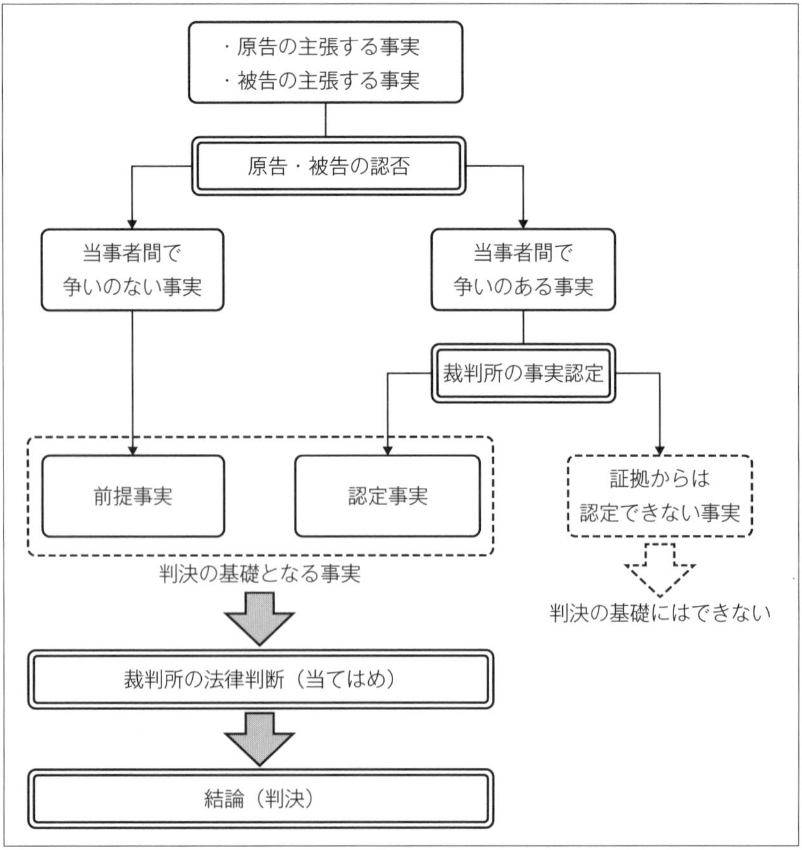

ウ　認定事実

そして、当事者間で争いのある事実については、裁判官が証拠に基づいて事実の存否を認定しなければ、当該事実を判決の基礎とすることはできないというのが、民事訴訟の最も重要な原則の１つです（弁論主義の第３テーゼ。ここでは詳細は省略します。）。このような民事訴訟の基本的なルールを理解すれば、判決書では「前提事実」「当事者の主張する事実」「認定事実」とが区別され記載される理由が分かると思います。

エ　小　括

以上のとおり、訴訟活動において、自己に有利な事実を裁判所の法的判断の基礎としてもらうためには、当該事実があったことを証拠に基づいて証明することが何より重要になるということが分かります。

なお、裁判所は、あくまでも当事者の提出した証拠に基づいて、経験則を用いて過去にどのような出来事があったかを合理的に推認する役割を担っているに過ぎません。したがって、裁判所の認定した事実が必ずしも絶対的な「真実」であるとは限りません。裁判官も訴訟当事者と同じ人間ですから、しかも過去の出来事であり、自らは直接は体験していない出来事について、その真偽の全てを正確に把握することは不可能というほかありません。「真実」はまさに神のみぞ知るのであり、生身の人間が行う手続であるというところに、自ずと裁判の限界があると言えます。

３　法務担当者としての視点

⑴　本件の法律相談の問題点

本項の事例では、最終的には県側勝訴の判決が出されましたが、法務担当者としてはヒヤリ・ハットの事例であったと言えます。それでは、法務担当者の対応の中で、どの点に問題があったのか検討してみましょう。

本件では、所管担当者だけでなく法務担当者も、Ｘに違反行為があったこと自体は明らかであるという前提で、違反行為に対する懲戒処分の量定が妥当か否かの検討のみを行っていたことに問題があったといえます。先ほどの裁判所の判断過程に即していうと、裁判所には「前提事実」としては認められない事実を、前提事実として検討を開始してしまったということになります。

(2) 自治体内での法律相談でよくあるパターンと注意点

ア 事実関係に争いがある事案か

これは本事案に特有のことではなく、自治体内での法務部門に対する法律相談では少なからず見受けられる状況だと思われます。すなわち、所管の担当者は、課内や部内では当然のこととして認識している事実を前提として、違法か適法かの判断を法務部門に対して求めてくることの方がむしろ通常です。「～という出来事があったのだが、これは違法なのか？」といった形で相談をされることが多いのではないでしょうか。

本事案でいうと、「悪質な違反行為を行ったXに対して、3か月の懲戒処分を行うことの法的問題点」が相談の要旨でした。

しかし、所管の担当者とのやりとりの中で、X自身は違反行為の有無を争っていることが判明しました。そこで、法務担当者としては、訴訟になった場合には、所管担当者が述べている事実の経緯はあくまでも一方当事者の「主張」にすぎないこと、裁判所に当該事実が認定されなければ、判決の基礎となる「事実」とはならないということに注意しなければなりませんでした。

イ 相談者は事実を直接体験している者か

実際に、法律相談にやって来る所管の担当者自身も、前任者から事案を引き継いでいたり、現場の取りまとめとして法務部門への相談に来ているだけであったりして、生の事実は把握していない場合も少なくありません。

このように、相談者自身が紛争の対象となっている事実そのものを直接は体験していないことも往々にしてありますから、相談者が話している事実の経緯をそのまま前提事実として鵜呑みにするのは危険です。

もっとも、上記事案の相談のやり取りにもあったとおり、所管担当者の話す事実の経緯に対して法務担当者があまり疑いを挟んでしまうと、相談者からの反発を招いてしまうこともあるかもしれません。加えて、自治体が当事者となる訴訟の場合、裁判官も行政側の事情は理解してくれるはずであるとの誤った期待を相談者が抱いているようなことも少なくありません。

ウ　法務担当者の立ち位置

しかしながら、法務担当者としては、やはり行政組織内での共通認識にとらわれることなく、一歩引いた立ち位置から、客観的な判断を行わなければなりません。

なぜなら、法務担当者が法的判断の前提とする事実を誤れば、今回紹介した裁判例のように、裁判所の判決でも全く逆の結論が出てしまうからです。そして、そのような場合に組織内では、事前に法務部門に相談してお墨付きを得ていたにもかかわらず、法務の判断が間違っていたとの批判も免れない状況になりかねません。このように、前提とすべき事実の真偽、さらには当該事実を証明できる証拠の存否については、やはり慎重にならざるを得ないでしょう。

エ　所管担当者の納得を得る説明

所管担当者に納得してもらうための１つの材料として、今回お話ししたような裁判所の判断過程について説明することが役に立つものと考えられます。裁判所は当事者間に争いのある事実は証拠に基づかなければ認定はできず、たとえ自治体といえども、民事訴訟においては対等な当事者の一方にすぎず、客観的な証拠に基づかない言い分は単なる一方当事者の主張としか扱われない、ということを説明し、裁判所が自治体を特別扱いしてくれるようなことはないということを理解してもらうことになるでしょう。

⑶　まとめ

法務担当者の視点として重要なのは、所管担当者が述べている事実の経緯は、言わば訴訟上の一方当事者の「主張」にすぎないことを理解した上で、所管担当者の主張する事実は証拠に裏付けられているものかどうか裁判所と同様に客観的な立場から意識することです。

本事案でも、控訴審判決の内容からすれば、Xの違反行為を前提とした場合に、停職３か月の懲戒処分そのものは法的には問題のない処分であったといえますから、裁判所の事実認定が結論を左右したということになります。したがって、法律相談の場面においても、法令の解釈や適用以上に、事実認定と証拠に関する検討が重要であったということになります。

これを一般化しますと、法務担当者としては、「所管担当者の主張するとおりの事実があった場合の法的評価はどうなるか」を回答するだけでは不十分であり、訴訟になった場合に所管担当者が述べている事実が裁判所にも認定されるか、裁判所に認定してもらうための証拠が十分に揃っているか、ということを後日の訴訟も視野に入れて検討すべきであるということになります。

○参考裁判例

・東京地裁平成25年６月６日判決・労判1081号49頁

・東京高裁平成26年２月12日判決・労判1096号64頁

○参照法令

地方公務員法

（懲戒）

第29条　職員が次の各号の一に該当する場合においては、これに対し懲戒処分として戒告、減給、停職又は免職の処分をすることができる。

一　この法律若しくは第57条に規定する特例を定めた法律又はこれに基く条例、地方公共団体の規則若しくは地方公共団体の機関の定める規程に違反した場合

二　職務上の義務に違反し、又は職務を怠つた場合

三　全体の奉仕者たるにふさわしくない非行のあつた場合

（法令等及び上司の職務上の命令に従う義務）

第32条　職員は、その職務を遂行するに当つて、法令、条例、地方公共団体の規則及び地方公共団体の機関の定める規程に従い、且つ、上司の職務上の命令に忠実に従わなければならない。

（職務に専念する義務）

第35条　職員は、法律又は条例に特別の定がある場合を除く外、その勤務時間及び職務上の注意力のすべてをその職責遂行のために用い、当該地方公共団体がなすべき責を有する職務にのみ従事しなければならない。

○参考文献

・司法研修所編『10訂民事判決起案の手引』（法曹會、2006）

第３章　新様式による判決書（89～94頁）

・加藤新太郎『民事事実認定論』（弘文堂、2014）

第２章　民事事実認定の基本構造（17～33頁）

CASE 11

市長個人が訴えられた！ そのとき、法務は？——公務員の個人責任と自治体ができる支援

第１　事例編

事案の概要

政令指定都市であるＡ市のＹ市長による入院措置により精神的苦痛等を受けたとして損害賠償請求が提起され、Ａ市役所に損害賠償請求事件の訴状が送達されました。

訴状を受領した所管担当者は早速、訟務事務を所掌する法務担当課に相談を持ち掛けました。いつもどおり応訴準備を進めるために法務担当者が訴状を見てみると、被告の記載が市長個人になっていました。このような場合に、自治体としてどのような対応ができるか問題となります。

登場人物

所管担当者

法務担当者

市長室長

所管担当者からの相談

大変です！裁判所から訴状が送達されました！

どのような内容ですか。

Ｙ市長が行った精神保健及び精神障害者福祉に関する法律第29条第１項に基づく入院措置は、違法な処分であり、職員の過失に基づくものであることから、当該処分により被った精神的苦痛等について、損害賠償請求をするもので

す。

そうですか。では応訴の準備を始めましょう。

……ん!? 訴状をよく見せてください。被告が市長個人名になっていますね。被告の記載の誤りだと思うので、裁判所に確認してみましょう。

（電話にて）

被告が市長個人名になっていますが、被告は行政主体であるＡ市だと思うので、「Ａ市　代表者市長Ｙ」との記載誤りではないでしょうか。

裁判所としても、当初そのように考え原告に確認したのですが、市長個人を訴えたいということなので、これで間違いありません。

……分かりました。

被告は市長個人だそうです。

えっ、そうなんですか!? そうだとするとこの訴訟はどうなるんですか!?

国や自治体が国家賠償法第１条第１項の責任を負う場合、被害者は公務員個人に対して損害賠償を請求することはできないとするのが、通説・判例（最高裁昭和30年４月19日判決等）ですので、おそらく請求は棄却[1]されるでしょう。ただ、被告はあくまで行政主体であるＡ市ではなく、市長個人なので、市長に個人的に応訴してもらうしかないです。とにかく早めに市長室に一報を入れた方がいいと思います。

早速市長室に相談に行ってきます。

（しばらくして……）

担当課から聞いたのだが、今回提起された訴訟について、Ａ市として対応できないとは一体どういうことかね。

被告がＡ市ではないので、我々が職務として訴訟対応するわけにもいかないのです。また、当市として、弁護士費用を支出する根拠もないので、市長のために公費で弁護士を選任することもできません。したがって、市長個人で対応していただくしかありません。

そんなことを言っても、実質的にはＡ市の公務に係ることなのに、市長個人で対応しなきゃいけないなんておかしいだろう。市長になんて説明したらいいんだ。何か方法を考えてくれないか。

うーん……。

第２　解説編

本事案は首長が訴えられたという事例です。首長に限らず公務員は行政行為や行政指導等、様々な形で対外的活動を行っており、しばしば住民等との間で紛争が生じることから、公務員は誰しも訴えられるリスクを持っています。特に住民と直に接する機会が多い自治体の職員は、このようなリスクに常にさらされていると言っても過言ではありません。

そこで、本項では、公務員が訴えられた場合に個人責任を負うか否かについて概観した上で、応訴に当たって自治体による支援方法及び支援の在り方について考えてみます。

1　公務員の個人責任

国家賠償法第１条第１項は、「……国又は公共団体が、これを賠償する責に任ずる」と規定しますが、公務員個人の（被害者との間の）対外的責任については明文の規定がありません。公務員の個人責任が認められるかの問題についての学説は、肯定説、公務員に故意重過失がある場合に限って被害者から公務員に対する損害賠償責任を求める制限的肯定説、否定説に分かれています。裁判例を見ると、公務員に故意重過失がある場合には、公務員の個人責任が認められるとする下級審裁判例もありますが、裁判例の大勢は否定説に立っています。この問題の最高裁判例のリーディングケースである最高裁昭和30年４月19日判決・民集９巻５号534号も「右請求は、被上告人等の職務行為を理由とする国家賠償の請求と解すべきであるから、国又は公共団体が賠償の責に任ずるのであって、公務員が行政機関としての地位において賠償の責任を負うものではなく、また公務員個人もその責任を負うものではない」と判示しており、公務員の個人責任を否定しています。

ただ、理論上公務員の個人責任が肯定されるか否定されるかにかかわらず、訴えを提起された公務員はこれに対応せざるを得ず、この場合の対応は公務扱いとはならないため、平日に休暇をとって法廷に出頭するなど時間をとられ、応訴費用の負担や身体的・精神的な負担等の現実的な問題に直面します。そこで、個人責任についての議論についてはこれ以上深入りせず、このような実際上の問題にどう対応できるのかに主眼を置いて以下検討します。

2　職員が訴えられた場合の支援の方法

まず、訴訟上の手段で支援する方法が考えられます。具体的には自治体が職員側に補助参加をして、補助参加人として訴えられた職員をバックアップするという方法です。自治体が補助参加することにより、自治体が訴訟上当該職員をサポートでき、自治体が自己の保有する文書等の証拠を裁判上に提出できるなどのメリットが考えられます（職員個人で訴訟対応する場合、自治体の保有する文書を裁判の証拠として使うためには、当該職員は情報公開制度の利用や弁護士に依頼して弁護士照会を実施する等をして証拠を収集しなければならないと考えられます。）。ただし、補助参加するためには、訴訟の結果について法律上の利害関係が必要であるところ（民事訴訟法第42条）、そのような利害関係が認められない場合に原告から異議が述べられれば補助参加できず、補助参加の申出をしてもそれが認められるとは限りません[(2)]。また、訴えられた職員個人は当事者である以上、出頭して応訴しなければならず、自治体が補助参加できたとしても自らも訴訟行為をしなければならない点は変わりがありません。

自治体が訴えられた職員個人に代わって訴訟活動をできればよいのですが、そのようなことはできないため、もう１つの現実的な支援方法としては、訴えられた職員が代理人弁護士を選任し、その弁護士費用を自治体が負担する方法が考えられます。

３　訴訟費用（弁護士費用）の公費負担

(1)　関連裁判例

ア　刑事事件に係る弁護士費用についての判例（最高裁平成２年３月23日判決）[(3)]

本件は、市長が水道法違反により起訴された刑事事件の応訴に係る弁護士費用を市が市長個人のために市の公金から支出したため、当該市の住民が右公金の支出が違法であるとして地方自治法第242条第１項第４号（平成14年法律第４号による改正前のもの）に基づき住民訴訟を提起した事案です。

第一審判決及び控訴審判決は、本件公金が地方自治法第２条第２項、第３項の規定する事務を処理するために支出されたものでもないし、補助金（同法第232条の２）として支出されたものでもないから、本件公金の支出は違法であるとしました。最高裁も、原審の判断を正当として、市の弁護士費用の支出は違法であると判示しました。

イ　民事事件に係る弁護士費用についての判例（最高裁昭和59年４月24日判決）[4]

本件は、村長の職務行為により損害を被ったという者が、村長個人を被告として提起した不法行為に基づく損害賠償請求の訴訟に関し、村長の応訴費用（弁護士費用）を村が支出、負担したことについて、住民が地方自治法第242条の２第１項第４号（平成14年法律第４号による改正前のもの）に基づき村に代位して村長個人に損害賠償を請求した住民訴訟です。

一審は、訴訟追行に要する費用は、被告個人が負担すべきものであるところ、村がその費用を支出することは、被告個人に対する給付であるというべきであるから、地方自治法第204条の２により、違法であると言わざるを得ないと判示しました。控訴審も一審の判断を支持して控訴を棄却し、最高裁もこの判断を是認しました。

⑵　公費負担の可否についての検討

上記のいずれの判例も弁護士費用の公費負担について消極に解しています。しかし、それらの事案においては公費負担の根拠が不明確で、公費の支出について適切な手続を踏んでいなかったものであり、違法と評価されても仕方のない事案だったと言えます。したがって、裁判所が一般的に弁護士費用の支出を否定する趣旨であるとは解せないでしょう。では、公費負担の可否についてどのように考えればいいでしょうか。

この問題を考えるに当たっては、平成14年法律第４号による改正前の地方自治法第242条の２第８項の規定の趣旨が参考となるでしょう。同改正前の地方自治法第242条の２第１項第４号の請求は、職員が個人として被告となっていたため、同条第８項は、「当該職員が勝訴（一部勝訴を含む。）した場合において、弁護士に報酬を支払うべきときは、普通地方公共団体は、議会の議決によりその報酬額の範囲内で相当と認められる額を負担することができる」と規定していました。その趣旨は、「住民の権利の観点及び参政権の一種という住民訴訟の位置付けから、ある程度の訴訟提起はいわば民主主義のコストと考えられるのもやむを得ないことと考えられ、被告職員が勝訴した場合にあっては、被告職員の応訴費用は適正な職務行為に関して生じた費用と位置付けることができる」ことにあると解されます(5)。さらに、被告職員が敗訴し、係争の職務行為が適法とされなかったとしても、確かに当該地方公共団体の意思としてなされたとの評価を受け得る行為も考えられ、全ての場合に全く弁護士費用を公金で支出し得ないとすることは合理的ではなく、判決の内容によっては、弁護士費用を当該地方公共団体の裁量で公費負担として許される余地もあり得るように解されます(6)。

このような考えは、国家賠償法に基づき個人が訴えられた場合にも応用できると思われ、その訴訟の核心的争点が職務行為の適法性にあり、係争行為は確かに当該地方公共団体の意思としてなされたものであるならば、その応訴のための弁護士費用を、当該地方公共団体の公費負担とすることも可能であると考えます(7)。

４　公費負担の方法

弁護士費用の公費負担の支出の根拠としては、地方自治法第232条の２に基づく補助金としての支出が考えられるでしょう。同条は、普通地方公共団体は、その公益上必要がある場合においては、補助をすることができることを規定しています。「公益上必要がある」か否かは、一応当該団体の長及び議会が個々の事例に即して認定しますが、これは全くの自由裁量行為ではないから、客観的に公益上必要であると認められなければならない（行政実例昭和28年６月29日）とされています。

公益上の必要性を判断する際の具体的な要件としては、次の点をメルクマールとするのが客観性、現実性、明確性、適正手続等の観点から妥当であると考えます。すなわち、①職員個人に対する訴訟の、その主たる実質的争点が公務員としての職務執行行為の適法性、正当性にあること、②その職務行為が適法、かつ正当であること又は当該訴訟に勝訴していること、③応訴費用に対する当該地方公共団体の公金の支出額が必要かつ妥当なものであること、④議会の承認議決等支出の形式的手続が完備していることです。これらの点を充足する場合には、弁護士費用を公費で補助することは適当であると認められると考えられ、補助金交付の制度設計をする際にはこのような要素を盛り込むことが肝要であると考えます[(8)][(9)]。

５　実例

都道府県レベルでは大阪府が、市町村レベルでは魚沼市（新潟県）や長崎市等が弁護士費用の負担に関する規則を制定して、職員個人が損害賠償請求訴訟を提起されたために支弁した費用を補助しています。

大阪府の「職員等の職務上の行為に係る損害賠償請求訴訟に係る弁護士費用の負担に関する規則」では、特別職や警察職員も含む対象職員について、当該職員が被告として訴えられた損害賠償請求訴訟において勝訴した場合に弁護士費用を補助することとされています。補助金交付の手続について、職員からの申請に基づき、補助金の交付の要否などについて弁護士等の有識者で構成する審議会（大阪府職員等の職務行為等審議会）の意見を聴いた上で、知事が必要と認めた場合に弁護士費用が負担される仕組みとなっています。

なお、大阪府では、「職員等の職務上の行為に係る損害賠償請求訴訟の遂行の支援に関する規則」も定め、職員個人が訴えられた損害賠償請求訴訟において、府が弁護士の紹介や書面作成等の助言、補助参加の申出等の訴訟遂行の支援をできると定められています。

第3　おわりに

平成29年６月の地方自治法改正により、各自治体の条例において、長や職員等の地方公共団体に対する損害賠償責任について、その職務を行うにつき善意でかつ重大な過失がないときは、賠償責任額を限定してそれ以上の額を免責する旨を定めることを可能にする免責条例制度が新設されました。これは、職員の地方公共団体に対する損害賠償責任に係るものであり、本テーマとは直接関係はしませんが、同改正の趣旨は、長や職員等の萎縮効果を除去し、円滑な職務の運営の確保を図るというものであり、この点は、本項の題材である公務員個人が訴えられた場合の訴訟支援を図る目的と共通するところがあります。

公務員による職務遂行が適正に行われるべきであることは言うまでもありませんが、職員各自が萎縮することなく、各自の職務を全うするためにも、訴えられた職員個人に負担させるべきではない費用等については、制度的に支援するしくみを構築することが望まれます。

（1） 下級審の裁判例の中には、「加害公務員に対する訴えは不適法として却下すべきである」と判示しているもの（名古屋地裁昭和46年３月30日判決、仙台地裁昭和52年６月20日判決）がありますが、これは少数であり、公務員が直接個人責任を負うかどうかということは実体法上の問題であり、「訴訟法上の当事者適格の問題ではない」と判示しているものの方がマジョリティです。

（2） なお、平成14年法律第４号による改正前の地方自治法第242条の２第１項第４号に基づく損害賠償請求訴訟において、自治体が被告（職員個人）側へ補助参加する利益を認めた裁判例として、東京高裁昭和56年７月８日決定、鹿児島地裁平成９年８月18日決定が、これを否定した裁判例として、東京高裁昭和58年９月30日決定、東京高裁平成３年３月14日決定等があります。

（3） 判タ732号186頁

（4） 判タ531号130頁

（5） 松本英昭著『新版逐条地方自治法』（学陽書房、2001）

（6） 別冊ジュリスト168号147頁

（7） 同上

（8） 岩本安昭「職員個人を被告とする訴訟提起についての訴訟費用の負担」判自402号116頁も同趣旨だと思われます。

（9） 園部逸夫「住民訴訟の訴訟法上の問題点」ジュリスト941号

CASE 12　退職した職員が職員住宅に居座り——自治体における建物明渡しの強制執行

自治体を取り巻く権利関係は様々であり、時には、自治体が有する私法上の請求権を強制的に実現しなければならない場合があります。

本項では、職員住宅の不法占有の事案を題材として、自治体における建物明渡しの強制執行の手続について解説します。

第１　事例編

事案の概要

Ｘ市は、職員に対する福利厚生の一環として職員住宅を設置していますが、職員住宅に入居していたＹが、Ｘ市を退職したにもかかわらず職員住宅に居座っています。

職員住宅の所管担当者の必死の説得にもかかわらず、Ｙは職員住宅から退去しようとしません。

この場合、どのような法的措置を採らなければならないでしょうか。

登場人物

所管担当者

法務担当者

１　所管担当者からの相談（出訴前）

今回はどのような相談ですか。

職員住宅に元職員Ｙが居住しているのですが、既に市を退職しているにもかかわらず、職員住宅から退去してくれないのです。

それは困りましたね。詳しく話を聞かせてください。

その後、所管担当者は、本件の経緯を法務担当者に詳しく説明しました。

法務担当者は、本件においては建物明渡訴訟を提起する必要があると考え、必要となる資料等について説明を始めました。

事情はよく分かりました。先程お願いした資料を準備していただいて、職員住宅からの明渡しを求める訴訟の準備を進めることにしましょう。ところで、市が訴訟を提起する場合には、訴額によっては議会の議決が必要となりますが、職員住宅の固定資産税評価額がどうなっているか分かりますか。

えっ！ 議会の議決が必要なんですか。

地方自治法の規定では、訴えを提起する場合には原則として議会の議決が必要とされています。ただし、当市では、訴額が100万円以下の場合には市長の専決処分ができるとされていますので、訴額の算定の基礎となる職員住宅の評価額を知りたいのです。

訴額？

具体的な計算は我々の方でしますので安心してください。まずは職員住宅の固定資産税評価額が算定されているか確認してください。

分かりました。

それと、職員住宅に居座っているＹはどのような方ですか。場合によっては訴訟提起の前に仮処分の申立てをしておく必要がありますので、今までの交渉記録等があればいただけますか。

ちょっと現場の担当者に聞いてみます。

あと、まだ先の話になりますが、強制執行をする場合にはそれなりの費用が必要になりますので、予算担当者にも話をしておいてください。

強制執行？

ええ。訴訟に勝訴したとしても、任意で職員住宅を出ていってくれない場合には、強制的に出て行ってもらう手続が必要になります。これを強制執行といいます。

強制執行の費用は高額なのですか？

強制執行の申立て自体に必要な費用は数万円ですが、強制執行をするには、執行補助者の手配が必要で、その費用が数十万円になる場合があります。

執行補助者？

簡単に言うと、荷物の運び出し等をする業者のことです。強制執行と言っても、執行官が荷物の運び出し等をしてくれるわけではありませんので、運び出し作業を行う執行補助者を我々の方で手配しておく場合があるのです。

どうやって手配すればいいのですか。

裁判所の執行官室に業者の一覧表が置いてあったりしますので、後で私が入手して、メールで送りますよ。

ありがとうございます。

2　所管担当者との打ち合わせ（判決後）

その後、Ｘ市は、Ｙに対して職員住宅からの明渡しを求める訴訟を提起したところ、Ｙは第１回口頭弁論期日に欠席し、Ｘ市は仮執行宣言付の勝訴判決を得ました。

今回はありがとうございました。ただ、その後、我々の方でＹと話をしようと試みたのですが、居留守を使われてしまい、いまだに職員住宅に居座られたままです。どうすればいいでしょうか。

任意での解決は難しそうですね。それでは、前回説明したとおり、強制執行の申立てに向けての準備を進めましょう。

ところで、強制執行の申立てにも議会の議決が必要なのですか。

いえ。訴えの提起ではありませんので、議会の議決は不要です。ところで、執行補助者の目星はつきましたか。

はい。契約に向けた準備をしているところです。

執行補助者との契約ができたらご一報ください。

他に準備をしておいた方がよいものはありますか。

建物の明渡しの強制執行には、判決文への執行文の付与と判決の送達証明書が必要ですが、それはこちらで準備して

おきます。

ただ、その他にもＹの現在の状況や執行場所の略図を記載した調査表を作成する必要がありますので、その準備をお願いします。

分かりました。ちなみに、強制執行の申立てが終わった後の手続の流れはどのようになりますか。

強制執行の申立てが終わりましたら、執行官から催告期日の連絡があります。この期日では、執行官が職員住宅に出向いて占有状況を認定するとともにＹに対して強制執行を実施する日（実務上は、「断行期日」といいます。）を告げます。催告期日には実務上、我々も立ち会うことになっています。

断行期日までにＹが職員住宅から出ていかない場合には、執行官は、職員住宅に出向いて、Ｙの占有をＸ市に移転させる手続を行います。断行期日に占有がＹ市に移転されるため、我々の立会いは必須となります。

また、職員住宅にあるＹの家財道具等については、目的外動産として、一定期間、保管されます。保管期間中にＹが取りに来ない場合には原則として競売に付され、最終的には売却されることになります。保管場所については、そのまま職員住宅としておくことも可能です。この場合には、目的外動産が売却されたことによって職員住宅が空屋状態になり、次の入居者を応募することが可能な状態になります。

まだまだ先が長そうですね。

通常は、申立てから催告期日までが２週間、催告期日から断行期日までが１か月、断行期日から目的外動産の売却までが１か月です。ただ、事案によってこの期間が延びるこ

とがあります。速やかに手続を進行させるためにも、執行官と執行補助者との連絡調整を密にしておく必要があります。現場の状況を細目に確認し、何かありましたら速やかに連絡をしてください。また、目的外動産の保管場所を別の場所にする場合には別途保管費用が発生しますので、保管場所をどこにするか早めに検討をしておいてください。

分かりました。

第2　解説編

1　訴えの提起と議会の議決

自治体が訴えを提起するには、原則として議会の議決が必要とされていますが（地方自治法第96条第1項第12号)、議会が特に指定した場合には、普通地方公共団体の長において、これを専決処分にすることができるとされ、議会の議決は不要とされています（同法第180条第1項)。X市では、訴訟の目的の価額が100万円以下のものについては、市長が専決処分によって提起することができるとされていますので、本件訴訟の訴額が100万円を超えるか否かが重要になります。なお、専決処分によって訴えを提起した場合には、議会への報告が必要となりますので注意してください（同法第180条第2項)。

建物の明渡訴訟における訴訟物の価額（訴額）は、建物の固定資産税評価額の2分の1とされていますが（大阪弁護士協同組合出版委員会編『弁護士業務便覧2018』13頁及び8頁)、職員住宅や市営住宅の場合は、そもそも固定資産税が非課税とされていることから、固定資産税評価額を算定していない場合が多く見られます。

この場合には、法務局が作成している「新築建物価格認定基準表」及び「経年減価補正率表」によって、建物の評価額を算定することになります（前掲書８頁）。

なお、議会の議決を経て訴えを提起する場合には、議決証明書を訴状に添付する必要がありますので、議決証明書の取得方法や時期について議会事務局と事前に調整をしておくとよいでしょう。

２　占有移転禁止の仮処分

本事例でＸ市が提起した訴えは建物明渡訴訟ですが、仮に、建物明渡訴訟が係属している間にＹがその占有を第三者に移転してしまった場合には、勝訴判決を得ても、当該判決の効果は第三者には及びませんので、改めて第三者を被告とする訴訟を提起しなければならないことになります。

このような事態を避けるために、建物の占有が第三者に移転される危険がある場合には、占有移転禁止の仮処分の申立て（民事保全法第25条の２参照）をしておく必要があります。

なお仮処分の命令が出される場合には、一定の金額の担保金を積むことが条件とされるのが通例ですので（同法第14条第１項）、占有移転禁止の仮処分を申し立てる場合には、担保金（担保金の基準については前掲書99頁参照）の準備について事前に予算担当者と調整しておくとよいでしょう。

３　建物明渡しの強制執行

(1)　強制執行とは

本事例でＸ市は、仮執行宣言付の勝訴判決（民事訴訟法第259条第１項）を得ており、Ｙが任意に明渡しに応じない場合には、強制執行の申立てを検討する必要があります。

強制執行とは、国家機関が関与して、債務名義に表された私法上の請求権の内容を強制的に実現する制度のことをいいます（なお、強制執行の申立人を債権者、強制執行の相手方を債務者と呼びます。）。ここで、債務名義とは、強制執行手続前に別個の法定の権利判定手続によって作成された文書のことで、債権者の給付請求権の存在を公証するものをいいます（民事執行法第22条）。本件の勝訴判決には仮執行宣言が付いていますので、同判決は、債務名義に当たります（同条第２号）。

⑵ 執行補助者とは

建物明渡しの強制執行は、不動産の所在地を管轄する地方裁判所の執行官が執行機関となり、債務者の不動産に対する占有を解いて債権者にその占有を取得させる方法によりなされます（民事執行法第168条第１項）。

強制執行に際して行われる建物内の動産の搬出、鍵の解錠等の作業については、これを執行官一人で行うのは困難ですので、執行官は執行補助者（解錠技術者・運搬作業員等）を使うことが認められています（執行官規則第12条）。

もっとも、執行補助者は、実務上、債権者が手配する場合が多く、この場合、強制執行の申立て前に、執行補助者と契約を締結しておく必要があります。

契約に当たっては、①人夫の人数、②トラックの台数、③目的外動産（遺留品）保管のための倉庫の要否、④解錠技術者の手配等を見積もっておく必要がありますので、これらの点について執行補助者（予定者）と協議をしておくとよいでしょう。

⑶ 強制執行の流れ

強制執行の申立て
↓
催　告　期　日
↓
断　行　期　日
↓
目的外動産の保管・競売

強制執行は、大まかに言って、右図のように申立て、催告期日、断行期日、目的外動産の保管・競売という流れで進んでいきます。

ただし、東京地裁本庁においては催告期日の前に執行官と面接をする等、地域によって運用が異なっていますので、事前に執行官室に確認しておくとよいでしょう。

⑷ 強制執行の申立て

建物の明渡しの強制執行を開始するには、債務名義の他に、債務名義への執行文の付与と債務者への債務名義の送達が必要となりますので（民事執行法第25条及び第29条）、当該執行文が付与された債務名義と送達証明書を上記申立書に添付しておく必要があります。

また、実務上、現在の状況や執行場所の略図を記載した調査表等も添付する必要があります。強制執行の現場の状況は日々変化するものですので、事前に現場を確認し、その状況を調査表に記載するようにしましょう。

強制執行の申立ての際には、執行官に執行官手数料や郵送料等の予納金を預ける必要があります。この金額は、裁判所によって異なりますので、事前に確認しておきましょう（東京地裁本庁の場合は、基本額が６万5000円となっています（令和３年２月時点)。)。なお、予納金は、事件終了後、実際に使用しなかった金額が返還されます。

⑸ 催告期日

建物明渡しの申立てが適式に行われた場合には、後日、執行官によって催告期日が指定されます。

執行官は、不動産の明渡しの強制執行の申立てがあった場合において、当該強制執行を開始することができるときは、引渡期限を定めて、明渡しの催告をすることができるとされており（民事執行法第168条の２第１項)、この明渡しの催告を行う期日を催告期日といいます。

催告期日では、執行官が、明渡しの催告をしたこと、引渡し期限、占有移転が禁止されていることを公示しますが、執行官が入室する場合がありますので、マスターキーを用意しておくとよいでしょう（解錠技術者に頼むとその分の費用がかかります。)。

また、この期日では、執行官が債務者の占有状況を確認することになりますが、執行官から債務者の最近の状況等について質問がされる場合がありますので、回答できるように準備をしておきましょう(所管担当者を同行させておいた方が無難です。)。

なお、債務者が在室している場合には、債務者に任意の明渡しを求めるよい機会ですので、これを契機として債務者への説得を試みましょう。

⑹ 断行期日

明渡しの催告をしたにもかかわらず、債務者が任意退去しない場合には、執行官は、執行場所である建物に臨場し、建物内にある動産類の搬出を行い、債務者の占有を排除して、建物を空屋の状態にして、債権者に引き渡します。

この場合、実際の作業を行うのは執行補助者ですので、扉の開錠、搬出作業、搬出した動産類を運ぶトラック、動産類の保管場所等の手配について、執行補助者と事前に協議をしておくとよいでしょう。

また、事案によっては債務者又はその家族が高齢者や障がい者である場合があり、この場合には十分な配慮が必要となりますので、緊急時の対応方法等について事前に福祉部門と調整をしておくとよいでしょう。

断行日にはトラブルが発生する場合がありますので、事前に当日のスケジュールや役割分担を記載した表等を作成し、トラブルに対して迅速に対応できるように準備しておきましょう。

⑺ 目的外動産の保管・競売

建物内に目的外動産(建物明渡執行の目的の範囲に含まれていない動産のこと)が存在する場合、執行官はこれらを取り除いた上で、債務者、その代理人又は同居の親族若しくは使用人その他の従業者で相当のわきまえのあるものに引き渡さなければなりません（民事執行法第168条第５項）。

もっとも、これらの者が引渡しに応じないことが多く、この場合には、執行官が目的外動産を保管することになっています（同法第168条第６項）。ただし、実際には、債権者に保管を委託するケースが多いと言えます。

また、保管場所については、執行場所と異なる場所になる場合もありますが、執行場所を保管場所とすることも可能です。この場合、明渡執行の対象となっている建物に、目的外動産を残置したままで明渡執行が終了します。

なお、一定期間内に債務者が目的外動産を引き取りに来ない場合には、動産執行手続に基づいて処分がなされることになります（同法第168条第６項後段、同条第５項後段、民事執行規則第154条の２）。実務的には債権者又は執行補助者が落札して、当該動産を処分することが多いです。執行補助者との契約においても、動産の落札（処分）費用についても決めておくとよいでしょう。

４　おわりに

自治体においては、本件のような職員住宅だけでなく、公営住宅や公有地の不法占拠者に対して法的措置を採らなければならないケースがあります。この場合、その手続を弁護士などに依頼する方法もありますが、先に述べた留意点に注意すれば職員で対応することも十分に可能です。また、任意の交渉に臨む場合にも、最終的な強制手段である民事執行がどのような手続を経て進んでいくのかを把握しておくことは非常に有益です。

強制執行だからといって臆することなく、できるところからでもよいので職員自身で対応してみることも重要だと思います。

CASE 13 職員給与の過払いが発覚！ 返納を求めたが応じてくれない——自治体における金銭執行の手続

　自治体を取り巻く権利関係は様々であり、時には、自治体が有する私法上の請求権を強制的に実現するために、強制執行の手続をとる必要があります。

　CASE12では、職員住宅の不法占有の事案を題材として、自治体における建物明渡しの強制執行（非金銭執行）の手続について解説しました。ここでは、金銭執行の手続について、支払督促による債務名義の取得から、債権執行（債権差押命令申立て）の流れを解説します。

第1　事例編

事案の概要（債権執行）

　X市では、給与システムが特殊勤務手当の制度改正に対応していなかったことにより、過去何年にもわたって給与の過支給（以下「過払給与」といいます。）が生じていたことが発覚しました。

　在職者からは自主返納がなされましたが、返納対象となる職員の中には既に定年等により退職している者もいます。人事給与の所管担当者は、退職済みのYに対して、督促状の送付や電話、訪問等により返納を促してきましたが、Yからの支払いはありません。

　この場合、どのような法的措置を採らなければならないでしょうか。

登場人物

所管担当者

法務担当者

所管担当者からの相談

1　私法上の紛争解決の手段

実は法務課さんに相談する前に、税務部徴収課にＹさんの財産の差押えを依頼したのですが、断られてしまいました。

それは、そうなりますね……。今回対象となる債権はいわゆる「強制徴収公債権」ではないので、Ｙさんから強制的に徴収するためには、民事執行の手続を取る必要があります。

　また、いきなりＹさんの財産を差し押さえることはできませんので、まずはＹさんに対して民事訴訟を提起するなどして、債務名義を取得する必要があります。

Ｙさんに過払給与の返納義務があることは明らかだと思っていましたが、その前提のところから始めなければならないのですね……。

2　債務名義の取得

まずは、Ｘ市がＹさんに対して過払給与について不当利得に基づく返還請求権を有していること（及びその金額）、すなわち権利の存否を裁判所の手続で確定する必要があります。典型的には、民事訴訟を提起して勝訴判決を得るということになります。Ｙさんの返納額はいくらですか。

約40万円とこれに対する遅延損害金です。

訴額が140万円以下になるので、訴訟の場合は簡易裁判所になりますね。ところで、Ｙさんは、返納義務があることは争っているのですか。

過払給与を返す必要があることは理解しているようです。ただし、退職後の給料では40万円をいきなり返せと言わ

れても厳しいとか、自分のミスではないのに返さなければならないことには納得がいかないので、自主的に払う気持ちにはなれないなどと言っています。

なるほど。返納義務があること自体には争いがないのであれば、通常訴訟ではなく支払督促の手続で債務名義を取得するという選択肢もありますね。

支払督促ですか？どのような手続の流れになるのですか。

債権者の申立てのみに基づいて、簡易裁判所の書記官が金銭の支払いを命じる制度です。書類審査のみで行われる迅速な手続で、裁判所に出向く必要はありません。書記官が発付する仮執行宣言付支払督促が債務名義となりますので、これに基づいて強制執行を申し立てることができます。ただし、Ｙさんから支払督促に異議が出た場合には、通常訴訟に移行することになります。

3　財産調査

それから、債務名義を取得した後は、Ｙさんの責任財産のうちのどのような財産を差し押さえることを想定していますか。

まだ具体的には考えていなかったです。強制執行を申し立てたら裁判所の方で探してもらえるのではないのですか。

強制執行の対象とする財産は債権者の方で特定しなければなりませんので、Ｙさんの財産調査をする必要があります。Ｙさんの現在の勤務先などは分かりますか。

はい。現在はＺ社で働いていると聞いています。

そうすると、Ｙさんは乙社から給与を毎月支給されることになるので、Ｙさんの乙社に対する給与支払請求権を差し押さえることが想定されますね。

4　強制執行の申立て（債権差押命令申立て）

その後、Ｘ市は、Ｙを相手方とする支払督促の申立てをしたところ、Ｙからは異議は出されず、Ｘ市は仮執行宣言付の支払督促を得ました。

今回はありがとうございました。ただ、その後我々の方でＹさんと話をしようと試みたのですが、やはり自分から支払うのは納得がいかないということでした。

任意での解決は難しそうですね。それでは、前回検討したとおりＹさんの給与を差し押さえるということで、強制執行の申立てに向けての準備を進めましょう。

ところで、強制執行の申立てにも議会の議決が必要なのですか。

いいえ。「訴えの提起」（地方自治法第96条第１項第12号）には該当しませんので、議会の議決は不要です。強制執行の申立てには、判決文への執行文の付与と判決の送達証明書が必要ですが、債務名義が仮執行宣言付支払督促の場合には、既に執行力が含まれているので執行文の付与は不要です。送達証明書はこちらで裁判所に証明申請をしておきます。

それから、第三債務者である乙社は法人なので、法人の代表者の資格証明書を提出する必要があります。登記簿謄本を取得しておいてください。

分かりました。その他に費用などは必要になりますか。

債権執行の場合は、申立手数料（4000円）と予納郵券が必要になるぐらいです。あとは債権差押命令申立書とあわせて第三債務者の陳述催告の申立書も提出しておきます。

5　債権差押命令

その後、執行裁判所の債権差押命令が発令され、命令書が債権者であるＸ市、第三債務者であるＺ社、債務者であるＹさんにそれぞれ送達されました。

また、Ｚ社からは第三債務者の陳述催告に対する回答（陳述書）が提出されました。

Ｚ社から提出された陳述書によると、Ｙさんを現在雇用しており、毎月の給料として21万3000円、年２回（６月と12月）にそれぞれ30万円の賞与を支給しているということですね。また、差し押さえた金額を債権者に支払うという回答になっています。

今後の手続はどうすればよいですか。

第三債務者であるＺ社から直接取立てをします。給与や賞与の支払いがあるごとに行います。Ｚ社に連絡して、当該月のＹさんに対する給与の手取り額（支給額から税金や社会保険料を控除した額）を確認してください。差押禁止債権を除いた差押可能額を計算した上で、Ｚ社に納付書を送付して支払ってもらってください。

Ｚ社とは毎月連絡を取る必要があるということですね。

はい。また、取立てを行った都度、裁判所には取立届を提出する必要があります。裁判所には法務課の方から提出し

ておきますので、Ｚ社から納付があったら、納付書の領収欄の写しなどを法務課に提供してください。全額の回収が完了したら、裁判所には取立ての「完了届」を提出することになります。

ちなみに、Ｚ社が支払いに応じてくれない場合にはどうなりますか。

その場合には、第三債務者であるＺ社に対して被差押債権の支払を求める取立訴訟を提起することになります（民事執行法第157条）。取立訴訟で勝訴判決を得た上で、Ｚ社に対して強制執行をするなどして、Ｚ社から直接回収する必要があります。

6　債権差押命令申立事件の完結

その後、所管ではＺ社から毎月Ｙの給与の一部の納付を受けてきました。

今月も給料の支給日前にＺ社に連絡したところ、Ｙさんは Ｚ社を退職したということでした。

そうすると、ＹさんのＺ社に対する給与支払請求権は以後発生せず、被差押債権は存在しないこととなるので、取立ては不能となります。裁判所には取立不能を理由として、債権差押命令申立事件の取下書を提出します。

もしＹさんの債務がまだ残っていて、更に回収する場合には、改めてＹさんの責任財産を探して強制執行を申し立てることになります。

Ｙさんからはほぼ全額が回収できましたので、今後のことはまた検討します。ありがとうございました。

第２　解説編

１　強制執行の種類

民事執行法が定める民事執行は「強制執行」「担保権の実行」「形式的競売」「財産開示」の４種類に分類されます（第１条）。このうち、債務名義に表示された債権者の債務者に対する私法上の個別的な請求権を、債権者の申立てに基づいて、国家権力が強制的に実現する手続が強制執行です。

強制執行は請求権の種類によって分類され、「金銭の支払を目的とする債権についての強制執行」を「金銭執行」、「金銭の支払を目的としない請求権についての強制執行」を「非金銭執行」と言います。CASE12で解説した職員住宅の不法占有者に対する建物明渡しの強制執行は、金銭の支払いを目的としない請求権なので非金銭執行です。

金銭執行は、さらに執行対象となる財産の種類に応じて、不動産執行、準不動産執行（船舶、自動車、建設機械、航空機）、動産執行、債権及びその他の財産権に対する執行に分類されます（図１参照）。

２　私法上の紛争解決の流れ、民事執行と滞納処分の関係

法治国家では自力救済は禁止されていますので、その代償として、国家は、司法機関（裁判所）の関与の下で、権利の存否の判定や、判決によって確定した権利を強制的に実現するための手続を用意しています。すなわち、①民事訴訟などによって債務名義を取得し、②それに基づいて民事執行を申し立て、③債務者の財産を売却して、④その代金の配当から金銭債権の満足を得る、というのが民事訴訟から民事執行に至る原則的な紛争解決の流れになります（図２参照）。

これに対して、滞納処分としての財産の差押えや換価等は、行政権による自力執行権の行使ということになります。これはあくまでも自力救済の禁止に対する例外と位置付けられるものであり、請求債権が

いわゆる「強制徴収公債権」である場合に限って認められるものです。

図１　民事執行の種類（民事執行法第１条）

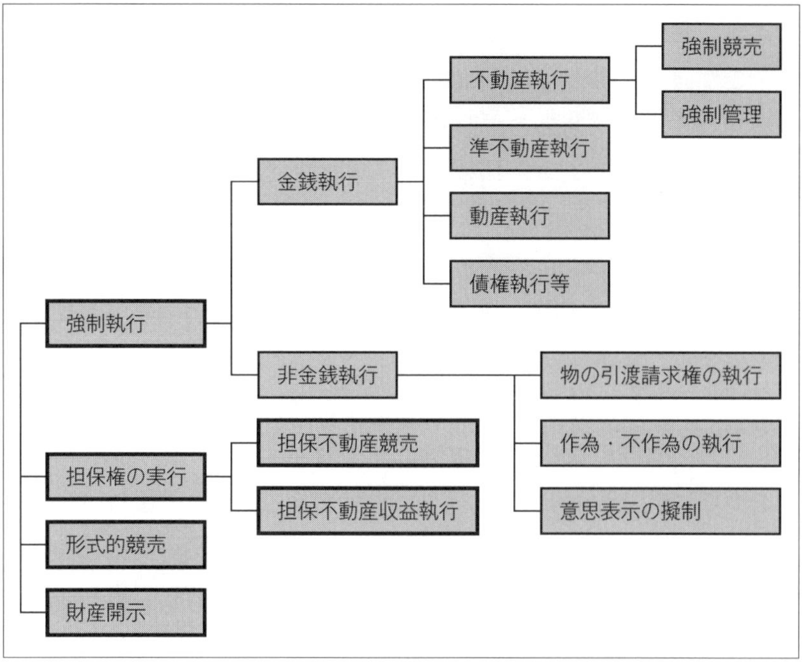

図２　紛争解決の流れ

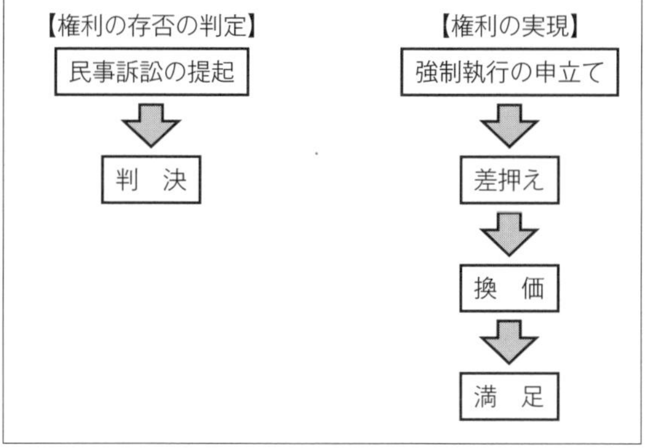

3　強制徴収公債権と非強制徴収公債権

自治体の有する債権は「公債権」と「私債権」に区分されます。例えば、消滅時効の中断について、民法では訴訟提起などによる裁判上の請求が必要とされる（改正前民法第147条第１号）のに対して、公債権では地方自治法上の納入の通知及び督促には、１回に限り、裁判手続を要件とせず時効の中断効が認められています（地方自治法第236条第４項）。また、公債権は５年間で時効消滅し、その消滅について時効の援用を必要とせず、その権利を放棄することもできないと定められています（同条第１項・第２項）。このように、公債権、私債権は、消滅時効の期間や時効中断の措置などにおいて適用される法令が異なることから、これらの区分が意味を持ちます。

もっとも、公債権だからといって、その徴収において直ちに行政権による自力執行が認められる訳ではありません。

公債権に区分される債権のうち、法律の規定により「国税徴収法に規定する滞納処分の例による」や「地方税の滞納処分の例による」旨が定められている場合にのみ、行政権による自力執行としての滞納処分が許されます。

そのような定めのない場合には、公債権であっても私債権と同様に民事訴訟などによって債務名義を取得し、民事執行法に基づく強制執行の手続をとる必要があります（図３参照）。

なお、従来は私法上の債権の消滅時効が10年（改正前民法第167条第１項）であるのに対して公債権の消滅時効が５年であることから、公債権に区分される債権は特に時効管理に注意を要することとされていましたが、令和２年４月１日施行の改正民法により、私法上の債権の消滅時効も原則５年となりました（民法第166条第１項第１号。債権者が権利を行使することができることを知った時から５年間行使しないとき）。

図3　公債権・私債権

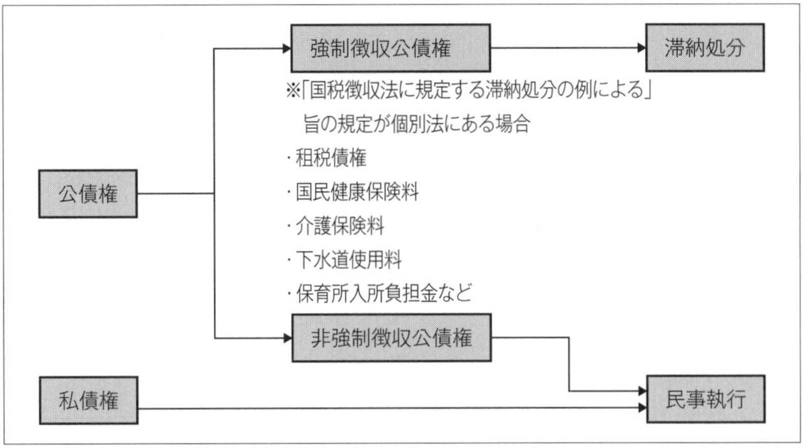

4　債務名義の取得

(1)　通常訴訟

民事訴訟を提起して確定判決を得るというのが債務名義の取得の典型的なパターンです。第１回の口頭弁論期日に被告（債務者）が欠席した場合には、そのまま結審となり、原告の請求を認容する判決（勝訴判決）が出されることになります。他方で、相手方が争う場合の判決言渡しまでの期間は、個別の事案によりますが、ある程度の時間を要することとなります。

また、我が国の裁判は三審制をとっていますので、相手方が上訴した場合には、判決の確定までには更に時間を要することとなります（例えば、地裁に訴えを提起した場合には、高裁（控訴審）、最高裁（上告審）の各審級の手続があります。）。そこで、仮執行宣言付判決を得た原告は、これを債務名義として強制執行を申し立てることができます。判決確定前でも判決内容を仮に強制的に実現することができることとし、原告の早期救済を図る制度です。

⑵　支払督促

支払督促（民事訴訟法第382条以下）とは、金銭等の給付を目的とする請求について簡易裁判所の書記官が発する処分です。債務者が支払督促の送達を受けてから２週間以内に督促異議を申し立てなければ、債権者の申立てに基づいて仮執行宣言が付され（同法第391条）、債務名義となります。さらに、仮執行宣言付支払督促の送達後、督促異議のないまま２週間が経過すると支払督促は確定し、確定判決と同一の効力を有するものとして債務名義となります。

支払督促は、対象となる金銭の額や支払時期、契約の有無などについて、申立人と相手方に相違がない場合に向く手続とされています。申立先は、請求の価額にかかわらず、債務者の普通裁判籍の所在地を管轄する簡易裁判所の書記官となります。自然人の普通裁判籍は住所、居所（同法第４条第２項）、法人の普通裁判籍は主たる事務所又は営業所等（同条第４項）となります。

ただし、債務者から督促異議が出た場合には、通常訴訟に移行することになります。相手方が債務の存否や金額について争う可能性が高い場合には、当初から民事訴訟の手続を検討することが考えられます。

なお、支払督促の申立手数料は通常訴訟の半分になります。相手方の異議の申立てにより通常訴訟に移行する場合には、支払督促の申立時に納付した手数料をそのまま流用することができます。訴額が140万円以下の場合には簡易裁判所、140万円を超える場合には地方裁判所に係属することになります。訴額の計算はあくまでも請求する元金の金額のみであり、利息、遅延損害金などの付帯請求は含まれません（同法第９条第２項）。

⑶　議会の議決等

支払督促が相手方の異議により通常訴訟に移行した場合にも、「訴えの提起」として議決が必要となりますので注意が必要です。

また、本件のような債権回収を目的とした訴訟の場合には、第１回口頭弁論期日など早期の段階で、裁判官から和解の意向を聞かれることが多いです。分割返済や遅延損害金の減額など、どこまでの条件であれば和解を成立させることが可能か、あらかじめ方針を決めておくと、裁判所を通じた和解の交渉もスムーズにいくでしょう。

５　財産調査

強制執行の申立書には「強制執行の目的とする財産の表示」を記載する必要がありますので（民事執行規則第21条第３号・第133条第２項)、金銭執行の申立てを行うためには、債権者の側で債務者の財産を調査し、差押財産を特定する必要があります。

したがって、民事訴訟で勝訴判決を得て債務名義を取得しても、差押財産の有無、所在が不明な場合には、判決も絵に描いた餅になってしまいます。そこで、民事訴訟及び民事執行の手続を通じた権利の実現の実効性を確保するためには、財産調査が重要になります。

本件のように債務者の勤務先が分かれば、給与が特定され、確実な執行ができます。債務者との納付交渉などを通じて情報を引き出したり、金銭の貸付などに際して、提出書類に勤務先の記入を求めるといったことが考えられます。そのほかに、居住地の近くの金融機関の預貯金口座などが調査の対象になると考えられます。

通常は、訴訟を提起する前の段階で、当該債務者について強制執行による債権回収の見込みがあるかどうか、ある程度の調査を行います。なぜなら、およそ回収可能性がない債務者に対して訴訟提起等の手続を行うのは、費用と時間を無駄にすることになるからです（ただし、債権の消滅時効を中断するための訴訟提起は別途検討する余地があります。)。

このように、債権者にとって必ずしも債務者の責任財産の把握は容易ではなく、債権者は債務名義を取得してもその権利の実現に困難を伴うことが少なくありません。令和元年５月の民事執行法の改正では、権利の実現の実効性を確保するために、財産開示手続の見直しや第三者照会制度（①銀行等の金融機関から預貯金債権に関する情報を取得する手続、②登記所から不動産に関する情報を取得する手続、③市町村や日本年金機構等から給与債権に関する情報を取得する手続）が新たに創設されることとなりました。

６　債権執行

⑴　申立書

手続の流れのほか、申立書の書式や必要資料、申立手数料は裁判所のホームページでも公開されています。

⑵　債権差押命令

執行裁判所は、被差押債権の特定などの要件を審査し、これが認められれば、債務者に対して債権の取立てその他の処分を禁止し、第三債務者への弁済を禁止する差押命令を発令します（民事執行法第145条第１項）。

差押えの効力は、第三債務者に差押命令が送達された時に発生します（同条第４項）。第三債務者より先に債務者に差押命令が届いてしまうと、取立て・譲渡などをされてしまうおそれがあるので、債務者に対する送達の発送は、第三債務者に対する送達の発送の翌々日にするのが実務の扱いとされています。

⑶　第三債務者に対する陳述催告

差押債権者の申立てにより、裁判所書記官は、第三債務者に差押命令を送達する際に、送達から２週間以内に被差押債権の存否、先行差押の有無等について陳述するよう催告します。第三債務者は、執行裁判所から送付された回答書の様式に必要事項を記入して、提出することにより回答（陳述）することとなります。

これは、債権者の資料収集手段が乏しいことを補う趣旨の制度です。本件のような給与の差押えでは、第三債務者からの陳述により、債務者の就業の有無のほか、具体的な債権額（毎月の給与の額等）が判明することになるでしょう。また、預貯金の差押えの場合には、第三債務者である金融機関からの陳述によって、該当の口座の有無等が明らかになります。

⑷　差押禁止債権

給料・退職金・私的年金等、債務者が生計を維持するために必要な債権は、その４分の３が差押禁止とされています。つまり差押えが可能なのは手取り額の４分の１となります。ただし、その４分の３の額が標準的な世帯の必要生計費を勘案して、民事執行法施行令第２条第１項第１号で定める額（１か月33万円）を超えるときは、33万円までが差押禁止となり、それを超える部分は差し押さえることができます。

これは債務者の生活を保障するためのものです。

⑸　取立届

債権執行の場合、債権の取立ての方法については、債権者が第三債務者と直接連絡を取って行うことになります。第三債務者から支払を受けたときは、取り立てた額にかかわらず、必ず取立届を裁判所に提出する必要があります。

⑹　取立完了届、取下書

取立てが完了したときは完了届を、差押えの必要がなくなったとき（例えば、差押債権が存在していなかった場合、第三債務者から債権を取り立てたが差押債権額に満たないまま取立て不能になった場合、債務者から任意弁済を受けた場合等）は取下書を裁判所に提出します。

7　おわりに

以上のとおり、支払督促の申立て、債権差押命令の申立て、第三債務者からの取立ての流れを解説しましたが、裁判所の法廷で相手方の代理人弁護士と法律論を戦わせたりというような場面はありません。職員が自らで対応することも十分に可能です。

○参考文献等

・平野哲郎『実践 民事執行法 民事保全法［第２版］』（日本評論社、2013）

・「地方公共団体の公共サービス改革『公金の債権回収業務』～官民連携にむけて～平成25年３月」内閣府公共サービス改革推進室

・東京地方裁判所民事第21部（民事執行センター・インフォメーション21）ウェブサイト（http://www.courts.go.jp/tokyo/saiban/minzi_section21/index.html）

CASE 14

滞納処分に対し不服申立て・却下できるか——差押処分・配当処分と訴えの利益

自治体の税債権の徴収現場では、従来から多額の滞納を解消するため積極的に財産差押えの処分を執行しているものと思われます。

近時の行政不服審査法の改正もあいまって、少額の分納をしてきた高額滞納者に対し財産の差押えをした場合などに、納得がいかない滞納者が滞納処分の取消しを求めて審査請求を申し立てる事案も多いのではないでしょうか。このような事案では、訴えの利益がないとの理由で審査請求を却下するという裁決例が見られます。本項では、滞納処分の中で日常的に行われる債権差押えを念頭にした訴えの利益の考え方を検討してみたいと思います。

第１　事例編

事案の概要

X市で、市税滞納者に対し早期の滞納解消を図るために預金と給与を差し押さえたところ、滞納者から「毎月１万円ずつの支払いを約束して支払うと伝えているのに、なぜ突然差し押さえるのか納得がいかない。給与を差し押さえられたら生活が維持できない。」という理由で審査請求の申立てがありました。

登場人物

所管担当者

法務担当者

1　所管担当者からの相談

今回はどのような相談でしょうか。

審理員から弁明書の提出を求められているのですが、差押処分に対する審査請求の事案を総務省の裁決例のデータベースを使って検索してみたら、訴えの利益がないという理由で却下されている事案がありました。訴えの利益がないということで却下を求める内容の弁明書を書けばよいでしょうか。

預金債権の差押えの手続は現在どのようになっていますか。

預金の差押えは、督促をした上で、債権差押通知書を第三債務者である金融機関に送達し、債務者に差押調書の謄本を送付した後、金融機関に送付した納付書に基づき支払を受けたので、手続としては取立てまで終了しています。

それであれば、預金債権の差押処分については、訴えの利益がないとして却下を求める主張をしてもよいと考えます。つまり、債権差押処分の執行は取立てをしたところで終了していますし、処分庁が取り立てた金員を差押処分の効力によって保持できる法的権限を与えられているわけでもありません。また、仮に処分を取り消したとしても取り立てた金額に相当する金員を返還する義務を負う根拠も見当たりませんので、差押処分を取り消す法律上の利益はないと考えられるからです。

給与の差押えについては、差押通知書に記載した滞納金額の全部の徴収に至っていませんので、差押処分が継続しています。そうすると、訴えの利益はあるということになるのでしょうか。

基本的にはそのような考え方でよいと思います。ただ、給与差押処分により既に取り立てた分がありますよね。そうすると、既に取り立てた部分については、差押処分に基づ

き取立てが完了し、差押えの法的な効力が継続しているわけではないので、訴えの利益がないという理解になると考えます。

なるほど、そうすると、現在継続している給与の差押処分の部分に限って、却下ではなくて、差押処分が国税徴収法や地方税法の手続に従って適法適正に行われたことを主張すればいいわけですね。

理論的にはそうですが、審理員や審査庁が判断することなので、既に取り立てた分についても、却下の主張だけではなく取立てが適法適正に行われたことを記載しておいてください。

後日、預金や給与の差押処分の審査請求が継続している間に、給与の差押処分に基づいて取り立てた金員について配当計算書を作成し、審査請求人である滞納者に送付したところ、その配当処分が違法だとして審査請求が申し立てられました。

配当処分についても、既に交付期日が経過し、滞納市税の一部に充当していますので、処分は終了しています。先日の相談で伺ったのと同じように、訴えの利益がないとして却下を求める主張を弁明書に書こうと思うのですが、いかがでしょうか。

そのようにアドバイスしたいのですが、裁判例の中には、訴えの利益があることを前提に判示したものがあります。審査請求人の配当処分が違法不当だと主張する根拠はどのようなものでしょうか。

差押処分のものと同様です。

裁判例には、審査請求人が不当利得返還請求するためには配当処分を取り消さなければならないからといった理由で、配当処分に訴えの利益を認めるものもあります。ただ、処分の効力を否定するステップを踏まずに端的に不当利得返還請求や国家賠償請求を認める考え方が多いようには思いますが……。

他の裁判例では、滞納税額を超える金銭に相当する額を徴収したような場合、審査請求人の主張する違法事由が配当の順序や方法をいう場合には、訴えの利益を認める余地があるとしているものもありますね。訴えの利益がないとの理由に加えて、実体法及び手続法上も適法適正に処分を行ったことをしっかりと主張しておくべきではないでしょうか。

2　処分庁が取り立てた金員を滞納者に返す必要がある場合

仮に給与債権の差押処分が取り消された場合、最初から差押処分の効力がなかったことになるとすると、既に取り立てた分を滞納者に返還しなければならないのでしょうか。

確かに、遡及的に処分がなかったことになりますが、既に取り立てた部分については別個独立の処分と考え、既に処分の執行は終了し、処分の効力は消滅しているものですから、裁決の取消しの効力は及ばないと考えていいのではないでしょうか。

配当処分に訴えの利益を認め、さらに取消しとなった場合に、既に交付したものはどうでしょうか。

訴えの利益を認める見解の中では、裁決の取消しによって公定力を排除し、不当利得等によって損失や損害の回復を図る考えのものもあります。ただ、滞納税額を超えて徴収

し交付していた場合などに限り訴えの利益を認める見解は、処分庁が交付した金銭の返還を求めることを前提に、超過して取り立てて交付した部分については、滞納者に返還することになると考えられます。

訴えの利益を否定する立場でも、不当利得返還請求等で違法な差押処分や滞納処分についての救済を図ることができると述べている裁判例などを見掛けます。滞納者から、審査請求とは別に、滞納処分が違法だから取り立てて交付した金銭を返してほしいとの申出があった場合、どのように考えたらいいですか。

滞納処分が違法だから論理必然的に返すということはないと思います。課税処分に争いがないにもかかわらず返還するとなれば、延滞金も増えてしまいますね。

　裁判例では、滞納処分により金員を取り立て、適法に課税した滞納税に交付、充当した場合に、課税主体が利得を保持する法律上の原因があるとして、不当利得返還を認めない考えのものがあります。また、差押禁止財産に相当する財産を差し押さえて取り立てるなど、本来徴収できない債権を差し押さえた場合には、法律上の原因がないとする考えがあります。

　本市ではないと思いますが、意図的に差押禁止の債権が預金債権に性質が変わる瞬間を狙い撃ちにして、差し押さえ取り立てたなどという場合には、その徴収した金銭に相当する利得を保持する法律上の原因がないとする考え方があります。まさか、このような滞納処分はしていないですよね。

第２　解説編

１　審査請求と訴えの利益

行政不服審査法に基づく不服申立ては主観訴訟であるため、不服申立人の権利利益の救済に資する限りにおいて認められます。したがって、処分の効果が消滅するなど、事情の変化により不服申立ての利益が失われた場合には、実体審理は不要となり却下されることになります[(1)][(2)]。

行政処分がその執行により目的を達成するような性質のものである場合、執行完了によりその法的効果は消滅し、取消しを求める利益は失われることが多いのですが、処分がされたことを理由として法律上の不利益を受けるおそれがあるときや、処分の取消しによって法的に原状回復義務が生じると解されるときには失われないと考えられています[(3)]。

２　預金債権差押え処分と訴えの利益

処分庁が市税に係る滞納処分によって債権を差し押さえた場合には、国税徴収法に規定する滞納処分の例によるとされ（地方税法第331条第６項等）、第三債務者に対する債権差押通知書の送達によって差押えの効力が生じ、差し押さえられた債権の取立てとして金銭を取り立てたときは、その限度において、滞納者から差押えに係る市税を徴収したものとみなされます（国税徴収法第67条第１項及び第３項）。

多くの裁判例や裁決例でも、債権差押処分は、徴税吏員が差し押さえた債権の取立てを行ったときには、その目的を達してその法的効果は消滅するものと解され、他に債権差押処分を理由に滞納者を法律上不利益に扱う法令の規定も存せず、また、債権差押処分が取り消された場合にその被差押債権が復活すると解すべき根拠もないことから、被差押債権の取立てにより債権差押処分の効果が消滅した後において、なお債権差押処分の取消しによって回復すべき法律上の利益はないとされています。そして、取立てに係る金員を保持する権限を課税主体に与えるものでもないので、仮に債権差押処分が違法であることにより、滞納者が財産的損害を被ったり、法律上の原因なく損失を受けたと主張する場合には、不法行為に基づく損害賠償請求、あるいは不当利得返還請求の方法により、滞納者の損害ないし損失の回復を図ることができるため、法的にみて、滞納者の救済手段を欠くことにはならないとも示されています(4)。

3　継続的な収入を内容とする債権の差押処分と訴えの利益

本件のように、給与債権が差押えの対象である場合には、債権差押処分による差押えの効力は、徴収すべき税の額を限度として、差押え後に収入すべき金額に及びますので（国税徴収法第66条）、差押え後に支払期が到来したそれぞれの支分権について差押えの効力が及び、徴収職員がこれを取り立てることができることになります。

このため、差押えの対象となる給与債権の基本権については、審査請求の認容裁決によって処分が取り消されれば、当然に課税主体が支払期未到来の給与請求権について取り立てる権限を失うことになるので、訴えの利益はあるということになります。もっとも、差押処分後、取消しの裁決までの間に、支払期が到来したために取り立てた部分については、債権差押処分の効力は消滅していると解することができるため、訴えの利益がないと考えられます(5)。

なお、審査請求に理由がない場合の裁決主文は「令和○年○月○日付け給与債権に係る差押処分のうち、令和○年○月から令和○年○月までに支給された給与に係る部分の取消しを求める部分は却下し、その余の部分に係る請求は棄却する」といったものになります。

4　配当処分と訴えの利益

処分庁は、債権の差押えにより第三債務者から給付を受けた金銭を差押えに係る滞納税に配当しなければならず（国税徴収法第128条第１項第３号及び第129条第１項第１号)、配当する際に作成する配当計算書（同法第131条）に附記した換価代金等の交付期日に右記金銭を交付するものとされています（同法第132条第１項及び第133条第１項)。

換価代金等の配当は、差押処分と同じ一連の滞納処分でありながら、地方税法上も別個の処分として扱われ、審査請求期間については、換価代金等の交付期日までと、差押処分に比べ非常に短くなっています(地方税法第19条の４)。

配当処分の効力は、換価代金の交付により、その目的が消滅し、法的効力も消滅しているとも考えられるところです。裁判例の中には、このような考えに基づき却下の判断をした原審(6)について、配当金の交付がされた事案において、配当処分を取り消すべきものとした原審の判断に違法はないとして上告を棄却した、最高裁平成９年12月18日判決・判タ196号102頁を参照し、訴えの利益の有無について事案ごとに判断する余地があるとして、訴えの利益の有無につき当事者双方の主張立証を尽くさせるために破棄差戻しとしたものもあります(7)。

また、滞納処分の手続的瑕疵をもって配当処分が違法とされる場合、滞納者が配当処分に従い換価代金等の交付を受けた者に対して不当利得返還請求をするためには、当該者の利得に「法律上の原因」がないことが必要になるとして、その要件を充足させるためには当該配当処分の公定力を取消訴訟により排除する必要があるとして、換価代金等の交付が終了したとしても訴えの利益は存続すると判示した近時の裁判例もあります(8)。

これに対し、配当処分が取り消された場合には、処分庁は配当を受けた受領者に対して配当金の返還を求め得ることになるものの、これにより再度適法な配当処分をすべき地位に置かれることになるにすぎず、滞納税額を超える金員等を過剰に徴収した場合などを除き、直ちに滞納処分を受けた滞納者に対し、当該配当処分に係る取り立てた金員を返還する義務を負うものではないとし、配当処分それ自体の配当の順序や方法についての違法を主張するのでない限り、取消しにより回復すべき法律上の利益を有しないとする裁判例があります(9)。

以上のとおり、配当処分については見解が分かれているところです。配当処分に対する審査請求が法律上規定され、換価代金等の交付期日が配当計算書の謄本を交付のため発送した日から起算して７日を経過した日としなければならないとされていることから（国税徴収法第132条第２項)、交付期日の経過により配当処分の効力が当然に消滅するとなると、事実上、配当処分の審査請求はできないようにも考えられます。そうすると、訴えの利益について一律に認めないという考え方はとりにくいのではないでしょうか。

5　滞納処分の違法性と受領金の返還義務

前述のとおり、債権差押処分のうち既に取り立てた部分については、預金債権や継続的な収入を内容とする債権の支分権が審査請求の対象とされていた場合には訴えの利益を欠くため却下されることになると思われます。そうすると、債権差押処分のうち継続的な収入を内容とする債権の基本権について裁決により取り消されたとしても、取消し時点で取り立てていない債権に対して取消しの効力が及ぶにすぎないため、受領金について返還することにはならないと考えられます。配当処分について、訴えの利益を否定する場合にも同様です。

このように、訴えの利益を否定した場合には、滞納者が違法な滞納処分により受けた損失や被った損害の回復は、もっぱら不当利得返還請求や国家賠償請求の問題になります。

不当利得返還請求の要件である「法律上の原因」があるか否かについて、前橋地裁平成30年２月28日判決（注（９）参照）は、差押禁止制度の趣旨に反する脱法的な差押処分を違法と判断し、取り立てた差押禁止額に相当する金額につき、支払いを受けるべき法律上の原因を欠くとして、返還義務を認めています[(10)]。

また、東京地裁平成28年９月23日判決（注（５）参照）は、債権差押処分及び配当処分について換価代金等の交付により法的効果は消滅するとし、その効力からすれば、債権差押処分によって差押えに係る国税の存否が確定されるものではなく、配当処分によって配当を受けた差押えに係る国税等の存否を確定されるものではないとした上で、配当処分により租税債権者が交付を受けた金銭についての不当利得に係る「法律上の原因」があるか否かは、配当処分により利得したか否かではなく、租税債権が存在したことが利得の原因となるべきとし、租税債権が存在する場合には、特段の事情がない限り、「法律上の原因」があると判示しています。ここでは、「特段の事情」について、差し押さえることができない債権であると認識しながらあえて差し押さえた場合が例として挙げられています。

この裁判例の考え方によれば、差押処分又は配当処分に違法な点があったとしても、滞納額につき課税が適法にされていれば、課税主体が違法な徴収により金銭等を得たとしても法律上の原因があることになり、不当利得返還請求に応じる必要はないことになります。ただし、差押禁止財産などを取り立てて交付した場合には法律上の原因がないため不当利得返還請求に応じなければなりません。

６　預金債権の差押処分の違法性判断基準

差押禁止債権に係る給付が預金債権に転化した後の差押処分の違法性の判断基準について、東京高裁平成30年12月19日判決・判自448号17頁（前橋地裁平成30年２月28日判決の控訴審判決）は、①滞納処分庁が、実質的に法第77条第１項及び第76条第１項により差押えを禁止された財産自体を差し押さえることを意図して差押処分を行ったといえるか否か、②差し押えられた金額が滞納者の生活を困窮させるおそれがあるか否かなどを総合的に考慮して、差押処分が上記趣旨を没却するものであると認められる場合に、当該差押処分は権限を濫用したものとして違法になると判示しました（結論として①・②が認められないとして原判決取消)。

②の要件は、原審の前橋地裁判決にはなく付加されたものです（②の要件を加えて判断した例として前掲東京地裁平成28年９月23日判決があります。)。その後、①の要件のみで給料等の振り込まれた預金口座にかかる債権差押処分の違法性（預金債権中、当該給与により形成された部分のうち差押可能金額を超える部分について違法）を認めた大阪高裁令和元年９月26日判決・判タ1470号31頁（大津地裁平成31年２月７日判決（注（４）参照）の控訴審）があります。なお、同大阪高判は、差押禁止債権にかかる預金債権の差押えは、どのような場合に違法になるか、法律解釈についての見解や実務上の取扱いが分かれていて、いずれも相応の根拠が認められることから、処分行政庁に、当該差押処分が違法になることを予見し、又は予見すべきであったということはできないとして国家賠償法第１条第１項における過失を否定しました。

（1） 宇賀克也『行政法概説Ⅱ　行政救済法〔第6版〕』（有斐閣、2018）47頁

（2） 行政不服審査制度の運用について、審理員による審理段階において却下の案件が多く、特に取り下げの案件の多さが目立ち、裁決という形での紛争の処理を経ずして、不服申し立てを契機に、審理員による審理の外において紛争の解決が図られたケースが多いことが確認されたとする指摘があります（髙橋滋「地方公共団体における行政不服審査法の運用について―東京との経験を中心にして―」自治研究第93巻第7号38頁）。中には処分庁の丁寧な処分過程の弁明（説明）が紛争解決につながったものもあるかと思われます。

また、行政不服審査では、当該事件の審理に加えて、一定の制度改善要望を審査会が行うことが有意義な場合が認められ、付言を用いた運用が確立しています（大橋洋一「行政不服審査会答申の法学研究の必要性と意義」論究ジュリスト2020第32号94頁）。付言について明文の根拠条文はありません。付言は審理員の意見書でも活用されています。行政不服審査のこのような機能に鑑みると、処分庁は、仮に却下が相当な事案であっても処分の根拠や過程について説明すべきと考えます。

（3） 西川知一郎『リーガル・プログレッシブ・シリーズ　行政関係訴訟』（青林書院、2009）86頁

（4） 広島高裁松江支部平成25年11月27日判決・判自387号25頁、大阪高裁令和元年9月26日判決・判タ1470号31頁参照。なお、訴えの利益を認めた例として、大津地裁平成31年2月7日判決・前掲大阪高判原審・判タ1470号41頁）。

（5） 東京地裁平成28年9月23日判決・判自428号74頁参照。ただし、同判決は、債権差押処分の効力について、差押えに係る債権を取り立てたときと限定せず、遅くとも第三債務者から取り立てた金員を配当し交付したときには消滅するとし、継続収入の債権の差押えの効力についても、同様に、配当処分をし、その金銭を交付したときには消滅すると判示しています。

（6） 東京地裁平成25年1月17日判決・租税関係行政・民事判決集（徴収関係判決）平成25年1月～平成25年12月順号25-2）。他に大阪地裁平成27年4月23日判決・税務訴訟資料第265号順号12777。

（7） 東京高裁平成25年5月22日判決・文献未掲載

（8） 東京地裁平成29年7月6日判決・文献未掲載。なお、配当処分が取り消された場合、税務署長は、既に交付した換価代金等の返還を受領者に求めればよいため原状回復が可能であるとして、不服申立ての利益が失われないとする文献もあります（中山裕嗣『二訂版　租税徴収処分と不服申立ての実務』（大蔵財務協会、2015）48頁）。

（9） 前掲注（4）広島高裁松江支部平成25年11月27日判決、前橋地裁平成30年2月28日判決・判自438号46頁。同大阪高裁令和元年9月26日判決はさらに配当処分が法律上の原因となるものではなく、不当利得返還請求権を行使するに当たって配当処分の存在は障害にならないことも訴えの利益を否定する根拠としています。

（10） 前掲注（4）広島高裁松江支部平成25年11月27日判決同旨。なお、原審の鳥取地裁平成25年3月29日判決・判自373号9頁は、差押処分及び配当処分の訴えの利益を認め、差押処分の違法が後続する配当処分に承継され違法となり取り消されるため、法律上の原因がないと判示しています。

第5章

財産・契約

CASE 15

議会の議決を回避するために工事を分割？——法務に求められる「聞き出す力」

第１　事例編

事案の概要

法務担当者が契約担当者から相談を受けました。契約担当者は工事設計から監督までを担当する部署（以下「工事担当課」といいます。）から依頼を受け、工事の発注が法令に反しないかを審査した上で、入札、落札決定、契約の締結までの業務を担当しています。

登場人物

契約担当者

法務担当者

工事担当者

所管担当者からの相談

1　法務担当者と契約担当者との間の協議

今回の２つの工事は一般廃棄物の焼却灰の埋立最終処分場を建設するためのものです。現時点では、予定地に遮水工事を行うという同一の施工内容だと聞いています。予定価格は、第１工事が４億円、第２工事は３億円です。

一見すると、それぞれの予定価格は議会の議決を必要とする６億円に達していませんが、２つの工事が同一内容ならば、契約の分割が地方自治法第96条第１項第５号の「議会の議決」の潜脱にならないかと心配です。

なるほど。同号を受けて定められている本市の条例では、６億円以上の契約の締結には、議会の議決が必要だから、これを避けるため、工事を分割したんじゃないかと疑って

いるんですね。でも、そもそも工事をどのように発注をするかは、工事の内容に応じ、技術的な見地や予算の兼ね合いから工事担当課が決めるものなのだから、工事担当課の判断を尊重して構わないようにも思われます。

（深いため息）工事担当課も同じことを言っていました。でも、２つの工事に求められる技術も同じようだし、施工方法も同じようです。工事を分けて発注する理由がないのではないでしょうか。

加えて、工事担当課がしきりにスケジュールのことを言うのも、ひっかかります。次の議会が開催され議決されるまで、工事が開始できないとなると、完成が間に合わないおそれがあり、その回避のため、２つに分けて発注しているという疑いがあるのです。

工事担当課のベテラン職員と何度も話をしているのですが、説明を求めても、詳しく教えてくれないので困っています。

なるほど、それは困りましたね。今、話を聞きながら、最高裁判例を思い出しました。直接質問したいので、次回の協議に同席させてくれませんか。

２　法務担当者と契約担当者と工事担当者との間の協議

我々としては、この契約で問題がないと思っていますが……。

２件の工事の予定価格を合計すると、６億円を超えており、１つの工事として発注すれば、契約締結に議会の議決が必要なものになります。予定価格が６億円を下回っているのであれば、同じ内容の工事を分割して契約することも裁量に委ねられていると考えられますが、予定価格が６億円を

超えている場合、それと同じように考えるわけにはいかないのです。

契約を分割する必要があるのだから、同じです。

まあまあ。お忙しいのに申し訳ないのですが、私にも教えてもらえませんか。

だから、何を知りたいのです？

まず、分割する必要性を教えてください。

ですから、議会の議決を待てないのです。年度内に遮水工を終えなければ完成が遅れ、焼却灰の受入れ先がなくなります。すると、民間事業者に処分を委託することになり、毎月4000万円のコストがかかる。この責任を負えるのですか？

落ち着いてください。「契約を分割するな」とは誰も言っていません。でも、契約を分割する理由としては、その理屈はあり得ません。

そんなことはありませんよ。きちんと工事が終われば、結果として、毎月4000万円のコストがかからないのですから。これも、住民のためになると思いますが。

（大きなため息）

仕事に熱心なのはよく分かるのですが、しかし、ずいぶんと乱暴な話ですね。ところで、工事を分割すると、１つの工事として発注した場合よりも予定価格が高くなるのではないですか。

それはそうです。でも、供用開始が遅れた場合と比較すれば、とるに足らないものですよ。

しかし、そうなると、工事費が余計にかかったことを理由として、住民訴訟が起こる可能性がありますね。近隣住民からは最終処分場の建設反対運動が起こっており、住民訴訟が提起される可能性もあると聞いています。契約手続が違法だとして、工事の差し止めが起こる可能性もありますよ。

え、そんなことを言われても……。

他の要件との兼ね合いからすれば、現実には難しいかもしれませんが、可能性としては残ります。もちろん、闇雲に契約を分割するなと述べているわけではありません。事情を詳しくお聞きしたいのです。例えば、予算上、今回の工事に国からの補助はないのですか。

今回の工事では、国庫補助金が予算の50%を占めています。でも、そんなことが関係あるのですか？

国との度重なる折衝の結果、予算の繰越が認められないということであれば、年度内に工事を完成する必要性が高まります。この事実は、契約を分割する上で考慮されるべき事情です。

そうなのですか。実は、予定地に地下埋設物が発見され、撤去に時間がとられる恐れもあり、繰越も視野に入れて、今、国と折衝中です。

そうであるならば、きちんとした折衝の記録を残しておいてください。訴訟になれば、役に立つかもしれません。ところで、地下埋設物のことをもう少し教えてもらえませんか。

調べてみると、想定よりも深く基礎杭が打ち込まれていることが判明しました。これを撤去しないと、将来、地盤の変動等により遮水シートに孔が開いてしまう恐れもあり、

第１工事では、撤去工事をします。第２工事は、これをしません。

ということは、第１工事と第２工事の工事内容に違いがあるということですか？

ええ。だから、工事を分割したのです。杭の撤去には手間がかかりますし、第２工事とは異なり、第１工事では、工期短縮のための新工法を用いるように施工条件に示しているので、入札参加者の顔ぶれも違ってくるのではないでしょうか。

！！！

なるほど、工事の内容が異なるので、契約を分割しているのですね。これは契約の分割の理由になりませんか。

理由になると思います。でも、どうして、最初に教えてくれなかったんです？

そんな細かいことが関係するなんて思いもしませんでした。何となく契約課から電話がかかってくると、身構えてしまうということもあって、ついつい。申し訳ない。

第２　解説編

１　自治体の契約をめぐる紛争の傾向

通常の契約であれば、両当事者の意思が合致すれば、契約が成立します。この場合、契約締結上の過失等の例外的な場合を除けば、紛争は契約内容をめぐるものであることがほとんどです。

しかし、自治体の契約では、地方自治法を始めとする法令、条例や要綱等、契約の締結に至るまでの詳細な手続が定められており、これらをめぐり、通常の契約にない紛争が起こることになります。

自治体の契約をめぐる紛争を概観すると、まず、国家賠償請求訴訟(国家賠償法第１条第１項。以下「国賠訴訟」といいます。)がよく見られます。例えば、指名競争入札において、村外業者と村内業者を区別し、村内業者に限定し業者を選定し、入札を実施したところ、村内業者に限定した措置が違法であるという理由で国賠訴訟がなされた事案があります(1)。

私人間では、私的自治の原則が妥当するので、契約の相手方を決定する方法は当事者の意思に委ねられていますが、自治体の契約は、契約の相手方を恣意的に決められるものではなく、例えば、指名競争入札では、指名業者を選定する基準を公表し、これに基づき、業者選定すること等の地方自治法や公共工事の入札及び契約の適正化の促進に関する法律等のルールに則って行なうことが求められるます。このため、そこから逸脱した場合、紛争が生じることになります。これが自治体の契約をめぐる紛争の１つの特徴です。

また、私人間の契約では、契約の当事者以外の第三者から契約の締結についてのクレームが寄せられることは、ほとんど考えられません。しかし、自治体の契約では、契約の当事者ではない者からも、「その契約の締結は、ルールに則っていない」と指摘を受ける可能性があります。このように、契約の内容のみならず、当事者の意思に関わりがない契約の締結までのルールをめぐって、契約の当事者以外の者との間でも、紛争が生じ得るというのが自治体の契約をめぐる紛争のもう１つの特徴です。

これらの特徴がよく現れるのが地方自治法第242条の２第１項第４号に基づく損害賠償請求（以下「４号請求」といいます。）です。４号請求は、契約の当事者でない住民から契約の締結までの全ての手続が適法になされたかどうかが問われます。このため、法務担当者としては、手続全体が適法に行われているかをチェックすることはもちろん、その前提となる工事の内容等の事実関係も詳細に把握する必要があります。事例編が参考にした最高裁判決は４号請求がなされたものですが、この判決もまた、その重要性を感じさせます。判決の事例を見てみることにしましょう(2)。

２　判例の概要

Ａ町では、国及び秋田県の補助事業として農業集落排水事業（下水道管の敷設工事だと思われます。）を実施するため、指名競争入札を実施し、落札者との間で請負契約を締結することについての議案を町議会に提出したところ、入札に談合疑惑があることなどの理由により、議案が否決されました。

これを受け、Ａ町は設計を変更し指名競争入札を実施し、契約締結の議案を再度提出しましたが、この議案もまた否決されたため、Ａ町は議会の議決を必要としない予定価格に収まるように契約を３つに分割し発注したところ、これにより増加した請負代金額の差額が損害にあたるとして、住民が４号請求をしました。

地方自治法第96条第１項第５号及び地方自治法施行令第121条の２第１項を受けたＡ町の「議会の議決に付すべき契約及び財産の取得又は処分に関する条例」では、工事の予定価格が5000万円以上の請負契約の締結に議会の議決が必要でした(3)。しかし、予定価格が5000千万円を下回るように、あえて契約を分割したことが法の潜脱に当たるのではないかというのがここでの争点です。

実務上、契約を分割して発注することが許されるかどうかは最初に検討しなければならないことですが、この判決を見ると、その際にも、議会の議決の潜脱の目的の有無等といった手続の最後におかれている事項を視野にいれて検討しなければならないことが分かります。個々の手続の適法性は全体の手続との関係で考えなければなりません。

3　契約の分割で考慮すべき事項

(1)　裁量に委ねられる範囲の違い

では、契約の分割では、具体的に何を考慮する必要があるのでしょうか。最高裁判所の判断を見てみることにしましょう。

まず、原審は、A町の措置も「一応合理的でやむを得ない理由」があり、裁量権を逸脱・濫用したものではなく適法であるとしています。

これに対し、最高裁判所は、まず、分割された工事が「実質的に同じ」だと事実認定します。その上で、契約の分割を含む「工事の実施方法の決定」について、自治体の長の裁量を認めつつも、議会の議決が必要な契約は、「普通地方公共団体にとって重要な経済行為に当たるものであり」「これに関しては住民の利益を保障するとともに、これらの事務の処理が住民の意思に基づいて適正に行われることを期すること」に、地方自治法第96条第１項第５号の趣旨があるため、同号を「潜脱する目的」が認められる場合には違法となるものの、「本件工事を実施する高度の必要性」があり、契約の分割が「本件工事の内容、性質、実施場所等に照らして合理的だった」などの「特段の理由」があれば、「潜脱する目的で行った違法なもの」でないとします。

原審は議会の議決が求められる契約の締結かどうかを区別せずに自治体の裁量を認めていたのに対し、最高裁はこれらを区別します。つまり、議会の議決が必要な契約の締結では、自治体の長の裁量に委ねられる範囲が縮減するのです。すると、議会の議決が必要となる予定価格を超えるかどうかで、契約の分割が許されるか否かの判断の仕方を変える必要があることになります。事例編では、工事担当者が「契約を分割する必要があるのだから、同じです」と述べていますが、議会の議決の要否により、契約の分割にあたって「特段の理由」の有無が問題となりうるのであり、「同じ」とは言えないのです。

⑵　検討すべき事実

こうした最高裁判所の判断を受け、差戻審では、「特段の理由」の有無が争われることになりましたが、これを判断するに当たって、どのような事実が問題になったでしょうか。差戻審(4)を見てみましょう。

ア　工事の必要性

まず、差戻審は「工事を実施すべき高度の必要性」の有無を検討するに当たり、工事の目的である下水道管が繋がれることが予定されていた排水処理施設の供用開始までしばらく時間があったこと等の原告の主張を考慮しています。これによれば、訴訟では、関連する工事や完成した目的物の機能等の詳細を示すことが必要なことが分かります。契約担当者や法務担当者が複雑で専門技術的な事項を多く含む工事内容や全体計画を把握するのはなかなかに苦しいところですが、判決からすると、工事担当者に工事内容を詳細に説明してもらい、これを把握した上で、契約の分割の可否を検討する必要があるわけです。

イ　補助金の繰越し

A町の主張には、国と県からの補助金が財源の半分以上を占めており、A町はこれを年度内に消化する必要に迫られていたため、契約を分割したというものもありました。これに対して、判決は抽象的に予算を年度内消化するようにとの口頭指導があっただけなのではないかと疑問を呈します。

実務上、予算額から逆算して工事の規模や施工範囲を決めるということはよく行われます。予算の裏づけがなければ、工事を行うことができませんし、また、予算が足りずに泣く泣く優先順位をつけているのが現状です。判決もまたそのことを無視しているわけではありませんが、判決が厳しい態度をとるのは、A町が国や県との具体的な折衝過程を示さず、抽象的な説明しかできなかったのではないかと推察します。

ともすれば、「予算上の制約」や「予算の裏付け」という抽象的な言葉がマジックワードのように機能し、どこか釈然としないものを抱えつつ説得されそうになってしまうこともありますが、訴訟になった場合、具体的な事実を示した上で繰越等の事情をしっかりと主張立証しなければなりません。このため、法務担当者や契約担当者としては、繰越明許や債務負担の有無を始めとする予算的措置の具体的な事情まで立ち入って聞き出し、契約の分割の可否を考えなければなりません。

ウ　工期の短縮

工期の短縮についてもまた、判決は具体的な主張立証を求めます。「本件工事が工区を分割して契約を締結するに適したものか、工区分割により工期がどの程度短縮されるか等につき本件工事の内容、性質、実施場所等に即した具体的な主張立証」はなく、逆に、単一の施工業者に請け負わせたとしても、施工する班を分ければ、工期を短縮することができると指摘するのです。訴訟になった場合、具体的な事実の主張立証も求められるので、繰り返しになりますが、法的評価の前提になる詳細な事実関係をしっかりと聞き出すことが求められているということになるでしょう。

エ　議会の議決

Ａ町は３回目の可決される可能性が低かった議案を提出する代わりに、町議会の全員協議会を開催し、発注方法の審議を尽くしたと主張します。

これに対し、判決は、たとえ談合の証拠はないとしても、「請負契約が談合に基づくものか否かの違法の有無の観点からのみではなく、真偽はともかく談合疑惑がある中で予算執行をすることの適正らしさ、住民に対する説明責任等の観点をも踏まえた政治的判断」に立ち、議会の議決がなされるものとします。

目をひくのは、Ａ町の主張の中に「中央の経験豊富なゼネコンを使えば短縮可能であるが、地元業者の育成に繋がらず、かつ、県内ゼネコンを使えとの県議会の判断が予想されたとする部分もあるが、（中略）これらは、まさに議会の判断を委ねるべきことであ」るという指摘です。

先に、議会の議決を必要とする契約の締結では、自治体の長の裁量が縮減すると述べましたが、この指摘によれば、地方自治法第96条第１項第５号によって、裁量権の所在の一部が地方自治体の長から議会に移行すると理解できるのではないでしょうか。

すなわち、議決が必要な場合、裁量判断のうち議会に委ねられている部分もあり、その部分については、「特段の理由」がない限り、自治体の長はこれを尊重すべきだというのが判旨であるように思われます。工事を急ぐあまりに、地方自治法が定める長と議会の間の役割分担を読み違えてしまったところにＡ町の躓きの石があったと言えるかもしれません。

⑶　事例編の検討

以上を踏まえ、事例編を検討すると、会話に表れている事実だけに基づけば、契約の分割は許されるものと考えます。

というのも、判決の事例では、分割された工事が「実質的に同じ工事」であるという事実が認められましたが、事例編の２つの工事は、「地下埋設物の撤去作業」を含むか否か、また、新工法を含むか否か等で内容に違いがあるとされており、「実質的に同じ工事」ではないと見られるためです。

第３　法務担当者としての視点

本件では、当初、工事担当者は契約担当者の質問を嫌がり、両者のコミュニケーションがぎくしゃくしたものになっていました。事業を進める部署とその適法性をチェックする契約担当者、さらには、法務担当者との間では、物事の見方が異なり、場合によっては、必要な説明をしてもらえないことがあるかもしれません。

しかし、解説編の「３⑵検討すべき事実」の中で見たように、法的評価の前提となる事実をしっかりと聞き出さなければ、判断を誤ってしまうおそれがあります。法的に適正な手続を履践するため、契約担当者や法務担当者には、技術的専門的事項であっても、これをしっかりと聞き出すことが求められます。

もっとも、なかなか議論がかみ合わないこともあるかもしれません。そのような場合、事例編の法務担当者が試みたように、相手の言うことに一定の理解を示しつつ、例えば、住民訴訟による敗訴等の法的なリスクを明確に伝えると、やり取りがスムーズにいくことが多いように感じます。

（１） 最高裁平成18年10月26日判決・民集221号627頁
（２） 最高裁平成16年６月１日判決・民集214号337頁
（３） なお、請求は平成14年改正前の地方自治法に基づくものです。
（４） 仙台高裁平成16年12月22日判決・裁判所ウェブサイト

CASE 16 公共工事が原因で近隣の住宅に亀裂？——責任の所在、事業損失の法的性質、補償の要否

事案の概要

X市から公民館の新築工事を請け負った業者が工事に着工したところ、施工現場付近の住宅に居住する住民らが、X市の工事担当課の担当者に対し、工事の影響により建物や外構に亀裂などが生じたから補償措置をしてほしいとの相談をするために来庁しました。

登場人物

所管担当者

法務担当者

第1　事例編

道路工事など公共工事の現場近くの住宅街で地盤沈下をして敷地が陥没した、ひどい場合には家が傾いたなどとのニュースを目にします。このような公共工事をめぐって付近の住民に生じた損害について、自治体が損害賠償や損失補償などの対応を検討する場合の考え方を検討してみたいと思います。

所管担当者からの相談

当課では、公民館の施設管理・運営を所管しています。御存じのとおり、今年度、新しい公民館の整備のため建築工事に着工しています。現在、建築工事は継続中なのですが、実は、近隣住民の方から苦情がきています。苦情の内容は、市が委託している請負業者が工事の着工をした後、住民の方のご自宅の外壁、庭回りの土間コン、犬走や塀に亀裂や

ひびが入ったというもので、市の責任で何とかしてほしいというものです。

工事と住民の方の訴える被害とはどのような関係にあるのですか。

請負業者による工事に伴って生じた振動によって建物や外構が損傷した可能性が考えられます。住民の方に補償などした方がよいのでしょうか。

前提として、工事によって建物等の損傷が生じたということはどのように確認できますか。工事着工前に事前調査などはしているのでしょうか[1]。

今回の工事については、事前調査する規模のものではないと考えていたため、実施していません。建物等の損傷の被害の申し出を受けたのは想定外というのが正直なところです。

そうすると、工事着工前の建物等の状況を客観的に把握することができませんし、事後的に今回の工事と損傷との因果関係を調査し、判断するのはとても難しいですね。申し出のあった建物等における振動の影響や着工前の建物等の状況を専門家に事後検証してもらい、因果関係を調査・判定してもらうのでしょうか。いずれにせよ、工事と建物の損傷との因果関係を判断するためには、工事着工前の当該建物の状況、周辺の建物の状況、工事による振動の数値、原因となる工事と損傷発生の時間的近接性、建物の構造・状態・位置関係、地盤の状況、具体的工法・実際の工事内容、他の原因など調査するところから始める必要がありますね。

そうですね。それでは、仮にその損傷が工事によるものであるという結論に達した場合、市の法的責任というのはどのようなものになるのでしょうか。

請負契約の注文者である市は原則責任を負わず、請負人である受託業者が責任を負うとするのが民法の考え方です。ただし、注文者が具体的なプランを立て、仕事のやり方を指図したような場合に、この注文者のプランや指図が原因となって第三者に損害が生じ、注文者の故意又は過失が認められれば、注文者は自己の加害行為について不法行為責任を負うことになります。そのような場合の他に、個別具体的な契約内容、工事監理の体制や工事の実施状況及び把握できた事情などの諸事情から注文者である市が損害の発生を予見し、請負人に当該損害を防止し得る措置等を具体的に講ずるよう指示すべき注意義務があると判断されれば、その義務を懈怠したとして不法行為責任を負うこともあります。

市は振動対策などの具体的工法について特段指示などはしていなかったはずですが、その他工事の実施状況、監理体制、工事に問題点があった場合の把握の状況などあらためて工事担当の部署に確認します。

競争入札の公告事項、質疑応答や契約書などで施工方法についての記載がないかも併せて確認しておいてください。ちなみにこの工事の請負契約には公共工事標準請負契約約款が適用されますが、工事によって第三者に損害を与えた場合についての規定があります。これは、発注者と請負人の損害分担についての契約当事者間の内部的な取り決めですので、損害を受けた方に効力を及ぼすものではありません(2)。損害を受けた方は、発注者と請負人のいずれか、又は両者に不法行為責任が成立すると考えれば両者に対して損害賠償請求することも考えられます。

市に請負業者の工事に対する指示などをせず、また契約や工事の状況から損害を予見し、その損害の発生を回避するための指示をすべき義務を懈怠していたというような事情がなかった場合には、基本的には市が不法行為に基づく賠償責任を負うことはないわけですね。

担当課としては、今後、公民館の管理運営をしていく必要がありますし、住民の方の理解を得ながらできる限り円滑に業務を開始していきたいという考えが強いです。被害のあった近隣住民の方には損害を与えたまま、市が何ら対処をしないというわけにはいかないと思うのです。公共工事標準請負契約約款では、工事の施行に伴って通常避けることができない騒音等によって及ぼした損害には、発注者が損害を負担することになっています。工事に問題がない場合にも住民の方が被った損害に対して金銭負担をすることを前提にしていますよね。そうすると当市の方で、不法行為をしていなくても金銭の負担をすることも考えられないでしょうか。

これは、いわゆる事業損失補償の問題であり、その法的性質の考え方が分かれています。住民の方に受忍してもらう程度の損害である場合には補償の必要はないですが、その限度を超えるような損害を与えた場合には、その損害に対して金銭的補償をする必要があり、その法的性質を損害賠償とする見解、損失補償とする見解等があります。

損害賠償だと考えると専決処分として指定された範囲内でない限り、損害賠償額の決定について議会の議決が必要となるわけですね[3]。それにしても工事を施行して避けることのできない損害を与えることが違法行為で損害賠償というのもしっくりこないですし、議会の議決など慎重な手

続を要する方が時間もかかります。住民の方も早く補償対応をしないと負担が大きくなりませんか。私たちも議会対応の準備が業務として増えることになります。できることなら損害賠償ではない考えがいいと思います。

国や裁判例は損害賠償であるとの見解をとっています。ただ、損失補償だとする見解も有力です。議決等の手続によって時間がかかるという点については、専決の指定の範囲内であれば時間をかけずに支払うこともできますし、議決事項であった場合でも地方自治法第179条には「特に緊急を要するため議会を招集する時間的余裕がないことが明らか」な場合には専決が可能ですし、理由にならないのではないでしょうか。

それでは損失補償の考え方に立って処理することは可能ですか。

現段階では、損害賠償という考え方が多いですが、損失補償構成を否定した最高裁の判決があるわけでもなく、裁判例が多く出され考え方が確立しているような状況でもありませんので、損失補償という整理も可能ではないかと考えます。法解釈について異なる見解が存在した場合に、実務上の取扱いが分かれ、いずれに相当の根拠が認められたというときに、担当職員に過失はないとする判例があります[4]。

　また、地方自治法が損害賠償額の決定を議決事項とした趣旨、すなわち自治体にとって異例の支出義務を負うもので、その責任の所在を明らかにし賠償額の適正を図る必要があるということに反するとは言えないのではないかと考えられます。ただし、地方自治法が損害賠償額の決定を議決事項としたことを潜脱するような場合には許されません[5]。

それから、損失補償とする見解も、当初から被害の発生が予見・認容されていた場合について損失補償と整理し、予見・認容を超えた被害については損害賠償とするものがあります。今回は、事前に調査もしておらず想定外の被害だったということでしたので損失補償として整理するべき事案として適切か慎重に判断する必要があると思います。

いずれにせよ、工事と被害の因果関係を調査し、工事の施行につき注文者である市に不法行為法上の責任が問われる場合か、事業損失の事案として損害賠償ではなく損失補償として整理することが妥当か等多くの検討事項がありますね。

第2　解説編

1　請負工事と損害賠償責任(6)

本件公民館の新築工事は、民法上請負契約に該当します。請負人の仕事の遂行は、自主的独立的判断に任されています。その処理において、あるべき損害の発生を予見し、当該損害を防止し得る措置を具体的に講ずべき義務は請負人にあります。そのような考えから、民法第716条では、原則本文に請負人の加害行為につき注文者には責任が生じないこと、例外的に「注文又は指図についてその注文者に過失があったとき」に注文者に責任が生じることを定めています(7)。

この注文・指図の過失には、注文者が瑕疵ある設計図・仕様書等により請負業務を執行させた場合のように積極的・作為的な過失に限られず、注文者には、損害の発生を予見し、請負人に当該損害を防止し得る措置等を具体的に講ずるよう指示すべき注意義務があるとして消極的・不作為的な過失をも含む旨の判例が確立しています（最高裁昭和43年12月24日判決・民集22巻13号3413頁、最高裁昭和54年２月

20日判決・判タ397号72頁）。

過失判断については、仕事の種類、仕事に伴う危険性の有無及び程度、当事者である注文者及び請負人の性格・専門性・資力、仕事の遂行等に対する注文者の監督・支配の有無及び程度等の当該請負事務全般に関する一切の事情を総合的に勘案されて、個別の過失判断がされています[8]。公共団体が発注者である裁判例における民法第716条ただし書における具体的な過失の認定判断について、工事期間中に請負業者とともにクレーム対応をしていたこと及び工事の被害について認識していたことから発注者として工事に基づく騒音を受忍限度[9]以下に抑えるために必要な指示をすべき注意義務を怠った過失を認めた事案（仙台高裁平成23年２月10日判決・判タ1352号192頁）、当該市（政令市）において知っていたあるいは容易に知り得た事情を基礎にして、請負業者に対し、現場監督の適切な監督の下に作業を進めるべきことを厳重に指導すること、工法変更に伴い安全対策の確認若しくは指示をすべき義務があったのにそれを怠った過失を認めた事案（広島地裁平成10年３月24日判決・判タ988号215頁）、発注者である市が、下水道工事にかかる道路付近の状況を着手前に現場踏査し確認し、施行中に変状が確認されれば工事を中断するように施工業者に指示していたこと、工事中２日に一度程度現場に赴くなどして施工監督をしていたことから、市の担当者は、施工業者に対し、本件擁壁付近の工事を行うにあたって何らかの加害防止措置を施工業者に講じる指示ができたのにそれを怠ったとして過失を認めた事案（奈良地裁平成24年３月29日判決・判自372号93頁）があります。

これに対し、請負契約上、事故防止措置が請負人の負担とされていたこと、事故原因行為である落石となった岩石の切捨て行為がすべて請負人の自主的判断によって行われたこと等の事実関係から注文者である国の過失を否定した事案もあります（最高裁昭和45年７月16日判決・判タ252号144頁）。

2　事業損失

公共工事の施行に伴い、本事例のように近隣住民に被害が生じた場合、地盤や周囲の状況を無視した工事に原因があったのであれば、上述したとおり、請負業者若しくは注文者である市町村に不法行為に基づく損害賠償責任が生じることが考えられます。しかし、技術上避けることができない、例えば騒音、振動等により被害が生じた場合、不法行為の要件である故意過失の認定ができないことになります。このような場合においても、住民の方が被った被害に対して補償が必要ではないかという点に関連して、事業損失補償という考え方があります。

事業損失の概念について、裁判例では「事業の施行予定、工事の施行過程又は工事完成後における施設の形態、構造、供用に起因して被収用者又は周辺住民が被る損失又は損害」とするものがあり（名古屋高裁金沢支部平成５年４月26日判決・裁判所ウェブサイト掲載)、学説では、「公共事業の施行に伴って、残地の所有者または周辺土地の所有者（第三者）に生ずる損失とし、具体的には、日照阻害、騒音、振動、臭気、水質汚濁、排気ガス、地下水位低下、道路と敷地の高低差等」と説明するものがあります[(10)]。

3　事業損失の法的性質

損害賠償なのか損失補償なのか問題となります[(11)]。近時の裁判例では、公共工事によって生じた濁水、騒音、振動により、養殖していたフグが大量へい死したとして損失補償を請求した事案につき「憲法29条３項は、国等の公権力が、公共の目的のために法律等に基づき行う適法な財産権に対する剥奪（公用徴収）や制限（公用制限）が上記範囲（筆者注：社会生活上一般に受忍すべきものとされる制限の範囲）を超える場合にその財産権の主体が被る特別な財産上の損失に対する補償責任を定める規定であり、国等が特定の行政目的を達するために行う事業（いわゆる公共事業）がそれに伴って生じる騒音や振動等により第三者に財産上の損害を与えたような場合の損害は、同項による補償を要する対象には含まれないというべき」とし、事業損失については国家賠償請求すべきとしています（名古屋高裁平成23年11月30日判決・判自366号26頁）[12]。また、国は、事業に伴って日陰、臭気、騒音、水質の汚濁等により生ずる損害等について損害賠償として扱うべきことを示しています[13]。

これに対し、損失補償説の代表的な見解は、損害賠償説について、不法行為は違法なものであり、本来阻止されなければならないにもかかわらず、それが行われることを許容することは、法治国家においては説明困難だと指摘します。被害の発生が予防される場合は、事業の施行を断念するか、あるいは被害の発生をやむを得ざるものとして認容した上で事業を施行するか、のいずれかを選択しなければならないが、後者の場合はむしろ適法として捉えられるべきであると主張します。もっとも、適法とするのは通常の受忍限度を超えてはいるが予見・認容された範囲（特別の受忍限度）内にとどまっている被害について言えることであって、当初予見・認容された範囲を超える被害については適法とは言えないとします[14]。裁判例では、県の河川工事において発破使用により同河川付近の養鰻池内の鰻が大量にへい死したことについて、県が損失補償金を同養鰻池経営者に支払った支出を違法として住民訴訟が提起された事案があります。同判決は、不法行為に基づく損害賠償と適法行為に基づく損失補償請求について、「今日においては、双方から接近しいずれの場合にも損害の公平な負担の見地から、被害者の損害の補填に重点を置いて問題を解決しなければならない事情が生じており、本件のような公共事業により第三者にもたらされる事業損失は、その一例と言うべきで、原告らの主張のように損害賠償を請求すべき場合には損失補償を一切請求できないと解することは相当でない」と判示し、憲法第29条第３項の趣旨による河川法第89条第８項に基づくものとし適法な支出としました（神戸地裁昭和61年10月29日判決・判タ637号99頁)。なお、同裁判例は、被害を及ぼす危険の予見可能性が否定されており、過失責任は認められないという事案でした。

なお、事業損失の構成について、損害賠償構成と損失補償構成で最大の相違が生じる場面は、当該侵害行為の差止請求を行う余地があるかどうかです。損失補償構成は、適法行為を前提とするため、差止めの可能性がなくなります。ただし、差止め請求を適法とする判例も差止請求を認容すべき違法性と、周辺住民から損害賠償請求を認容すべき違法性とを判断するときに違法性判断に差異が生じることを判示しており、受忍限度が損害賠償請求よりも差止請求の方は高めに設定されるという「違法性段階説」を採用しています。この点について、前述した特別な受忍限度内の被害を損失補償の対象とし適法視する損失補償説は、賠償違法とされながら差止めを認容しない「受忍せよ、そして補償を求めよ」を肯定する違法性段階説の弱点を克服できるもので、法治国原理に適うと評されています[(15)]。

4　補償措置

上述したような損害賠償や損失補償ではなく、市町村等が、公的事業等により不利益を受けた者に対する補償的な意味合いでなす補助金の支出という方法も考えられます(地方自治法第232条の2)。裁判例として、村が、県道拡幅工事の施行に際して、事業推進費名目で、県道付近住民らによって設立された県道拡張推進委員会に対して補助金を支出した事案について、同委員会は前記工事の結果生じた段差による不利益に対する補償として住民に分配する目的で補助金の交付申請をし、村もそのような趣旨で補助金を交付したのであるから、その交付自体は公益に合致しないとは言えないが、前記委員会の行う当該分配は不利益の程度に応じた公平、平等かつ合理的なものとは言えないことから公益上の必要性を欠く違法な補助金の支出であると判示したものがあります（東京高裁平成３年６月25日判決・東高時報42巻１～12号民48頁）。

（１）昭和61年４月１日建設省経整発第22号「公共事業に係る工事の施行に起因する地盤変動により生じた建物等の損害に係る事務処理容量の制定について」参照

（２）建設業法研究会編著『改訂５版　工共工事標準請負契約約款の解説』（大成出版社、2020）267頁

（３）地方自治法第96条第１項第13号

（４）最高裁平成16年１月15日判決・民集58巻１号156頁

（５）最高裁平成16年６月１日判決・判時1873号118頁、名古屋高裁平成26年５月22日判決・判自392号16頁参照

（６）請負契約に基づく工事の実施について市等が不法行為責任を負う法的根拠として、国家賠償責任又は民法上の不法行為責任のいずれであるかが問題となります。国家賠償法第１条第１項は加害行為が「公権力の行使」に該当する場合に適用されます。「公権力の行使」については、国の私経済作用及び国家賠償法第２条の対象となるものを除く全ての活動をいうとする見解（広義説、塩野宏『行政法Ⅱ』第５版補訂版（有斐閣、2013）306～308頁）が通説・判例とされています。本事例のような場合、私人と同様の立場でなされている請負契約に基づく民法上の注文者責任が問われるのが通常です。もっとも、町の学校の新築工事によって地下水を汚染させたとして国家賠償法第１条第１項の責任が争われた事案で、町が工事に先立ち住民説明会、協議を行い、施工業者との間でも事前の打ち合わせや指示等の措置を講じていたことを認定し、「公権力の行使」に該当すると認めたものがあります（富山地裁平成26年２月12日判決・判自384号52頁）。

（７）本条ただし書の規定は、請負等の性質による特殊な責任ではなく、自らの行為と損害の間に因果関係があれば責任を負うとする不法行為の一般原則と注文者について示す注意規定にすぎないとする考え方が趨勢です（能見善久ほか『論点体系 判例民法９』第３版（第一法規、2019）433頁）。

（８）能見善久ほか・注（７）435頁［五十嵐直行］

（９）公害型の不法行為訴訟について、判例は「加害者・被害者の種々の事情（被害の程度、加害行為の公共性、加害行為の規制基準違反の有無、損害防除施設の設置状況、加害者と被害者の先住後住関係）や周辺の事情（地域性）などを総合的に勘案して、個々の事案における被害の受忍限度を判定し加害行為の違法性の有無を判断する立場（受忍限度論）を採用」しています（能見善久ほか『論点体系 判例民法８』第３版（第一法規、2019）435頁［大塚直］）。

（10）西埜章『損失補償法コンメンタール』（勁草書房、2018）147頁

（11）学説では、損害賠償説、損失補償説及び結果責任説に大別されるとされています（宇賀克也ほか『条解国家賠償法』（弘文堂、2019）590頁）。

（12）判例は、事業損失の一類型（共用関連瑕疵）である空港の共用に基づき生ずる近隣住民への損害につき国家賠償法第２条第１項に基づく賠償責任の適用を認めています（最高裁昭和56年12月16日判決・民集35巻10号1369頁）。

（13）昭和37年６月29日閣議了解「公共用地の取得に伴う損失補償基準要綱の施行について」。この中で「これらの損害等が社会生活上受忍すべき範囲をこえるものである場合には、別途、損害賠償の請求が認められることもあるので、これらの損害等の発生が確実に予見されるような場合には、あらかじめこれらについて賠償することは差し支えない」と述べられています。

（14）西埜章・注（10）180頁。高知地裁平成28年12月６日判決・D1-Law28244581は、河川改修工事に伴い河川沿いに住む住民の土地に地盤沈下が生じたことによる損害賠償請求の事案ですが、当事者の交渉過程において、自治体から被害を申し出た住民に対して損失補償の提示を行っていることが認定されており、実務上は損失補償として事務を遂行していたことが窺われます。

（15）宇賀克也ほか・注（11）599頁

CASE 17

都市公園で長年営業してきた売店に新たな管理許可を認めず——公共の財産の使用許可等に係る損失補償

第１　事例編

事案の概要

　Ａ市では、都市公園内に設置された売店について、店主であるＢさんに対し、都市公園法の管理許可を数十年間にわたって繰り返し行っていたところ、公益上の必要性から、管理許可の期間満了後、新たな管理許可を行わないこととしました。これに対して、Ｂさんは Ａ市に対して、使用権喪失に係る損失及び営業損失等の損失補償を求めています。

　Ａ市は、Ｂさんに対し、損失補償を行う必要があるでしょうか。

登場人物

所管担当者

法務担当者

所管担当者からの相談

今回はどのような相談ですか。

都市公園法第５条第１項に規定する管理許可という制度があります。これは、都市公園の中において私人が売店等の施設の管理を行うことを許可する制度で、今回問題となっているＢさんに対しても、売店の管理許可を行っていました。

なるほど。では、都市公園法第５条を見てみましょう。

○**都市公園法**

（公園管理者以外の者の公園施設の設置等）

第５条　第２条の３の規定により都市公園を管理する者（以下「公園管理者」という。）以外の者は、都市公園に公園施設を設け、又は公園施設を管理しようとするときは、条例（国の設置に係る都市公園にあつては、国土交通省令）で定める事項を記載した申請書を公園管理者に提出してその許可を受けなければならない。許可を受けた事項を変更しようとするときも、同様とする。

２　公園管理者は、公園管理者以外の者が設ける公園施設が次の各号のいずれかに該当する場合に限り、前項の許可をすることができる。

一　当該公園管理者が自ら設け、又は管理することが不適当又は困難であると認められるもの

二　当該公園管理者以外の者が設け、又は管理することが当該都市公園の機能の増進に資すると認められるもの

３　公園管理者以外の者が公園施設を設け、又は管理する期間は、十年をこえることができない。これを更新するときの期間についても、同様とする。

（以下略）

公園の管理許可とは、公園管理者が自ら設置・管理することが困難なときや公園管理者以外の者が設置・管理した方が公園機能の増進に役立つときに、私人に公園施設を管理させることができるという制度ですね（都市公園法第５条第１項、第２項）。

そのとおりです。本市では、都市公園内に売店や食堂を設置する場合に、この管理許可の制度を利用することがあり、今回もそういった事案です。もともと今回問題となってい

る売店は、Ｂさんが建築したものを市に寄付してもらったもので、そのような経緯からＢさんに管理許可を行ったものと考えられます。管理許可は、１年間又は３年間ごとに区切って行われており、通算すると40年程度継続して行われています。ところが、前回行った管理許可の期間が満了するタイミングで、次の管理許可は行わない方針を決め、Ｂさんにも通告しました。そうしたところ、Ｂさんからは使用権喪失に係る損失及び営業損失等の補償金の支払を求められたため相談に来たというわけです。

Ｂさんは、補償を求める法的根拠について何か説明していますか。

都市公園法第27条と第28条に損失補償の規定があります。簡単に説明すると、公園の管理許可を与えた者に対して許可の取消しをすることができますが、許可の取消しを受けた者が損失を受けた場合は、自治体は損失を補償しなければならないというものです。Ｂさんはこの規定を根拠に損失補償を求めています。

先ほど、ちょうど管理許可の期間満了のタイミングと言っていませんでしたか？

今回は、管理許可の取消しではなく、管理許可の期間満了に伴い、次回の管理許可は行わないと通告したのですが、Ｂさんは、管理許可の期間満了後であっても、繰り返し管理許可が更新されていたという実態などからすると、今回更新を打ち切るのは、期間の定めなく行われた管理許可の撤回と考えるべきであり、都市公園法第28条第１項に基づく損失補償を行うべきと主張しています。

なるほど。事情はよく分かりました。本件のような事例は度々問題となっており、類似事案の裁判例もいくつかあり

ますので、それを基に検討しましょう。

第２　解説編（１）

１　考え方の原則

事例編では、都市公園法第５条の管理許可とその取消しが問題となっていましたが、行政財産の使用許可等とその取消しが問題となるケースとしては、行政財産の目的外使用許可（地方自治法第238条の４第７項)、道路法の占用許可（道路法第32条）など多くの場合があります。

これらは、同様の枠組みの問題であり、それぞれ参考にすべき点もありますが、一方で、根拠法ごとに規定内容に違いがあり、全く同じようには考えてはいけません。

当たり前のことのようですが、まずは、問題となっている財産の使用許可等及びその取消しの根拠規定を基に考えることが必要です。

次に、前提として、①許可の取消しを行うケースなのか、②許可期間の満了後に更新を行わないケースなのかで考え方は大きく異なります。①の許可の取消しの場合は、根拠法に規定があれば、その規定に従って考えることになります。②の許可期間の満了後に更新を行わない場合、許可の取消しではなく新たな許可申請の不許可ですので、原則として補償の問題は生じません。ただし、例外的に補償が問題となるケースもありますので、後段で取り上げます。

２　許可の取消しを行う場合

許可の取消しに当たる場合、許可の取消しの根拠規定に従って考えることになります。事例編の都市公園法の規定を含め、いくつか法の規定を見てみましょう。

(1) 都市公園法

まずは、条文を見てみましょう。

○都市公園法

(監督処分)

第27条　公園管理者は、次の各号のいずれかに該当する者に対して、この法律の規定によつてした許可若しくは認定を取り消し、その効力を停止し、若しくはその条件を変更し、又は行為若しくは工事の中止、都市公園に存する工作物その他の物件若しくは施設（以下この条において「工作物等」という。）の改築、移転若しくは除却、当該工作物等により生ずべき損害を予防するため必要な施設をすること、若しくは都市公園を原状に回復することを命ずることができる。

一　この法律（前条を除く。以下この号において同じ。）若しくはこの法律に基づく政令の規定又はこの法律の規定に基づく処分に違反している者

二　この法律の規定による許可に付した条件に違反している者

三　偽りその他不正な手段によりこの法律の規定による許可又は認定を受けた者

2　公園管理者は、次の各号のいずれかに該当する場合においては、この法律の規定による許可又は認定を受けた者に対し、前項に規定する処分をし、又は同項に規定する必要な措置を命ずることができる。

一　都市公園に関する工事のためやむを得ない必要が生じた場合

二　都市公園の保全又は公衆の都市公園の利用に著しい支障が生じた場合

三　前２号に掲げる場合のほか、都市公園の管理上の理由以外の理由に基づく公益上やむを得ない必要が生じた場合

（以下略）

（監督処分に伴う損失の補償）

第28条　公園管理者は、この法律の規定による許可を受けた者が前条第２項の規定により処分をされ、又は必要な措置を命ぜられたことによつて損失を受けたときは、その者に対し通常受けるべき損失を補償しなければならない。

２　前項の規定による損失の補償については、公園管理者と損失を受けた者とが協議して定める。

（以下略）

公園管理者は、一定の場合に、公園施設を私人に管理させる許可を与えることができるとされています（都市公園法第５条）。そして、上記のとおり、公園管理者は、公益上やむを得ない必要が生じた場合等には当該許可を取り消すことができ（同法第27条第２項）、この場合、許可の取消処分を受けた者が、それによって損失を受けたときは、その者に対し通常受けるべき損失を補償しなければならないとされています（同法第28条第１項）。

したがって、管理許可の取消しを行う場合、上記規定に従って処理する必要があります。

⑵　その他の同様の規定

道路法第32条の道路の占用許可については、同法第72条により公益上の必要性に基づく許可の取消しを行う場合、通常受けるべき損失を補償しなければならないことが規定されています。また、河川法第24条の河川区域内の土地の占用許可についても、同法第76条に上記と同様の規定があります。

これらについても、都市公園法と同様、規定に従って損失補償を行う必要があります。

(3) 地方自治法の規定

ア 財産の貸付

自治体が普通財産を貸し付けた場合において、その貸付期間中に公用又は公共用に供するため必要を生じたときは、その契約を解除することができる旨定められており（第238条の５第４項）、この場合、借受人はこれによって生じた損失につきその補償を求めることができる旨定められています（同条第５項）。また、行政財産の貸付についても、上記規定が準用されています（第238条の４第５項）。

イ 目的外使用許可

一方、行政財産の目的外使用許可については、公用又は公共用に供するため必要を生じたときは、その許可を取り消すことができる旨定められていますが（第238条の４第９項）、上記の損失補償の規定は準用されていません。

この結果、この場合の損失補償の要否について裁判例や解説書において考え方が分かれています。補償不要説は、行政財産の貸付については普通財産の貸付に関する損失補償の規定を準用しているのに、行政財産の目的外使用許可については当該規定を準用していないのは、あえて区別してそのように既定していると考えるのが普通であり、行政財産の目的外使用許可については許可の取消しに当たって損失補償は要しないという考え方です（東京高裁昭和51年４月28日判決・判時828号46頁、『地方財務実務提要』等）。

これに対し、補償必要説は、①国有財産法にも国有行政財産の目的外使用許可の規定があるところ（第18条第２項第６号）、目的外使用許可の場合であっても補償を必要としており（第19条、第24条）、自治体の行政財産の目的外使用と国の行政財産の目的外使用との区別をする必要はなく、②公用又は公共用の必要のための目的外使用許可の取消しは、使用者の側には何の責任もなく、自治体の側の都合によって行われるものだから、それによって損失が生じた場合は補償をしなければならないという考え方です（東京地裁昭和47年８月２日判決、『逐条地方自治法』等）。

どちらもそれなりに説得力があるものであり、現時点ではこの点に関する最高裁の判例も出ていないため、自治体としては慎重な対応が求められます。損失補償についての争いを避けるためには、どうしても許可期間内に許可を取り消す必要があるという場合以外では、期間の満了を待つ方が望ましいでしょう。

３　許可期間の満了後に更新を行わない場合

前述のとおり、許可期間の満了後に更新を行わない場合、許可の取消しではなく新たな許可申請の不許可ですので、原則として補償の問題は生じません。

しかし、短い許可を繰り返していた場合など、当初の許可が期間の更新を前提として行われたものとして扱われ、実質において許可の取消しであると判断される場合もあります。そこで、このようなケースの判断基準を裁判例を基に検討します。

ア　東京地裁昭和53年６月26日判決・行集29巻６号1197頁では、河川敷地の占用許可によりゴルフ場を建設・経営していた事例で、当初10年の占用許可が行われ、その後短期間の占用許可の更新により通算して20年以上の期間の経過後に占用許可の更新を行わなかった事例につき、「占用期間が、占用目的に照らして極めて短期間であり、従前の占用の経緯やその実態さらには公共用物であることからの制約を考慮に入れても、なお占用権の存続期間として到底合理的な意味を持ち得ないような例外的な場合を除いては、占用期間の定めは更新を予定するものではない」との一般論を示した上で、本件については、20年以上の占用期間が経過しており、ゴルフ場の設置という占用目的に照らしても不十分とはいえず、占用権は、右期間の満了によって当然に消滅すると判示しています。

イ　また、最近の裁判例である大阪地裁平成27年５月29日判決・判自406号54頁においても、「公園施設の管理許可が、売店又は売店・食堂の管理という本件公園施設の管理目的に比して不相当に短期のものであるということもできない」とし、上記判決と同様の考え方を採っています（なお、同判決においては、管理者の許可条件から読み取れる期間満了で管理許可を終了させる意思及び管理期間及びその更新期間は10年を超えることができない旨の都市公園法第５条第３項の規定についても考慮要素としています。）。

ウ　上記２つの裁判例は、使用許可等の目的に照らして不十分、不相当というべきかどうか、つまり使用許可等の目的からして許可の期間が不合理に短すぎるかどうかを判断基準としています。もともと、許可の期間が示されている以上、その期間が終了すれば許可の効力は失われるのが原則であり、上記の判断基準は妥当だと考えられます。

以上からすると、短期間の使用許可等が繰り返されていたような場合であっても、通算した許可期間が、使用許可等の目的に照らして不十分、不相当といえるような特別な場合を除き、許可の更新を認めないことを「許可の取消し」と同一視する必要はないと考えられます。

ただし、裁判例の中には、許可を受けた者の意思を重視するようなもの（東京高裁昭和50年７月14日判決・判時791号81頁など）も見受けられるので、今後の裁判例等には注意が必要でしょう。

４　補償内容

補償を要する場合、補償の対象となる損失について、裁判例等を基に検討します。

⑴　使用権そのものの補償の要否

財産の使用許可等の補償に関し、借地権の権利消滅の際に生じるような使用権の消滅そのものに対する補償は必要でしょうか。この点に関しては最高裁昭和49年２月５日判決・民集28巻１号１頁があります。

ア　事　案

被上告人は、昭和21年に上告人（東京都）から中央卸売市場内にある行政財産である土地について、当時の東京都条例に基づき当初は期間の定めなく使用許可を受け、その後、１年間ごとの使用許可期間を繰り返す形での使用許可を受けることにより、レストラン等を経営していました。ところが、上告人が、その使用許可期間中に市場経営上の必要性により使用許可の一部を取り消したため、被上告人が上告人に対し土地使用権の喪失を受けたとしてその補償を求めました。

なお、上記東京都条例には、市場内の行政財産について、行政財産の用途又は目的を妨げない限度においてその使用を許可することができる旨の規定がありましたが、その取消しの際の補償について規定はありませんでした。

原審である東京高裁昭和44年３月27日判決・裁判所ウェブサイトは、憲法第29条第３項に基づき補償が必要であるとしたのに対し、最高裁は下記のとおり判示し、破棄差戻しとしました。

イ　判　旨

「本件のような都有行政財産たる土地につき使用許可によつて与えられた使用権は、それが期間の定めのない場合であれば、当該行政財産本来の用途または目的上の必要を生じたときはその時点において原則として消滅すべきものであり、また、権利自体に右のような制約が内在しているものとして付与されているものとみるのが相当である。すなわち、当該行政財産に右の必要を生じたときに右使用権が消滅することを余儀なくされるのは、ひつきよう使用権自体に内在する前記のような制約に由来するものということができるから、右使用権者は、行政財産に右の必要を生じたときは、原則として、地方公共団体に対しもはや当該使用権を保有する実質的理由を失うに至るのであつて、その例外は、使用権者が使用許可を受けるに当たりその対価の支払いをしているが当該行政財産の使用収益により右対価を償却するに足りないと認められる期間内に当該行政財産に右の必要を生じたとか、使用許可に際し別段の定めがされている等により、行政財産についての右の必要にかかわらず使用権者がなお当該使用権を保有する実質的理由を有すると認めるに足りる特別の事情が存する場合に限られるというべきである。

それゆえ、被上告人は、むしろ、上告人に対し、本件行政財産についての右の必要のもとにされたと認めうる本件取消によつて使用権が消滅することを受忍すべき立場にあると解されるから、被上告人が本件取消により土地使用権の喪失という積極的損失を受け、この損失につき補償を必要とするとした原判決の判断は、さらに首肯しうべき事情のないかぎり、これを是認することができないのである。」

ウ　解　説

最高裁昭和49年２月５日判決は、使用許可によって与えられた「使用権」は、行政財産本来の目的上の必要性を生じたときは原則として消滅すべきものであるため、使用権そのものの補償は原則として認められず、使用権者が使用許可を受けるに当たりその対価の支払をしているが当該行政財産の使用収益により当該対価を償却するに足りないと認められる期間内に使用許可の取消しを行う場合とか、使用許可に際し別段の定めがされている等の特別の事情がある場合にのみ例外的に「使用権」の補償が認められるとしています。

行政実務においては、上記最高裁の判断に従って考えることになります。

⑵　付随的損失に対する補償について

建物の撤去費用や移転費用、営業損失等の補償については、「付随的損失」に対する補償として、使用権そのものの補償とは別に論じられています。⑴に記載した使用権そのものの補償について中心的に議論されていた経緯があり、講学上、「付随的損失」と言われていますが、むしろこちらの方が損失補償の内容の中心的なものになります。

この点について、前掲東京高裁昭和50年７月14日判決は、物件の移転費用や営業利益の低下にかかる損失の補償を求めることができるとし、横浜地裁昭和53年９月27日判決・判時920号95頁は、建物価額と建物収去費用について補償を認めています。

行政実務においては、上記の裁判例等を参考に、個々の事情等を踏まえ、具体的な項目について補償の要否や補償額を検討することになります。

５　事例編の検討

⑴　事例編の事案は、前掲大阪地裁平成27年５月29日判決を参考に作成したものです。

同判決の事案は、事例編と同様のケースにおいて、市から管理許可の更新には応じない旨を伝えられていたにもかかわらず原告が公園施設の管理許可申請を行ったところ、市が不許可処分をしたため、原告は、当該不許可処分は、期間の定めなくされた管理許可の撤回と同視すべきだとして、都市公園法第28条の適用又は類推適用等により、損失補償を求めたものです。

判決では、当該不許可処分を公園施設の管理許可、管理許可に係る許可証に許可の条件として「本市では、便益施設の公募に取り組んでおり、本許可施設については平成24年度（平成25年３月31日まで）を許可更新の最終とするので、支障となる設備の変更などは行わないこと」等の記載をしており、市長は平成25年３月31日までで原告に対する本件公園施設の管理許可を終了させる意思で、管理許可をしたものというべきであること、都市公園法第５条第３項は、公園管理者以外の者が公園施設を設け、又は管理する期間は、10年を超えることができず、これを更新するときの期間についても同様とする旨定めており、公園施設について無限定に長期間管理許可が継続されることは想定されていないこと、原告又はその親族に対する管理許可は42年間継続されていること等から本件公園施設の管理許可が、売店又は売店・食堂の管理という本件公園施設の管理目的に比して不相当に短期のものであるということもできないことなどの事情に照らすと「遅くとも、平成24年４月１日付けで本件公園施設の管理許可がされた時点では、実質的に期間の定めのなかったものということはできず、期間を１年とされていたものというべきであって（中略)、本件公園施設の管理許可は、その期間の終期である平成25年３月31日の経過をもって期間の満了によって当然に消滅するのであり、本件不許可処分を管理許可の撤回と同視することはできないから、原告は、公園管理者である被告に対して、損失の補償を求めることはできないというべきである」と判示しました。

(2)　事例編の事案についても、原則としては上記判決と同様に考え、損失の補償は要しないと考えられるでしょう。

もっとも、実際の事案に当たっては、許可の目的や期間、許可を受けた施設に対する投下資本の額、許可書の記載内容等の個別の状況を具体的に検討して判断していく必要があります。

6　おわりに

事例編で扱った公園の管理許可のように、公共の財産を使用等させており、その使用等をやめさせる場合、補償を要するかどうかの最も大きな分かれ目は、許可等の期間中に取消しを行うのか、期間満了後に終了するのかという点です。許可の期間中の取消しであれば補償を要するケースであっても、期間満了後であれば補償を要しない場合が多いと考えられます。急を要しないのであれば、不要な補償を行わなくて済むという意味でも、許可の相手方の正当な利益を保護するという意味でも、期間満了を待つというのが望ましいと考えられます。

また、その前提として、許可を行う場合には、許可の有効期間をあらかじめ定めることが重要です。この場合、当該財産の将来の行政上の必要性を考慮するとともに、許可の目的に照らし不当に短い期間にならないようにすると、無用な争いが生じることを防ぐことができるでしょう。

○参考文献

・宇賀克也「行政財産の使用許可の撤回と損失補償（上)、(下)」ジュリスト1016号、1017号
・松本英昭『新版 逐条地方自治法』第９次改訂版（学陽書房、2017）
・地方自治制度研究会『地方財務実務提要』（ぎょうせい、加除式）

第6章

その他

CASE 18

児童虐待から子どもを守れ ―― 一時保護決定の取消訴訟等に対する対応

近年、児童に対する虐待が社会的な問題となっており、虐待の疑いがあった場合には、児童相談所が速やかに児童を一時保護し、児童の安全を確保することが求められています。しかし、いざ児童相談所が一時保護に踏み切っても、これに反発する親権者から審査請求や取消訴訟等が提起され、その対応に追われることがあります。そこで本項では、一時保護に対する取消訴訟の提起や執行停止の申立てがされた場合の対応について解説します。

第１　事例編

事案の概要

Ｙ県が設置するＺ児童相談所は、父親Ｘが息子Ａに対し日常的に暴行を加えている旨の虐待通告を受けたことから、直ちに調査を開始しました。調査の結果、Ｘによる虐待の事実が確認されたことから、Ｚ児童相談所長は、Ａを一時保護することを決定（以下「本件一時保護決定」といいます。）し、直ちにＡを保護しました。その後、Ｚ児童相談所の職員が、Ｘから虐待の事実関係について聴取すると、Ｘは「自分は虐待をしていない」等と虐待の事実を否認しました。

そして数日後、Ｘは、Ｙ県地方裁判所に対し、本件一時保護決定の取消訴訟の提起と執行停止の申立てをしました。なお、Ｚ児童相談所長は、児童福祉法第32条第１項によりＹ県知事から児童養護施設への入所措置に係る権限の委任を受けています。

登場人物

児相担当者

若手
法務担当者

法務担当
係長

1　求意見書の送達

係長！ 裁判所から執行停止の申立てに関する求意見書が送達されました。申立人はＺ児童相談所長が行った一時保護決定の執行停止を求めています。

意見書の提出期限はいつですか。

１週間後です。今後の対応はどうしましょうか。

すぐにＺ児童相談所と連絡を取り、速やかに打合せをしましょう。

2　児童相談所の担当者との打合せ

まず、今後のＡのケース方針について聞かせてください。

Ａは唯一の親権者であるＸと同居し、Ｘから日常的に暴力を受けていました。しかし、Ｘは、虐待の事実自体を認めておらず、虐待についての振り返りができていません。このような状態でＡをＸの元に帰してしまうと、Ａの生命、身体に危険が生じます。したがって、児童養護施設への入所措置を行う予定です。

入所措置についてＸの同意を得ることは難しいですか。

難しいです。そこで、28条申立て[1]をする予定です。

28条申立てに用いる資料の準備はどの程度進んでいますか。

児童福祉司による聴取記録、虐待によるものと思われるあざの写真、医師の意見書等、必要な資料はおおむね準備で

きています。28条申立ての書面もおおむね完成に近い状態です。数週間後には、申立てをすることができます。

それらの資料は、本件事件でも有益ですので、裁判所に提出したいと思います。よろしいですか。

はい。

それと、本件一時保護決定の時点において児相が把握していた事実も重要ですので、それを裏付ける資料の準備もお願いします。

分かりました。

3　取消訴訟の訴状送達

その後、Ｙ県は、裁判所に意見書を提出し、数週間後には、執行停止の申立てを却下する旨の決定がされ、同決定は確定しました。それと同時期に今度は、本件一時保護決定の取消訴訟の訴状がＹ県に送達されました。

本件一時保護決定の取消訴訟の訴状が送達されましたね。

答弁書の方針はどうしましょうか。

執行停止の意見書に、本案について理由がないこと、つまり本件一時保護決定が適法であることについても書きましたので、答弁書も基本的に同じ方針でいいでしょう。ところで、28条申立ての進捗状況はどうなっていますか。

児相の担当者に確認したところ、審理は進んでいるものの、まだ結論は出ていないとのことです。

結果が出ましたら、速やかに連絡するように伝えてください。

分かりました。

4　承認審判の確定と一時保護決定の解除

その後、取消訴訟について数回口頭弁論が開かれました。一方、28条申立てについては、児童養護施設への入所措置を承認するとの審判がされ、同審判はそのまま確定しました。

28条審判が確定しましたね。

はい。児相の担当者に確認したところ、既に審判に基づいて入所措置の決定をし、併せて本件一時保護決定を解除したとのことです。

これで本件訴訟については訴えの利益がなくなりましたので、次回期日に却下の答弁をしましょう。

分かりました。早速、担当者から本件一時保護決定の解除に関する資料を取り寄せ、準備書面の作成に取り掛かります。

第2　解説編

1　虐待事案の概要

(1)　児童虐待とは

児童虐待は以下の４種類に分類されます（児童虐待防止法第２条）。

①身体的虐待：児童の身体に外傷が生じ、又は生じるおそれのある暴行を加えること。

【例】殴る、蹴る、投げ落とす、激しく揺さぶる、やけどを負わせる、溺れさせる、首を絞める、縄などにより一室に拘束する。

②性的虐待：児童にわいせつな行為をすること又は児童をしてわいせつな行為をさせること。

【例】子どもへの性的行為、性的行為を見せる、性器を触る又は触らせる、ポルノグラフィの被写体にする。

③ネグレクト：児童の心身の正常な発達を妨げるような著しい減食又は長時間の放置、保護者以外の同居人による身体的虐待、性的虐待又は心理的虐待と同様の行為の放置その他の保護者としての監護を著しく怠ること。

【例】家に閉じ込める、食事を与えない、ひどく不潔にする、自動車の中に放置する、重い病気になっても病院に連れて行かない。

④心理的虐待：児童に対する著しい暴言又は著しく拒絶的な対応、児童が同居する家庭における配偶者に対する暴力その他の児童に著しい心理的外傷を与える言動を行うこと。

【例】言葉による脅し、無視、きょうだい間での差別的扱い、子どもの目の前で家族に対して暴力をふるう。

⑵　一時保護決定から施設入所措置までの流れ

児童相談所が虐待通告（児童虐待防止法第６条第１項、児童福祉法第25条第１項）を受け、児童の安全を迅速に確保する必要等がある場合には、児童相談所長は、児童を一時保護します（児童福祉法第33条第１項）。

児童を一時保護した場合、児童相談所長は、当該児童についての虐待の状況等を調査し、児童養護施設等へ入所させる措置等を採る必要があると認める場合には、その旨を都道府県知事に報告します（同法第26条第１項第１号）。

そして、当該報告を受けた都道府県は、必要があると認める場合には、児童を児童養護施設等に入所させる措置（以下「施設入所措置」といいます。）を採ることになります（同法第27条第１項第３号）。

施設入所措置は、原則として親権者等の同意が必要とされていますが（同条第４項）、同意が得られない場合には、家庭裁判所の承認を得て、当該措置を採ることができます（同法第28条第１項第１号）。

虐待程度が深刻な場合で、親権者が虐待を否認している事案においては、当該家庭裁判所の承認審判の申立て（以下「28条申立て」といいます。）をした上で、施設入所措置を採る場合が往々にしてあります。

28条申立ては、「保護者が、その児童を虐待し、著しくその監護を怠り、その他保護者に監護させることが著しく当該児童の福祉を害する」場合に認められるものですから（同条第１項柱書）、都道府県が、当該申立てをするに当たっては、前記要件について具体的な事実を摘示するとともに、それを裏付ける資料を提出することが求められます。

家庭裁判所による施設入所措置の承認審判がされ、これが確定した場合には、都道府県は、当該児童を児童養護施設等に入所させることができ、もはや一時保護を継続する必要はなくなるので、一時保護決定を解除することになります。

【虐待通告から施設入所措置までの基本的な流れ】

虐待通告
↓
一時保護決定
↓
（一時保護期間の更新[2]）
↓
施設入所措置の承認審判の申立て
↓
施設入所措置の承認審判（家庭裁判所）
↓

施設入所措置の承認審判の確定
↓
施設入所措置の決定
一時保護決定の解除

なお、児童相談所長が、都道府県知事から施設入所措置の権限を受任している場合には（同法第32条第１項）、上記一連の手続を児童相談所において行うことになり、本件においても、Ｙ県知事からＺ児童相談所長に同権限が委任されています。以下、本項においても当該委任があった場合を前提として解説します。

２　一時保護決定の取消訴訟の対応

(1)　一時保護決定の適法性の判断枠組み

一時保護決定の取消訴訟が提起された場合、被告である自治体は、当該決定の適法性を主張、立証することになります。

そして、一時保護決定の判断は、一時保護を行う児童相談所長の合理的な裁量に委ねられており、児童相談所長がした一時保護決定の開始及びその継続は、裁量権の範囲を逸脱し又はこれを濫用したと認められる場合に限り、違法になると解されていますので（横浜地裁平成28年10月12日判決・判自427号58頁）、実際の取消訴訟においても、一時保護決定の裁量権の逸脱、濫用の有無が争点とされます。

(2)　主張、立証の方法

被告としては、一時保護決定の必要性を具体的に主張、立証していくことになりますが、児童相談所長が28条申立てをしている場合には、当該申立てにおいて提出された主張書面や資料の内容との整合性に配慮しつつ、当該資料等が取消訴訟にも有益である場合には、これを取消訴訟においても積極的に活用することが考えられます。

すなわち、28条申立てにおいては、児童福祉法第28条第１項柱書のいう「保護者が、その児童を虐待し、著しくその監護を怠り、その他保護者に監護させることが著しく当該児童の福祉を害する」との要件に即して具体的事実を主張することになりますが、これらの事実は、一時保護決定時点の虐待の事実を推認させる事実が多く含まれており、一時保護決定の適法性を裏付ける事実と重複する場合があります。したがって、一時保護決定の取消訴訟の代理人が、28条申立ての代理人と異なる場合[(3)]には、28条申立ての主張内容や進行状況に配慮し、当該申立てと歩調を合わせておくことが肝要です。

また、28条申立てにおいて提出した資料（具体的には、児童福祉司による聴取記録や専門家の意見書等が考えられます。）が、虐待の事実を裏付けるものである場合には、当該資料をそのまま取消訴訟の証拠として提出することも有益な手段と言えます。

ただし、一時保護決定の取消訴訟の対象は、あくまで一時保護決定の違法性ですので、同訴訟においては、同決定時点における児童相談所長の判断の適否が問題となります。したがって、28条申立ての場合とは判断時点が異なりますので、注意が必要です。

⑶　一時保護決定が解除された場合

施設入所措置がされた場合、一時保護決定は解除されることになりますが、この場合、一時保護決定の効果が消滅し、同決定の取消しを求める訴えの利益はなくなります（行政訴訟法第９条第１項括弧書き参照)。

したがって、一時保護決定の取消訴訟の係属中に、同決定が解除された場合には、被告としては、当該訴えの却下を求める旨の答弁を追加することになります。

３　執行停止について

(1)　概　要

処分の取消しの訴えを提起しても、それだけでは処分の効力等は妨げられませんが（執行不停止の原則、行政訴訟法第25条第１項）、訴訟の事案によっては、訴訟手続が進行している間に事態が深刻化し、たとえ判決で当該処分が取り消されても原状回復が困難になる場合があります。

そこで、このような事態を防ぐために、裁判所は、取消訴訟を提起した原告からの申立てがあれば、一定の場合に決定をもって当該行政処分の効力等の停止をすることができ、このことを執行停止と言います（同条第２項）。

一時保護決定の取消訴訟においても、同訴訟の提起と併せて執行停止の申立てがなされることがあります。

(2)　執行停止の申立ての手続について

執行停止の申立てがなされると、その相手方（本件の場合はＹ県）に対して当該申立てについての意見が求められます（行政訴訟法第25条第６項ただし書き）。

具体的には、「求意見書」という書面を交付される形で意見を求められ、相手方は、当該求意見書に記載された提出期限までに意見書を提出しなければなりません。

(3)　意見書の作成

意見書の記載事項は、法定されていませんが、意見の趣旨と意見の理由を記載するのが一般的です。

意見の趣旨には、当該執行停止の申立てを許容できない場合には、「本件執行停止申立てを却下する。との決定を求める。」と記載します。

意見の理由には、執行停止の申立ての却下を求める場合には、執行停止の要件に沿った形で、その理由を記載します。

具体的には、執行停止が認められるためには、①本案訴訟が継続していること、②処分、処分の執行又は手続の続行により生ずる重大な損害を避けるため緊急の必要があること（以下「必要性の要件」といいます。）がなければなりませんので（行政訴訟法第25条第２項）、この要件（ほとんどの場合は②）が欠けていることを記載します。なお、必要性の要件は、行政側ではなく申立人側で主張・疎明責任を負うものとされていることから、執行停止の積極要件と一般的に言われています。

また、上記の要件が認められたとしても、執行停止は、③公共の福祉に重大な影響を及ぼすおそれがあるとき、又は④本案について理由がないとみえるときは認められません（同条第４項）。上記①又は②の要件が欠ければ、それだけで執行停止の申立ては却下されますが、これらの要件が充足されると判断されてしまう場合に備えて、③又は④の要件についても記載しておくとよいでしょう。

なお、これらの要件は、必要性の要件と異なり行政側で主張・疎明責任を負うものとされていることから、執行停止の消極要件と言われています。

⑷　決定までの流れ

意見書を裁判所に提出すると、それに対する反論の書面が申立人から提出されるのが通常です。

当該申立人の書面に対して反論の必要があれば、再度書面を提出することも考えられますが、執行停止事件そのものが、迅速性が要請されるものであることから、当該書面の提出を待たずに裁判所の決定がなされる場合が多いです。

執行停止の決定に不服のある当事者は、即時抗告をすることができます（行政訴訟法第25条第７項）。ただし、即時抗告は、決定の告知を受けた日から一週間以内にしなければなりません（民事訴訟法第332条）。

4　おわりに

児童虐待の案件については、関係機関が緊密に連携を図り、迅速な対応を行うことが必要とされていますが、このことは審査請求や訴訟に対応する場合においても異なるところはありません。

法務担当としては、児童相談所の所管部署と必要な情報を共有するとともに、一時保護に係る一連の手続の流れを把握し、状況に応じた的確な主張や証拠の提出ができるようにしておくとよいでしょう。

（1）児童福祉法第28条に基づいて行われる家庭裁判所の承認審判の申立てのことを言います。詳細は本文後段「第２　解説編」を参照。

（2）児童福祉法第33条第４項及び第５項参照

（3）児童福祉法第12条第３項に基づき児童相談所に配置されている弁護士が、28条申立ての代理人をする場合が多いですが、同代理人が一時保護決定の取消訴訟の代理人となるとは限りません。

CASE 19

不正受給？ 生活保護費の徴収決定をめぐり審査請求
――生活保護法第78条第１項に基づく徴収金額決定処分の留意点

第１　事例編

事案の概要

Ｘは、平成30年４月３日から、Ｙ市福祉事務所において生活保護を受給していたところ、Ｘの娘であるＡ（当時高校２年生）が同年５月１日から12月28日までＺ社でアルバイトをして収入を得ていたにもかかわらず、ＸがこれをＹ市福祉事務所に届け出なかったことから、Ｙ市福祉事務所長は、平成31年３月１日、Ｘに対し、生活保護法第78条第１項に基づき、平成30年５月１日から12月28日までのＡのアルバイト収入に相当する金額（16万円）について費用徴収の決定をしました。

これに対して、Ｘは、Ａのアルバイト収入について申告する義務があったとは知らず、また、Ａが上記期間にアルバイトをしていたことも把握していなかったと主張して、令和元年５月１日、審査請求を提起しました。

なお、Ｙ市においては、生活保護法第78条第１項に基づく費用徴収の決定について、地方自治法第153条２項によりＹ市長からＹ市福祉事務所長に権限が委任されています。また、Ｙ市福祉事務所の法的支援は、審理員の所属する組織とは別の組織の職員が行っています。

登場人物

福祉事務所職員

法務担当者

福祉事務所職員からの相談

本日は、どのような相談ですか。

生活保護法第78条第１項に基づく徴収決定について審査請求が提起され、審理員に対し弁明書を提出しなければならないのですが、そのことについて相談させてください。

詳しく話を聞かせてください。

はい。Ｘは、平成30年４月から生活保護を受給しており、毎年提出される収入報告書にもＡのアルバイト収入の関する報告はありませんでした。

　しかし、平成31年１月に、我々がＸやＡの収入状況について調査したところ、Ａがアルバイトをしていた事実が判明したので、法第78条第１項に基づく費用徴収の決定をしたところです。

それに不服のＸが審査請求をしたということですか。

はい。Ｘは、娘のアルバイトについても申告義務があったとは聞いていないとか、そもそも娘がアルバイトをしたことを知らなかったと言っています。

分かりました。少し論点を整理していきましょう。まず、Ｘの申告義務の認識の有無についてですが、申告義務について福祉事務所は、どのようにＸに伝えていたのですか。

Ｘには「生活保護のしおり」を渡しており、そこに子どものアルバイトについても申告する必要がある旨明記されています。Ｘは当然それを読んでいるはずですから、申告義務があることを知っていたはずです。

なるほど、「生活保護のしおり」は生活保護を受給するに当たっての基本的なルールが書いてあるものですから、受給者は当然にこれを読んでおくべきということですね。しかし、実際に受給者がしおりの隅々まで読んでいるとは限りません。Ｘにしおりを渡したことをもって、直ちに申告義務の記載部分を読んでいた、すなわち申告義務を認識していたとまで認定してもらうのは厳しいかもしれません。他に何かありませんか？

ケースワーカーが、平成30年６月にＸ宅を訪問し、ＸにＡの状況について聞いた際、もしＡがアルバイトをした場合には、その収入を申告する必要がある旨説明しています。

そのことはケース記録に記載してありますか。

もちろんです。

次の論点に行きましょう。ＸはＡがアルバイトをしていたことを知らなかったと言っているのですね。

はい。先日、Ｘから聞いた話では、Ａがアルバイトの面接に何回か行っていたことは知っていたが、まさか本当にアルバイトをしているとは思ってもいなかったとのことです。

Ａは、平成30年５月１日から12月28日まで飲食店でアルバイトをしていたとのことですよね。帰りは10時くらいだったとのことですが、それでもＸは、Ａのアルバイトについて気付かなかったということですか。

ええ。普段より帰りが遅いなとは思っていが、アルバイトだとは知らなかったと言い張っています。

今のＸの話も記録に残していますか。

はい。

本件では、収入申告義務の認識の有無が争点となりそうですね。弁明書の作成に当たっての法的な整理は私の方で考えますので、「生活保護のしおり」やケース記録等の資料の提出をお願いします。事実関係と論点を整理した上で、審理員にとって分かりやすい弁明書を作成していく必要がありますね。

よろしくお願いします。

第２　解説編

１　生活保護と収入申告義務について

生活保護は、生活に困窮する者が、その利用し得る資産、能力その他あらゆるものを、その最低限度の生活の維持のために活用することを要件として行われます（補足性の原則。生活保護法第４条第１項）。そのため、実施機関（都道府県知事、市長及び福祉事務所を管理する町村長のこと[1]。生活保護法第19条第１項）は、常に、被保護者の生活状態を調査し、保護の変更を必要とすると認めるときは、速やかに、職権をもってその決定を行わなければなりません（生活保護法第25条第２項）。

また、実施機関は、被保護者（現に生活保護を受けている者。生活保護法第６条第１項）が保護を必要としなくなったときは、速やかに、保護の停止又は廃止を決定しなければならず（生活保護法第26条）、他方、被保護者も、収入、支出その他生計の状況について変動があったときは、速やかに、その旨を届け出なければなりません（生活保護法第61条）。

このように被保護者は、一度、生活保護が開始されたとしても、その後、何らかの収入等を得た場合には、その旨を実施機関に必ず届け出なければならず、実施機関は、当該届出によって明らかにされた被保護者の収入等に基づいて、改めて保護の必要性等を検討し、保護の必要がないと判断した場合には、生活保護の停止又は廃止をしなければなりません。

もっとも、被保護者に収入等があった場合でも、被保護者が当該収入等を届け出なかったため、保護の開始後に資産・収入等があったことが後日に判明する場合があります。

このような場合には、当該保護に要した費用の返還をしなければなりませんが、この際に適用が考えられる条文として、生活保護法第63条と第78条第１項とがあり、実務上、どちらの条文を適用するかの判断に悩む場合があります。

２　生活保護法第63条について

生活保護法第63条は、「被保護者が、急迫の場合等において資力があるにもかかわらず、保護を受けたときは、保護に要する費用を支弁した都道府県又は市町村に対して、すみやかに、その受けた保護金品に相当する金額の範囲内において保護の実施機関の定める額を返還しなければならない。」とし、本来受けるべきでなかった保護金品を得たときの返還義務を規定しています。

ここで、同条が急迫の場合「等」としているのは、急迫した事由がある場合に行われる必要な保護（生活保護法第４条第３項参照）がされた際の返還義務のみならず、被保護者に資力があるにもかかわらず、実施機関が調査不十分のために資力がないと誤認して保護を決定し又は過大な保護を支給した場合の返還義務についても定めた趣旨と解されています[(2)]。

生活保護法第63条による保護費の返還額の範囲は、「その受けた保護金品に相当する金額の範囲内において保護の実施機関の定める額」と規定され、自立更正費用や各種控除相当額を返還額から控除することができるとされています[(3)]。

生活保護法第63条による返還額については、実施機関の過誤による過大支給の場合等を除き、国税徴収法の例により徴収することができます（生活保護法第77条の２第２項）。また、被保護者から申出があり、実施機関が生活の支障がないと認めた場合には、生活保護法第63条の返還額を保護費から天引きすることも可能です（生活保護法第78条の２第１項）。

３　生活保護法第78条第１項について

生活保護法第78条第１項は、「不実の申請その他不正な手段により保護を受け、又は他人をして受けさせた者があるときは、保護費を支弁した都道府県又は市町村の長は、その費用の額の全部又は一部を、その者から徴収するほか、その徴収する額に100分の40を乗じて得た額以下の金額を徴収することができる。」と規定しており、その趣旨は、保護の不正受給を防止し、生活保護制度が悪用されることを防止しようとすることにあると解されます。

生活保護法第78条第１項による徴収額の範囲は「費用の額の全部又は一部」と規定され、生活保護法第63条の場合と異なり、自立更正費や各種控除相当額を徴収額から控除することはできず、必要最小限度の実費を除き、その全額が徴収の対象とされています[(4)]。また、同金額に所定の金額加算することも認められています（生活保護法第78条第１項）。

生活保護法第78条第１項による徴収額については、国税徴収法の例により徴収することができます（生活保護法第78条第４項、生活保護法第77条の２第２項）。さらに、生活保護法第78条第１項に違反した場合には、３年以下の懲役又は100万円以下の罰金が科される場合があります（生活保護法第85条第１項）。

４　まとめ

生活保護法第63条と第78条第１項の相違点をまとめると次の表のとおりとなります。

	生活保護法第63条	生活保護法第78条第１項
適用要件	「急迫の場合等において資力があるにもかかわらず、保護を受けた」こと	「不実の申請その他不正な手段により保護を受け、又は他人をして受けさせた」こと
返還額の範囲	「その受けた保護金品に相当する金額の範囲内において保護の実施機関の定める額」 ※必要経費や自立更生に係る費用の控除あり	「その費用の額の全部又は一部」 ※必要最小限度の実費のみ控除
徴収金の加算の可否	否	可 ※「徴収する額に100分の40を乗じて得た額以下の金額」（生活保護法第78条第１項）
強制徴収の可否	可 ※適当でない場合を除く（生活保護法第77条の２第１項） ※※「国税徴収の例により徴収」（同条第２項）	可 ※「前条第２項の規定は、前３項の規定による徴収金について準用する。」（生活保護法第78条第４項）
罰則の有無	無	有 ※「不実の申請その他不正な手段により保護を受け、又は他人をして受けさせた者は、３年以下の懲役又は100万円以下の罰金に処する。」（生活保護法第85条第１項）

このような生活保護法第63条と第78条第１項との要件及び効果の差異、特に、第78条第１項の効果が第63条のものに比べて被保護者にとって不利なものであることからすれば、被保護者が収入等を届け出なかったため、保護費の過支給等があった場合には、当該被保護者の収入未申告等の行為が、第78条第１項の要件である「不実の申請その他不正な手段」に該当する場合は、同項が適用され、そうでない

場合には、第63条が適用されるものと解されます。

5 「不実の申請その他不正な手段」とは

生活保護法第78条第１項の費用徴収が認められるためには、被保護者が「不実の申請その他不正な手段」により保護費を受給したものと言えなければなりません。

「不実の申請その他不正な手段」の意義について判示した最高裁判例はありませんが、「生活保護行政を適正に運営するための手引について」(5) によれば、「不実の申請その他不正な手段」には、積極的に虚偽の事実を申し立てることはもちろん、消極的に事実を故意に隠蔽することも含まれるとされ、具体例として、以下の場合が挙げられています。

①届出又は申告について口頭又は文書による指示をしたにもかかわらずそれに応じなかったとき

②届出又は申告に当たり明らかに作為を加えたとき

③届出又は申告に当たり特段の作為を加えない場合でも、保護の実施機関又はその職員が届出又は申告の内容等の不審について説明を求めたにもかかわらずこれに応じず、又は虚偽の説明を行ったようなとき

④保護の実施機関の課税調査等により、当該被保護者が提出した収入申告書等の内容が虚偽であることが判明したとき

また、東京地裁平成29年５月25日判決（判例集未掲載）は、「不実の申請その他不正な手段」について、「積極的に虚偽の事実を申告することに限られず、既に保護を受けている者が、法61条により届出義務を負う収入、支出その他生計の状況について本来届け出るべき事実を隠匿することも含まれ、当該事実の届出について口頭又は文書による指示を受けたにもかかわらず、それに応じない行為も、上記『不正な手段』に該当するものと解するのが相当である。」と判示してい

ます。

このように、「不実の申請その他不正な手段」には、消極的に事実を故意に隠蔽することも含まれると解されますが、「消極的に事実を故意に隠蔽する」という行為態様は、実施機関に対し申告行為をしないという不作為の態様をとることから、同行為の認定するに当たっては、客観的要件として①申告義務の存在と②申告義務の懈怠、主観的要件として③申告義務の認識が必要となると解されます。そして、①申告義務の存在については、法第61条によって規定されており、また②申告義務の懈怠については、当事者間に争いがない場合が多いことから、実際の裁判例においては、もっぱら③申告義務の認識の有無が争点となる場合が多いです。

③申告義務の認識として、どの程度の認識が必要か否かについては、これを明確に判示した判例は見当たりませんが、生活保護法第78条第１項の「不正な手段」という文言や同項の懲罰的な性格から、抽象的に申告義務があることを認識していたことでは足りず、被保護者が得た収入について申告義務があることを具体的に認識していたことを要するとする見解が考えられ、このことを前提に事実認定をしている裁判例もあります（さいたま地裁平成28年９月21日判決・判自425号81頁及び同地裁平成27年５月27日判決・判自411号69頁は、申告義務の認識について上記見解を前提とした事実認定を行っています。)。

また、本件のように被保護者本人ではなく、その世帯員が収入を得ていた場合には、被保護者が世帯員の収入について認識していたという事実は、世帯員の収入についての申告義務を認識していたことの事実の前提となり、この点も裁判においては争点とされる場合があります（例として、前掲さいたま地裁平成27年５月27日判決)。

なお、神戸地裁平成30年２月９日判決・裁判所ウェブサイトは、上記③申告義務の認識に加え、被保護者による隠蔽の意図といった主観的事情をも考慮要素として挙げていますが、③申告義務の認識があったにもかかわらず、申告をしなかったという事実があれば、「不正な手段」すなわち、消極的に事実を故意に隠蔽したものと評価でき、これらの要件に加えて、隠蔽の意図という主観的事情を独立して取り上げる必要性は乏しく、同裁判例の判断には疑問が残ります。

以上の点をまとめると、次のとおりとなります。

「不実の申請その他不正な手段」（法第78条第１項）

↓

消極的に事実を故意に隠蔽することが含まれる。

＜客観的要件＞
①申告義務の存在
②申告義務の懈怠

＜主観的要件＞
③申告義務の認識
❶収入があったことの認識
❷当該収入の申告義務を負うとの認識

６　本件における検討

本件でＸは、⑴申告義務の認識と⑵Ａのアルバイト収入の認識について争っていることから、これらの点について以下解説します。

⑴　申告義務の認識について

収入申告義務の存在については、生活保護法第61条によって明定されていますが、上記５で述べたとおり、実際の裁判例においては、具体的な収入について申告義務の認識があったか否かが問題とされる場合が多いです。

この点、福祉事務所は、生活保護受給者に対して、通常、生活保護法やその運用について解説した「生活保護のしおり」という冊子を配布しており、本件においても、Ｙ福祉事務所は、Ｘに対し「生活保護のしおり」を交付し、当該しおりには、高校生のアルバイトを含む収入があった場合には、Y福祉事務所に必ず届け出る必要がある旨が記載されています。

しかし、「生活保護のしおり」に当該記載があったとしても、被保護者が当該記載部分を読み、その内容を正確に理解しているとは限らず、「生活保護のしおり」を交付したことをもって直ちに申告義務の認識を認定することは困難です。申告義務の認識があったというためには、ケースワーカーが被保護者に対し、当該収入について申告義務がある旨を説明したという事実が重要です。また、審査請求や裁判の場面においては、具体的事実について証拠に基づいて主張する必要があることから、上記説明に関する事実については、ケース記録等に記載するなどして、証拠化しておくことが重要です。

(2) 収入の事実の認識について

被保護者が、その世帯員であるアルバイト収入について、一般的・抽象的に申告義務があることを理解していたとしても、当該世帯員が被保護者に対しアルバイトの事実を秘匿し、被保護者がアルバイト収入の事実を認識していなかった場合には、当該収入について実施機関に申告をすることは期待できず、当該収入についての申告義務の認識に欠けるものと評価される場合があります。

子ども（高校生）のアルバイトの状況を親がどの程度把握しているかについては、各家庭の環境によって左右される部分が多く、アルバイトの認識状況を厳密に認定することは容易ではありません。しかし、一般的に、子どものアルバイトの状況について親が全く把握をしていないという事態は想定し難く、アルバイトの職種や時間帯や期間、ケースワーカーに対する発言内容等といった間接事実を積み上げて、アルバイトの認識について立証していくことは十分に可能です。

この点、前掲さいたま地裁平成27年5月27日判決は、被保護者がケースワーカーに対し長女がアルバイトの面接に何度か行っていることを話していたこと、被保護者が長女と次女と同居しアルバイトをした日には長女が10時から11時頃、次女が11時頃に帰宅したこと、両者のアルバイトの期間が長期間にわたっていたといった間接事実を積み上げて、最終的に、被保護者が長女と次女のアルバイトについて認識していたことを認定しており、参考になります。

7　最後に

生活保護行政については、生活保護手帳や生活保護問答集において、生活保護法の解釈や運用について細かく規定がなされており、実務においてはこれらの通達に従った処理がなされています。生活保護は、法定受託事務であり、上記通達は地方自治法第245条の９に基づく「よるべき基準」として発出されているものもあり、福祉事務所が当該通達に従った事務を行うことは、いわば当然のことのように思われます。しかし、実際の裁判においては、生活保護法第78条第１項に基づく徴収決定の要件となる事実について、厳しい事実認定が行われる場合があり、同通達に従ったというだけでは勝訴することは困難です。生活保護法第78条第１項の適用に当たっては、上記通達に盲目的に従うのではなく、同法の文言や法意に立ち返って、当該具体的な事案において、必要な事実を吟味するとともに、それを裏付ける証拠を残しておくことが肝要です。

（１）実務上は、実施機関の権限は福祉事務所長に委任されています（生活保護法第19条第４項）。
（２）小山進次郎『改訂増補　生活保護法の解釈と運用（復刻版）』（全国社会福祉協議会、2004）649頁
（３）平成24年７月23日付け社援保初0723第１号厚生労働省社会・援護局保護課長通知
（４）平成25年法律第104号による改正前の生活保護法第78条に基づく費用徴収決定の算定において、勤労就労に係る基礎控除相当額を控除しないことが適法とされた判例として、最高裁平成30年12月18日第三小法廷判決・判自445号69頁。
（５）平成18年３月30日付け社援保発第0330001号厚生労働省社会・援護局保護課長通知

CASE 20

インターネットで見つけた写真等を市ホームページに掲載——著作権と権利制限規定

第１　事例編

事案の概要

市が新しく公会堂を建設し、完成記念の式典を行いました。

新しくできた公会堂は市民に非常に好評で、市のホームページで、完成記念式典の様子を紹介するために、当日の写真と市長の祝辞を掲載したいと考えています。

式典当日、市の職員が公会堂敷地内で撮影した写真の中に、よい写真がなかったことから、市では職員がインターネットで検索して見つけた写真を掲載したいと考えています。

写真は、当日、公会堂を敷地内で撮影したものであり、敷地内には自由に人が出入りしていたので、誰でも自由に撮影できた風景写真です。

また、市長の祝辞では、当市出身の若手詩人Ａの詩をそのまま使用している箇所があります。

所管担当者は、最近、インターネット上で著作権が問題となる話をニュースなどで見かけていたので、法務担当者に相談に来ました。

登場人物

所管担当者

法務担当者

所管担当者からの相談

先日、新しくできた公会堂の前を通ったのですが、立派な施設で、すごく素敵ですね。

利用者の方の評判もすごくいいですね。そこで、市のホームページで、完成記念式典の様子を紹介したいのですが、職員が当日撮った写真には、なかなかよく撮れた写真がなくて……。インターネットで検索したところ、市民の方が撮影したものだと思うのですが、とてもよく撮れた写真が見つかったので、市のホームページに掲載しようと考えているのですが……。

第三者が撮影した写真を、許諾を得ないで市のホームページに掲載するのは著作権の問題がありそうですね。

最近は、著作権が問題になる話をよく聞きますので、気になって相談に来たのですが……。今回の写真は、自由に出入りのできる公会堂の敷地内で撮影された風景写真で、他の市民の方が写っていないものを選んだのですが、この場合も著作権が問題になるのでしょうか？

著作権は、著作物を対象にする権利です。著作物とは、思想又は感情を創作的に表現したものであって、美術等の範囲に属するものをいいます。風景写真でも、創作性などの著作物の要件が認められれば、基本的には撮影者が写真の著作権を有することになります。

　また、最近では、写真に人の顔が写っていたりすると肖像権が問題になると言われたりしますが、肖像権と著作権は別のものです。

では、先ほどの写真のURLを教えますので、創作性などの要件が認められるか教えてください。

ちょっと待ってください。写真の創作性は、裁判でもよく争点になりますが、その判断は非常に難しく、回答するのは難しいです。写真の創作性は、被写体の選択・カメラアングル・シャッターチャンスの捕捉など様々な要素を考慮して判断されます。法務担当者が個別に判断することは難しいですし、最終的な判断は裁判で裁判官が判断するものなので、私が判断してもあまり意味がないとも言えます。

えっ。そうすると、今回の写真は、著作権の対象となるか分からないということですか。では、どうすればいいのでしょうか……。

写真の著作物性は、比較的認められやすい傾向がありますし、市としては、第三者の写真を使用する場合、著作物性があり著作権の対象となることを前提に、第三者の権利を侵害しないように対応するべきだと思います。

写真の著作権を第三者が持っていると、市は、写真を使うことができないのですね。

今回のように、市のホームページに無断で掲載すると著作権者の複製権や公衆送信権という著作権を侵害してしまいかねません。どうしても写真を使いたいのであれば、著作権者と連絡を取って、承諾を得て使うのがいいと思います。写真に著作権があるかどうかはともかく、自分の撮影した写真が無断で使われていたらいい気はしないですからね。

そうですね……。そういえば、式典での市長の祝辞の中で、地元出身の詩人Aの詩を使っている部分があるのですが、事前に承諾を得たということは聞いてないですから、著作権を侵害してしまったということですか……。

その場合は、著作権の侵害にならないと思います。著作権法には、権利制限規定というものがあります。

権利制限規定？

著作権法上、一定の場合、著作権者の権利が制限される場合があるのですが、分かりにくいですね。逆の観点からすれば、一定の場合、著作権者の許諾を得たりせずとも使用できる場合があります。今回の場合のように、無料で行われた式典での祝辞で、Ａの詩を読み上げた場合、著作権法第38条の「営利を目的としない上演等」の場合に該当すると考えられるので、著作権を侵害するということにはならないと考えられます。

なるほど、それはよかった。では、市長の祝辞をホームページに載せても問題ないのですね。

ホームページへの掲載になると、著作権法第38条は適用されませんので、他の権利制限規定の検討が必要になります。考えられる規定としては、著作権法第32条の「引用」があります。市長の祝辞で、Ａの詩が引用として使われていたのであれば、利用することができます。この要件該当性の判断も難しいのですが、一緒に検討してみましょう。

分かりました。検討しましょう。

第２　解説編

１　はじめに

近年、インターネット上での文章、イラストや写真等の利用に関して、著作権の問題が指摘されることが増えてきました。

著作権は、著作権法に規定されている権利で、著作権者が有しています。

第三者が無断で、著作物をコピー（複製）したり、ホームページ上で公開（自動公衆送信）したりすると、著作権者の著作権を侵害してしまう可能性があります。

自治体は、ホームページ、広報誌等で積極的に情報発信をする機会が増えていますので、自治体職員は著作権についての基本的事項を理解しておく必要があります。

著作権の侵害を検討する場合、①著作物性、②著作権者、③著作権の内容、④権利制限規定適用の有無、⑤侵害行為に対する措置等の順序で検討するといいでしょう。

以下では、本事例について検討します。

2　著作物性について

著作物というと、小説や絵画などを想像することが多いと思いますが、文章や絵であれば全て著作権法で保護される著作物というものではありません。では、著作権法で保護される著作物とは、どのようなものでしょうか。

著作権法第２条第１項第１号には、著作物の定義があります。すなわち、著作物とは、「思想又は感情を創作的に表現したものであつて、文芸、学術、美術又は音楽の範囲に属するもの」をいいます。

著作権法上の著作物の要件は、①「思想又は感情」を含むこと、②「表現」されたものであること、③「創作性」があること、④「文芸、学術、美術又は音楽の範囲に属するもの」であることの４つの要件が必要になります。

この著作物性の判断は、対象物ごとに個別に判断していくことになります。

特に、③創作性の判断は、裁判で争点となることも多く、判断が難しくなります。

小説や詩などの文章は、その表現に創作性があるかどうかを判断することになりますが、短い文章で日常的に使用されているありふれた表現には創作性が認められず、著作物にはあたりません。

写真の場合は、被写体の選択・組合せ・配置・構図・カメラアングル・シャッターチャンスの捕捉・被写体と光線の関係・陰影の付け方など様々な要素で表現がされるものですから、創作性の判断もこれらの事情を考慮して判断することになります[(1)]。

自治体の法務担当者にされる相談では、個別の創作性の判断を行うのが難しい場合が生じます。このような場合、自治体としては、第三者の著作権を侵害しないように、創作性が肯定される場合を念頭において対応する方がよいと考えられます。

本事例の場合、実際の対象物（Aの詩、風景写真）ごとに判断せざるを得ませんが、通常であれば詩や風景写真には、著作物性があると考えられます。

なお、最近は、自治体がイベント等での写真を使用する際、イベント参加者の顔等が写りこまないように注意することがありますが、これは一般的に肖像権の観点で論じられており、写真の著作権とは異なる観点です。

3　著作権者について

著作権が原始的に帰属する者は、原則として、著作物を創作した者です。

例外としては、①職務著作（著作権法第15条）、②映画の著作権の帰属（同法第29条）に関する規定があります。また、著作権（支分権）は、財産権なので、譲渡することができます。権利の移転がある場合は、権利者の確認が必要になります。なお、後述の著作人格権は、人格権であり、譲渡することはできませんので、著作権（支分権）と著作人格権が別の者に帰属する場合もあります。

本事例の場合、写真の著作権は写真の撮影をした者に、詩の著作権は詩を作成したＡに帰属していると考えられます。ただし、権利の譲渡がされている場合には他の者が権利を有している可能性があります。

本事例では、著作権者についての情報はないため、正確には特定できません。写真については撮影した者（本事例では写真を掲載しているサイトの掲載者）、詩についてはＡを著作権者として、対応を検討することになると考えられます。

４　著作権の内容について

⑴　著作権（支分権）

著作権法第21条以下には、複製権や上演権等という支分権が規定されています。著作権は、支分権の束と呼ばれることがあります。

例えば、第21条（複製権）は、「著作者は、その著作物を複製する権利を専有する。」と規定しています。著作物をコピー（複製）することができるのは、複製権を有している者だけ（専有）であり、第三者が無断で著作物をコピーすると、複製権を侵害する可能性があります。

このほか、著作権法上、複数の支分権が規定されていますので、問題となっている行為が、どの支分権に関係するのかを検討する必要があります。

本事例の場合、写真や詩を市のホームページで公開する行為がどの支分権に関係するかを検討します。まず、インターネット上で公開するためには、サーバーに写真や詩のデータを複製する必要があります。また、インターネットで公開することは、著作権法上、自動公衆送信といいます。

したがって、本事例の場合、著作権者の複製権（同法第21条）や自動公衆送信権（同法第23条第１項）を侵害してしまう可能性があります。

また、本事例の市長が式典で祝辞の詩を読み上げた行為は、言語の著作物を公に口述したといえるので口述権（同法第24条）の侵害が問題になり得ます。

本事例の場合、権利を侵害しているかどうかについては、後述５の権利制限規定が適用されるかどうかについて検討することになります。

(2) 著作者人格権

著作権法では、前述の（狭義の）著作権のほか、著作者の権利として、著作者人格権が規定されています。

著作者人格権は、著作物でまだ公表されていないもの等を公衆に提供し、又は提示する権利である公表権（著作権法第18条）、著作物の原作品に、又はその著作物の公衆への提供若しくは提示に際し、その実名若しくは変名を著作者名として表示し、又は著作者名を表示しないことができる権利である氏名表示権（同法第19条）、著作物及びその題号の同一性を保持する権利である同一性保持権（同法第20条）が規定されています。

第三者の著作物を使用する状況によっては、著作者人格権を侵害する場合がありますので注意が必要です。本事例では、氏名表示権が問題となり得ます。

５　権利制限規定の適用について

(1) 権利制限規定とは

前述のように、複製権の権利者に無断で著作物をコピー（複製）すると、複製権を侵害する可能性があります。

しかし、例えば、書籍をコピーする場合、著作権者の許諾を得なければ一切コピーができないとすると、権利者の保護が強くなりすぎてしまい社会活動を行う上で弊害が生じます。

そこで、著作権法は、第30条以下に、著作権者の権利を一定の場合に制限する権利制限規定が定められています。

例えば、自治体の職員は、日々の職務を行う際に必要な書籍をコピーし、資料等に利用する場合があります。この場合、職員は、複製権者を探して、複製の承諾を得てからコピーをするようなことは行っていないと思います。

同法第42条では、「著作物は、……行政の目的のために内部資料として必要と認められる場合には、その必要と認められる限度において、複製することができる。ただし、当該著作物の種類及び用途並びにその複製の部数及び態様に照らし著作権者の利益を不当に害することとなる場合は、この限りでない。」と定められています。

自治体の職員が、書籍のコピーを行っても複製権の侵害にならないのは、上記の規定が適用されることによるものです。ただし、同条の要件を満たさないような態様でコピーを行った場合、例えば、内部資料として必要がない職員の分までコピーするなど「必要と認められる限度」を超える部数のコピーを行った場合は、同条が適用されず、複製権を侵害してしまうことになります。

このように、著作権法には、著作権者の権利を一定の場合に制限する規定が定められていますので、これらの規定により、著作物を利用することができるかどうかを検討する必要があります。

権利制限規定は、前述の第42条のほか、図書館等における複製や教育・試験のための利用等、具体的な場合を想定して規定されています。権利制限規定のなかで、比較的広い範囲に適用される規定としては、同法第30条の私的使用のための複製の規定、同法第32条の引用に関する規定が挙げられます。

⑵ 本件事例の検討

本事例では、写真や詩の含まれた祝辞は、市のホームページで公会堂の完成記念式典の様子を紹介するために掲載するものでした。このような利用は、「行政の目的のための内部資料」とはいえないため、著作権法第42条は適用されません。そこで、他の権利制限規定の適用を検討することになります。なお、本事例のように市がホームページに掲載することは、私的な利用ではないので、同法第30条の私的利用の規定は適用されません。

では、同法第32条の引用の規定は、どうでしょうか。引用の要件は、①対象が公表された著作物であること、②引用であること、③公正な慣行に合致すること、④報道、批評、研究その他の引用の目的上正当な範囲内であることです。また、引用に当たるかどうかについては、自己の表現部分と引用されている部分との(a)明瞭区別性と(b)主従関係性が必要であると考えられています(2)。

本事例では、詳細は明らかではありません。まず、詩について、祝辞の中で詩が引用されて批評等がなされているのであれば、他の要件を検討し、同条の引用として著作権の侵害ではないと評価される可能性があります（写真についても同様に評価される可能性があります。）。

これに対して、詩や写真について、単にそのまま使用しているだけで、（その詩や写真に）批評等を加えていない場合、同条の引用には当たらず、著作権の侵害と評価されます。引用の要件を満たすかどうかの点についても、実際の事例での判断が難しくなることが考えられます。

ところで、本事例では、市長が式典で（詩を含む。）式辞を口述した行為はどうのように考えるのでしょうか。同法第38条（営利を目的としない上演等）には、「公表された著作物は、営利を目的とせず、かつ、聴衆又は観衆から料金……を受けない場合には、公に……口述することができる。ただし、……口述を行う者に対し報酬が支払われる場合は、この限りでない。」と規定されています。本事案でもこの要件を満たせば、市長の行為は、著作権の侵害にはならないと考えられます。

⑶　権利者の承諾

前述した権利制限規定の要件を満たす場合、第三者は著作物を利用することができますが、要件に該当しない場合や要件該当性の判断が難しい場合があります。

このような場合の対応としては、権利者の承諾を得て、利用を行うことが考えられます。ただし、利用について対価（利用料）を支払う必要があるかどうかは、権利者との交渉になります。

実際の事案では、最初に、権利者の承諾を得ることを検討することが多いと考えられます。

６　侵害行為に対する措置について

著作権が侵害された場合、著作権者は、その侵害行為の差し止めを請求することができます（著作権法第112条）。

本事例では、著作権が侵害された場合、著作権者は、市のホームページでの掲載を差し止めることができます。

また、著作権が侵害された場合、著作権者は、侵害行為者に対して、損害賠償を請求することができます（民法第709条）。

本事例では、著作権が侵害された場合、著作権者は、市に対して損害賠償を請求することができます。

第３　法務担当者としての視点

前述のように、自治体職員は、行政の目的のために内部資料に著作物を利用することができます（著作権法第42条）。また、同法第13条では、権利の目的とならない著作物として、憲法その他の法令等が挙げられています。

自治体職員は、普段、法令や資料のコピーをすることが多いと思いますが、その際に、著作権法上の規定を意識していることは少ないと思います（意識はしていないのですが、著作権法の権利制限規定等があるため、問題が生じないのです。)。

しかし、今回のようなホームページ上での情報発信等で、他人の制作物を利用する場合、著作権法の観点から検討を必要とする場面が生じます。

また、著作権法は範囲が広いので、事案によって、本事案で解説した事項以外の条文や論点を検討する必要があります。

自治体職員が著作権法全体について理解しておくことは難しいことだとは思いますが、少なくとも、他人の制作物を利用する場合、著作権法の意識を持つことが大切です。

早めに著作権法上の問題に気が付いていれば、自治体は、権利者に連絡をして許諾を得る等の対応ができますので、相談や検討は早めの段階で行うことが大切です。

（1）参考となる裁判例として、知財高裁平成18年３月29日判決・判タ1234号295頁。岡村久道「写真の著作物性〔スメルゲット事件：控訴審〕」『著作権判例百選〔第６版〕』（有斐閣、2019）18頁。

（2）参考となる判例として、最高裁昭和55年３月28日判決・判時967号45頁。清水節「引用⑴-パロディ〔モンタージュ写真事件：上告審〕」前掲注（1）138頁。

CASE 21

所管課の弁護士相談に同伴——相談を効果的に進めるための工夫

自治体の法務担当者は、日々、多様な相談に対応しなければならないと思いますが、時として、自治体の外部に身を置く弁護士の見解を参考にしたいと思うことがあるのではないでしょうか。

言うまでもなく、法律の専門家である弁護士には、幅広い知見や経験に基づく的確な判断を期待することができます。そればかりでなく、法務担当者は行政の内部に身を置いているので、業務の必要性を強く感じ、意識しないながらもリスクを甘く見積もってしまう可能性は否定できません。こうした事態を避けるため、弁護士相談は大変に有用です。そこで、本項では、弁護士相談を効果的に行うために気を付けたいことを取り上げたいと思います。

第１　事例編（１）

事案の概要

Ａ市の公有財産の処分を所管する課（以下「所管課」といいます。）の担当者から弁護士相談に同伴してほしいという依頼がありました。そこで、配属されて３か月の法務担当者（以下「後輩職員」といいます。）が事前に弁護士相談のための資料を確認していましたが、困っている様子です。先輩職員がそれに気付いて声を掛けました。

登場人物

後輩職員

先輩職員

どうしましたか。ずいぶんと困った顔をしていますよ。

弁護士相談のための資料を確認していたのですが、何がなんだかよく分からなくて……。

見せてもらえますか。（資料に目を通してから）うーん、確かに、これでは何を相談したいのかが分かりませんね。

市が所有している普通財産の土地（以下「本件土地」といいます。）を公募によって売却するに当たって、そこに残置されている防球フェンスのことで相談したいようなのですが、資料の記載が不十分で困っていたところです。

資料によれば、防球フェンスを設置したのは、町内会とのことです。Ａ市と町内会の間で本件土地の貸付けについての協定が結ばれ、防球フェンスの設置や撤去についても、この中に定められているようですが、協定書の内容が資料にほとんど記載されておらず、写しも添付されていません。

加えて、資料には、グラウンドの管理を行っているグラウンド運営委員会についての言及があり、町内会とグラウンド運営委員会の間で防球フェンスの撤去費用をめぐって対立があると記載されていますが、グラウンド運営委員会がどのような組織であり、町内会とグラウンド運営委員会がどのような関係なのかもよく分かりません。

実際、この資料だけでは、事実関係が把握できませんから、弁護士も事前準備ができないでしょう。相談の場では、逆に弁護士から質問を受けるだけで予定の時間の大半は過ぎてしまうかもしれませんね。

そうなんですよ。何とかしなければならないのですが、所管課にどのようにアドバイスをしたものかと考えていたところです。事実の記載が足りないと伝えても、具体的に何

が足りないかをうまく伝えられないのです。

そうすると、例えば、今回は、町内会が設置した防球フェンスが残されていることが問題になっているようですから、その事実について、５Ｗ１Ｈで整理し、伝えるべきことが足りているか否かを検討してもらうのはどうでしょう。

第２　解説編（１）　伝えるべき事実

弁護士相談に当たって、何よりも大切なのは、事実をしっかりと伝えることです。事実が法的判断の前提になるからです。そうしないと、弁護士が適切なアドバイスをすることができず、最悪の場合、誤った判断が示されるおそれがあります。

そうは言うものの、事実と法的判断は表裏一体の関係にあるので、必要な事実に漏れがないかどうかをあらかじめ正確に把握することが難しいのも確かです。

そこで、必要な事実が足りているかを確かめるため、５Ｗ１Ｈでチェックすることが考えられます。事例を用いて、実際に見てみることにしたいと思います。

第３　事例編（２）

所管課に確認して協定書の写しを入手しました。防球フェンスを設置し撤去することになっているのは、町内会です。

「誰が」の確認をしたのですね。

はい。協定書によれば、市が利用することになるまでという期限を付して、本件土地を町内会に無償で貸付けすることになっています。使用目的は地域住民の運動場とされて

おり、これに伴い、町内会は、市の了承を得て、スポーツに必要な施設を設置することができるとされています。施設の管理や撤去についても、町内会が行うとされ、これに基づき、町内会が防球フェンスを設置したとのことです。

　次に「いつ」かを確認しました。防球フェンスが設置された時期が分からなかったので、所管課に尋ねてみたところ、防球フェンスを設置するに当たって提出された届出書があり、その中に設置時期が記載されていました。ここにも、撤去は町内会が行うと明記されていますね。

届出書も保存されていたのですか。

ええ、所管課は当たり前のことだと思い、弁護士に示す必要はないと考えていたようです。

所管課が当然の前提だと思い込んで、必要な資料が提供されないことはよくありますね。ところで、問題となっている防球フェンスはどのようなものなのでしょうか。

「どこで」ということについて言うと、本件土地の北側に設置されているものであり、「何を」ということについては、届出書に防球フェンスの図面が添付されています。高さは５メートルで全長100メートルのようです。地中に埋められたコンクリートの基礎で支えられています。

本件土地に付合していること（民法第242条）がないのかも気になりますね。この点は、弁護士に尋ねてみる必要があるかもしれません。それにしても、撤去は簡単ではないようです。「どのように」撤去をするかを教えてもらいましたか。

あ、忘れていました。

これによって、撤去のための日数や撤去費用も分かりますから、確認が必要でしょうね。

　分からないのは、協定書と届出書で明確に撤去するものとされているのに、「なぜ」町内会は撤去を拒んでいるのかということですね。

そこは詳しく聞きました。本件土地は住民が運動場として利用していたようなのですが、主たる利用グループの代表者が集まって、グラウンド運営委員会として予約等の利用調整を行っていたとのことです。町内会は、グラウンド運営委員会に防球フェンスを含む施設の維持管理を委ねていたとのことで、防球フェンスの修繕等もグラウンド運営委員会が行い、その費用も負担していたようです。

　今回の撤去について、グラウンド運営委員会が費用を出すべきだというのが町内会の考えとのことですが、グラウンド運営委員会はこれに応じていないというのが問題の発端です。

なるほど。そういうことだったのですね。

　５Ｗ１Ｈというと、あまりに基本的な事項なので、当たり前のように思われるかもしれません。しかし、所管課の担当者にとって当たり前のことでも、相談を受ける弁護士にとっては、事案そのものが初耳であることから、５Ｗ１Ｈをしっかりと伝えることが相談の出発点になるように思われます。それに加えて、事例で見たように、５Ｗ１Ｈを確認していく過程の中で、新たな事実や資料が見つかるというメリットもあります。

　さらに、弁護士がインタビューをする際には「誰が、誰と、なぜ、いつ、どこで、誰に対し、どのような方法で、何をしたか」を確認するように勧める本もありますから(注)、相談の際には、弁護士もまた５Ｗ１Ｈを聞くことを期待していると考えるのがよさそうです。

この際、事実をできる限り具体的に拾い上げるように努めたいところです。

防球フェンスが本件土地のどこにどのように設置されているのか、撤去費用はどのくらいで、それにはどのくらいの日数が掛かるのかといった、担当者からすると、法的な判断に関わらないように思えることであっても、法的判断を左右する可能性があります。

実際、撤去工事の難易やそれに必要な日数は、町内会の代わりに、Ａ市が撤去を行わなければならないことになった場合、訴訟を提起すべきなのか、それとも、断行の仮処分（民事保全法第23条）といった緊急の法的手段を採るべきなのかといった法的判断に関わる事実です。

このように、全ての事実を示すことはできないにせよ、５Ｗ１Ｈに関わる事実はできるだけ具体的にピックアップすることが望まれるところです。

第４　解説編（２）　どのように伝えるか？

事実を整理した後、弁護士に伝わるようにまとめていくことになります。一概に言うことはできませんが、この際、１つの方法として、当事者の説明をした後、事実を時系列に従って示していくことが考えられます。訴状でも、当事者の説明をした上で事実を時系列で示していく例がよく見られますので、このスタイルでまとめると、弁護士にとっては比較的読みやすいものになるように思われます。

本件をみると、まず、当事者の説明として、町内会とグラウンド運営委員会の説明をすることが考えられます。これらは、権能なき社団だと思われますので、規約等の内容を踏まえながら、団体の目的や財産管理はどのように行われているのか等の事情を示すことが求められるでしょう。

また、事例からは離れますが、法人の場合には、商業登記簿に記載されている主要な内容や代表者に係る事情は最低でも示すべきであると思われます。

次に、本件土地が町内会に貸与された以降の事情について、時系列に従って示していくことになります。注意したいのは、「いつ」を明確に示すことです。ある事実が先にあるか後にあるかに応じて、法的判断が異なってくる可能性があります。

例えば、本件において、本件土地の売買価格の評価の妥当性も相談したいということであれば、評価の前提になった事実が何であるかは大きな問題になります。「いつ」が不明確であると、評価の対象にならない事情が評価されたかのような誤解を生じさせるおそれがあるからです。

弁護士が事実を誤認することを避けるため、事実をまとめて示すのではなく、年月日やナンバリングを行い、それぞれの事実を区別して示す工夫が必要になります。

第5　事例編（3）

所管課が作り直した資料を読んでみましたが、随分と分かりやすくなりましたね。

そうですね。前回は、事実がまとめて記載されており先後が明確に区別できないような作りになっていましたが、今回は、年月日ごとに分けて記載されているので、状況が明確になりました。

ところで、添付すべき資料なのですが、所管課の担当者からは、事実を細かく説明しているのだから、協定書等の写しを逐一添付する必要はないのではないかと言われました。

取捨選択は必要ですが、我々が見落としている事実が隠れているかもしれませんので、できる限り、実物の写しを添付したほうがいいでしょう。それだけでなく、本件土地の貸付けの根拠となる公有財産規則や要綱、さらに、文書の保管期間が過ぎていないようであれば、その意思決定を行った起案の写しも添付したほうがよいと思います。

第6　解説編（3）　どのような資料が必要か？

事実を示すには、それを裏付ける資料を添付する必要があります。証拠になるというだけではなく、そこに担当者が見落としている事実があるかもしれませんし、例えば、協定書の文言等について、弁護士が新たな解釈や評価を示すかもしれません。弁護士にできる限り資料を提供することは、担当者が想定しなかった事実に気付く契機になります。

忘れてはならないのは、根拠となる法令、例規、要綱等です。これらは、当該事案を判断するための基準になるばかりでなく、前提となる制度や仕組みの理解をするための欠かせない道具になります。

また、弁護士といえども、全ての行政分野に詳細な知識を持ち合わせているわけではないので、法令解釈に必要な資料、具体的には、関係法令の抜粋、逐条解説等の参考文献、類似の事案が問題となった裁判例も添付したいところです。

さらに、事案によっては、事業全体の概要を示す資料も必要になるかもしれません。事業の目的・趣旨や事業計画の全体像は、弁護士が行政上の必要性を理解する手助けになりますから、これを伝えるかどうかによって、利益衡量等の判断に違いが生じる可能性があります。

加えて、図面や写真があれば、限られた時間で事業の具体的なイメージを伝えるのに役立つことになりますから、これらも添付することが望ましいでしょう。

第7　事例編（4）

事実の整理が終わりました。それにしても、事実を整理する前に弁護士に相談したいことを明確にしたほうがいいのではないかと思ったのですが、この点はどうですか。

確かに、相談したいことが明確であれば、これに基づき、いかなる事実を示すかの取捨選択ができますから、できるのであれば、最初に相談したいことを明確にし、これに必要な事実だけをピックアップして、事実の概要をまとめるという順序のほうが望ましいということになるでしょう。

　ただ、実際にはどうでしたか？

そうですね。最初に送られてきた資料では、何を質問したいのかよく分からない状況でした。事実を整理してもらった結果、Ａ市は、町内会の代わりに防球フェンスの撤去を行いたいと思っているが、これを行うことができるかを質問したいということが見えてきました。

これまでの経験からすると、事実の整理がしっかりとできていないと、何が問題であるかが見えてこないため、質問も大雑把で曖昧なものになってしまう傾向がありました。このため、まず、事実を整理することをお勧めしています。もし余裕があるのであれば、事実を整理し、相談事項を検討し、その後にもう一度、事実を整理するというプロセスをとってもよいでしょう。

そうすると、これで弁護士相談に行けそうですね。

いや、質問したいことが漠然としていて、これでは、弁護士は困ってしまうのではないでしょうか。

え、そうですか？

第８　解説編（４）　質問内容の検討

弁護士相談に当たって、尋ねたいことはあるものの、気付かないうちに漠然とした質問になってしまうことがあります。

本件でいえば、所管課は、「Ａ市が町内会の代わりに防球フェンスの撤去を行うことができるか」を尋ねたいということであり、担当者としては、これで充分と考えるかもしれません。

しかし、弁護士からすると、この質問だけでは、「Ａ市が防球フェンスを撤去するに当たって、防球フェンスの所有権が問題になるが、防球フェンスは、協定書の規定や民法等からすると、誰のものなのか」（質問Ａ）なのか、それとも、「本件土地の買主に引き渡す期限までに、Ａ市が防球フェンスを撤去するための法的手段はどのようなものがあるのか」（質問Ｂ）なのかといった具合に幾つもの質問が想起されてしまい、どう答えたものかと戸惑ってしまうように思われます。

もちろん、資料は資料ですから、相談の場において、弁護士の質問に受け答えをしながら、何を聞きたいかが徐々に明らかになっていくことはありますし、これを否定するものでもありません。

しかし、相談の場で考え込んでしまい、相談にならないということはともかく避けなければなりませんし、事前に何を聞きたいかがはっきりしているほうが事がうまく運ぶのは言うまでもありません。

このため、質問はできるだけ具体的で限定したものにする必要がありますが、実際には、質問が漠然としたものになっていることに自分で気付かないことがあります。

そこで、少なくとも、作成した質問を見直し、①法令や契約書等の解釈や評価等といった法解釈に関わるものなのか、②事実の法的な評価や事実の法令等に対する当てはめに関わるものなのか、それとも、③法令等や事実を前提として、将来想定されるリスク等の法的な効果に関わるものなのかといった視点から、質問を事前にチェックすることは有効であるように思われます。

例えば、本事例では、所管課は「A市が町内会の代わりに防球フェンスの撤去を行うことができるか」という質問を考えているようですが、これでは①～③のいずれに関わるものなのかがよく分かりません。そうであるならば、質問をもう少し具体的に限定する必要があるということになります。逆に、質問Aや質問Bのように、防球フェンスの所有権の所在や撤去のために採ることができる法的措置は、②事実の法的評価や当てはめを問うものですから、何を尋ねたいかは限定され具体的なものになっていると考えてもよいでしょう。

最後に付け加えると、①～③は、法的三段論法の大前提、小前提、結論におおむね対応するものと考えることもできるので、弁護士相談をする際、相談内容は、①～③のいずれかに関わるものになることが多いように思われます。

したがって、何となく心配でありもやもやしているけれど、自分が何を尋ねてよいのか整理できず、さらに、もやもやが募るときには、心配しているのが、法令等の解釈に関わるものなのか、事実の法的な評価や当てはめに関わるものなのか、それとも、法的な効果に関わるものなのかと自問し、心配を具体的な質問に変えていくプロセスも有効であるように思われます。

（注）田中豊『法律文書作成の基本（第1版）』（日本評論社、2011）96頁

●編著者プロフィール

筑波大学ロースクール自治体法務研究会

法曹資格を有する首都圏の自治体職員ら（司法試験合格後司法修習未修了の者も含む。）で構成された自主勉強会。筑波大学法科大学院内において、各自治体で起こった事例などを定期的に持ち寄り、争点整理、各自治体の制度運用等の情報交換、法務担当職員としてどのような法的アプローチが可能かなどの検証を行っている。

●執筆者一覧（50音順）

榎本　洋一

（東京都総務局総務部法務課訟務担当課長）… CASE12、CASE18、CASE19

大里　和巳

（横浜市都市整備局IR推進部IR推進課課長補佐）… CASE7、CASE8、CASE17

岡田　太一郎

（横浜市総務局総務部法制課訴訟支援担当係長）… CASE6、CASE9、CASE15、CASE21

加登屋　毅

（東京都総務局総務部法務課訟務担当課長）… CASE5、CASE10、CASE13

木村　竜男

（千葉県総務部審査情報課行政不服審理室副主幹）… CASE11

幸田　宏

（さいたま市総務局総務部法務・コンプライアンス課副参事）… CASE2、CASE3

平野　正也

（弁護士、川越市総務部総務課法務監）… CASE14、CASE16

森　修一郎

（弁護士、元所沢市総務部文書行政課）… CASE1、CASE20

山田　智

（文京区総務部副参事（法務担当））… CASE4

（令和３年６月15日現在）

現場の「困った」に法務のプロが答える

自治体法的トラブル解決のポイント

令和３年７月30日　第１刷発行

編　著　筑波大学ロースクール自治体法務研究会

発　行　株式会社 ぎょうせい

〒136-8575　東京都江東区新木場1-18-11
URL：https://gyosei.jp

フリーコール　0120-953-431
ぎょうせい　お問い合わせ　検索　https://gyosei.jp/inquiry/

〈検印省略〉

印刷　ぎょうせいデジタル株式会社

ISBN978-4-324-10981-6
(5108703-00-000)
〔略号：困った解決〕

作文から学ぶ
中国語

下

郭 春貴・郭 久美子 著

白帝社

まえがき

大学の中国語授業の前期終了後、それまで習った文法ポイントを復習しないと、忘れてしまい、後期の授業についていけなくなるとよく耳にします。また、授業中は時間がないので、習った文法の総合的な応用練習ができず、なかなか定着しないので、何かサブ教材があったらという声も聞きます。

習った文法ポイントを定着させるのに、作文の練習をたくさんすることは効果的な方法だと思います。テキストにある各課の練習問題は、その課で習った単語や文法ポイントだけで何とかできますが、他の課で学習した文法ポイントを加えて応用させると、意外とできないことに気が付きました。それは応用練習の時間が十分ではないからだと思います。

そこで、授業外でも使える応用練習用の作文のサブ教材があれば、役に立つのではないかと私達は考えました。作文をしながら、基本的な構造を理解して、使いこなせるようになるのではないか。

この『作文から学ぶ中国語』は、まさにこのような願いから作りました。以下のような使い方があると思います。

1．**夏休みや冬休みの宿題**：夏休みや冬休みに、復習用の宿題として使えます。習った文法ポイントの応用練習と同時に、知らない単語を辞書で調べるというのも大事な訓練だと思います。

2．**オンライン授業のサブ教材**：オンラインでは教師から学生へ一方的な授業になりがちですが、本書を課題として使ったり、クラス全体で共有したり、個々の指導に使用すれば、相互的な授業ができると思います。

3．**中級の作文授業用テキスト**：本書は中級クラスの作文授業のテキストとして使えます。1回1～2課で復習しながら、難しい虚詞、補語などを学べます。学生はあらかじめ家で辞書を使って練習問題を解き、授業中に答えを発表させたり、学生同士で答えあわせをさせます。教員は必要な所だけ解説すればよいと思います。

4．**自習用の練習問題集**：学校の授業以外に自分で勉強する時に、復習として文法ポイントと単語の定着に大変役に立つと思います。習っていない単語を辞書で調べることも勉強になります。

5．**独学用の参考書**：独学する時は疑問があっても、解決するのが難しいこともありますが、本書は文法について細かく説明していますので、その疑問に答えることができると思います。巻末に解答例がありますが、最初から見るのではなく、まず自分でやってみてから解答例でチェックしてください。さらに、解答例を日本語や中国語に訳し直してみてください。

各課の構成は２つです。

1．**解説**：１課に１つの文法ポイントです。まず簡潔に説明して、その後に各用法を項目に分けて解説し、例文をあげます。

2．**練習**：４種類の練習問題を設け、理解と基礎の定着を図ります。

①中国語⇒日本語：まず中国語文に慣れるために、中文日訳の問題に取り組みます。

②ピンイン⇒中国語と日本語：初級、中級の段階では、ピンインの読み方と書き方が大変重要です。ピンインを読みながら中文日訳を練習することも大切です。①と合わせて全10問の中文日訳の問題です。

③日本語⇒中国語：中国語文に慣れた後に、日本語から中国語に訳す練習をします。

④誤文を直す問題：日本人が間違いやすい文を直しながら、正しい用法を定着させます。

⑤練習問題にチャレンジした後、巻末の解答例で答えを確認できます。大学でサブ教材として使う時は、学生に「なるべく見ないように」と指示していただければと思います。教員が解答を添削したりする手間を省くことができると思います。

本書は初心者向けの文法書ではなく、少なくとも半年以上学習した人

（大学の前期授業修了程度）を対象としたサブ教材、宿題・自習用の練習問題集、独学用の参考書です。各課の文法ポイントは難易度により配置しましたが、例文や練習問題は復習と発展学習のために、他の課で学習した文法ポイントも入れています。例えば第 79 課の「“为了”と“为”」に“为了学好汉语”のように“学好”（第 100 課）を入れています。第 80 課“把”に“他没把你的手机弄坏啊”のように“弄坏”（第 104 課）を入れています。

また、できるだけ基本語彙を使っていますが、新しい単語も加えました。例えば、“微信”（WeChat）、“高铁”（中国の新幹線）、“支付宝”（アリペイ）などです。学習者には辞書やインターネットで調べてもらいたいと思います。

最後に、本書の編集にあたって、白帝社の小原恵子さんと十時真紀さんに多大な応援と協力をいただき、心より感謝いたします。また、多くの先生方からの貴重なアドバイスに厚く御礼申し上げます。今後も、皆様からのご意見、ご教示を賜りたく存じます。ありがとうございます!!

2022 年 8 月 30 日

郭春貴・郭久美子

目　次

まえがき　i

10　介詞

第72課　“跟”　3
第73課　“对”と“对于”　7
第74課　“对于”と“关于”　11
第75課　“从”　16
第76課　“离”　20
第77課　“向”　23
第78課　“往”　27
第79課　“为了”と“为”　30
第80課　“把”　34
第81課　“被”　38
第82課　受け身の“让”、“叫”　42
第83課　使役の“让”　46
第84課　使役の“叫”　50

11　接続詞

第85課　“因为…所以～”　57
第86課　“虽然…可是～”　61
第87課　“要是…就～”　65
第88課　“即使…也～”　68
第89課　“尽管…可是～”　72
第90課　“不管…都／也～”　76

第 91 課　“既然…，就／也／还～”　79
第 92 課　“只要…就～”　83
第 93 課　“只有…才～”　86
第 94 課　“要不然”、“要不”、“不然”　89
第 95 課　“不但…，而且／还／也～”　92

12　補語

第 96 課　単純方向補語「動詞＋“来／去”」　97
第 97 課　複合方向補語「動詞＋方向動詞＋“来／去”」　101
第 98 課　結果補語になる動詞　106
第 99 課　結果補語になる形容詞　109
第 100 課　動詞＋“完／好”　112
第 101 課　動詞＋“在／到”　115
第 102 課　動詞＋“见／懂／明白”　119
第 103 課　動詞＋“住／走／开／给”　122
第 104 課　動詞＋“倒／伤／死／坏”　126
第 105 課　動詞＋“上／下”　130
第 106 課　動詞＋“上来／下来”　134
第 107 課　動詞＋“上去／下去”　138
第 108 課　動詞＋“出来／过来”　143
第 109 課　動詞＋“起来”　147
第 110 課　可能補語　151
第 111 課　動詞＋“得／不”＋“出来”　154
第 112 課　動詞＋“得／不”＋“起”　158
第 113 課　動詞＋“得／不”＋“了 liǎo”　161
第 114 課　状態補語　164

第 115 課　程度補語「形容詞／感情動詞＋“极了／死了／透了”」　168
第 116 課　形容詞／感情動詞＋“得”＋“要命／要死／不得了”　172
第 117 課　形容詞／感情動詞＋“得”＋“很／慌／不行”　176

13　常用文型

第 118 課　A“比”B＋形容詞／感情動詞　183
第 119 課　“比起”A，B…　187
第 120 課　A＋“跟”＋B＋“一样”　191
第 121 課　“是…的”　195
第 122 課　“坐／骑／开…来／去／回”　199
第 123 課　“用”＋道具、方法など＋動詞（＋目的語）　202
第 124 課　主語＋“帮”＋対象　206
第 125 課　“不是…，就是～”　209
第 126 課　“一…，就～”　213
第 127 課　“越来越…”　217
第 128 課　“越”＋形容詞＋“越”　220
第 129 課　“越”＋動詞＋“越”＋形容詞／動詞　223
第 130 課　疑問代詞＋“都”　226
第 131 課　疑問詞の連鎖複文“什么…，什么～”　231
第 132 課　“除了…，都／没／不／还～”　235
第 133 課　“一点儿”＋“都／也”＋“不／没”＋動詞／形容詞　239
第 134 課　“连…都～”　243

解答例　249
参考文献　307

『作文から学ぶ中国語』学習連絡ノートについて

本書の誤植の訂正や解説の補足を、白帝社ホームページ上の「『作文から学ぶ中国語』学習連絡ノート」でお知らせしています。「白帝社　作文から学ぶ中国語」で検索、または下記サイトにアクセスしてご活用ください。

https://www.hakuteisha.co.jp/news/n49083.html

スマートフォンからアクセスする場合は、QR コードを読み取ってください。

10

介詞

第72課

“跟”

介詞（前置詞）“跟 gēn”は動詞「後について従う」から変化して、①一緒に動作する対象を示す、②動作の相手を示す、③関係を表す、④比較の対象を示す、という4つの用法があります。「“跟”+対象」は主語の後ろ、動詞の前に置きます。否定詞は“跟”の前に置きます。“不”だけは動詞の前に置くこともあります。

1　A＋“跟”＋B（＋“一起”）＋動詞：AはBと一緒に…する

動詞の前によく“一起”を使います。否定詞は“跟”の前に置きます。

① 明天我跟姐一起去，我不跟妈去。
Míngtiān wǒ gēn jiě yìqǐ qù, wǒ bù gēn mā qù.
（明日姉と一緒に行き、母とは行かない）

② 昨天我跟田中一起吃午饭的，没跟我同事吃。
Zuótiān wǒ gēn Tiánzhōng yìqǐ chī wǔfàn de, méi gēn wǒ tóngshì chī.
（昨日田中さんと一緒に昼食を食べ、同僚とではなかった）

2　A＋“跟”＋B＋動詞：動作の相手を示す

2.1　対面動作の相手を示す：AはBと…する

③ 你跟他商量吧。Nǐ gēn tā shāngliang ba.（彼と相談してください）

④ 我跟大家谈谈。Wǒ gēn dàjiā tántan.（みんなとちょっと話してみます）

2.2 非対面動作の相手を示す：A は B に…する、A は B について…する

⑤ 这本书你跟谁借的？ Zhèi běn shū nǐ gēn shéi jiè de?
（この本は誰に借りたの？）

⑥ 我（是）跟大山老师学习日语的。
Wǒ (shì) gēn Dàshān lǎoshī xuéxí Rìyǔ de.
（私は大山先生について日本語を習っているのです）

3 A＋"跟"＋B＋"有／没(有)关系"：A は B と関係がある A＋"跟"＋B＋"的关系"＋副詞＋形容詞：A と B の関係は…である

⑦ 这件事跟你有关系，跟他们没关系。
Zhèi jiàn shì gēn nǐ yǒu guānxi, gēn tāmen méi guānxi.
（このことはあなたとは関係があるが、彼らとは関係がない）

⑧ 日本跟中国的关系很密切。Rìběn gēn Zhōngguó de guānxi hěn mìqiè.
（日本と中国の関係は密接である）

4 A＋"跟"＋B＋"(不)一样"(＋形容詞)：A は B と同じ／違う（第 120 課参照）

⑨ 你的水平跟他不一样，我跟他差不多。
Nǐ de shuǐpíng gēn tā bù yíyàng, wǒ gēn tā chàbuduō.
（あなたのレベルは彼と同じではない。私は彼と同じくらいだ）

⑩ 北京的夏天跟上海一样热吗？
Běijīng de xiàtiān gēn Shànghǎi yíyàng rè ma?
（北京の夏は上海と同じくらい暑いですか）

練　習

1．次の中国語を日本語に訳してください。

① 她的处理方法跟你的处理方法不一样。

② 日本跟中国好好儿合作，一定能双赢。

③ 我不想跟他们一起去英国旅游。

④ 他们都是跟郭老师学习汉语的。

⑤ 这件事跟你没关系，你别管。

2．次のピンインを中国語に直し、日本語に訳してください。

① Zuótiān Shānzhōng gēn shéi yìqǐ qù hē jiǔ le?

② Qù Zhōngguó liúxué de shì nǐ gēn nǐ bàba shāngliang le ma?

③ Qǐng nǐ gēn Tiánzhōng liánxì yíxià hǎo ma?

④ Shàngtián de àihào gēn nǐ de yíyàng, xǐhuan kàn diànyǐng.

⑤ Zuìjìn Zhōngguó gēn Měiguó de guānxi zěnmeyàng le?

3．次の日本語を中国語に訳してください。

① 彼の中国語は山根さんと同じく上手だ。

② あなたは彼と比較することはできない。

③ 健康はその人の気持ちと大きな関係があると思う。

④ 彼は先週ガールフレンドと別れて、今落ち込んでいる。

⑤ 李康さんはみんなとの関係がとてもよい。みんなは彼のことが好きだ。

4．次の誤文を正しく直してください。

① このことはみんなと話してみてください。

＊这件事，你对大家说说吧。

② 昨日彼から100円借りた。

＊昨天我从他借一百日元了。

③ 教育は経済の発展ととても関係がある。

＊教育是经济发展很有关系。

④ 彼はよく私をからかう。

＊他常常对我开玩笑。

⑤ 彼はよく中国人と交流する。

＊他常常交流中国人。

第73課

“对”と“对于”

介詞“对 duì”は①対象に向かっての動作を示す「…に向かって」“他对我笑了”(彼は私に笑った)、②対象に対する態度、関係を示す「…に対して」“他对我很好”(彼は私によくしてくれる)、③対処する方法、意見を示す「…に対して、…について」“他对这个问题怎么处理？”(彼はこの問題をどう処理しますか)、④対象ではなくある人の立場からの考え方を示す「…にとって」“对他来说，很容易”(彼にとってはやさしい）という意味があります。“对于 duìyú”は“对”の③④の用法しかありません。

①②は主語の後に「“对”＋対象」を置きますが、③は「“对／对于”＋対象」を主語の前後どちらにも置けます。④は「“对／对于”＋人＋“来说”」という文型を使います。“对于”は書面語でよく使われます

1　A＋“对”＋B＋動作：AはBに向かって…する

対象に向かってする動作を表します。一緒にする動作（“商量”“讨论”など）は“跟”を使います。“问”“教”などの動詞は、二重目的語をとる動詞なので使えません。

① 校长对你说什么了？ Xiàozhǎng duì nǐ shuō shénme le?
(校長先生はあなたに何を話しましたか)

② 老师只对我们笑笑，什么也没说。
Lǎoshī zhǐ duì wǒmen xiàoxiao, shénme yě méi shuō.
(先生はただ私達にちょっと笑うだけで、何も言わなかった)

2　A＋“对”＋B＋形容詞句／「“有”形容詞」：AはBに対して…

対象に対する態度、興味、結果、影響を表します。「A＋“对”＋B」の後は形容詞や形容詞句だけです。

③ 他对我们很热情。Tā duì wǒmen hěn rèqíng.

（彼は私達にとても親切です）

④ 散步对身体很好。Sànbù duì shēntǐ hěn hǎo.（散歩は体によい）

⑤ 我妈妈对我影响很大。Wǒ māma duì wǒ yǐngxiǎng hěn dà.

（母が私に与える影響は大きい）

⑥ 他对数学没有兴趣，对历史很有兴趣。

Tā duì shùxué méiyǒu xìngqù, duì lìshǐ hěn yǒu xìngqù.

（彼は数学に興味はなく、歴史に大変興味がある）

3 A＋“对／对于”＋B＋動詞句（対処する方法／意見）：AはBについて…
“对／对于”＋A, B＋動詞句（対処する方法／意見）：AはBについて…

対象についての対処方法と意見を表します。「A＋“对／对于”＋B」の後は動詞句だけです。“对”も“对于”も使えます。

⑦ 我对（／对于）这个问题不想回答。

Wǒ duì (/duìyú) zhèige wèntí bù xiǎng huídá.

（この問題について、答えたくない）

⑧ 对（／对于）这件事你最好别发表意见。

Duì (/Duìyú) zhèi jiàn shì nǐ zuì hǎo bié fābiǎo yìjiàn.

（このことについて、なるべく発言をしないほうがいい）

4 “对／对于”＋A＋“来说”：Aにとって…

人の立場からの考え方を表します。“来说”は省略できますが、会話では省略しないことが多いです。

⑨ 对他（来说），汉语很容易。Duì tā (lái shuō), Hànyǔ hěn róngyì.

（彼にとって、中国語はとても易しい）

⑩ 对日本（来说），中国也很重要。
Duì Rìběn (lái shuō), Zhōngguó yě hěn zhòngyào.
（日本にとって、中国もとても大切です）

5 “对”と“跟”の違い

“对”はAからBに対して一方的な動作、“跟”はAとBが双方向でする動作です。

⑪ 你应该对老师说谢谢。Nǐ yīnggāi duì lǎoshī shuō xièxie.
（あなたは先生にお礼を言わなければなりません）

⑫ 你跟他商量。Nǐ gēn tā shāngliang.（あなたは彼と相談して）

練　習

1．次の中国語を日本語に訳してください。

① 她对我点了点头，笑了一笑。
② 我们对那件事都很担心，你不担心吗？
③ 中国文化对日本社会影响大吗？
④ 老师对你们说的对你们将来有好处。
⑤ 对（／对于）李健来说，汉语当然不难。

2．次のピンインを中国語に直し、日本語に訳してください。

① Nǐ duì zhèi jiàn shì yǒu shénme kànfǎ?

② Duì liúxuéshēng lái shuō, dǎgōng yě hěn zhòngyào.

③ Xiǎodǎo duì Zhōngguó wénhuà fēicháng liǎojiě.

④ Zhèi cì yìqíng duì shìjiè jīngjì dǎjī hěn dà.

⑤ Nǐmen yào duì zìjǐ yǒu xìnxīn.

3．次の日本語を中国語に訳してください。

① 彼は政治経済に全然興味がない。

② その国のマスコミは中国に対して偏見がある。

③ 気持ちは健康にすごく影響があると思います。

④ 王先生は学生の生活にもとても心を配っている。

⑤ この事件について、警察はまだ調査中です。

4．次の誤文を正しく直してください。

① 彼女は甘い物に目がないです。

＊她对甜的东西很喜欢吃。

② 私達はよく李先生に質問をする。

＊我们常常对李老师问问题。

③ 日本の人口についてどう思いますか。

＊对日本的人口怎么想?

④ 彼は私達にちょっとうなずいて、すぐ行ってしまいました。

＊他对于我们点点头就走了。

⑤ 彼はあの問題について研究している。

＊他对那个问题研究。

第74課

“对于”と“关于”

“对于 duìyú”(…に対して、…について、…にとって）は“对”の「対処する方法や意見と、ある人の立場からの考え方を示す用法」と同じで、“对”と置き換えられます（第73課参照)。主語の前後どちらにも置けます。“关于 guānyú”(…に関して、…について）は人や物事に関係があることを示し、範囲は“对于”より広く、主語の前にしか置けません。“关于这件事我不知道”は言えますが、“我关于这件事不知道”は言えません。動詞の後の目的語なら言えます。“他喜欢谈关于他成功的事”(彼は自分の成功のことについて話すのが好きだ)。“对于”の「…にとって」という用法がありません。

1 “对于”は使えるが、“关于”は使えない場合

1.1 ある特定の1つの対象(人や物事)に対する態度や感情を表す場合：…に対して、…について

① 对于他，我没有意见。Duìyú tā, wǒ méiyǒu yìjiàn.
(彼に対して、私は意見はない)
＊关于他，我没有意见。

② 对于那件事，她很难受。Duìyú nèi jiàn shì,tā hěn nánshòu.
(あの件については彼女はとても辛い)
＊关于那件事，她很难受。

1.2 ある人の立場からの見方、考え方を表す場合：…にとって

“对于…来说”という文型で表し、書面語では“来说”を省略できますが、会話では省略しないことが多いです。“关于…来说”という言い方はありません。

③ 对于年轻人（来说），这件事影响不大。

Duìyú niánqīngrén (lái shuō), zhèi jiàn shì yǐngxiǎng bú dà.

（若い人にとっては、この件は影響が大きくない）

＊关于年轻人来说，这件事影响不大。

④ 这次决定对于双方（来说），都有好处。

Zhèi cì juédìng duìyú shuāngfāng (lái shuō), dōu yǒu hǎochù.

（今回の決定は双方にとって、いいことがある）

＊这次决定关于双方来说，都有好处。

2 “关于”は使えるが、“对于”は使えない場合：…に関して、…に関する

2.1 関係があるものを表す

対象が１つではなく、範囲を表すもの。論文、講演などのタイトル、テーマなどでよく使われ、関係があるものと目的語の間に“的”をつけます。論文、講演などのタイトルの場合は「“的”＋名詞」を省略可。

⑤ 他写了一篇关于现代日本医疗制度的论文。

Tā xiěle yì piān guānyú xiàndài Rìběn yīliáo zhìdù de lùnwén.

（彼は現代日本の医療制度に関する論文を書いた）

＊他写了一篇对于现代日本医疗制度的论文。

⑥ 关于人生与宗教（的问题）。Guānyú rénshēng yǔ zōngjiào (de wèntí).

（人生と宗教）（人生と宗教に関する問題）

＊对于人生与宗教（的问题）。

2.2 関係がある物事の処理方法を示す

⑦ 关于员工的各种福利，公司都有规定。

Guānyú yuángōng de gèzhǒng fúlì, gōngsī dōu yǒu guīdìng.

（従業員のいろいろな福利に関して、会社は定めている）

＊对于员工的各种福利，公司都有规定。

⑧ 关于那项新计划的各种问题，你都考虑了吗？

Guānyú nèi xiàng xīn jìhuà de gèzhǒng wèntí, nǐ dōu kǎolǜ le ma?

（新しいプロジェクトに関する問題について、全て考えましたか）

＊对于那项新计划的各种问题，你都考虑了吗？

3 “对于”も“关于”も使える場合：…について

対象が１つも複数もあり得る特定の話題や出来事についての対処方法と見方を示します。“对于”は対象が１つ、“关于”は対象が１つではなく、カテゴリーを表すものです。また、“对于”は主語の前後どちらにも置けますが、“关于”は必ず主語の前に置きます。

⑨ 对于（／关于）那件事媒体没报道。

Duìyú (/Guānyú) nèi jiàn shì méitǐ méi bàodào.

（あの件についてメディアは報道しなかった）

※“对于”は「あの件に対して」、“关于”は「あの件に関わることについて」。

○ 媒体对于那件事没报道。Méitǐ duìyú nèi jiàn shì méi bàodào.

＊ 媒体关于那件事没报道。

⑩ 对于（／关于）地球暖化的问题，你有什么看法?

Duìyú (/Guānyú) dìqiú nuănhuà de wèntí, nĭ yŏu shénme kànfă?

（地球温暖化の問題について、どう思う？）

※“对于”は「地球温暖化に対して」、“关于”は「地球温暖化に関わる問題について」。

○ 你对于地球暖化的问题，有什么看法?

Nĭ duìyú dìqiú nuănhuà de wèntí, yŏu shénme kànfă?

＊ 你关于地球暖化的问题，有什么看法?

練　習

1．次の中国語を日本語に訳してください。

① 关于那个故事，有很多传说。

② 关于他们的实际情况，我们都不知道。

③ 对于这次地震灾害，大家都很难受。

④ 各个代表对于信息社会的看法很不一样。

⑤ 这一千块钱对于他来说不是小钱。

2．次のピンインを中国語に直し、日本語に訳してください。

① Tā xiĕle yì piān guānyú zĕnme jiĕjué kōngqì wūrăn de lùnwén.

② Guānyú jiàgé wèntí, shì bu shì néng zài shāngliang yíxià?

③ Duìyú gāozhōngshēng lái shuō, gāokăo quèshí tài kĕpà le.

④ Wŏ duìyú nèige guójiā de wàijiāo zhèngcè yìzhí bù néng lĭjiĕ.

⑤ Jīnglĭ duìyú zhèige yuè de yíngyè’é, bú tài mănyì.

3．次の日本語を中国語に訳してください。

① あの人には気をつけなければならない。

② この点について、私は反対しません。

③ この点について、次回の会議で話しましょう。

④ あの事件に関して、警察はまだ調査中です。

⑤ この間私達が相談したことについて、ご意見はありませんか。

4．次の誤文を正しく直してください。

① 彼女は日中関係にとても関心がある。

＊她关于中日关系很有兴趣。

② 彼女は自分の息子の勉強について話すのが好きです。

＊她喜欢谈对于自己儿子学习的事。

③ 両国の首脳会議の結果に、とてもがっかりした。

＊关于两国首脑的会议结果，我很失望。

④ 今日、オンライン授業について、私達は感想文を書いた。

＊今天对于网课，我们写了感想文。

⑤ みんなはインフルエンザに対して、警戒心が足りないと思う。

＊我觉得大家关于流感病毒警戒心不够。

第75課

"从"

"从 cóng"(…から、…より) は場所、時間、動作の起点を示す介詞です。よく"从A到B"(AからBまで) という2つの場所、時間の起点を示し、後ろにAとBの間の距離、状態や存在する物、動作を示します。

1 "从"+A+"到"+B+距離/時間：AからBまで、いつからいつまで

2つの場所や時間の距離、時間、存在物、状態、動作を示します。

① 从我家到那家超市有两百米左右。
Cóng wǒ jiā dào nèi jiā chāoshì yǒu liǎngbǎi mǐ zuǒyòu.
(我が家からあのスーパーまで約200メートルぐらいある)

② 从现在到奥运会还有一年。
Cóng xiànzài dào Àoyùnhuì hái yǒu yì nián.
(今からオリンピックまであと1年ある)

③ 从这儿到那儿有三家便利店。
Cóng zhèr dào nàr yǒu sān jiā biànlìdiàn.
(ここからあそこまでにコンビニが3つある)

④ 从上午九点到下午五点，我一直在工作。
Cóng shàngwǔ jiǔ diǎn dào xiàwǔ wǔ diǎn, wǒ yìzhí zài gōngzuò.
(午前9時から午後5時まで、ずっと仕事をしていた)

2 "从"＋A＋"到"＋B＋交通手段＋"要"＋時間／お金：AからBまで…かかる
"从"＋A＋交通手段＋"到"＋B＋"要"＋時間／お金：AからBまで…かかる

交通手段は「"到"＋B」の前後どちらにも置けます。

⑤ 从东京到北京，坐飞机要几个小时？
Cóng Dōngjīng dào Běijīng, zuò fēijī yào jǐ ge xiǎoshí?
／从东京坐飞机到北京，要几个小时？
Cóng Dōngjīng zuò fēijī dào Běijīng, yào jǐ ge xiǎoshí?
（東京から北京まで、飛行機で何時間かかりますか）

⑥ 从广岛到京都，坐新干线要多少钱？
Cóng Guǎngdǎo dào Jīngdū, zuò xīngànxiàn yào duōshao qián?
／从广岛坐新干线到京都，要多少钱？
Cóng Guǎngdǎo zuò xīngànxiàn dào Jīngdū, yào duōshao qián?
（広島から京都まで、新幹線でいくらしますか）

3 "从"＋A＋動詞：Aから…する

⑦ 从这儿走比较快。Cóng zhèr zǒu bǐjiào kuài.
（ここから行くと、わりと早い）

⑧ 这种病毒从哪儿来的？ Zhèi zhǒng bìngdú cóng nǎr lái de?
（この種のウイルスはどこから来たの？）

4 "从"＋時間＋"起／开始"，…：いつから…をする

動作、状態の始まる時間を表します。必ず"起"か"开始"をつけます。

⑨ 从今天起，我要用汉语写日记。

Cóng jīntiān qǐ, wǒ yào yòng Hànyǔ xiě rìjì.

（今日から、中国語で日記をつける）

⑩ 从今年四月开始，他是大学生了。

Cóng jīnnián sì yuè kāishǐ, tā shì dàxuéshēng le.

（今年の 4 月から、彼は大学生になった）

練　習

1．次の中国語を日本語に訳してください。

① 这本书是从图书馆借来的。

② 我们从那个门进去比较近。

③ 从北京坐高铁到上海要几个小时?

④ 从今天起，我每天要学习一个小时汉语。

⑤ 他每星期二从上午九点到下午四点半有课。

2．次のピンインを中国語に直し、日本語に訳してください。

① Shāntián cóng shénme shíhou kāishǐ xuéxí Hànyǔ de?

② Míngtiān nǐ cóng jǐ diǎn dào jǐ diǎn dǎgōng?

③ Cóng míngnián qǐ, Shàngtián yào dào Běijīng qù liúxué sì nián.

④ Cóng Dōngjīng dào Guǎngdǎo zuò xīngànxiàn yào jǐ ge xiǎoshí?

⑤ Cóng zhèr dào nèige chāoshì hěn jìn, zǒuzhe qù zhǐ yào wǔ fēnzhōng.

３．次の日本語を中国語に訳してください。

① 今日から、毎日日記をつけましょう。

② 昼の 12 時から 1 時まで、食堂はすごく混んでいる。

③ 生まれてから今まで、こんなことを見たことがない。

④ 我が家からあのスーパーまで、わずか 100 メートルです。

⑤ あなたの家から大学までバスでどのぐらい時間がかかりますか。

４．次の誤文を正しく直してください。

① 私は昨日からずっと咳が出ている。

＊我从昨天咳嗽。

② 午後からおばあちゃんの家に行った。

＊从中午我去了奶奶的家。

③ 彼は昨日の夜、広島から出発して大阪に行った。

＊他昨天晚上出发从广岛到大阪去了。

④ 4 月から、私は大学生になった。

＊从四月，我是大学生了。

⑤ 新幹線から電話をかけられますか。

＊从新干线可以打电话吗?

第 76 課

“离”

“离 lí”(…から、…まで) は 2 つの場所や時間の距離、要求や目標との隔たりを示します。

1 A＋“离”＋B＋近い / 遠い

“离” は B（場所）の前に置き、主語 A（場所）を基準に、両者の距離が遠いか近いかを表します。

① 我家离车站很近。Wǒ jiā lí chēzhàn hěn jìn.（家から駅までとても近い）

② 他家离我们大学不远。Tā jiā lí wǒmen dàxué bù yuǎn.
（彼の家は私達の大学から遠くない）

2 A＋“离”＋B＋距離 / 時間

“离” は B（場所か時間）の前に置き、主語 A（場所か時間）を基準に、両者の距離や時間を表します。

③ 我家离超市只有五百米。Wǒ jiā lí chāoshì zhǐ yǒu wǔbǎi mǐ.
（我が家はスーパーまで、わずか 500 メートルだ）

④ 现在离奥运会还有一年。Xiànzài lí Àoyùnhuì hái yǒu yì nián.
（今、オリンピックまであと 1 年だ）

3 A（状況）＋“离”＋B（目標 / 要求）…

“离” は主語 A（状況）と B（目標、要求）の間に置き、両者の隔たりを示します。

⑤ 我的汉语水平离 HSK 五级还很远。
Wǒ de Hànyǔ shuǐpíng lí HSK wǔ jí hái hěn yuǎn.
（私の中国語のレベルは HSK 5 級までまだまだ遠い）

⑥ 现在的营业额离今年的目标不远了。
Xiànzài de yíngyè’é lí jīnnián de mùbiāo bù yuǎn le.
（今の売り上げは今年の目標までもう遠くないよ）

4 “从”と“离”の違い

“从”はある場所の起点を示し、必ず“到”か他の動詞と一緒に使います（第 75 課参照）。“离”はその前後に 2 つの場所や時間などを言います。

⑦ ＊从这儿到那儿很远。
这儿离那儿很远。Zhèr lí nàr hěn yuǎn.
（ここはあそこまで / から遠い）

⑧ 从这儿走吧。Cóng zhèr zǒu ba.（ここから行こう）
＊离这儿走吧。／＊这儿离走。

⑨ 这儿离那儿很近，从这儿走吧。Zhèr lí nàr hěn jìn, cóng zhèr zǒu ba.
（ここはあそこまで / から近いから、ここから行こう）

練　習

1．次の中国語を日本語に訳してください。

① 这儿离北京站远吗？能走着去吗？

② 他家离那个便利店很近，只有一百米左右。

③ 现在离巴黎奥运会还有多长时间啊？

④ 我家离我们学校很远，坐电车要一个半小时。

⑤ 现在离截止日期只有一个星期了，你快加油吧。

２．次のピンインを中国語に直し、日本語に訳してください。

① Zhèr lí nàr dàgài yǒu liǎng gōnglǐ zuǒyòu.

② Wǒmen de chéngjì lí lǎoshī de yāoqiú hái hěn yuǎn.

③ Nèi jiā yīyuàn lí wǒ jiā hěn jìn, fēicháng fāngbiàn.

④ Nǐ jiā lí nèige chēzhàn méiyǒu yì gōnglǐ ba!

⑤ Zhèige yuè de yíngyè'é lí wǒmen de mùbiāo bù yuǎn le. Jìxù jiāyóu ba!

３．次の日本語を中国語に訳してください。

① 彼の記録は世界記録にまだまだ遠いです。

② 私も西区に住んでいて、彼の家から近い。

③ 新しい空港から、彼女の家まではそれほど遠くない。

④ 期末試験まであと１週間しかない。早く準備しないといけない。

⑤ 退勤時間まであと 30 分だが、彼はもう帰りの準備をしている。

４．次の誤文を正しく直してください。

① 出発の時間まであと１時間ある。

＊从出发时间有一个小时。

② おばあちゃんの家は駅からとても近いです。

＊我奶奶的家到车站很近。

③ 夏休みまで、あと１週間です。

＊到暑假，还有一个星期。

④ お正月まで１週間しかない。

＊到新年只有一个星期。

⑤ ここから彼の家までは遠い。

＊从这儿到他家很远。

第 77 課

“向”

“向 xiàng”は方向と行く場所を示す介詞で、「どこへ」、「どこに」の「…へ、…に」という意味です。助動詞、副詞、否定詞は“向”の前に置きます。

1 主語＋“向”＋方位詞＋移動動詞：…へ

号令や命令を出す時の言い方です。

① （号令）向右转！ 向前走！ Xiàng yòu zhuàn! Xiàng qián zǒu!
（右に曲がれ！前に進め！）

② 你别向右拐，得向左拐。Nǐ bié xiàng yòu guǎi, děi xiàng zuǒ guǎi.
（右に曲がらないで、左に曲がらなければならない）

③ 你们都向后退一点儿。Nǐmen dōu xiàng hòu tuì yìdiǎnr.
（みんな少し後ろに下がってください）

2 主語＋“向”＋人／場所＋移動動詞＋“来／去”：…のほうへ

人や場所に向かう移動を表します。動詞は“来／去”と一緒に使います。

④ 他向我们跑来了。Tā xiàng wǒmen pǎolai le.
（彼は私達の方に走って来た）

⑤ 巴士已经向目的地开去了。Bāshì yǐjīng xiàng mùdìdì kāiqu le.
（バスはすでに目的地に向かって走って行った）

⑥ 他没向那儿走去，他向地铁站走去了。
Tā méi xiàng nàr zǒuqu, tā xiàng dìtiězhàn zǒuqu le.
（彼はあそこではなく、地下鉄の駅のほうへ歩いて行った）

3 主語＋“向”＋人／場所＋非移動動詞：…に

人に向かってする非移動動詞は“道歉”(謝る)、“报告”(報告する)、“学习”(見習う)、“点头”(うなずく) などがあります。

⑦ 我们应该向他们学习。Wǒmen yīnggāi xiàng tāmen xuéxí.
(私達は彼らを見習うべきだ)

⑧ 这件事你别向学校报告。Zhèi jiàn shì nǐ bié xiàng xuéxiào bàogào.
(この件は学校に報告しないで)

⑨ 我想向你推荐一个人。Wǒ xiǎng xiàng nǐ tuījiàn yí ge rén.
(あなたにある人を推薦したいと思う)

4 “向”が使えない場合

動詞の「向かう」は使えません。面と向かっていない動作も“向”が使えません。

⑩ 朝から机に向かう。
＊ 从早上向桌子。
○ 从早上起就坐在桌子上学习。
Cóng zǎoshang qǐ jiù zuòzài zhuōzishang xuéxí.

⑪ 病状が回復に向かっている。
＊ 病情向回复了。
○ 病情有了好转。Bìngqíng yǒule hǎozhuǎn.

練　習

1．次の中国語を日本語に訳してください。

① 你应该勇敢地向她求婚。

② 生活要向前看，不要只是向钱看。

③ 新的博物馆向全国人民免费开放。

④ 我应该怎么向他表示感谢好呢？

⑤ 到十字路口请向右拐，别向左拐。

2．次のピンインを中国語に直し、日本語に訳してください。

① Tiánshàng xiǎng xiàng gōngsī tí yìxiē yìjiàn.

② Wǒ yǐjīng xiàng shàngjí bàogàole zhèi jiàn shì le.

③ Shēnghuó hěn xīnkǔ, kěshì hái děi xiàng qián zǒu.

④ Zhèi jiàn shì xuéxiào yīnggāi xiàng jiāzhǎng jiěshì.

⑤ Niánqīngrén děi xiàng lǎoniánrén xuéxí yìxiē jīngyàn.

3．次の日本語を中国語に訳してください。

① 政府は国民に新しい政策の目的を説明すべきである。

② 家の犬は私を見ると、すぐ私の所に走って来た。

③ ここから東へ、それとも西へ歩くの？

④ 彼女はただ私に向かってちょっとうなずいて、微笑んだ。

⑤ あの国は日本に学ぼうと国民に呼びかけている。

4．次の誤文を正しく直してください。

① あなたは彼に謝らなければならない。

＊你应该道歉他。

② 彼らは駅に向かって行った。

＊他们向车站走了。

③ あのことを彼は会社に言わなかった。

＊那件事他向公司没说。

④ 右に曲がらないで、左に曲がってください。

＊向右别拐，向左拐。

⑤ 私達は試験に向けて頑張っています。

＊我们向考试努力学习。

第 78 課

“往”

“往 wǎng”（…へ、…に）は“向”と同じく方向、場所を示し、助動詞、副詞、否定詞はその前に置きます。“向”と違って面と向かっていなくても使えますが、人称名詞と非移動動詞（“笑”、“报告”など）と一緒に使えません。

① 主語＋“往”＋方位詞＋移動動詞：…へ

号令ではなく、お願いを言う時に使います。「“向”＋方位詞＋単独の移動動詞」はお願いに使えませんが、「“往”＋方位詞」なら使えます。

① 大家别随便往外跑。Dàjiā bié suíbiàn wǎng wài pǎo.
（みんな勝手に外に行かないで）
＊大家别随便向外跑。

② 请大家往里挪一挪，挤一挤。Qǐng dàjiā wǎng lǐ nuó yi nuó, jǐ yi jǐ.
（みなさん、中にちょっと移動して、詰めてください）
＊请大家向里挪一挪，挤一挤。

② 主語＋“往”＋場所詞／建物＋移動動詞（＋“来／去”）：…に（向かって）

“向”と同じく場所や建物に向かって移動することを表します。動詞は“来／去”とよく一緒に使います。

③ 巴士已经往目的地开去了。Bāshì yǐjīng wǎng mùdìdì kāiqu le.
（バスはすでに目的地に向かって走って行った）

④ 他没往那家报社投稿。Tā méi wǎng nèi jiā bàoshè tóugǎo.
（彼はあの新聞社に投稿しなかった）

3 主語＋"往"＋人称名詞＋"这儿／那儿"＋移動動詞＋"来／去"：…に向かって

"向"は人称名詞への移動を表せますが、"往"はできません。人称名詞の後に必ず"这儿／那儿"をつけて、場所詞にしてから使います。

⑤ 他往我们这儿走来了。Tā wǎng wǒmen zhèr zǒulai le.
（彼は私達のほうに歩いて来た）
＊他往我们走来了。

⑥ 小狗往我妈那儿跑去了。Xiǎo gǒu wǎng wǒ mā nàr pǎoqu le.
（子犬は母のほうに走って行った）
＊小狗往我妈跑去了。

練習

1．次の中国語を日本語に訳してください。

① 中国的河流都是往东流。

② 她非常难过，眼泪不停地往下流。

③ 听到我的声音，小猫就往我这儿走来。

④ 没事儿，你的车一直往东开就行。

⑤ 这儿有两条路，我们往哪儿走？

2．次のピンインを中国語に直し、日本語に訳してください。

① Qǐng dàjiā wǎng lǐbianr jǐ yi jǐ.

② Zhème dà de bīngxiāng yào wǎng nǎr fàng?

③ Nǐ xiǎng wǎng nǎr táo? Jǐngchá yǐjīng wǎng nǐjiā zǒulai le.

④ Shuǐ wǎng dīchù liú, rén wǎng gāochù zǒu.

⑤ Niánqīngrén dōu xiǎng wǎng dà chéngshì qù fāzhǎn.

3．次の日本語を中国語に訳してください。

① 多くの人は広場に走って行った。

② 私はあの橋の上から下を見る勇気がない。

③ ここからずっとまっすぐ行くの？それとも右に曲がるの？

④ 風船はゆっくりと空に飛んで行った。

⑤ このバスは動物園行きです。駅行きではありません。

4．次の誤文を正しく直してください。

① 彼らは王先生のほうへ歩いて行った。

＊他们往王老师走去了。

② もう少し中のほうへ行けば、すぐ噴水が見えます。

＊再向里走，就能看到喷水池了。

③ 部屋の中をちょっと見たが、1人もいない。

＊我向房间里一看，一个人也没有。

④ 私達は彼らのほうへ歩いて行こう。

＊我们往他们走吧。

⑤ 彼の銀行口座に1万円を振り込みたい。

＊我想向他的银行帐户汇一万日元。

第79課

“为了”と“为”

“为了 wèile”と“为 wèi”は共に目的を表す「…のために」という意味ですが、“为”はほとんど単文で使い、“为了”は複文で使います。両者とも動作の対象や目的を言います。“为”は動作の原因を示すことができますが、“为了”はできません。

1　“为了”：ある目的のために

1.1　“为了”＋文，主語＋動詞＋目的語：…のために～をする

前半は具体的な目的を言い、後半で目的を達成するための行動を述べます。

① 为了锻炼身体，他每天都去跑步。
Wèile duànliàn shēntǐ, tā měitiān dōu qù pǎobù.
（体を鍛えるために、彼は毎日ジョギングに行く）

② 为了学好汉语，她去中国留学了。
Wèile xuéhǎo Hànyǔ, tā qù Zhōngguó liúxué le.
（中国語をマスターするために、彼女は中国に留学した）

1.2　“为了”＋対象（＋“的”＋名詞），主語＋動詞＋目的語：…のために～をする

対象の「何かの目的」（“的”＋名詞）がよく省略され、後半でその省略された目的のために行う行動を述べます。

③ 为了他母亲（的生活），他放弃了上大学的愿望。
Wèile tā mǔqin (de shēnghuó), tā fàngqìle shàng dàxué de yuànwàng.
（お母さん（の生活）のために、彼は大学進学の夢を諦めた）

④ 为了公司（的发展），他天天加班工作。
Wèile gōngsī (de fāzhǎn), tā tiāntiān jiābān gōngzuò.
（会社（の発展）のために、彼は毎日残業している）

2 “为”

2.1 主語＋“为”＋名詞（対象）＋動詞＋目的語：…のために～

“为”の後ろの対象のために、動作をすることを示します。

⑤ 我为大家唱了一首歌。Wǒ wèi dàjiā chàngle yì shǒu gē.
（みんなのために1曲歌った）

⑥ 我妈为我们包了很多饺子。Wǒ mā wèi wǒmen bāole hěn duō jiǎozi.
（母は私達のためにたくさん餃子を作った）

2.2 主語＋“为”＋名詞（動作の原因）＋動詞／感情動詞：…のため～

“为”の後ろは原因か理由で、後半で結果を述べます。

⑦ 来，为中日友好干杯。Lái, wèi Zhōng Rì yǒuhǎo gānbēi.
（さあ！日中友好に乾杯しましょう）

⑧ 他一直为那件事难受。Tā yìzhí wèi nèi jiàn shì nánshòu.
（彼はずっとあのことで苦しんでいる）

3 “为”と“给”の違い

“为”も“给”も日本語では「に」「のために」と訳すことができますが、“为”は目的を意識している時に言います。それから“为”は動詞の他に形容詞も使えますが、“给”は一般的に動詞だけです。感情動詞、理解動詞は使えません。

⑨ ちょっと待ってて、あなたのためにコーヒーを買ってきます。

＊ 你等一下，我为你买咖啡去。

○ 你等一下，我给你买咖啡去。

Nǐ děng yíxià, wǒ gěi nǐ mǎi kāfēi qù.

⑩ 我妈妈为我做了一个大蛋糕。 ※目的を意識する

Wǒ māma wèi wǒ zuòle yí ge dà dàngāo.

（母は私のために大きなケーキを作ってくれた）

⑩a 我妈妈给我做了一个大蛋糕。 ※目的を意識しない

Wǒ māma gěi wǒ zuòle yí ge dà dàngāo.

（母は私に大きなケーキを作ってくれた）

⑪ 私達は彼の結婚をよろこんでいる。

＊ 我们给他的结婚高兴。

○ 我们为他的结婚高兴。Wǒmen wèi tā de jiéhūn gāoxìng.

練　習

1．次の中国語を日本語に訳してください。

① 感谢大家为我开了这个盛大的宴会。

② 为了家人的生活，他下了班还去打工。

③ 公务员应该为人民服务。

④ 为了他喜爱的人，他什么都肯牺牲。

⑤ 我们大家都为你的健康祝福。

2．次のピンインを中国語に直し、日本語に訳してください。

① Nǐ dàodǐ wèile shénme yào xuéxí Hànyǔ?

② Tiánzhōng wèile tígāo Yīngyǔ shuǐpíng qù Měiguó liúxué le.

③ Wèile fángzhǐ bìngdú de gǎnrǎn, děi duō xǐshǒu, dài kǒuzhào.

④ Gōngsī wèi wǒmen zhǔnbèile hěn duō hěn hǎo de tiáojiàn.

⑤ Lǐ lǎoshī wèi dāngdì jūmín bànle hěn duō xuéxí bān.

3．次の日本語を中国語に訳してください。

① 彼は現代医学に大きな貢献をした。

② その学校は国のために多くの人材を育ててきた。

③ 新しい時代に適応するために、私達は日々勉強しなければならない。

④ 彼女はお金のために、愛していない男と結婚した。

⑤ この問題に答えるために、私は多くの資料を調べた。

4．次の誤文を正しく直してください。

① 彼女は子供にたくさんのおもちゃを買いました。

＊她为孩子买了很多玩具。

② あなたが食べたいものを、私はあなたに作ってあげる。

＊你想吃什么，我为了你做。

③ 私達の友情に乾杯しよう。

＊为了我们的友情干杯。

④ 家族は私の大学の合格を喜んだ。

＊我家人为了我考上大学高兴。

⑤ コロナに感染しないように、おじいさんはあそこに行かない。

＊为不感染新冠病毒，我爷爷不想去那儿。

第80課

“把”

“把 bǎ”(…を) は特定の人や物をどのように処理するかと、不本意な動作による悪い結果を説明する時に使います。動詞は単独で使えず、必ず補語か“了”か重ね型と使います。否定詞、助動詞、副詞は“把”の前に置きます。

1 主語＋“把”＋特定の人 / 物＋動詞＋“在”＋場所（＋“了”）：…をどこどこへ～する

特定の目的語の別の場所への移動を表します。すでに処理したことは文末に“了”をつけます。

① 请你把那本书放在书架上。
Qǐng nǐ bǎ nèi běn shū fàngzài shūjiàshang.
（あの本を本棚に置いてください）

② 我把那张照片挂在墙上了。
Wǒ bǎ nèi zhāng zhàopiàn guàzài qiángshang le.
（私はあの写真を壁に掛けた）

2 主語＋“把”＋特定の目的語＋動詞＋“给”＋相手（＋“了”）：…を誰々に～する

特定の目的語の別の人への移動を伴う処理。すでに処理したことは、文末に“了”をつけます。“告诉”(伝える) は必ず相手がいるので、“给”はいりません。

③ 我想把这支钢笔送给田中。
Wǒ xiǎng bǎ zhèi zhī gāngbǐ sònggěi Tiánzhōng.
（この万年筆を田中さんにあげたいと思う）

④ 你把今天发生的事告诉他吧。Nǐ bǎ jīntiān fāshēng de shì gàosu tā ba.
（今日起こったことを彼に伝えてください）

3 主語＋“把”＋特定の人／物＋動詞＋結果補語（＋“了”）：…を～してしまった

不本意に物を壊したりする思いがけない結果を表します。

⑤ 对不起，我把你的杯子打破了。Duìbuqǐ, wǒ bǎ nǐ de bēizi dǎpò le.
（ごめんなさい。あなたのコップを割ってしまった）

⑥ 别生气，他没把你的手机弄坏啊。
Bié shēngqì, tā méi bǎ nǐ de shǒujī nònghuài a.
（怒らないで。彼はあなたのケータイを壊さなかったよ）

4 “把”構文の動詞は単独で使えない

必ず動詞の重ね型、或いは「動詞＋“一下”」、「動詞＋“了”」、「動詞＋補語」の形で使います。

⑦ ＊ 你把你的桌子收拾。
○ 你把你的桌子收拾收拾。Nǐ bǎ nǐ de zhuōzi shōushi shōushi.
（あなたの机をちょっと片付けて）

⑧ ＊ 你把你的房间打扫。
○ 你把你的房间打扫一下。Nǐ bǎ nǐ de fángjiān dǎsǎo yíxià.
（あなたの部屋をちょっと掃除して）

⑨ ＊ 我把钱包丢。
○ 我把钱包丢了。Wǒ bǎ qiánbāo diū le.
（財布をなくしてしまった）

⑩ ＊ 你快把今天的作业做。
○ 你快把今天的作业做完。Nǐ kuài bǎ jīntiān de zuòyè zuòwán.
（早く今日の宿題を終えなさい）

5 否定詞、助動詞、副詞は“把”の前に置く

⑪ 我没把我的手机放在桌子上啊。

Wǒ méi bǎ wǒ de shǒujī fàngzài zhuōzishang a.

（私はケータイを机に置かなかったよ）

⑫ 我想把这个东西送给他。Wǒ xiǎng bǎ zhèige dōngxi sònggěi tā.

（これを彼にあげようと思う）

⑬ 他已经把房间打扫好了。Tā yǐjīng bǎ fángjiān dǎsǎohǎo le.

（彼はすでに部屋を掃除した）

練　習

1．次の中国語を日本語に訳してください。

① 他没把那个资料发给我啊。

② 王明已经把昨天发生的事告诉我了。

③ 你应该把这些漂亮的菜拍下来，发给你的朋友。

④ 你把我的钥匙放在哪儿了？

⑤ 对不起，我把你的本子弄湿了。

2．次のピンインを中国語に直し、日本語に訳してください。

① Wǒ xiǎng bǎ zhèixiē jiù shū juāngěi túshūguǎn.

② Nǐ bié bǎ zhèixiē yīfu fàngzài zhuōzishang.

③ Zhōngtián bǎ nèixiē píngguǒ sònggěi Lǐ Jiàn le.

④ Wǒ māma bǎ wǒ de mànhuàshū dōu rēng le.

⑤ Nǐ fàngxīn, wǒ bú huì bǎ zhèi jiàn shì gàosu Guō lǎoshī de.

3．次の日本語を中国語に訳してください。

① あなたのケータイをここに置かないでください。

② 彼があの物をあなたにあげるはずはない。

③ 弟は私の眼鏡を壊してしまった。

④ 昨日のことをすでに先生に伝えました。

⑤ これらの古い年賀状をどこに片付けるつもりですか。

4．次の誤文を正しく直してください。

① これらの写真をここに貼らないで。

＊你把这些照片别贴在这儿。

② 彼はあのお金をすでに私に返してくれた。

＊他把那些钱已经还给我了。

③ 私はよく傘を電車に忘れる。

＊我常常忘了伞在电车上。

④ 私はあのお土産を郭先生にあげるつもりです。

＊我打算送那个礼物郭老师。

⑤ 彼は車を友達に売ったそうです。

＊听说他把他的车卖朋友了。

第81課

“被”

“被 bèi”(…される) は被害の受け身を表します。被害を受ける人・物を主語として、“被” の前に置きます。“他被人打了”(彼は人に殴られた)、“他的钱被人偷了”(彼はお金を盗まれた)。加害者は “被” の後に置き、省略可。“他被（人）打了”、“他的钱被（人）偷了”。否定詞、助動詞、副詞は “被” の前に置きます。また、賞賛の動作に使われることもあります。

1 主語（被害者）＋“被”＋加害者（人 / 物）＋動作

① 他被车撞了。Tā bèi chē zhuàng le.（彼は車にひかれた）

② 我没被老师批评。Wǒ méi bèi lǎoshī pīpíng.（先生に叱られなかった）

2 主語（被害物）＋“被”＋加害者（人 / 物）＋動作

③ 我的钱包被人偷了。Wǒ de qiánbāo bèi rén tōu le.
（私は財布を人に盗まれた）

④ 那些树都被台风刮倒了。Nèixiē shù dōu bèi táifēng guādǎo le.
（あれらの木は全部台風に吹き倒された）

3 主語（被害者 / 被害物）＋“被”＋動作

加害者や動作者がわからない時、言いたくない時は、省略可。

⑤ 我的自行车被偷了。Wǒ de zìxíngchē bèi tōu le.
（私は自転車を盗まれた）

⑥ 他会被骗的。Tā huì bèi piàn de.（彼は騙される可能性があるよ）

4 主語（賞賛される人／物）＋"被"＋賞賛する動作

被害ではなく、賞賛の動作も受け身として使われることがあります。"被表扬"（褒められる）、"被重视"（重視される）、"被接受"（受け入れられる）など。

⑦ 他今天被老师表扬了。Tā jīntiān bèi lǎoshī biǎoyáng le.
（彼は今日先生に褒められた）

⑧ 我们的意见被接受了。Wǒmen de yìjiàn bèi jiēshòu le.
（私達の意見が受け入れられた）

5 受け身文が使えない場合

5.1 動詞が自動詞

⑨ ＊ 我被妈妈生气了。（お母さんに怒られた）
○ 妈妈生我的气了。Māma shēng wǒ de qì le.（お母さんに怒られた）

⑩ ＊ 我被孩子哭了。（子供に泣かれた）
○ 孩子见了我就哭。Háizi jiànle wǒ jiù kū.
（子供は私を見て泣きだした）

5.2 被害でも賞賛でもない一般動作

「言われる」、「開かれる」など被害でも賞賛でもない動詞は使えません。

⑪ 授業中にケータイを使わないように言われました。
＊ 我被说上课时别用手机。
○ 老师对我说上课时别用手机。
Lǎoshī duì wǒ shuō shàngkè shí bié yòng shǒujī.

⑫ 運動会はいつ行われますか。

＊ 运动会什么时候被举行?

○ 运动会什么时候举行?　Yùndònghuì shénme shíhou jǔxíng?

練　習

1．次の中国語を日本語に訳してください。

① 他儿子在学校被人欺负了。

② 医院里很多病人都被新冠病毒感染了。

③ 不适合时代的东西都被淘汰了。

④ 爱人是一种幸福，被爱也是一种幸福。

⑤ 很多小国的政治都被一些大国操纵着。

2．次のピンインを中国語に直し、日本語に訳してください。

① Péngyou de zhòngyàoxìng chángcháng bèi hūlüè le.

② Gāoqiáo tāmen bān bèi xiàozhǎng biǎoyáng le.

③ Shāntián rén tài hǎo le, róngyì bèi rén piàn.

④ Lǐ yéye de bìng bèi nèige yīshēng zhìhǎo le.

⑤ Nǐmen de shǒujī zěnme dōu bèi tōu le? Bào jǐng le ma?

3．次の日本語を中国語に訳してください。

① 以前受け入れられなかったやり方も、今は受け入れられるようになった。

② あの老人達はお金を全部騙し取られた。

③ 昨日買ったケーキを妹に全部食べられてしまった。

④ 彼は子供のころよく父親に叩かれた。

⑤ 山本さんは社長に怒られた。

4．次の誤文を正しく直してください。

① もう３ヶ月になったのに、犯人はまだ逮捕されていない。

＊三个月了，犯人还没逮捕。

② 彼は足を踏まれた。

＊他被踩脚了。

③ 私は財布を盗まれた。

＊我被偷了钱包。

④ あの本は日本の作家村上春樹によって書かれたのです。

＊那本书被日本作家村上春树写的。

⑤ 多くの社会科学の言葉は日本人によって作られたそうです。

＊听说很多社会科学的词汇是被日本人做的。

第82課

受け身の“让”、“叫”

“被”以外に“让 ràng”と“叫 jiào”も受け身を表せます。基本的に用法は同じですが、“被”より口語的で、動作者を省略できません。中国の北方でよく使われます。

1　主語（被害者）＋“让／叫”＋加害者（人／物）＋動作

① 他让（／叫）车撞了。Tā ràng (/jiào) chē zhuàng le.
（彼は車にひかれた）

② 我没让（／叫）老师批评。Wǒ méi ràng (/jiào) lǎoshī pīpíng.
（先生に怒られなかった）

2　主語（被害物）＋“让／叫”＋加害者（人／物）＋動作

③ 我的钱包让（／叫）人偷了。Wǒ de qiánbāo ràng (/jiào) rén tōu le.
（私は財布を人に盗まれた）

④ 那些树都让（／叫）台风刮倒了。
Nèixiē shù dōu ràng (/jiào) táifēng guādǎo le.
（あれらの木は全部台風に吹き倒された）

3　主語（賞賛される人／物）＋“让”＋賞賛する動作

被害ではない動作は“叫”より“让”のほうが多く使われます。

⑤ 他今天让老师表扬了。Tā jīntiān ràng lǎoshī biǎoyáng le.
（彼は今日先生に褒められた）

⑥ 我们的意见让他们接受了。Wǒmen de yìjiàn ràng tāmen jiēshòu le.
（私達の意見は彼らに採用された）

4 “被”と“让 / 叫”の受け身文の違い

4.1 加害者の省略

“被”の受け身文は加害者を省略できますが、“让 / 叫”は加害者が必要です。加害者がわからなければ“人”(誰か) を使います。

⑦ 我的自行车被偷了。Wǒ de zìxíngchē bèi tōu le.
我的自行车让（／叫）人偷了。
Wǒ de zìxíngchē ràng (/jiào) rén tōu le.
（私は自転車を人に盗まれた）

⑧ 他会被骗的。Tā huì bèi piàn de.
他会让（／叫）人骗的。Tā huì ràng (/jiào) rén piàn de.
（彼は誰かに騙される可能性がある）

4.2 話題の種類

政治経済などの硬い話題は“被”を使うことが多く、軽い話題は“让 / 叫”が多いです。

⑨ 为什么全世界的电脑市场都被美国垄断了?
Wèi shénme quán shìjiè de diànnǎo shìchǎng dōu bèi Měiguó lǒngduàn le?
（どうして全世界のパソコンの市場が全部アメリカに独占されているの？）

⑩ 我没做作业，让（／叫）妈妈批评了。
Wǒ méi zuò zuòyè, ràng (/jiào) māma pīpíng le.
（宿題をしなかったので、母に怒られた）

練　習

1．次の中国語を日本語に訳してください。

① 要注意自己的行为，别让人看不起。

② 要想让人尊重你，你就得先尊重别人。

③ 这些衣服都叫孩子弄脏了。

④ 哎呀，我的草莓都叫你吃完了是吗?

⑤ 让人误会是很不舒服的一件事。

2．次のピンインを中国語に直し、日本語に訳してください。

① Dàchuān zěnme ràng gǒu yǎo le?

② Dānshēn lǎorén bǐjiào róngyì ràng rén piàn.

③ Wǒ de diànnǎo ràng wǒ dìdi nònghuài le.

④ Ràng rén xìnrèn yě shì hěn zhòngyào.

⑤ Jīntiān Tiánzhōng ràng lǎoshī biǎoyáng le.

3．次の日本語を中国語に訳してください。

① 親はよく子供のことで悩まされる。

② 私のかばんは妹に汚された。

③ 気をつけて。自転車にひかれないように。

④ 信頼されることはうれしいことでしょう。

⑤ 遅刻しないで。また先生に怒らないようにしてね。

4．次の誤文を正しく直してください。

① 私は自転車を盗まれた。

＊我是自行车让偷了。

② 警察は油断して、犯人に逃げられた。

＊警察不小心，犯人让逃走了。

③ 私は彼に足を踏まれた。

＊我让他踩脚了。

④ 多くの木が切られた。

＊很多树让砍了。

⑤ あの森は焼かれた。

＊那个森林让烧了。

第83課

使役の“让”

“让 ràng”は受け身より使役のほうがよく使われます。「目上から目下への使役」「目下が目上に迷惑をかける」などの用法があります。否定詞、助動詞、副詞は“让”の前に置きます。

1 A（目上）＋“让”＋B（目下）＋動作（＋目的語）：誰かに…をさせた、誰かを…させた

目上から、目下への強制、或いは許可を示します。

① 李总让他去上海总公司工作。
Lǐ zǒng ràng tā qù Shànghǎi zǒnggōngsī gōngzuò.
（李社長は彼を上海の本社に行かせて仕事をさせた）

② 王老师不让他玩儿手机。Wáng lǎoshī bú ràng tā wánr shǒujī.
（王先生は彼にケータイをいじらせない）

2 A（人／物事）＋“让”＋B（人）＋感情動詞：誰かを…させた

ある人や事が感情を引き起こしたことを表します。

③ 他让他妈妈很伤心。Tā ràng tā māma hěn shāngxīn.
（彼はお母さんを悲しませた）

④ 那件事让大家很高兴。Nèi jiàn shì ràng dàjiā hěn gāoxìng.
（あのことはみんなを喜ばせた）

3 A（目下）＋“让”＋B（目上／同年輩）＋動詞：誰かに…させた

申し訳ない動作をさせたことを表します。主語が自分の時は省略します。

⑤ 对不起，让您久等了。Duìbuqǐ, ràng nín jiǔ děng le.
（申し訳ございません。お待たせしました）

⑥ 不好意思，让你妈破费了。Bù hǎoyìsi, ràng nǐ mā pòfèi le.
（すみません、お母さんに散財させてしまいました）

4 "让"＋A（自分／同年輩）＋動詞：…させてもらう、…してもらう

⑦ 这件事让我来做吧。Zhèi jiàn shì ràng wǒ lái zuò ba.
（このことは私がさせていただきます）

⑧ 让王明来介绍吧。Ràng Wáng Míng lái jièshào ba.
（王明さんに紹介してもらいましょう）

5 否定詞、副詞、助動詞は一般的に"让"の前に

動作の否定と使役の否定は語順に注意してください。

⑨ 我妈不让我去留学。Wǒ mā bú ràng wǒ qù liúxué.
（母は私を留学させてくれない）
＊我妈让我不去留学。

⑩ 老师常常让我们背书。Lǎoshī chángcháng ràng wǒmen bèishū.
（先生はいつも私達に暗記させる）
＊老师让我们常常背书。

⑪ 你能让他来吗？ Nǐ néng ràng tā lái ma?（彼を来させられる？）
＊你让他能来吗？

⑫ 你能让他不来吗？ Nǐ néng ràng tā bù lái ma?
（彼が来ないようにさせられる？）
你能不让他来吗？ Nǐ néng bú ràng tā lái ma?
（彼に来させないことができる？）

練　習

1．次の中国語を日本語に訳してください。

① 他的话让大家放心了。

② 现实有时很残酷，会让人很心寒。

③ 公司的经理让他明天到北海道出差。

④ 明天的会议让我主持吧。

⑤ 你别再让王叔叔花钱了。

2．次のピンインを中国語に直し、日本語に訳してください。

① Shuō tài duō huà huì ràng rén fǎn.

② Tiánzhōng lǎoshī xǐhuan ràng xuésheng zìyóu tǎolùn.

③ Xīnguān yìqíng yánzhòng de shíhou, zhèngfǔ bú ràng rénmín qù guówài lǚyóu.

④ Hànyǔ de fāyīn ràng wǒmen hěn tóuténg.

⑤ Jīnwǎn ràng wǒ lái qǐngkè, dàjiā xiǎng chī shénme?

3．次の日本語を中国語に訳してください。

① 先生は彼に本文を読ませた。

② もうお母さんを怒らせないでください。

③ この件は私に任せてください。

④ 彼の帰国はみんなを驚かせた。

⑤ すみません、いろいろ心配をかけました。

4．次の誤文を正しく直してください。

① 先生、黒板を消しましょう。

＊老师，我给你擦黑板。

② おばあちゃんに心配をかけました。

＊我给奶奶担心了。

③ 母は私に自分で洗濯させる。

＊我妈妈给我自己洗衣服。

④ 先週、先生は私達に暗記させなかった。

＊上个星期，老师让我们没背课文。

⑤ 店長は私達に遅刻を許さない。

＊店长让我们不迟到。

使役の“叫”

“叫 jiào”は動詞と介詞の機能があります。動詞“叫”は「呼ぶ」の意味で、介詞“叫”は介詞“让”と同じく「…させる」の意味です。ここでは介詞の用法だけについて学習します。“叫”は同年輩と目下に「…するように言う」という意味もあります。否定詞、助動詞、副詞は“叫”の前に置きます。

1 “叫”と“让”の共通点

1.1 命令

① 李总叫（／让）他去上海总公司工作。
Lǐ zǒng jiào (/ràng) tā qù Shànghǎi zǒnggōngsī gōngzuò.
（李社長は彼を上海の本社に行かせて仕事をさせた）

② 老师叫（／让）我们站起来。Lǎoshī jiào (/ràng) wǒmen zhànqǐlai.
（先生は私達に立つように言った）

1.2 何らかの感情を引き起こした場合

③ 他叫（／让）他妈妈很伤心。Tā jiào (/ràng) tā māma hěn shāngxīn.
（彼はお母さんを悲しませた）

④ 那件事叫（／让）大家很高兴。
Nèi jiàn shì jiào (/ràng) dàjiā hěn gāoxìng.
（あのことはみんなを喜ばせた）

1.3 申し訳ない動作をさせた場合

⑤ 对不起，叫（／让）您久等了。Duìbuqǐ, jiào (/ràng) nín jiǔ děng le.
（申し訳ございません。お待たせしました）

⑥ 不好意思，叫（／让）你妈破费了。
Bù hǎoyìsi, jiào (/ràng) nǐ mā pòfèi le.
（すみません、お母さんに散財させてしまいました）

2 介詞“叫”と“让”の相違点

2.1 目上が目下に許す場合

“让”はできますが、“叫”はできません。

⑦ 老师让他不用考试。Lǎoshī ràng tā bú yòng kǎoshì.
（先生は彼に試験を受けないことを許した）
＊老师叫他不用考试。

⑧ 老师不让他玩儿手机。Lǎoshī bú ràng tā wánr shǒujī.
（先生は彼にケータイをいじらせない）
＊老师不叫他玩儿手机。

2.2 申し出てやらせる／やらせてもらう場合

“让”はできますが、“叫”はできません。

⑨ 这件事让我来做吧。Zhèi jiàn shì ràng wǒ lái zuò ba.
（この事は私がさせていただきます）
＊这件事叫我来做吧。

⑩ 让他来介绍吧。Ràng tā lái jièshào ba.
（彼に紹介してもらいましょう）
＊叫他来介绍吧。

練　習

１．次の中国語を日本語に訳してください。

① 他做的事真叫人不放心。

② 你妈妈没叫你准备晚饭吗？

③ 他的钱包丢了，我叫他赶快去报警。

④ 我爸爸叫弟弟去便利店买两罐啤酒。

⑤ 对不起，我的事叫您操心了。

２．次のピンインを中国語に直し、日本語に訳してください。

① Shèzhǎng cháng jiào tā dào Dōngjīng qù chūchāi.

② Háizi bù xuéxí de shì jiào fùmǔ hěn tóuténg.

③ Wǒ yéye jiào wǒ duō kàn shū.

④ Kuài dǎ diànhuà jiào nǐ dìdi lái.

⑤ Guō lǎoshī jiào wǒmen yòng Hànyǔ xiě rìjì.

３．次の日本語を中国語に訳してください。

① 母は私にお客さんにお茶をいれさせた。

② あのことは本当に人々をとても感動させた。

③ 今回のテロは全世界の人を怖がらせた。

④ 彼にマスクをつけるのを忘れないように言ってください。

⑤ おじいちゃんの病気は母をすごく悲しませた。

4．次の誤文を正しく直してください。

① あの記事はみんなを怒らせた。

＊那个新闻，大家很生气。

② 母は姉に自分でお弁当を作るように言いました。

＊我妈妈对姐姐说自己做盒饭。

③ 兄はよく社長に残業するように言われました。

＊我哥哥常常叫他的社长加班。

④ 先週、先生は私達にテキストの書き写しをさせなかった。

＊上个星期，老师叫我们没抄写课文。

⑤ この間の地震は本当に人々を怖がらせた。

＊那次地震真给人可怕。

11

接続詞

第85課

“因为…所以～”

“为什么 wèi shénme”(どうして？）に対する返事は、“因为 yīnwèi”（なぜなら）を使って原因、理由を言います。“所以 suǒyǐ”(だから）は結果を言います。“因为”は前半の文の前に置き、“所以”は後半の文の前に置きますが、両方一緒に使うことは少なく、どちらかを省略することが多いです。

1 両方使う場合

報道記事、論文などの書面では両方使うことが多いです。

① 因为那个问题很复杂，所以需要继续讨论。
Yīnwèi nèige wèntí hěn fùzá, suǒyǐ xūyào jìxù tǎolùn.
（あの問題は大変複雑なので、引き続き話し合いが必要だ）

② 因为文化背景不同，所以想法也不同。
Yīnwèi wénhuà bèijǐng bù tóng, suǒyǐ xiǎngfǎ yě bù tóng.
（文化背景が違うので、考え方も違う）

2 “因为”だけを使う場合

返答文と説明文は原因を強調する時、“因为”だけを使います。そして、他の副詞（“就”“才”など）で結果を表します。結果を先に述べて、その後“因为”で原因を強調することもあります。

③ A：你昨天为什么没来？ Nǐ zuótiān wèi shénme méi lái?
（あなたは昨日どうして来なかったの？）
B：对不起，因为我感冒了。Duìbuqǐ, yīnwèi wǒ gǎnmào le.
（すみません、風邪をひいたからです）

④ 因为有时间，我就去了。Yīnwèi yǒu shíjiān,wǒ jiù qù le.
（時間があったので、行きました）

⑤ 因为没钱，他才不去旅游。Yīnwèi méi qián, tā cái bú qù lǚyóu.
（お金がないから、彼は旅行に行かない）

⑥ 他没钱，因为他太浪费了。Tā méi qián, yīnwèi tā tài làngfèi le.
（彼はお金がないのは、無駄遣いが多いからだ）

3 "所以"だけを使う場合

仕方がない結果、不思議に思う結果などを強調する時は、"因为"を使わず"所以"だけを使います。

⑦ A：你为什么告诉他？ Nǐ wèi shénme gàosu tā?
（あなたはどうして彼に言ったの？）

B：他问我啊。所以我只好告诉他。
Tā wèn wǒ a. Suǒyǐ wǒ zhǐhǎo gàosu tā.
（彼が聞いたから、仕方なく教えた）

⑧ 她在减肥，所以不吃冰激淋。Tā zài jiǎnféi, suǒyǐ bù chī bīngjīlín.
（彼女はダイエット中なので、アイスクリームを食べない）

4 両方とも使わない場合

親しい間柄の会話では、よく両方省略されます。

⑨ A：你为什么又迟到了啊？ Nǐ wèi shénme yòu chídào le a?
（どうしてまた遅刻したの？）

B：对不起，堵车，堵车。Duìbuqǐ, dǔ chē, dǔ chē.
（ごめん、渋滞してたんだよ）

⑩ A：你为什么不帮我？ Nǐ wèi shénme bù bāng wǒ?
（どうして手伝ってくれないの？）

B：哎呀，我真的没时间。Āiyā, wǒ zhēnde méi shíjiān.
（えーっ、私は本当に時間がないのよ）

練　習

1．次の中国語を日本語に訳してください。

① 我帮他，因为我乐意。

② 因为天气预报说明天会下雨，我们就不去了。

③ 他家有点儿事，所以请假了。

④ 我不告诉你，是因为我怕你难受。

⑤ 他失恋了，现在想喝酒！

2．次のピンインを中国語に直し、日本語に訳してください。

① Wǒ shēntǐ bù shūfu, xiǎng xiūxi yíhuìr.

② Lǐ Míng fūfù chángcháng yīnwèi yìdiǎnr xiǎo shì jiù chǎojià.

③ Jīntiān dì-yī jié méi kè, suǒyǐ kěyǐ wǎndiǎnr qǐchuáng.

④ Yīnwèi nèi jiàn shì, dàjiā xīnqíng dōu bù hǎo.

⑤ Yīnwèi zhèi piān lùnwén duì nǐ hěn zhòngyào, suǒyǐ nǐ yào hǎohāor xiě.

3．次の日本語を中国語に訳してください。

① コロナで全世界の経済が大きな打撃を受けた。

② 大雪で道路が通れなくなった。

③ 私は知らないから、あなたに言わなかった。

④ 来年中国に仕事に行くので、今中国語を勉強している。

⑤ 武器商人がいるので、戦争はずっと終わらないのだと思います。

4．次の誤文を正しく直してください。

① 最近仕事が忙しいので、彼女に会う時間がない。

＊最近为了工作很忙，我没有见她的时间。

② 私は胃がよくないから、コーヒーを飲めない。

＊所以我胃不好，不能喝咖啡。

③ 給料が少ないから、彼女は仕事をやめた。

＊因为工资少，她所以辞职了。

④ 国際交流会に参加したので、私は外国人の友達がたくさんできた。

＊参加了国际交流会，我有很多外国朋友。

⑤ 先生、宿題を忘れたので、来週提出してもいいですか。

＊老师，因为忘了作业，下个星期交可以吗？

第 86 課

“虽然…可是～”

接続詞の“虽然 suīrán”(けれども)と“可是 kěshì”(しかし)は、両方でも単独でも使えます。「“虽然”+ A, “可是”+ B」で「A だが B」を表します。“可是”と同じ意味の“不过 búguò”“但是 dànshì”も使えますが、“不过”はやや口語的で、“但是”はやや硬い表現、“可是”はその中間です。ここでは“可是”で説明します。

1 “虽然…可是～”

やや硬い表現。“虽然”は主語の前にも後にも置くことができ、省略もできますが、“可是”は主語があれば主語の前に置き、省略できません。

① 这个菜（虽然）很好吃，可是太贵了。
Zhèige cài (suīrán) hěn hǎochī, kěshì tài guì le.
（この料理はおいしいけど、高すぎる）

② （虽然）大家都同意了，可是他还不高兴。
(Suīrán) Dàjiā dōu tóngyì le, kěshì tā hái bù gāoxìng.
（みんなが賛成したが、彼はまだ不愉快だ）

2 “虽然”だけを使う場合

2.1 倒置文

「A だが B」の逆説の B を先に述べて、後に“虽然…”を使うこともできます。

③ 这个菜太贵了，虽然很好吃。Zhèige cài tài guì le, suīrán hěn hǎochī.
（この料理は高すぎるよ。おいしいけど）

④ 他还不高兴，虽然大家都同意了。

Tā hái bù gāoxìng, suīrán dàjiā dōu tóngyì le.

（彼はまだ不愉快だよ。みんなは賛成したが）

2.2 副詞“还是”（それでも）があれば“可是”を省略可

⑤ 虽然下大雪，（可是）她还是去上学。

Suīrán xià dàxuě, (kěshì) tā háishi qù shàngxué.

（大雪が降っているけど、彼女はそれでも学校に行く）

⑥ 她虽然很忙，（可是）还是每天学习两个小时汉语。

Tā suīrán hěn máng, (kěshì) háishi měitiān xuéxí liǎng ge xiǎoshí Hànyǔ.

（彼女は忙しいけど、それでも毎日 2 時間中国語を勉強している）

3 “可是”だけを使う場合（“虽然”が使えない）

3.1 未来文で、交換条件を言う時

⑦ 我可以告诉你，可是你别告诉别人。

Wǒ kěyǐ gàosu nǐ, kěshì nǐ bié gàosu biéren.

（教えてあげてもいいけど、他の人に言わないでね）

⑧ 我答应你，可是你不能骗我。

Wǒ dāying nǐ, kěshì nǐ bù néng piàn wǒ.

（承諾するが、私を騙してはいけないよ）

3.2 物が無くなった理由、実現できなかった理由を説明する時

⑨ 本来有一个，可是刚被人买走了。

Běnlái yǒu yí ge, kěshì gāng bèi rén mǎizǒu le.

（元々あと 1 個あったが、ついさっき人に買われたばかりだ）

⑩ 我本来想去中国旅游，可是临时有事，不能去了。

Wǒ běnlái xiǎng qù Zhōngguó lǚyóu, kěshì línshí yǒu shì, bù néng qù le.

（元々中国に旅行に行こうと思っていたが、急に用事ができて行けなくなった）

3.3 ある動作や状態の事実を認める時

⑪ 学了是学了，可是都忘了。Xuéle shì xué le, kěshì dōu wàng le.
（習ったことは習ったが、全部忘れた）

⑫ 便宜是便宜，可是不太好吃。Piányi shì piányi, kěshì bú tài hǎochī.
（安いことは安いが、あまりおいしくない）

練　習

1．次の中国語を日本語に訳してください。

① 虽然流感还很严重，可是还有很多人没戴口罩。

② 我没带钱，可是我有微信和信用卡。

③ 问题没有那么简单，虽然你想帮她。

④ 我可以借你钱，可是你下个月一定要还我。

⑤ 辛苦是辛苦，可是他不能不打工。

2．次のピンインを中国語に直し、日本語に訳してください。

① Suīrán Lǐ lǎoshī yǐjīng bāshí suì le, kěshì zǒude hěn kuài.

② Zhèi jiàn shì suīrán méi chénggōng, kěshì nǐ jìnlì le.

③ Xiǎo Míng xiǎng chī, kěshì nǐ zài, tā bù gǎn chī.

④ Lèi shì lèi, kěshì wǒ hěn gāoxìng.

⑤ Nǐ kěyǐ bù shuō, kěshì nǐ děi gěi wǒ fā yóujiàn.

3．次の日本語を中国語に訳してください。

① あなたは覚えていなくても、私は忘れられないよ。

② 彼は本をたくさん買ったが、あまり読まない。

③ 今日は早く起きたが、それでも遅刻した。

④ 食べたことは食べたが、今、またお腹が空いた。

⑤ 私は元々体が弱かったが、鍛えた後、今はとても元気になったよ。

4．次の誤文を正しく直してください。

① 私は大学生ですが、あなたは？

＊虽然我是大学生，你呢?

② 留学に行きたいが、今は行けない。

＊虽然我想去留学，现在不能去。

③ 今は新しい時代だが、まだ多くの古い考え方がある。

＊虽然是新时代，还有很多旧想法。

④ 田中さんは中国に行ったことがあるが、中国語が話せない。

＊田中去过中国，他可是不会说汉语。

⑤ 勉強したことはしたが、今回の試験は不合格だった。

＊学习是学习，这次考试可是不及格了。

第 87 課

“要是…就～”

“要是 yàoshi”“如果 rúguǒ”（もし）は仮定を表す接続詞で、仮定条件の主語の前後どちらにも置くことができ、省略も可。“如果”は書面的で、“要是”は口語的です。この課では“要是”で説明します。後半は副詞の“就”を置き、仮定の結果を述べます。必ず主語の後に置き、普通は省略できませんが、疑問文か他の副詞、助動詞があれば、省略できます。

1 “要是…就～”

過去、未来とも使えます。

① 要是昨天没下雨，我就去爬山了。
Yàoshi zuótiān méi xiàyǔ, wǒ jiù qù páshān le.
（もし昨日雨が降らなかったら、山登りに行ったよ）

② 要是有钱，我就马上去中国留学。
Yàoshi yǒu qián, wó jiù mǎshàng qù Zhōngguó liúxué.
（もしお金があったら、私はすぐ中国に留学に行く）

2 “要是”を省略して、“就”だけで仮定文を表す

③ 昨天没下雨就更好了。Zuótiān méi xìayǔ jiù gèng hǎo le.
（昨日、雨が降らなければ、もっと良かったよ）

④ 日元再继续贬值，我们公司就糟了。
Rìyuán zài jìxù biǎnzhí, wǒmen gōngsī jiù zāo le.
（円がさらに安くなったら、我が社は大変になる）

3 “就”を省略して、“要是”だけで仮定文を表す

後半が疑問文、或いは他の副詞か助動詞があれば、“就”を省略可。

⑤ 要是明天下雨怎么办？ Yàoshi míngtiān xiàyǔ zěnme bàn?
（もし明日雨が降ったら、どうしよう？）

⑥ 要是他还不同意，你还坚持你的意见吗？
Yàoshi tā hái bù tóngyì, nǐ hái jiānchí nǐ de yìjiàn ma?
（もし彼がまだ賛成しなくても、あなたはまだ自分の意見を変えませんか）

⑦ 要是我是你，我不会批评他的。
Yàoshi wǒ shì nǐ, wǒ bú huì pīpíng tā de.
（もし私があなたなら、彼を怒らないよ）

4 “要是”も“就”も省略可の場合

親しい間柄での会話は両方とも省略可。

⑧ 没钱，我不去，你去。Méi qián, wǒ bú qù, nǐ qù.
（お金がなかったら、私は行かない。あなたは行きなさい）

⑨ 有事儿，你找我，别找他。Yǒu shìr, nǐ zhǎo wǒ, bié zhǎo tā.
（用事があったら、私に連絡して。彼に連絡しないで）

練　習

1．次の中国語を日本語に訳してください。

① 要是老板不答应我们的要求，怎么办？

② 要是工资高，我就去那家公司工作。

③ 这个时候感冒了，你就麻烦了。

④ 这个问题再不解决，就一定会出事儿。

⑤ 好，好，你不做，我做。

2．次のピンインを中国語に直し、日本語に訳してください。

① Nǐ yàoshi kùn le, nǐ jiù xiān shuì ba.

② Zhèi jiàn shì yàoshi jīnglǐ zhīdào le, nǐ jiù wán le.

③ Míngtiān xiàyǔ, yùndònghuì jiù méifǎ jǔxíng.

④ Rénshēng yǒu mùbiāo jiù huì fèndòu.

⑤ Yàoshi nǐ bù tīng wǒ de, nǐ huì hòuhuǐ de.

3．次の日本語を中国語に訳してください。

① 私があなただったら、彼を助けないよ。

② もしまだ少しでも希望があったら、最後まで頑張ってください。

③ 戦争がなければ、こんな悲しいことはないでしょう。

④ もしわからなかったら、私に聞いてください。

⑤ ダイエットをするなら、今日から毎日 30 分散歩したほうがいい。

4．次の誤文を正しく直してください。

① もし時間があったら、私は中国語を勉強する。

＊要是我有时间，我学习汉语。

② お金があったら、車を買います。

＊要是我有钱，就我买车。

③ もし 100 万円あったら、あなたにあげるよ。

＊要是我有一百万日元，给你。

④ もし大雪で電車が運休なら、オンライン授業をしましょう。

＊要是大雪，电车休息，我们上网课吧。

⑤ 気分が悪かったら、少し休んでください。

＊你不舒服，休息一点儿吧。

第88課

“即使…也～”

接続詞“即使 jíshǐ”(たとえ…) の後に事実ではない極端な条件を述べ、後半に副詞の“也 yě”を置き、決心や警告を述べます。「たとえ…しても～する」という文型になります。“即使”は主語の前後どちらにも置けます。“即使今天下雨，我也要去”、“今天即使下雨，我也要去”(たとえ今日雨でも、私は行きます)。

1 “即使…也～”

極端な条件を持ち出して、自分の強い意志を示したり、相手に忠告します。

① 我即使有钱也不借他。Wǒ jíshǐ yǒu qián yě bú jiè tā.
(私はお金があっても、彼に貸さない)

② 即使我没有钱也不跟他借钱。
Jíshǐ wǒ méiyǒu qián yě bù gēn tā jiè qián.
(たとえお金がなくても、彼から借りたくない)

2 “即使”(＋“是”)＋名詞，…“也”～

“夫妇”、“医生”、“动物”などの身分を表す名詞や、“联合国”、“欧盟”など組織を表す名詞は、その前に“是”があってもなくてもかまいません。

③ 即使（是）夫妇，也不能随便看对方的手机。
Jíshǐ (shì) fūfù, yě bù néng suíbiàn kàn duìfāng de shǒujī.
(たとえ夫婦でも、勝手に相手のケータイを見てはいけない)

④ 即使（是）好朋友，借钱也得还。
Jíshǐ (shì) hǎo péngyou, jiè qián yě děi huán.
(たとえよい友達でも、お金を借りたら返さないと)

3 “即使”を省略して、“也”だけ使う場合

強い意志か、相手に警告するニュアンスがあります。

⑤（即使）台风真的来了，我也得上班。

(Jíshǐ) Táifēng zhēn de lái le, wǒ yě děi shàngbān.

（たとえ台風が本当に来ても、会社に行かないといけない）

⑥（即使）你父亲是总统，你也不能这样欺负人。

(Jíshǐ) Nǐ fùqin shì zǒngtǒng, nǐ yě bù néng zhèyàng qīfu rén.

（たとえあなたの父親が大統領でも、このように人をいじめてはいけない）

4 事実である条件は“即使”を使えない

事実である条件は“即使”を使えず、“尽管”を使います（第89課参照）。

⑦ 今日は大雪が降っているのに、彼は授業に来た。

＊即使今天下大雪，他也来上课了。

○尽管今天下大雪，他也来上课了。

Jǐnguǎn jīntiān xià dàxuě, tā yě lái shàngkè.

⑧ 冬寒くても、彼は毎日泳ぎに行く。

＊即使冬天很冷，他每天也去游泳。

○尽管冬天很冷，他每天也去游泳。

Jǐnguǎn dōngtiān hěn lěng, tā měitiān yě qù yóuyǒng.

練　習

1．次の中国語を日本語に訳してください。

① 即使是神仙，也没办法救他。

② 你即使你很有钱，也不能那样浪费钱，浪费食物。

③ 即使关系再好，也不应该说对方的隐私。

④ 有些爱情，即使你做出最大的努力也不一定能得到。

⑤ 明天即使下大雪，没有车，我也要走着去找他。

2．次のピンインを中国語に直し、日本語に訳してください。

① Jíshǐ nǐ hěn cōngmíng, nǐ yě děi nǔlì xuéxí.

② Jíshǐ Lǐ shūshu zhēn de bìng le, tā érzi yě bú huì lái kàn tā.

③ Jíshǐ shì xiōngdì, jiè dōngxi yě děi huán.

④ Jíshǐ nǐ shì Rìběnrén, nǐ yě bù yídìng néng liǎojiě Rìběnrén de xiǎngfǎ.

⑤ Jíshǐ nǐ miǎnqiǎng jiēshòu, Lǐ Yīng yě bú huì gāoxìng de.

3．次の日本語を中国語に訳してください。

① たとえ植物でも、感情があるよ。

② たとえお金がなくても、彼は人を騙さない。

③ たとえコロナが終息しても、新しいウイルスがまた出てくると思う。

④ たとえ世界一優秀な医者でも、彼の病気を治すことはできない。

⑤ 甘いものをやめないなら、たとえ毎日３時間運動しても痩せない。

4．次の誤文を正しく直してください。

① 問題があっても、彼は恐れない。

＊即使有问题，他不怕。

② 風邪をひかなくても、彼はしょっちゅう風邪薬を飲む。

＊即使没感冒，他常常吃感冒药。

③ たとえ値段が高くても、彼は買いたい。

＊即使价钱很高，他想买。

④ もしあなたがドラえもんでも、私を助けられないでしょう。

＊即使你是机器猫，是不能帮我吧。

⑤ たとえ虫でも、命がある。

＊即使虫也生命有。

第89課

“尽管…可是～”

接続詞“尽管 jǐnguǎn”(…にもかかわらず、けれども）は前半の文頭に置いて事実を認め、後半に“可是 kěshì”、“不过 búguò”、“但是 dànshì”を置き、普通と違うやり方など自分の言いたいことを述べます。“尽管”は主語の前にも後にも置けます。副詞の“也”、“还”、“还是”などと一緒に使う時もあり、その時は“可是”を省略できます。

1 “尽管…可是～”：…けれども、～をする / した

事実を述べた後に、自分の言いたいことを述べます。

① 尽管疫苗研发出来了，可是现在还不能接种。
Jǐnguǎn yìmiáo yánfāchūlai le, kěshì xiànzài hái bù néng jiēzhòng.
（ワクチンが開発されたにもかかわらず、今まだ接種できない）

② 你的意见尽管是对的，不过你的说法有问题。
Nǐ de yìjiàn jǐnguǎn shì duì de, búguò nǐ de shuōfǎ yǒu wèntí.
（あなたの意見は正しいけれど、言い方に問題がある）

2 “尽管…也 / 还 / 还是～”：…にもかかわらず、～をする / した

事実を述べた後に、動作主がまだ何かしたり、或いは状態が依然としてそのまま続くことを表します。“也”は「また」、“还”は「まだ」、感情的に普通と違う動作をするというニュアンス。“还是”は「状態が依然として」というニュアンス。

③ 今天尽管下大雨，他也去跑步了。
Jīntiān jǐnguǎn xià dàyǔ, tā yě qù pǎobù le.
（今日は大雨にもかかわらず、彼はまたジョギングに行った）

④ 尽管医生劝他别喝酒，他还一直喝。

Jǐnguǎn yīshēng quàn tā bié hē jiǔ, tā hái yìzhí hē.

（医者が彼にお酒をやめるように忠告しても、彼はまだずっと飲んでいます）

⑤ 尽管已经九月底了，天气还是异常炎热。

Jǐnguǎn yǐjīng jiǔ yuèdǐ le, tiānqì háishi yìcháng yánrè.

（もう9月の末になったのに、気候は依然として異常に暑い）

3 “尽管”と“虽然”の違い

“尽管”も“虽然”も逆接文に使いますが、“尽管”は事実しか使えません。“虽然”は事実でなくても使えます。

⑥ 明日彼は忙しいけど、やはり来るはずだ。

＊ 尽管明天他很忙，可是他还是会来。

○ 虽然明天他很忙，可是他还是会来。

Suīrán míngtiān tā hěn máng, kěshì tā háishi huì lái.

⑦ 彼は賛成しないかもしれないが、あなたは怒ってはいけない。

＊ 尽管他可能不赞成，你也不能生气。

○ 虽然他可能不赞成，你也不能生气。

Suīrán tā kěnéng bú zànchéng, nǐ yě bù néng shēngqì.

4 “尽管”と“即使”の違い

“尽管”も“即使”も条件文に使いますが、“尽管”は事実しか使えません。“即使”は事実では使えません。

⑧ たとえ明日彼が来なくても大丈夫だ。

＊ 尽管明天他不来，也没关系。

○ 即使明天他不来，也没关系。

Jíshǐ míngtiān tā bù lái, yě méi guānxi.

⑨ 昨日彼は来なかったが、先生は何も言わなかった。

＊即使昨天他没来，老师也没说什么。

○尽管昨天他没来，老师也没说什么。

Jǐnguǎn zuótiān tā méi lái, lǎoshī yě méi shuō shénme.

練　習

1．次の中国語を日本語に訳してください。

① 中日两国尽管体制不同，可是关系很友好。

② 尽管很多人反对举行奥运会，政府还是坚持要举行。

③ 尽管我在中国只留学了一年，可是我交了很多中国朋友。

④ 尽管大家都说没希望了，我也不放弃。

⑤ 尽管老师说了很多遍，他还是不听。

2．次のピンインを中国語に直し、日本語に訳してください。

① Shānxià Míngzǐ jǐnguǎn gǎnmào le, tā háishi lái shàngkè.

② Jǐnguǎn jīntiān zǎoshang xià dàyǔ, Lǐ Jiàn yě qù pǎobù le.

③ Jǐnguǎn dàjiā yǐjīng dāying le, kěshì Shānběn háishi hěn bù gāoxìng.

④ Tāmen jǐnguǎn xìnggé hěn bù tóng, kěshì yìzhí néng hùxiāng zūnzhòng.

⑤ Jǐnguǎn xiànzài yǒu hěn duō kùnnán, wǒ yě bú fàngqì.

３．次の日本語を中国語に訳してください。

① 彼は日本に５年住んでいるにもかかわらず、日本語が全然話せない。

② 今とても暑いにもかかわらず、彼はずっと長袖の服を着ている。

③ 政府は大きな努力をしたが、効果はあまりなかった。

④ 多くの人が彼に反対したにもかかわらず、彼は依然として自分の意見を堅持する。

⑤ 彼はカナダでいい仕事があったにもかかわらず、日本に帰りたいと思っている。

４．次の誤文を正しく直してください。

① 私はメモしたにもかかわらず、また忘れた。

＊尽管我写本子，我又忘了。

② 明日は休日にもかかわらず、彼はまた出勤する。

＊尽管明天是假日，他也要上班。

③ 私達は間違えたが、彼女は怒らなかった。

＊即使我们做错了，她也没生气。

④ 私は今すごく忙しいけれど、アルバイトをしないといけない。

＊虽然我现在很忙，我也要打工。

⑤ 大雪が降って電車もないのに、会社は休ませてくれない。

＊即使下了大雪，没有电车，公司也不让我们休息。

第 90 課

“不管…都 / 也～”

接続詞“不管 bùguǎn”(…であろうと）の後ろに疑問詞か疑問文（選択疑問文、疑問詞疑問文、反復疑問文のみ）を置き、「どんな条件であろうと」を示します。後半は“都 dōu”か“也 yě”を置き、状況が変わらないことを警告、不満、決心などの気持ちと共に示します。否定文は“也”を使っていましたが、近年は肯定文も否定文も“都”を使う傾向があります。“不论”、“无论”も同じ意味、用法ですが、やや硬い書面語です。この課では“不管”で説明します。

1 “不管”＋疑問詞，主語＋“都 / 也”

疑問詞は“什么”、“怎么”、“什么时候”、“多少”、“哪儿”、“多”などがあります（第 11～15、38 課参照)。

① 不管什么人，都不能进去。Bùguǎn shénme rén, dōu bù néng jìnqu.
（どんな人だろうと、入ってはいけない）

② 不管我怎么做，他都不满意。
Bùguǎn wǒ zěnme zuò, tā dōu bù mǎnyì.
（私がどのようにしても、彼は満足しない）

③ 不管什么时候，我都想和你在一起。
Bùguǎn shénme shíhou, wǒ dōu xiǎng hé nǐ zài yìqǐ.
（どんな時でも、あなたと一緒にいたい）

④ 这个东西不管多少，我都要。
Zhèige dōngxi bùguǎn duōshao, wǒ dōu yào.
（この品はどれくらいの量でも、私はほしい）

⑤ 在日本不管哪儿都有便利店。
Zài Rìběn bùguǎn nǎr dōu yǒu biànlìdiàn.
（日本ではどこにでもコンビニがある）

⑥ 不管多便宜，你都别买。Bùguǎn duō piányi, nǐ dōu bié mǎi.
（どんなに安くても、あなたも買わないで）

2 “不管”＋疑問文，主語＋“都／也”

選択疑問文、疑問詞疑問文、反復疑問文は使えますが、“吗”をつける当否疑問文は使えません。

⑦ 不管你去还是他去，都得好好儿准备。
Bùguǎn nǐ qù háishi tā qù, dōu děi hǎohāor zhǔnbèi.
（あなたが行こうと、彼が行こうと、ちゃんと準備をしなければならない）

⑧ 不管你是谁，都不能犯法。Bùguǎn nǐ shì shéi, dōu bù néng fànfǎ.
（あなたが誰であろうと、法律を破ってはいけない）

⑨ 不管贵不贵，他都要买。Bùguǎn guì bu guì, tā dōu yào mǎi.
（高くても高くなくても、彼は買うつもりだ）

練習

1．次の中国語を日本語に訳してください。

① 不管多难，你都得做，不能放弃。

② 不管吃什么，他都要放辣椒。

③ 不管哪个国家，哪个民族都有优点和缺点。

④ 不管你怎么说，我们都不会同意的。

⑤ 不管什么时候，我都不会忘记你的。

2．次のピンインを中国語に直し、日本語に訳してください。

① Bùguǎn zěnme zuò, wǒmen de jīnglǐ dōu bù mǎnyì.

② Bùguǎn shénme shíhou, nǐ dōu kěyǐ lái zhǎo wǒ.

③ Bùguǎn nǐ duō lèi, nǐ jīntiān děi bǎ zhèige gōngzuò zuòwán.

④ Bùguǎn nǐ tóngyì háishi bù tóngyì, wǒ dōu yào qù.

⑤ Xiànzài wǒ è le, bùguǎn hǎochī bù hǎochī, wǒ dōu yào chī.

3．次の日本語を中国語に訳してください。

① どんなに忙しくても、彼は毎日必ず1時間運動する。

② どんな理由があろうと、人を殴ってはいけない。

③ 大人であれ子供であれ、人に迷惑をかけてはいけない。

④ あの人はどんな時も、ケータイのゲームをしている。

⑤ 新幹線であれ飛行機であれ、今となってはもう間に合わないよ。

4．次の誤文を正しく直してください。

① よかろうと悪かろうと、私は買う。

＊尽管好不好，我也要买。

② 月曜日であろうが、日曜日であろうが、彼はいつでも忙しい。

＊尽管星期一还是星期天，他常常很忙。

③ どこでも、彼は本を読んでいる。

＊即使在哪儿，他也看书。

④ 時間があってもなくても、あなたは行かなければならない。

＊不管你有时间没时间，你应该去。

⑤ 大雨が降っているのに、彼はまた買い物に行った。

＊不管下大雨了，他也去买东西了。

第91課

“既然…，就／也／还～”

接続詞の“既然 jìrán”(…である以上、…したからには）は「ある事実」の前に置き、後半に副詞の“就 jiù”、“也 yě”、“还 hái”などを置き、前半に述べた事実に基づく提案、忠告、意見などを表します。“既然”は前半の主語の前後どちらにも置けます。

1 提案、忠告

① 你既然不舒服就别去了。Nǐ jìrán bù shūfu jiù bié qù le.
（あなたは気分が悪いのだから、行かないで）

② 既然大家都不同意，你也别赞成。
Jìrán dàjiā dōu bù tóngyì, nǐ yě bié zànchéng.
（みんなが賛成しない以上、あなたも賛成しないで）

2 疑問

ある事実に基づいて疑問を感じ、相手に質問する時に使います。後半は副詞がいりません。

③ 他既然主动约你去，你为什么不去?
Tā jìrán zhǔdòng yuē nǐ qù, nǐ wèi shénme bú qù?
（彼からあなたを誘っているのに、どうして行かないの？）

④ 既然你知道了，为什么不告诉他?
Jìrán nǐ zhīdào le, wèi shénme bú gàosu tā?
（あなたは知っているのに、どうして彼に言わないの？）

3 反問、反駁

ある事実に基づいて相手に反問、詰問、反駁する時に使います。後半は“还”を使うことが多いです。

⑤ 既然你不喜欢他，为什么还跟他去看电影?
Jìrán nǐ bù xǐhuan tā, wèi shénme hái gēn tā qù kàn diànyǐng?
(あなたは彼が好きではないのに、なぜまた彼と映画を見に行ったの？)

⑥ 大家既然都知道了，我还说什么?
Dàjiā jìrán dōu zhīdào le, wǒ hái shuō shénme?
(みんなが知っているのだから、私はこれ以上何を言うの？)

練　習

1．次の中国語を日本語に訳してください。

① 他的态度既然那样，你就别再去求他了。
② 他既然不道歉，你就别再理他了。
③ 问题既然解决了，你为什么还那么不高兴?
④ 既然你知道病毒的危险性，还不戴口罩出去。
⑤ 既然你不明白，为什么上课时不问?

2．次のピンインを中国語に直し、日本語に訳してください。

① Jìrán xiàyǔ le, nǐ jiù bié qù ba.

② Nǐ jìrán yǒu wèntí, wèi shénme dāngshí bú wèn?

③ Jìrán nǐ bù cānjiā, wǒ yě bù cānjiā le.

④ Jìrán dàjiā dōu fǎnduì le, nǐ hái jiānchí shénme?

⑤ Háizi jìrán jiānjué bù xiǎng shàng dàxué, nǐ jiù bié miǎnqiǎng tā le.

3．次の日本語を中国語に訳してください。

① あなたがどうしても買うと言う以上、私もあえて反対しない。

② 単位がほしいのだから、まじめに勉強しないと。

③ 社長がすでに言ったのだから、私達は言うとおりにするよ。

④ 君はわからないのだから、勝手に言わないでください。

⑤ 中国語のレベルを高めたいからには、中国人と交流しなければならないよ。

4．次の誤文を正しく直してください。

① 彼は同意しないかもしれないので、他の方法を考えましょう。

*既然他可能不同意，我们想别的方法吧。

② 来年中国に行きたいのだから、中国語を勉強しなさい。

*既然你明年想去中国，你学习汉语吧。

③ 彼はケータイを持っているが、ネットで買い物ができない。

*既然他有手机，可是不会上网购物。

④ 彼は中国に行ったことがあるので、中国について紹介してもらいましょう。

*既然他去过中国，请他给我们介绍中国的情况。

⑤ 中国語を勉強したいのだから、中国に留学に行ったほうがいい。

*既然要学习汉语，你要去中国留学。

第 92 課

“只要…就～”

“只要 zhǐyào …就 jiù”(…さえすれば）は、相手の求めに応じたアドバイスや自分から意見を述べる表現です。“只要”の後に最低限の条件を挙げ、後半で“就”の後に結論を述べます。“只要”は主語の前後どちらにも置けます。“就”は他の副詞か助動詞があれば省略可。

1 “只要…就～”：…さえあれば / すれば、～する

① A：怎么才能提高我的汉语？ Zěnme cái néng tígāo wǒ de Hànyǔ?
(どうすれば、私の中国語を高めることができるのですか)

B：只要你去中国留学就能提高。
Zhǐyào nǐ qù Zhōngguó liúxué jiù néng tígāo.
(中国に留学さえすれば、高められるよ)

② 星期天只要不下雨，他就去爬山。
Xīngqītiān zhǐyào bú xiàyǔ, tā jiù qù páshān.
(日曜日は雨さえ降らなければ、彼は山登りにいく)

2 “只要…就好 / 就行 / 就可以”：…さえあればよい、…さえすればよい

③ A：你能告诉我一些减肥的健康法吗？
Nǐ néng gàosu wǒ yìxiē jiǎnféi de jiànkāngfǎ ma?
(何かダイエットにもなる健康法を教えてくれませんか)

B：只要你少吃甜的东西就行。
Zhǐyào nǐ shǎo chī tián de dōngxi jiù xíng.
(甘い物さえ減らせばいいです)

④ 只要你开心就好。 Zhǐyào nǐ kāixīn jiù hǎo.
(あなたがうれしければいいです)

3 "只要"…"就" 以外の副詞 / 助動詞～：…さえあれば / すれば、…も / また / 何とか～

⑤ 只要你不说，他也没办法。Zhǐyào nǐ bù shuō, tā yě méi bànfǎ.
（あなたさえ言わなければ、彼はなすすべがないよ）

⑥ 只要大家互相帮助，一定有解决的办法。
Zhǐyào dàjiā hùxiāng bāngzhù, yídìng yǒu jiějué de bànfǎ.
（みんなが協力し合いさえすれば、きっと解決方法がある）

⑦ 只要还有一分钟，你还得尽力。
Zhǐyào hái yǒu yì fēnzhōng, nǐ hái děi jìnlì.
（1分間でもあるなら、あなたは力を尽くさないと）

⑧ 只要他不问，我不会说的。Zhǐyào tā bú wèn, wǒ bú huì shuō de.
（彼さえ聞かなければ、私は言わないよ）

練習

1．次の中国語を日本語に訳してください。

① 只要你不说，谁都不会知道。

② 世界上只要还有武器商人，战争就不会结束。

③ 听说每天睡前只要冥想十分钟，你就能安眠到天亮。

④ 只要大家守规矩，不随便出门，疫情就能很快控制。

⑤ 我觉得只要条件不错，他会答应你的。

2．次のピンインを中国語に直し、日本語に訳してください。

① Zhǐyào nǐ xǐhuan chī, wǒ jiù tiāntiān gěi nǐ zuò.

② Xīngqītiān zhǐyào yǒu shíjiān, wǒ yě bāng māma zuò jiāwù a.

③ Bùguǎn gōngzuò duō nán, zhǐyào nǐ nǔlì jiù yídìng huì chénggōng.

④ Zhǐyào shì rén, shéi dōu yǒu yōuquēdiǎn.

⑤ Zhǐyào nǐmen xiāng'ài, nǐ bàmā bú huì fǎnduì nǐmen jiéhūn de.

3．次の日本語を中国語に訳してください。

① 寝さえすれば、風邪は治るよ。

② 子供が健康でいてさえくれれば、私は幸せです。

③ 山中さんは暇さえあれば、旅行に出かける。

④ 今はケータイさえあれば、何でもできる。

⑤ 住所さえ教えてくれれば、私はネットで調べて１人で行けます。

4．次の誤文を正しく直してください。

① ちゃんと休めば、あなたの病気は治るよ。

＊只要你好好儿休息，你的病才会好。

② 彼女は甘いものさえ食べなければ、ダイエットできる。

＊只有她不吃甜的东西，她就能减肥。

③ 時間さえあれば、ほぼ毎日母に電話をします。

＊要是有时间，我每天给妈妈打电话。

④ 防衛費さえ減らせば、教育費を増やせるよ。

＊只有减少国防费，教育费就能增加。

⑤ 人が知らなければ、大丈夫よ。

＊只有没人知道，没事儿。

第93課

“只有…才～”

“只有 zhǐyǒu…才 cái”（…しないかぎり、…してこそはじめて）は相手の求めに応じたアドバイスや自分から意見を述べる表現です。“只有”の後に絶対条件を挙げ、後半で“才”の後に結論を述べます。“只有”は主語の前後どちらにも置けます。よく助動詞の“会 huì”、“能 néng”、“可能 kěnéng”と一緒に使います。

1 “只有…才”＋“会／能／可能”＋動詞／形容詞～：…しない限り～できない

① 只有提高判断能力，才不会被媒体误导。
Zhǐyǒu tígāo pànduàn nénglì, cái bú huì bèi méitǐ wùdǎo.
（判断力を高めない限り、マスコミに間違った方向に導かれてしまう）

② 只有不断练习，才能提高你的技术。
Zhǐyǒu búduàn liànxí, cái néng tígāo nǐ de jìshù.
（絶えず練習しない限り、あなたの技術を高められない）

③ 只有经常断舍离，生活才可能简单。
Zhǐyǒu jīngcháng duànshělí, shēnghuó cái kěnéng jiǎndān.
（常に断捨離をしない限り、生活はシンプルにはならない）

2 “只有…才”＋“行／可以”～：…しない限り～は無理だ

④ 只有你妈妈同意才行。Zhǐyǒu nǐ māma tóngyì cái xíng.
（お母さんが賛成しないとだめです）

⑤ 只有这样做才可以。Zhǐyǒu zhèyàng zuò cái kěyǐ.
（このようにしないとだめです）

3 “只要…就～”と“只有…才～”の違い

同じ条件と結果を表しますが、“只要…就～”は最低限の条件を、“只有…才～”は唯一、絶対的な条件を表します。

⑥ 只要他去，问题就能解决。Zhǐyào tā qù, wèntí jiù néng jiějué.
（彼さえ行けば、問題が解決できる）

⑦ 只有他去，问题才能解决。Zhǐyǒu tā qù, wèntí cái néng jiějué.
（彼が行かない限り、問題は解決できない）

練　習

1．次の中国語を日本語に訳してください。

① 政府只有爱护人民，才会获得人民的支持。

② 只有摆脱那个大国的束缚，才能说是真正的独立。

③ 只有不计较回报，才能有好的回报。

④ 你现在只有答应他的要求，才能解决公司的问题。

⑤ 做什么事都只有自己努力才行。

2．次のピンインを中国語に直し、日本語に訳してください。

① Zhǐyǒu jiàoyù zuò de hǎo, guójiā cái néng fāzhǎn.

② Zhǐyǒu nǐ xiān zūnzhòng biérén, biérén cái huì zūnzhòng nǐ.

③ Zhǐyǒu gǎibiàn zhèi zhǒng zhèngcè, cái néng tígāo jiàoyù shuǐpíng.

④ Zhǐyǒu shēntǐ jiànkāng, cái néng zuò nǐ xiǎng zuò de shì.

⑤ Xiànzài méi bànfǎ le, zhǐyǒu zhèyàng zuò cái xíng.

3．次の日本語を中国語に訳してください。

① 今の状況は校長先生が来ない限り、問題を解決できない。

② もっと努力しない限り、あの大学に受からない。

③ 親にならない限り、親の気持ちがわからない。

④ 旅行しない限り、視野を広めることはできないと思います。

⑤ 彼女に謝らないかぎり、彼女は絶対に許してくれないよ。

4．次の誤文を正しく直してください。

① 健康でない限り、留学できない。

＊只要你健康，你才能去留学。

② みんなの協力がない限り、この仕事は完成できない。

＊只有大家合作，就能完成这个工作。

③ 次の日曜日は、大雨が降らなければ山登りに行きます。

＊下个星期天，只有不下大雨，我才去爬山。

④ 郭先生が来ない限り、みんな静かに勉強しない。

＊只有郭老师不来，大家都不能安静学习。

⑤ あなたがみんなに直接言わない限り、みんなは安心できない。

＊只有你不告诉大家，就大家不能安心。

第94課

“要不然”、“要不”、“不然”

接続詞の“要不然 yàobùrán”(さもなければ)の省略形は“要不 yàobù”、“不然 bùrán”です。①警告や念入りな勧告の「さもなければ」、②別の提案をする「なんなら」、③2つ以上の必須の選択肢の前に使い選択させる「または…」の3つの用法があり、“要不”をよく使います。

1 警告や念入りな勧告の「さもなければ」

先に用件を言ってから、“要不然”でそれをしない場合の結果を述べます。

① 你一定要努力学习，要不然你没办法考上那所大学。
Nǐ yídìng yào nǔlì xuéxí, yàobùrán nǐ méi bànfǎ kǎoshang nèi suǒ dàxué.
(君はぜひ頑張って勉強してください。さもなければあの大学に受からないよ)

② 你得遵守法律，要不（然）谁也没法帮你。
Nǐ děi zūnshǒu fǎlǜ, yàobù(rán) shéi yě méi fǎ bāng nǐ.
(法律を守らなければならない。さもなければ誰もあなたを助けられない)

2 別の提案をする「なんなら」

先に1つの提案をして、また別の提案をする時の言い方です。

③ 你明天去吧，要不然后天也行。
Nǐ míngtiān qù ba, yàobùrán hòutiān yě xíng.
(あなたは明日行ってください。なんなら明後日でもいい)

④ 你借我一百块吧，要不（然）八十块也行。
Nǐ jiè wǒ yìbǎi kuài ba, yàobù(rán) bāshí yě xíng.
(100元貸して。なんなら80元でもいいよ)

③ ２つ以上の必須の選択肢を提案する：または、…または～

⑤ 要不周一，要不周二，你来找我。

Yàobù zhōuyī, yàobù zhōu’èr, nǐ lái zhǎo wǒ.

（月曜日か、または火曜日に来てください）

⑥ 没办法选了，要不买这个，要不买那个，要不就不买。

Méi bànfǎ xuǎn le, yàobù mǎi zhèige, yàobù mǎi nèige, yàobù jiù bù mǎi.

（選びようがないよ。これか、またはあれを買うか、または両方とも買わないか）

練　習

１．次の中国語を日本語に訳してください。

① 你得马上向她道歉，要不然她不会原谅你的。

② 你得在期限内缴罚款，要不然会有麻烦的。

③ 咱们一起进去见她吧，要不然，你自己进去。

④ 我们要不要跟那家公司谈谈呢？要不，再等一两天。

⑤ 只能用其中之一，要不用安卓，要不就用 iPhone。

２．次のピンインを中国語に直し、日本語に訳してください。

① Nǐ zìjǐ yào yǒu nénglì, yàobùrán shéi gǎn yòng nǐ?

② Yào tígāo miǎnyìlì, yàobùrán róngyì gǎnrǎn bìngdú.

③ Nǐ děi mǎi bǎoxiǎn, yàobùrán jiānglái chūshì nǐ jiù fùbuqǐ.

④ Wǒmen jīntiān qù nǎr chī wǎnfàn? Yàobù wǒmen zài jiā chī gālífàn.

⑤ Yàobù nǐ qù, yàobù Lǐ Míng qù, yídìng yào yí ge rén qù.

3．次の日本語を中国語に訳してください。

① 今すぐに行かないと。さもなければ間に合わないよ。

② ちゃんと話を聞きなさい。さもなければお小遣いをあげないよ。

③ ちゃんと休んでください。さもなければ病気がもっと悪化するよ。

④ 明日、天安門に行きましょう。なんなら李明さんも誘いましょうか。

⑤ あの大学の第２外国語は２つしかない。中国語か韓国語しか選べない。

4．次の誤文を正しく直してください。

① 健康を大切にするのよ。さもなければ病気になるよ。

＊你要健康，要不然你生病。

② 3回以上欠席してはいけない。さもなければ単位をもらえない。

＊不能缺席三次以上，要不是不能拿学分。

③ 傘を持って行きなさい。でないと、夜雨が降ったらどうするの？

＊你要带伞去，不那样，晚上下雨你怎么办?

④ 食べすぎないで、後で眠くなるよ。

＊别吃太多，你待会儿会很困。

⑤ あなたは自分で行きなさい。なんなら付き添ってあげようか。

＊你自己去吧，还是我陪你去。

第95課

“不但…，而且／还／也～”

“不但 búdàn…而且 érqiě～”は（…だけではなく～だ）という意味です。後半は“而且”（しかも）の他に“还 hái”、“也 yě”も使えます。一緒に使うこともあります。前半と後半の文の主語が同じ場合は、“不但”は主語の後に、主語が違う場合は文全体の前に置きます。“不但”は省略できますが、あったほうが「…だけではなく」という意味を強調します。後半に“还／也…”がある場合、“而且”は省略可。

1 “不但”＋動詞（＋目的語），“而且／还／也”～

① 你们不但要学知识，（而且）还得学学习方法。
Nǐmen búdàn yào xué zhīshi, (érqiě) hái děi xué xuéxí fāngfǎ.
（あなた達は知識だけではなく、学習方法も習わなければならない）

② 他不但没挣钱，（而且）还花了很多钱。
Tā búdàn méi zhèng qián, (érqiě) hái huāle hěn duō qián.
（彼はお金を稼ぐどころか、たくさんお金を使ってしまった）

2 “不但”＋形容詞，“而且／还／也”～

③ 这款手机不但好用，而且很便宜。
Zhèi kuǎn shǒujī búdàn hǎo yòng, érqiě hěn piányi.
（この種類のケータイは使いやすいだけではなく、安い）

④ 今天不但很冷，而且下大雪了。
Jīntiān búdàn hěn lěng, érqiě xià dàxuě le.
（今日は寒いだけではなく、大雪も降ったよ）

3 "不但"＋名詞＋動詞（＋目的語）/形容詞，"而且/还/也"～

⑤ 不但营业额下降了，而且很多顾客都跑了。
Búdàn yíngyè'é xiàjiàng le, érqiě hěn duō gùkè dōu pǎo le.
（売上高が減っただけではなく、多くの顧客に逃げられてしまった）

⑥ 那个葡萄酒不但价钱便宜，（而且）味道也很不错。
Nèige pútaojiǔ búdàn jiàqián piányi, (érqiě) wèidào yě hěn búcuò.
（あのワインは値段が安いだけではなく、味も素晴らしい）

練　習

1．次の中国語を日本語に訳してください。

① 这个时代，你不但得学习英语，还得学习汉语。
② 预防病毒，不但要多洗手戴口罩，而且还要提高免疫力。
③ 快速散步不但能锻炼脚力，而且能减压。
④ 那件事不但班里的同学们都知道了，而且校长和老师也知道了。
⑤ 不但他本人会受影响，他家人和公司也都会受很大的影响。

2．次のピンインを中国語に直し、日本語に訳してください。

① Hétián juéde Hànyǔ búdàn fāyīn nán, érqiě yǔfǎ yě hěn fùzá.
② Lǐ lǎoshī búdàn jiāo wǒmen Hànyǔ, érqiě hái jiāo wǒmen Zhōngguó wénhuà.
③ Nèi cì jiāoliúhuì búdàn hěn yǒu yìsi, érqiě dàjiā dōu wánde hěn yúkuài.
④ Xiǎotián búdàn cōngmíng, érqiě hěn nǔlì, hěn qiānxū.
⑤ Yùndòng búdàn duì shēntǐ hǎo, érqiě duì duànliàn nǎolì yě hěn zhòngyào.

3．次の日本語を中国語に訳してください。

① 今回の風邪は辛い。頭が痛いだけではなく、ずっと咳がでる。

② あの発言は女性だけではなく、男性も結構不満を持っている。

③ 彼はお金を寄付するだけではなく、自ら被災地にボランティアをしに行く。

④ 彼は普段勉強しない。それどころか、1日中ケータイゲームで遊んでいる。

⑤ 彼女は3つの大学に合格した。しかもその中の1つはとても有名な大学です。

4．次の誤文を正しく直してください。

① ヨガは身体だけではなく、精神的にもすごく良い。

＊瑜伽不但身体，对精神也很好。

② 彼だけではなく、家族と友人も彼のために喜んだ。

＊不但他，家族朋友也。

③ 彼女は中華料理が作れて、しかも作った料理はみんなすごくおいしい。

＊她不但会做中国菜，做的菜都很好吃。

④ あそこは夜人がいないだけではなく、怖くて危ない。

＊那里晚上没有人不但，而且很怕，危险。

⑤ このかばんは可愛いだけではなく、値段も安い。

＊这个包不但很可爱，也便宜。

12

補語

第 96 課

単純方向補語「動詞＋“来／去”」

単純方向補語は“来 lai／去 qu”(軽声で読む) で、「…して来る／行く」という意味です。主に方向性を持つ移動動詞“上”(上がる)、“下”(降りる)、“进”(入る)、“出”(出る)、“回”(帰る) の後に使います (以下「方向動詞」と言います)。単純方向補語は命令文以外は単独で使えず、必ず場所詞や“了”などと一緒に使います。“出来！”(出て！)、“出来了”(出て来た)。

1 方向動詞＋“来／去”：…して来る／行く

“上来／去”(上がって来る／行く)、“下来／去”(降りて来る／行く)、“进来／去”(入ってく来る／行く)、“出来／去”(出て来る／行く)、“回来／去”(帰って来る／行く)。それだけで使うと命令文になります。“出来／去！”(出て来い／出て行け)、“回来／去！”(帰って来い／帰れ)。日本語は「…して行く」と訳すと不自然になることがありますが、中国語では必ず“去”をつけます。

① 你上来（／去）吧。Nǐ shànglai (/qu) ba.
(上がって来て／行ってください)

② 经理已经回去了。Jīnglǐ yǐjīng huíqu le.（社長はもう帰ったよ）

2 方向動詞＋場所目的語＋“来／去”：…に～して来る／行く

単純方向補語は場所目的語がある場合は、動詞と“来／去”の間に置きます。“上山来／去”(山に登って来る／行く)。“回来／去”は場所目的語がある時、“来／去”を省略可。“出来／去”は「単純方向補語＋場所目的語」の言い方ができません。“出教室来／去”とは言えません。必ず複合方向補語を使います (第 111 課参照)。

③ 他上楼来（／去）了。Tā shàng lóu lái (/qù) le.
（彼は上の階（マンションなど）に上がって来た／行った）

④ 她回中国（去）了。Tā huí Zhōngguó (qù) le.（彼女は中国に帰った）

3 動作動詞＋“来／去”：…して来る／行く

「動作動詞（歩く、走るなど）+“来／去”」は命令文以外に単独で使えません。“把”構文の命令文にもよく使います。

⑤ 拿去！ Náqu!（持って行きなさい）

⑥ 你把他找来！ Nǐ bǎ tā zhǎolai!（彼を呼んで来い）

4 動作動詞＋非場所目的語＋“来／去”：…を～して来る／行く

非場所目的語は、動作動詞が未来の動作の時、動詞と“来／去”の間に置きます。話題として文頭に持って来る場合はその前に置き、“把”構文は“把”の後、動詞の前に置きます。

⑦ 拿钱来！ Ná qián lái!（金を持って来い）

⑧ 你要的东西，明天我给你送来。
Nǐ yào de dōngxi, míngtiān wǒ gěi nǐ sònglai.
（必要な物を明日持って来ます）

⑨ 你把这些资料也带去。Nǐ bǎ zhèixiē zīliào yě dàiqu.
（これらの資料も持って行きなさい）

5 動作動詞＋“来／去”＋非場所目的語：…を～して来た／行った

非場所目的語は、動作動詞が過去に行った動作の場合、動詞と“来／去”の後に置きます。

⑩ 昨天他买来了很多橘子。Zuótiān tā mǎilaile hěn duō júzi.
（昨日彼はみかんをたくさん買って来た）

⑪ 前天我奶奶寄来了很多大米。Qiántiān wǒ nǎinai jìlaile hěn duō dàmǐ.
（一昨日おばあちゃんがお米をたくさん送って来た）

練　習

1．次の中国語を日本語に訳してください。

① 我们坐电梯上去吧。

② 她不出来，没办法，你进去吧。

③ 我现在就回公司去，你等我。

④ 你什么时候进来的？从哪儿进来的？

⑤ 快递员送来了我在网上买的相机。

2．次のピンインを中国語に直し、日本語に訳してください。

① Nǐ chūlai! Wǒ yǒu huà gēn nǐ shuō.

② Nǐ zài zhèr děng wǒ, wǒ xià lóu qù gěi nǐ mǎi kāfēi.

③ Lǐ lǎoshī yǐjīng shàngqu le, wǒmen yě kuài shàngqu ba.

④ Zhèige dōngxi nǐ yào nǐ náqu, wǒ bú yào.

⑤ Māma hé jiějie jìn chúfáng qù bāo jiǎozi le.

3．次の日本語を中国語に訳してください。

① 私達はエスカレーターで上がりましょう。

② もう6時？帰りましょう。

③ 彼はまだ上にいるよ。電話で彼に早く降りて来るように言って。

④ 昨日、父は栗をたくさん買って来た。

⑤ 私の部屋に入って来て。話があるよ。

4．次の誤文を正しく直してください。

① 彼女は教室に入った。

＊她进去教室了。

② 明日、あの本を持って来る。

＊明天我带来那本书。

③ 昨日、母は私が好きなブドウをたくさん買って来た。

＊昨天我妈妈买很多我喜欢吃的葡萄来了。

④ 映画がすぐ始まるよ、入りましょう。

＊电影快开始了，我们进吧。

⑤ 彼女はロビーで私達を待っているので、早く降りましょう。

＊她在大厅等我们，我们快下吧。

第 97 課

複合方向補語「動詞＋方向動詞＋“来／去”」

動詞の後に「方向動詞」と「“来 lái／去 qù”」の二重の方向を示す補語をつけると、複合方向補語になります。日本語は「上がって来た」で十分ですが、中国語は具体的な動作動詞（歩く、走るなど）をつけます。「単純方向補語」より「動詞＋複合方向補語」をよく使います。動詞の後に用いる複合方向補語は“上来”、“上去”、“下来”、“下去”、“进来”、“进去”、“出来”、“出去”、“回来”、“回去”があり、他に“过来”（やって来る）、“过去”（通りすぎて行く）、“起来”（起き上がる）もよく使います。

1 動作動詞＋方向動詞＋“来／去”

例えば“跳”（跳ぶ）という動作動詞は複合方向補語の「方向動詞＋“来／去”」をつけて、“跳上来”（跳び上がって来る）、“跳上去”（跳び上がって行く）、“跳下来”（飛び降りて来る）、“跳下去”（飛び降りて行く）、“跳进来”（跳んで入って来る）、“跳进去”（跳んで入って行く）、“跳出来”（跳び出て来る）、“跳出去”（跳び出て行く）、“跳回来”（跳んで戻って来る）、“跳回去”（跳んで戻って行く）、“跳过来”（跳んでやって来る）、“跳过去”（跳んで渡って行く）、“跳起来”（跳び上がる）になります。

① 他从山上跑下来了。Tā cóng shānshang pǎoxiàlai le.
（彼は山の上から走って降りて来た）

② 李健高兴得跳起来了。Lǐ Jiàn gāoxìngde tiàoqǐlai le.
（李健さんは喜んで跳び上がった）

2　動作動詞＋方向動詞＋場所目的語＋“来／去”

「動作動詞＋複合方向補語」が場所目的語を取る時、必ず“来／去”の前に置きます。

③ 小猫跳上桌子上来了。Xiǎo māo tiàoshàng zhuōzishang lái le.
（子猫は机に跳び上がって来た）

④ 有人走进图书馆来，也有人走出图书馆去。
Yǒu rén zǒujìn túshūguǎn lái, yě yǒu rén zǒuchū túshūguǎn qù.
（図書館に入って来る人もいれば、出て行く人もいる）

3　非場所目的語の場合

複合方向補語が非場所目的語を取る時は、以下の3つがあります（『誤用から学ぶ中国語　続編1』p.33を参照）。

3.1　動作動詞＋方向動詞＋非場所目的語＋“来／去”

動作主の移動がなく、目的語のみの移動がある場合。最後の方向動詞はほとんど“来”を使います。

⑤ 老师叫我们拿出课本来。Lǎoshī jiào wǒmen náchū kèběn lái.
（先生は私達にテキストを出すように言った）

⑥ 他好不容易才想出一个办法来了。
Tā hǎoburóngyì cái xiǎngchū yí ge bànfǎ lái le.
（彼はようやく1つの方法を考え出した）

3.2　“去”＋場所＋動作動詞＋非場所目的語＋方向動詞＋“来／去”

動作主がある場所に行って目的語と一緒に移動する場合。動作動詞の前に「“去”＋場所」がある時はよくこの文型を使います。未来、過去とも使えますが、過去文は“了”をつけます。過去の動作に対する疑問文は文末の“了”を省略可。

⑦ 你等一下，我去外边儿搬那张桌子进来。
Nǐ děng yíxià, wǒ qù wàibianr bān nèi zhāng zhuōzi jìnlái.
（待っててください、私は外に行ってあのテーブルを運んで来ます）

⑧ 昨天你去哪儿买那么多柿子回来?
Zuótiān nǐ qù nǎr mǎi nàme duō shìzi huílái?
（昨日どこであんなにたくさんの柿を買って来たの？）

3.3 “从”＋場所＋動作動詞＋方向動詞＋“来／去”＋非場所目的語

3.2 と同じく、動作主と目的語の移動ですが、過去の動作にしか使えません。3.2 は「“去”＋場所」がある場合で、3.3 は「“从”＋場所」（…から）があり、「どこから」に重点に置きます。

⑨ 昨天我爸从他公司搬回来了一箱书。
Zuótiān wǒ bà cóng tā gōngsī bānhuílaile yì xiāng shū.
（昨日父は会社から 1 箱の本を運んで来た）

⑩ 前天我妹妹从外边儿捡回来了一只小猫。
Qiántiān wǒ mèimei cóng wàibianr jiǎnhuílaile yì zhǐ xiǎo māo.
（一昨日、妹は外で子猫を拾って帰って来た）

3.4 “把”構文

目的語を“把”の後、動詞の前に置きます。過去、未来どちらにも使えます。

⑪ 你把那些晒的衣服拿进来吧。Nǐ bǎ nèixiē shài de yīfu nájìnlai ba.
（干した服を取って来てください）

⑫ 我已经把那个资料交上去了。Wǒ yǐjīng bǎ nèige zīliào jiāoshàngqu le.
（私はすでにあの資料を上に提出した）

練　習

1．次の中国語を日本語に訳してください。

① 老师非常紧张地把学生们叫出来。

② 墙上那幅画儿，你帮我拿下来吧。

③ 他很不高兴地拿出一百块钱来，扔在桌子上。

④ 老师鼓励学生走出校门去，去公司实习，去农村体验生活。

⑤ 爸，你今天又拿什么东西回来了？大包小包的。

2．次のピンインを中国語に直し、日本語に訳してください。

① Nǐ xiǎng mǎi shénme dōngxi huíqù?

② Zǒushàngqu xīnkǔ, zǒuxiàlai róngyì.

③ Cóng zhèr zǒuchūqu, wǎng yòu guǎi, jiù yǒu yí ge gōngjiāochēzhàn.

④ Lǐ Kāng cóng qiánbāoli náchū liǎng zhāng yìbǎi kuài lái gěi wǒ.

⑤ Nǐ dài nǐ dìdi chūqu, wǒ yǒu huà gēn nǐ bàba shuō.

3．次の日本語を中国語に訳してください。

① こんな高い山を走って登れますか。

② 早く横になって、もう話さないで、ゆっくり休んでください。

③ 彼は1枚の名刺を出して、私に渡してくれました。

④ 私は昨日もうあれらの写真を転送しました。

⑤ 1人の警官が店に入って来て、店の人はみんなびっくりしました。

4．次の誤文を正しく直してください。

① 明日はクリスマスなので、ケーキを買って帰るよ、いい？

＊明天圣诞节，我买回来蛋糕，好吗?

② 彼が体育館から出て来たのを見た。

＊我看见他出体育馆来了。

③ 彼は電車に乗ると、すぐケータイを出してメールを見た。

＊他坐电车就拿出来手机看短信。

④ あの食べ残した料理を冷蔵庫に入れた。

＊那些剩菜我放进去冰箱里了。

⑤ カラスは屋根から降りて来て、ごみを食べた。

＊乌鸦从屋顶上下来吃垃圾。

第98課

結果補語になる動詞

動詞の後につけて、動詞の結果を補足的に説明する動詞や形容詞を結果補語と言います。この課では動詞の補語を学びます。例えば、動詞“做”の後ろに動詞“完”をつけて、“做完”(…し終わる) という「動詞＋結果補語」の構造になります。“完”は結果補語です。「動詞＋結果補語」は過去でも未来の動作でも使え、目的語も取れます。“了”もつけられますが、文末の“了”は省略できず、文中の結果補語の後の“了”は省略可。否定は過去なら“没”、現在と未来の動作の否定は“不”、まだしていないことは“还没”を前につけます。

1 動詞₁＋結果補語(動詞₂)

① 今晚你得做完这些作业。Jīnwǎn nǐ děi zuòwán zhèixiē zuòyè.
(今晩、これらの宿題を終えなければならない)

② 你听懂他的汉语吗? Nǐ tīngdǒng tā de Hànyǔ ma?
(彼の中国語を聞いてわかりましたか)

2 動詞₁＋結果補語(動詞₂)＋“了”

「動詞₁＋結果補語 (動詞₂)」の後の“了”は文末なら完了 (…した) の意味ですが、さらに文が続く場合は、条件 (…したら)、仮定 (…すれば) などの意味があります。文末の“了”は省略できませんが、文中の結果補語の後の“了”は省略可。

③ 昨天他跌倒了。Zuótiān tā diēdǎo le. (昨日彼は転んだ)

④ 想明白 (了) 再告诉我。Xiǎng míngbai(le) zài gàosu wǒ.
(よく考えて、わかったら教えてください)

⑤ 要是把这件事写成（了）一本小说一定很畅销。
Yàoshi bǎ zhèi jiàn shì xiěchéng(le) yì běn xiǎoshuō yídìng hěn chàngxiāo.
（この事を小説に書いたらきっと売れる）

3 “没 / 不 / 还没”＋動詞$_1$＋結果補語（動詞$_2$）

⑥ 今天早上我没看见他。Jīntiān zǎoshang wǒ méi kànjiàn tā.
（今朝彼を見かけなかった）

⑦ 不做完作业你不能睡觉。Bú zuòwán zuòyè nǐ bù néng shuìjiào.
（宿題が終わらないと寝てはいけない）

⑧ 这本小说我还没看完。Zhèi běn xiǎoshuō wǒ hái méi kànwán.
（この小説はまだ読み終えていない）

練　習

1．次の中国語を日本語に訳してください。

① 她开车不小心，把一个老人撞伤了。

② 你的手机放在哪儿了？没放在车上吧？

③ 奇怪，这孩子见到你就不哭了。

④ 我的自行车被我哥哥骑走了。

⑤ 不打赢美国队，别想进四强。

2．次のピンインを中国語に直し、日本語に訳してください。

① Nèi běn xiǎoshuō wǒ hái méi kànwán.

② Zuótiān wǒ qí zìxíngchē diēdǎo le, hái diēshāngle jiǎo.

③ Duìbuqǐ, wǒ méi tīngdǒng nǐ de yìsi.

④ Niúnǎi yòu hēwán le? Zhème kuài, sān tiān jiù hēwán yì bāo.

⑤ Qiántiān wǒ zài xiàoyuánli jiàndào Lǐ lǎoshī le.

3．次の日本語を中国語に訳してください。

① 台風はたくさんの木を吹き倒した。

② 私の話を最後まで聞いてから行きなさい。

③ このジャガイモを千切りにしてください。

④ 彼の漫画本は全部お母さんに持って行かれた。

⑤ 明日出すレポートをまだ書き終えていない。

4．次の誤文を正しく直してください。

① 母が作った300個の餃子は私達が全部食べてしまった。

＊妈妈做的三百个饺子，我们都吃了。

② 私はサッカーをした時に足を怪我したのだ。

＊我的脚是踢足球时伤的。

③ おばあちゃんはあれらのリンゴでジャムを作った。

＊我奶奶把那些苹果做了苹果酱。

④ 日本では毎日たくさんの残飯を捨てている。

＊日本每天都倒了很多剩菜。

⑤ 中国にいた時にタバコを吸う中国人をたくさん見た。

＊在中国时，我看了很多人抽烟。

第99課

結果補語になる形容詞

結果補語は動詞だけではなく、形容詞もあります。例えば、形容詞“好”は動詞“做”の結果補語になり、“做好 zuòhǎo”(ちゃんとする)という構造になります。「動詞＋形容詞」という補語構造は1つの動詞という考え方もあります。過去でも未来の動作でも使え、その後に目的語を取れます。“了”もつけられますが、文末の“了”は省略できず、文中の結果補語の後の“了”は省略可。否定は過去なら“没”、現在と未来の動作の否定は“不”、まだしていないことは“还没”を前につけます。

1 動詞＋結果補語(形容詞)

① 做好自己的工作，别管别人的。
Zuòhǎo zìjǐ de gōngzuò, bié guǎn biéren de.
(自分の仕事をちゃんとして、他人のことにタッチしないで)

② 你得把这些碗碟洗干净。Nǐ děi bǎ zhèixiē wǎndié xǐgānjìng.
(あなたはこれらの皿をきれいに洗わなければならない)

2 動詞＋結果補語(形容詞)＋“了”

「動詞＋結果補語(形容詞)」の後の“了”は文末なら完了(…した)の意味ですが、さらに文が続く場合は、条件(…したら)、仮定(…すれば)などの意味があります。文末の“了”は省略できませんが、文中の結果補語の後の“了”は省略可。

③ 今天你来晚了，她来早了。Jīntiān nǐ láiwǎn le, tā láizǎo le.
(今日、あなたは遅く来たが、彼女は早く来た)

④ 你答对（了）我再给你这个糖果。
Nǐ dáduì(le) wǒ zài gěi nǐ zhèige tángguǒ.
（正しく答えられたら、この飴をあげる）

⑤ 要是你弄坏（了）我的手机，你得赔。
Yàoshi nǐ nònghuài(le) wǒ de shǒujī, nǐ děi péi.
（もし私のケータイを壊したら、弁償してもらうよ）

3 “没 / 不 / 还没”＋動詞＋結果補語（形容詞）

⑥ 对不起，我没听清楚你说什么。
Duìbuqǐ, wǒ méi tīngqīngchu nǐ shuō shénme.
（すみません、あなたが言っていることがはっきり聞こえなかった）

⑦ 你的头发不剪短一点儿吗？ Nǐ de tóufa bù jiǎnduǎn yìdiǎnr ma?
（髪の毛を少し短く切らないの？）

⑧ 我还没吃饱，我想再吃一个。Wǒ hái méi chībǎo, wǒ xiǎng zài chī yí ge.
（まだお腹がいっぱいではないから、もう 1 個食べたい）

練　習

1．次の中国語を日本語に訳してください。

① 请你把这些洗好的碗碟擦干。

② 你的电脑买贵了，我的才五万日元呢。

③ 你小心一点儿，别弄坏了我的手机。

④ 桌子擦干净了，餐具也摆好了。

⑤ 很多地方你写错了，我都给你改好了。

2．次のピンインを中国語に直し、日本語に訳してください。

① Zài nǎr xià chē zhīdào ma? Bié zài xiàcuò zhàn le.

② Zhèi cì dìzhèn, wǒmen gōngsī sǔnshīdà le.

③ Zhì bìng yào zhǎoduì yīshēng, bié luàn zhǎo.

④ Fángjiān bù dǎsǎogānjìng, nǐ bù néng chūmén.

⑤ Jiǎozi hái méi zhǔshú, kuài le, mǎshàng jiù shú.

3．次の日本語を中国語に訳してください。

① はっきり聞いてから行きなさい。

② カーテンはきれいに洗濯しましたか。

③ 卵は全部売り切れです。明日また来てください。

④ この問題はあなたは考えすぎだよ、そんなに複雑ではない。

⑤ 彼は正しく答えたが、あなたは間違えた。

4．次の誤文を正しく直してください。

① 彼は日本語を言い間違えた。

＊他说日语错了。

② 明日の会議の準備はできましたか。

＊明天会议的准备好了吗?

③ 弟に3個買うように頼んだが、5個買って来た。多く買ってしまった。

＊我叫我弟弟买三个，他买了五个，多买了。

④ 妹のケーキを小さく作ったので、彼女は怒った。

＊我妹妹的蛋糕，我小做了，她生气了。

⑤ 私は運動靴をきれいに洗った。

＊我干净洗了我的运动鞋了。

第100課

動詞＋“完／好”

結果補語の中で動詞の“完 wán”と形容詞の“好 hǎo”が最もよく使われます。“写完”(書き終えた)、“说完”(話し終えた)、“写好”(ちゃんと書いた)、“说好”(ちゃんと話した）など。ほとんどの動詞はこの2つの結果補語が使えます。両方とも「完了する、終わる」という意味がありますが、“完”は量的な終わりで「なくなる」という意味もあります。“好”は質的な終わりで「でき上がる」という意味を表します。

1 「動詞＋“完”」と「動詞＋“好”」：…し終える／終えた

両者が置き換えられるのは、動作が量的にも質的にも完了することを表す場合です。

① 我吃完（／好）了，可以去玩儿了吗？
Wǒ chīwán (/hǎo) le, kěyǐ qù wánr le ma?
（食べ終わったよ、遊びに行ってもいい？）

② 这些衣服都洗完（／好）了，还有吗？
Zhèixiē yīfu dōu xǐwán (/hǎo) le, hái yǒu ma?
（これらの服を洗濯し終わったよ、まだありますか）

2 動詞＋“完”：…をし終える／終えた、…なくなる／なくなった

動作に関わる目的の量がなくなることを表します。“好”は使えません。

③ 这个月的钱用完了，你再给我一万日元吧。
Zhèige yuè de qián yòngwán le, nǐ zài gěi wǒ yí wàn Rìyuán ba.
（今月のお金を全部使った。あと1万円ください）

④ 牛奶喝完了，你去超市买一盒回来。
Niúnǎi hēwán le, nǐ qù chāoshì mǎi yì hé huílai.
（牛乳がなくなったから、スーパーに行って１パック買って来て）

3 動詞＋“好”：ちゃんと…でき上がる／上がった

動作に関わる量と関係なく、質的に「ちゃんとでき上がる／でき上がった」ことを表します。“完”は使えません。

⑤ 要做好一个小学老师，真不容易。
Yào zuòhǎo yí ge xiǎoxué lǎoshī, zhēn bù róngyì.
（いい小学校の教員になるのは簡単ではない）

⑥ 我昨天晚上没睡好，你呢？ Wǒ zuótiān wǎnshang méi shuìhǎo, nǐ ne?
（昨日の夜よく寝られなかった。あなたは？）

練　習

1．次の中国語を日本語に訳してください。

① 上次我送你的酒喝完了吗？
② 期末考试终于都考完了，可以轻松轻松了。
③ 那本日本小说我还没翻译完（／好）。
④ 昨天的工作报告，你写好了吗？
⑤ 你放心，王大夫一定能治好你女儿的病的。

2．次のピンインを中国語に直し、日本語に訳してください。

① Zánmen bú shì shuōhǎo jīntiān wǒ qǐngkè ma?

② Nèige diànyǐng wǒ zuótiān kànwán le, wǒ júede bú tài yǒu yìsi.

③ Wǒ shuōwán le, nǐ shuō ba.

④ Wǎnfàn yǐjīng zhǔnbèihǎo le, nǐ chīle zài zǒu.

⑤ Nèixiē yào wǒ chīwán le, kěshì bìng hái méi hǎo.

3．次の日本語を中国語に訳してください。

① 先週第５課は終わりました。今日、続けて第６課を勉強しましょう。

② 中国語の発音は私はまだちゃんとマスターしていない。

③ 今日の宿題がまだ終わっていない。どうしよう？

④ 明日の旅行の荷物を全部用意できましたか。

⑤ 洗濯物を全部洗ったよ。まだ洗いたいものがある？

4．次の誤文を正しく直してください。

① 中国語の宿題が終わった。次は英語の宿題をやる。

＊汉语的作业完了，我继续做英语的作业。

② 来週のプランを私達はもう話した。

＊下周的计划我们已经谈了。

③ 大掃除に使う物は全部買ったよ。

＊大扫除要用的东西都买完了。

④ コーヒーを飲み終えたら、お代わりができますか。

＊咖啡喝了可以再加吗?

⑤ 20 個の餃子をあなた１人で全部食べたの？

＊二十个饺子你一个人都吃好了吗?

第 101 課

動詞＋“在／到”

動詞“在 zài”（いる、ある）と“到 dào”（到着する）も結果補語としてよく使います。「動詞＋“在”」は人や物が動作の結果どこかに存在する状態を表します。“放在”（置いてある）、“挂在”（掛けてある）。「動詞＋“到”」は①ある場所に到達する、②ある目的を達する、③ある期間、範囲までするという 3 つの意味があります。

1 動詞＋“在”

主語は特定の人や物で、その主語が存在する状態を示します。

① 郭老师站在我们前边儿。Guō lǎoshī zhànzài wǒmen qiánbianr.
（郭先生は私達の前に立っている）

② 我的手机没放在书包里。Wǒ de shǒujī méi fàngzài shūbāoli.
（私のケータイはかばんに入れてない）

2 動詞＋“到”

2.1 ある場所に到達する

動詞の「到着する」の意味で使う結果補語です。前の動詞は移動動詞（“走”、跑”、“跳”、“飞”など）です。

③ 我跑到车站时，电车已经走了。
Wǒ pǎodào chēzhàn shí, diànchē yǐjīng zǒu le.
（走って駅に着いた時、電車はすでに発車していた）

④ 我还没走到家，就下雨了。Wǒ hái méi zǒudào jiā, jiù xiàyǔ le.
（家に着く前に雨が降ってきた）

2.2 ある目的を達する

“到”は補語として「目的に達する」、「ほしい物を得る」という結果を表します。“那本书我买了”は「あの本を買った」ですが、“那本书我买到了”は「あの本は手に入りにくく、やっと入手できた」という「目的を達した」の意味になります。

⑤ 他得到第一名，拿到了很多奖品。
Tā dédào dì-yī míng, nádàole hěn duō jiǎngpǐn.
（彼は1位を取り、たくさんの賞品をもらった）

⑥ 他终于找到了一个他真正喜欢的伴侣了。
Tā zhōngyú zhǎodàole yí ge tā zhēnzhèng xǐhuan de bànlǚ le.
（彼はついに本当に好きな伴侶を見つけた）

2.3 ある期間、範囲までする

補語として、場所と時間の範囲、期間を表します。“学到第十课”（第10課まで勉強した）、“学到十二点”（12時まで勉強した）。目的語がある時は、「動詞＋目的語」を先に言ってから、もう一度その動詞を言い、補語“到”を言います。

⑦ 他做生意做到日本来了。Tā zuò shēngyi zuòdào Rìběn lái le.
（彼は日本まで商売しにきた）

⑧ 昨天他打麻将打到几点啊？ Zuótiān tā dǎ májiàng dǎdào jǐ diǎn a?
（昨日彼は何時までマージャンをしたの？）

練　習

1．次の中国語を日本語に訳してください。

① 现在去还能买到明天的车票，晚了就没了。

② 他去年的成绩不太好，今年没拿到奖学金。

③ 你不是住在上海吗？什么时候跑到北京来做生意了？

④ 我躺在床上看书，听到门铃和你的声音，我就跑出来了。

⑤ 他每天都加班加到十一二点，身体会累坏的。

2．次のピンインを中国語に直し、日本語に訳してください。

① Liú Hǎi tāmen dōu zuòzài jiàoshìli děng nǐ ne.

② Cóng zhèr kāichē kāidào Dàbǎn, yào sì ge duō xiǎoshí ba.

③ Lǎoshī zǒudào Lǐ Míng qiánbianr, zǔzhǐ tā wánr shǒujī.

④ Nǐ yí ge yuè dǎgōng néng zhèngdào duōshao qián a?

⑤ Jīntiān wǒmen jiù tǎolùndào zhèr, míngtiān zài jìxù tǎolùn.

3．次の日本語を中国語に訳してください。

① このプロジェクトはいつまで延期するつもりですか。

② この油絵はリビングの真ん中に掛けないで。

③ いい方法を思いついたよ、やってみますか。

④ 半年かかって、やっといい仕事を見つけた。

⑤ 猫が木に跳び上がった時に、小鳥達はみんな空へ飛んで行ってしまった。

4．次の誤文を正しく直してください。

① 私のかばんは机の下に置いてある。

＊我的书包放着桌子下边儿。

② 昨日、夜中の１時まで中国語を勉強した。

＊昨天我学习汉语到半夜一点。

③ 私の友達は東京に引っ越した。

＊我的朋友搬东京了。

④ 去年の目標に達しなかった。

＊我没达我去年的目标。

⑤ 今年、兄はどのぐらいボーナスをもらったかな。

＊今年我哥哥拿多少奖金吗?

第 102 課

動詞＋“见／懂／明白”

“见 jiàn”(見える)、“懂 dǒng”(わかる)、“明白 míngbai”(わかる) もよく使う結果補語です。「動詞＋“见”」は動作によって見えるという結果を表します。“看见”(見える)、“听见”(聞こえる)、“梦见”(夢で見る)。「動詞＋“懂／明白”」は動作によってわかるという結果を表します。“看懂／明白”(見てわかる、読んでわかる)、“听懂／明白”(聞いてわかる)、“想懂／明白”(考えてわかる) など。

1 動詞＋“见”：動作によって見える

ある動作をしてから、「見える、目に入る、会見する」という結果を表す時に“见”を使います。“看见”(見かける)、“听见”(聞こえる)、“梦见”(夢を見る)。否定は“没”を動詞の前に置きます。

① 昨天我在图书馆没看见山本。
Zuótiān wǒ zài túshūguǎn méi kànjiàn Shānběn.
(昨日図書館で山本さんを見かけなかった)

② 今天早上我在路上遇见山下了。
Jīntiān zǎoshang wǒ zài lùshang yùjiàn Shānxià le.
(今朝道で山下さんに偶然会った)

③ 前天晚上我梦见我奶奶了。
Qiántiān wǎnshang wǒ mèngjiàn wǒ nǎinai le.
(一昨日の夜、おばあちゃんの夢を見た)

2 動詞＋“懂／明白”：動作によってわかる

“懂”と“明白”は動詞の後に置き、「わかった」という結果を表します。日本語では「わかる、わかった」だけで十分ですが、中国語では何の動作かを言うのが普通です。“听懂／明白”(聞いてわかる)、“看懂／明白”(見てわかる)、“想懂／明白”(考えてわかる)。否定は“没”を動詞の前に置きます。

④ A：你听懂（／明白）我的话吗？
Nǐ tīngdǒng (/míngbai) wǒ de huà ma?
(私の話を聞いてわかりましたか)
B：听懂（／明白）了。Tīngdǒng (/míngbai) le.
(わかりました)

⑤ A：这篇文章你看懂（／明白）了吗？
Zhèi piān wénzhāng nǐ kàndǒng (/míngbai) le ma?
(この文章が読んでわかりましたか)
B：没看懂（／明白）。Méi kàndǒng (/míngbai).
(わからなかった)

⑥ 那个问题我想明白了。Nèige wèntí wǒ xiǎngmíngbai le.
(あの問題が考えてわかった)

練 習

1．次の中国語を日本語に訳してください。

① 前天我在书店遇见了王强和他老婆。
② 昨天我看见田中和李明在食堂吃饭。
③ 我到现在还没梦见过我爷爷呢。
④ 你弄明白了这个道理，你就长大了。
⑤ 这篇论文说什么，我读了三遍也没读懂。

2．次のピンインを中国語に直し、日本語に訳してください。

① Qǐng nín zài shuō yí biàn, wǒ méi tīngdǒng nín de yìsi.

② Kànjiàn le, kànjiàn le, shì bu shì zhànzài shùxia de nèige rén?

③ Wǒmen shuōhuà, gébì de rén huì tīngjiàn ma?

④ Wǒ zuìjìn chángcháng mèngjiàn wǒ nǎinai hé wǒ yéye.

⑤ Zhèige wèntí nǐ xiǎngdǒngle zài lái zhǎo wǒ.

3．次の日本語を中国語に訳してください。

① ちゃんと考えて。わかったら彼を批判できないはずだ。

② 私はあの人の英語が聞いてわかりませんでした。

③ この哲学の本は以前読んでもわからなかったが、今わかった。

④ 足音が聞こえたら、彼はすぐ逃げてしまった。

⑤ 今朝、田中さんが運動場で体操しているのを見たよ。

4．次の誤文を正しく直してください。

① 私は小川先生が食堂で食事をしているのを見た。

＊我看了小川老师在食堂吃饭。

② 1日中考えて、彼がなぜあのようにしたかわかった。

＊我想了一天，明白他为什么要那么做。

③ 私は彼の話した中国語がわからなかった。

＊我不懂他说的汉语。

④ このマニュアルを何回読んでもまだわからない。

＊这个说明书我几遍还是不懂。

⑤ あの件は1週間考えてわかった。もう怒らないよ。

＊那件事我想了一个星期，明白了，我不生气了。

第 103 課

動詞＋“住 / 走 / 开 / 给”

動詞の“住 zhù”(住む)、“走 zǒu”(歩く)、“开 kāi”(開ける、つける)、“给 gěi”(あげる) も結果補語として使います。“拿住”(しっかり持つ)、“拿走”(持って行く)、“拿开”(ここから持って行く)、“拿给”(誰かに持って行ってあげる) など。

1 動詞＋“住”

動詞“住”(住む) は、「停止する、阻止する」と「安定する、固定する」という結果を表します。“记住”(しっかり覚える)、“关住”(しっかり閉める)、“抓住”(しっかり掴む) など。よく命令文で使います。“站住”(止まれ)。

① 站住！ 别动！ Zhànzhù! Bié dòng!（止まれ！動くな！）

② 你爸的话你要记住，别忘了。Nǐ bà de huà nǐ yào jìzhù, bié wàng le.
(お父さんの話をしっかり覚えて、忘れないで)

2 動詞＋“走”

動詞“走 zǒu”(歩く、行く、離れる、帰る) は「…して行く」、「…してしまう」という結果を表します。“拿走”(持って行く)、“骑走”(自転車など乗って行く)、“搬走”(別の所に運んで行く、引っ越しする)、“借走”(借りて行く) など。

③ 你的书她拿走了。Nǐ de shū tā názǒu le.
(あなたの本は彼女が持って行った)

④ 我的自行车被我哥骑走了。Wǒ de zìxíngchē bèi wǒ gē qízǒu le.
(私の自転車は兄に乗って行かれた)

3 動詞＋"开"

動詞"开"は「開ける、つける、分かれる、元の場所から離れる」という結果を表します。"打开门"(ドアを開ける)、"拉开窗帘"(カーテンを引っ張って開ける)、"打开电脑"(パソコンの電源をつける)、"打开电视"(テレビをつける)、"分开"(分ける)、"切开"(切って分ける)、"离开"(離れる)、"走开"(歩いて離れる)。

⑤ 他离开故乡已经五年了。Tā líkāi gùxiāng yǐjīng wǔ nián le.
(彼は故郷を離れてすでに5年になった)

⑥ 别伤心了，想开一点儿。Bié shāngxīn le, xiǎngkāi yìdiǎnr.
(もう悲しまないで、くよくよしないで)

4 動詞＋"给"

動詞"给"(あげる)は、「…してあげる」という結果を表します。"买给"(買ってあげる)、"卖给"(売ってあげる)、"交给"(渡してあげる)、"送给"(プレゼントなどをあげる)など。

⑦ 这个玩具是买给你弟弟的，不是买给你的。
Zhèige wánjù shì mǎigěi nǐ dìdi de, bú shì mǎigěi nǐ de.(このおもちゃはあなたの弟に買ってあげたのよ、あなたに買ったものではないよ)

⑧ 今天拍的照片你发给田中了吗？
Jīntiān pāi de zhàopiàn nǐ fāgěi Tiánzhōng le ma?
(今日撮った写真を田中さんに送ってあげた？)

練　習

1．次の中国語を日本語に訳してください。

① 那个英国留学生已经搬走了。

② 他一打开手机，就玩儿游戏。

③ 把门关住，别让他进来。

④ 这次投票我们都投给李明了。

⑤ 本来还有一个，刚被人买走了。

2．次のピンインを中国語に直し、日本語に訳してください。

① Jīntiān xué de cíhuì nǐ dōu jìzhù le ma?

② Nèixiē gōngrén dōu ràng lǎobǎn qìzǒu le.

③ Nèi běn zázhì nǐ huángěi Wáng Yīng le ma?

④ Qǐng bǎ nǐ de shūbāo nákāi, ràng biéren zuò.

⑤ Nǐ děi kànzhù zhèige háizi, bié ràng tā luàn pǎo.

3．次の日本語を中国語に訳してください。

① 故郷を離れた後、彼は一度も帰ったことがない。

② 駐車違反の車は警察に引っぱって行かれた。

③ 無事に帰って来た子供を見て、お母さんは彼をしっかり抱きしめた。

④ 彼女は涙を我慢して、何も言わなかった。

⑤ あのエンジニアはその技術を全部私達に教えてくださいました。

4．次の誤文を正しく直してください。

① 先生が話した試験のポイントをしっかり覚えましたか。

＊你好好儿记老师说的考试要点了吗？

② 私が飼っていた小鳥は飛んで行ってしまった。

＊我养的小鸟飞去了。

③ こんな優秀な人材を、会社は絶対に引き留めないと。

＊这么优秀的人，公司一定要留他。

④ あのお金は彼に渡した。

＊那个钱我交他了。

⑤ 今回失敗したことはもう諦めた。

＊这次失败的事我放弃了。

第104課

動詞＋“倒／伤／死／坏”

動詞“倒 dǎo”(倒れる)、“伤 shāng”(怪我する)、“死 sǐ”(死ぬ)、形容詞“坏 huài”(悪い) も結果補語としてよく使います。“推倒”(押し倒す)、“跌伤”(転んで怪我する)、“饿死”(飢え死にする)、“敲坏”(叩き壊す) など。受身文でよく使います。“脑被震伤了”(脳は震動によって傷ついた)。

1 動詞＋“倒”

動詞“倒”(倒れる、つぶれる) は「…して倒れる」、「…して倒す」などの結果を表します。“累倒”(疲れて倒れる)、“打倒”(政権などを打倒する)、“刮倒”(風で吹き倒れる)、“吓倒”(びっくりして倒れる)、“滑倒”(滑って倒れる) など。

① 他每天从早忙到晚，早晚会累倒的。
Tā měitiān cóng zǎo máng dào wǎn, zǎowǎn huì lèidǎo de.
(彼は毎日朝から晩まで忙しくて、遅かれ早かれ、疲れて倒れるよ)

② 那个国家的腐败政权被打倒了。
Nèige guójiā de fǔbài zhèngquán bèi dǎdǎo le.
(あの国の腐敗した政権が倒された)

2 動詞＋“伤”

動詞“伤”(怪我する) は、「…によって怪我する」という結果を表します。“割伤”(包丁などで切って怪我する)、“烧伤”(やけどする)、“撞伤”(ぶつかって怪我する)、“打伤”(殴って怪我する) など。

③ 昨天他在公园散步时跌伤了。
Zuótiān tā zài gōngyuán sànbù shí diēshāng le.
(昨日彼は公園を散歩した時に転んで怪我した)

④ 我的脚被自行车撞伤了。Wǒ de jiǎo bèi zìxíngchē zhuàngshāng le.
（私は自転車にひかれて足を怪我した）

3 動詞＋“死”

“死” は最悪の結果を表します。“战死”（戦死する）、“病死”（病死する）、“饿死”（餓死にする）。他にも “打死”（叩き殺す、殴り殺す）、“累死”（疲れて死ぬ）、“吓死”（びっくりして死ぬ）、“烧死”（焼け死ぬ）など。

⑤ 那些人都是饿死的。Nèixiē rén dōu shì èsǐ de.
（あの人達はみんな餓死したのだ）

⑥ 那次洪水泛滥，淹死了不少人。
Nèi cì hóngshuǐ fànlàn, yānsǐle bù shǎo rén.
（あの洪水によって、多くの人がおぼれて死んだ）

4 動詞＋“坏”

形容詞 “坏”（悪い）は「動作によって悪くなる、壊す、壊れる」という結果を表すことが多いです。“做坏”（…してだめにする）、“累坏”（疲れて体が悪くなる）、“撞坏”（ぶつかって壊れる）、“压坏”（押されて壊れる）、“弄坏”（いじって壊れる）など。

⑦ 你别累坏了身体。Nǐ bié lèihuàile shēntǐ.（疲れて体を壊さないように）

⑧ 我的手机被我弟弟弄坏了。Wǒ de shǒujī bèi wǒ dìdi nònghuài le.
（私のケータイは弟に壊された）

練　習

1．次の中国語を日本語に訳してください。

① 她的手被猫抓伤了。

② 那次战争，很多人被原子弹炸死了。

③ 电视被孩子敲坏了。

④ 地上很滑，小心，别滑倒了。

⑤ 你这样随便扔手机会弄坏的。

2．次のピンインを中国語に直し、日本語に訳してください。

① Zuótiān wǒ māma qiē cài shí, bù xiǎoxīn gēshāngle shǒuzhǐ.

② Lǐ Jiàn qiántiān qí zìxíngchē shí, zhuàngdǎole yí ge xiǎoháir.

③ Nǐ zhèyàng gōngzuò, shēntǐ nònghuàile zěnme bàn?

④ Zhè jǐ tiān tài lěng le, wǒ zhòng de nèixiē huā dōu bèi dòngsǐ le.

⑤ Shēntǐ zhòngyào, nǐ yàoshi bìngdǎo le, shéi zhàogù nǐ a?

3．次の日本語を中国語に訳してください。

① 外で１時間以上立っていたので、足が凍傷になった。

② 今回の台風で多くの木が吹き倒された。

③ 車の運転に気をつけて。人に怪我させないでね。

④ あの靴はネズミに噛まれてだめになったよ。

⑤ その時の水害で、何人かの子供はおぼれて死んだよ。かわいそうに！

4．次の誤文を正しく直してください。

① 彼女は料理をしている時に、手をお湯でやけどした。

＊她做菜的时候，热水烧了手。

② トラックにひかれて亡くなった人は２人だ。

＊卡车被撞死了两个人。

③ 彼女はあなたのパソコンを壊してないよ。

＊她没坏你的电脑。

④ 気をつけて、転ばないで。

＊小心，别跌啊。

⑤ あなたのお父さんがもし倒れたら、どうするの？

＊你爸爸倒了。怎么办?

第105課

動詞＋“上／下”

方向動詞の“上 shàng”（上がる）と“下 xià”（降りる）は方向補語だけではなく、結果補語としても使います。“上”は「ある程度に達する」、「付着する」、「気に入る」、“下”は「元の位置から離れる、残す」、「…を固定する」という結果を表します。結果補語としての“上”、“下”は軽声で読むことが多いです。

1　動詞＋“上”

1.1　目標や一定の程度に到達することを表す

“买上车”は「車を買うという目標を達成する」、“住上新房子”は「新しい家に住みたいという願いが叶う」など。

① 他考上北京大学了。Tā kǎoshang Běijīng Dàxué le.
（彼は北京大学に合格した）

② 她的汉语水平赶上你们了。Tā de Hànyǔ shuǐpíng gǎnshang nǐmen le.
（彼女の中国語のレベルはあなた達に追いついた）

1.2　あるものに付着することを表す

“关上门”は「ドアを閉めて、ドアが壁にくっつく」、“涂上油”は「油を塗って、その油が塗った場所に付着する」など。

③ 现在请大家闭上眼睛，休息一下。
Xiànzài qǐng dàjiā bìshang yǎnjīng, xiūxi yíxià.
（今、みんな目を閉じて少し休んでください）

④ 戴上口罩再出去。Dàishang kǒuzhào zài chūqu.
（マスクをしてから出かけてください）

1.3 「気にいる」結果を表す

“看上那件衣服”は「あの服を見て気に入る」、“爱上她”は「彼女を好きになる」など。

⑤ 喜欢上一个人不需要理由。Xǐhuanshang yí ge rén bù xūyào lǐyóu.
（人を好きになるのに理由はいらない）

⑥ 他最近迷上打高尔夫球了。Tā zuìjìn míshang dǎ gāo’ěrfūqiú le.
（彼は最近ゴルフに夢中になっている）

2 動詞＋“下”

2.1 目的語が元の位置から離れる結果を表す

“从本子上撕下一张纸”は「ノートから紙を 1 枚破る」、“摘下一个苹果”は「木からリンゴを摘む」、“放下书”は「本を手放して置く」など。

⑦ 你把鞋子脱下，换上拖鞋。Nǐ bǎ xiézi tuōxia, huànshang tuōxié.
（靴を脱いで、スリッパに履き替えなさい）

⑧ 孩子生下后不久她就走了。Háizi shēngxia hòu bù jiǔ tā jiù zǒu le.
（子供が生まれてまもなく、彼女は死んだ）

2.2 目的語がある場所に残った結果を表す

“写下你的名字”は「名前を書いてください」という意味で、「名前がここに残っている」という結果を表します。“留下好印象”「いい印象を残す」も「印象が脳に残っている」という結果を表します。

⑨ 这个月的钱还剩下多少？ Zhèige yuè de qián hái shèngxia duōshao?
（今月のお金は、あとどのぐらい残っているの？）

⑩ 听说花苗种下后得多浇水。

Tīngshuō huāmiáo zhòngxia hòu děi duō jiāo shuǐ.

（花の苗を植えたら水をたくさんあげなければならないそうです）

2.3 目的語をしっかり固定する結果を表す

目的語が固定された結果を表します。“发下誓”は「誓う、固く約束する」、“定下计划”は「計画を立てる」、“创下新纪录”「新しい記録を作った」など。

⑪ 你现在要为将来的事业打下基础，学好 IT 技术。

Nǐ xiànzài yào wèi jiānglái de shìyè dǎxia jīchǔ, xuéhǎo IT jìshù.

（将来の事業の基礎を作るために、しっかり IT を勉強しなさい）

⑫ 他为日本队夺冠立下大功，大家都成了他的粉丝了。

Tā wèi Rìběnduì duóguàn lìxia dàgōng, dàjiā dōu chéngle tā de fěnsī le.

（彼は日本チームが優勝を勝ち取るために大いに活躍したので、みんな彼のファンになった）

練　習

1．次の中国語を日本語に訳してください。

① 他放下手机，摘下耳机就睡了。

② 风衣穿上，穿上，外边儿风很大，穿上再走。

③ 煮饺子的时候别盖上锅盖，水滚了要加水。

④ 他们结婚的日子还没定下。

⑤ 请你写下你的意见和要求。

2．次のピンインを中国語に直し、日本語に訳してください。

① Chén Hóng huí Zhōngguó shí liúxia hěn duō dōngxi gěi wǒ.

② Nǐ bǎ zāng yīfu tuōxia, huànshang gānjìng de ba.

③ Nèixiē zhìyuànzhě gěi wǒmen liúxiale hěn shēn de yìnxiàng.

④ Lǐ Kāng pǎode hěn kuài, yíxiàzi jiù zhuīshang wǒmen le.

⑤ Nǐ xiànzài yǒu méiyǒu kànshang de rén?

3．次の日本語を中国語に訳してください。

① 彼は入ってきたら、すぐ礼儀正しく帽子をとった。

② あなたは眼鏡をかけて、ゆっくり読んでください。

③ 人を愛することも、人に愛されることも幸せです。

④ 決めたルールを勝手に変更してはいけない。

⑤ 履歴書を添付させていただきます。

4．次の誤文を正しく直してください。

① みんな本を閉じて、先生の説明を聞いてください。

＊大家闭书，听老师说明。

② はがきを送るのに 63 円の切手を貼らなければならない。

＊寄明信片要贴六十三日元的邮票。

③ 看護師は私の怪我した足に薬を塗った。

＊护士在我受伤的脚上涂药膏。

④ これらの料理を全部食べてしまって。残さないで。

＊这些菜吃完吧，别剩。

⑤ 彼らの名前を全部覚えた。

＊他们的名字我全部记了。

第 106 課

動詞 +“上来 / 下来”

複合方向補語の“上来 shànglai”“下来 xiàlai”も結果補語としてよく使われます。“上来”は「話者のいる高い地位や場所への移動」、「目標に近づくこと」を表します。“下来”は「話者の立場から見るある物からの分離」、「物から分離して別の所への固定」、「状態が落ち着き、静止すること」を表します。

1 結果補語の“上来”

1.1 目的語が話者のいる高い地位や場所へ移動する結果を表す

“发上来”(メールなどを送ってくる)、“递上来”(持ってくる)、“提交上来”(提出する)、“送上来”(送ってくる) など。目的語があれば“上”と“来”の間に置きます。

① 经理，营业部的报告交上来了。
Jīnglǐ, yíngyèbù de bàogào jiāoshànglai le.
(社長、営業部の報告書が届きました)

② 这里的人手不够，从你那里补上三个人来。
Zhèli de rénshǒu bú gòu, cóng nǐ nàli bǔshàng sān ge rén lái.
(ここは人手が足りないので、あなたの所から 3 人補充してきて)

1.2 動作が目標か対象に近づく結果を表す

“赶上来”(急いでついてくる)、“跟上来”(後についてくる)、“涌上来”(なだれ込んでくる)、“游上来”(泳いでついてくる) など。

③ 快！警察快追上来了。Kuài! Jǐngchá kuài zhuīshànglai le.
(はやく、警察が追いかけてきた)

④ 我先走了，你快点儿跟上来。
Wǒ xiān zǒu le, nǐ kuàidiǎnr gēnshànglai.
（先に行くから、はやくついてきてね）

2 結果補語の“下来”

2.1 ある物から分離する結果を表す

“撕下来”（破る）、“脱下来”（脱ぐ）、“剪下来”（はさみで切る）など、対象物がその場所、或いは高い所から分離することを表します。

⑤ 你把那张过期的通知拆下来吧。
Nǐ bǎ nèi zhāng guòqī de tōngzhī chāixiàlai ba.
（あの期限が過ぎた通知を外してきてください）

⑥ 谁把电话线拔下来了？ Shéi bǎ diànhuàxiàn báxiàlai le?
（誰が電話線を抜いたの？）

2.2 対象物が元の所から別の所に固定される結果を表す

“纪录下来”（記録しておく）、“保存下来”（保存しておく）、“录下来”（録音や録画をしておく）、“留下来”（残しておく）など。

⑦ 领导的话他都记下来了，您放心。
Lǐngdǎo de huà tā dōu jìxiàlai le, nín fàngxīn.
（彼は上司の話を全部書きとめました。安心してください）

⑧ 老师写在黑板上的要点，我都写下来了。
Lǎoshī xiězài hēibǎnshang de yàodiǎn, wǒ dōu xiěxiàlai le.
（先生が黒板に書いたポイントを、私は全部書いておきました）

2.3 状態が落ち着く、静止する結果を表す

“稳定下来”（生活などが落ち着いてくる）、“镇定下来”（気持ちが落ち着いてくる）、“定居下来”（定住する）など。動態から静態へ変化する

形容詞の後にも使えます。“闲下来”（暇になってくる）、“平静下来”（気持ちが落ち着いてくる）など。

⑨ 生活安定下来了，你就好好儿学习。
Shēnghuó āndìngxiàlai le, nǐ jiù hǎohāor xuéxí.
（生活が安定してきたので、ちゃんと勉強してください）

⑩ 要是累了就停下来休息一会儿。
Yàoshi lèile jiù tíngxiàlai xiūxi yíhuìr.
（もし疲れたら、やめてしばらく休みましょう）

⑪ 演出铃声一响，大家都静下来了。
Yǎnchū língshēng yì xiǎng, dàjiā dōu jìngxiàlai le.
（開演のチャイムがなると、みんな静かになった）

練　習

1．次の中国語を日本語に訳してください。

① 工作完成后，大家都轻松下来了。

② 大家先走吧，我留下来等李健。

③ 人一生下来，好像命运就注定了。你相信吗？

④ 能平平安安活下来已经很幸福了。

⑤ 她是用什么关系调上这个部门来的？

2．次のピンインを中国語に直し、日本語に訳してください。

① Xiànzài yìqíng yǐjīng huǎnhéxiàlai le.

② Nǐ bǎ diànshàn chāixiàlai cā yíxià ba.

③ Rénshìbù zhǔnbèihǎo de zīliào hái méi fāshànglai ma?

④ Cáiwùbù de yùsuàn’àn fāxiàlai le, dàjiā kàn le ma?

⑤ Wǒ bǎ dāngshí pāi de zhàopiàn dōu bǎoliúxiàlai le.

3．次の日本語を中国語に訳してください。

① よく間違えるところと重要なポイントを全部書いておいてください。

② これらはおじいちゃんが残した本と絵です。

③ これらは私が苦労して貯めたお金です。あげられないよ。

④ もし彼が追いかけてきたら、どうしましょう？

⑤ 早く昨日撮った写真をアップロードしてください。

4．次の誤文を正しく直してください。

① アメリカの経済はまだ落ち着いてない。

＊美国的经济还没稳定。

② あのお金は全部私が節約してきたものだ。

＊那些钱都是我节省的。

③ 彼女がなぜ突然、沈黙したかわからない。

＊不知道她为什么突然沉默了。

④ 私が教室に入ると、みんなが周りに集まってきた。

＊我一进教室，大家就围来。

⑤ 彼はすごいよ、1日であの文章を暗記した。

＊他很厉害，一天就把那篇文章背好了。

第107課

動詞＋“上去/下去”

複合方向補語の“上去 shàngqu”“下去 xiàqu”も結果補語としてよく使われます。“上去”は①「話者より高い地位や位置への移動」“报上去”(申告する)など、②「目標に近づくこと」“赶上去”(追いつく、急いでついていく)など、③「ある場所に何か付け加え、その場所への固定」“贴上去”(貼る)など、④「話者の立場から物に対する見た感じ」“看上去”(見た感じ)などを表します。“下去”は①「話者より低い地位や位置への移動」“传下去”(下へ伝える)など、②「動作の継続」“说下去”(言い続ける)などを表します。

1 動詞＋“上去”

1.1 話者より高い地位や場所への移動の結果を表す

“发上去”(メールなどを上の人に送る)、“递上去”(上の人に持っていく)、“提交上去”(上の人に提出する)、“送上去”(上の人に送る)など。目的語を取れないので、目的語を動詞の前に置く“把”構文をよく使います。

① 我已经把这次的营业报告交上去了。
Wǒ yǐjīng bǎ zhèi cì de yíngyè bàogào jiāoshàngqu le.
(私はすでに今回の営業報告書を上に提出した)

② 这些问题你不反应上去，部长不知道啊。
Zhèixiē wèntí nǐ bù fǎnyìngshàngqu, bùzhǎng bù zhīdào a.
(これらの問題は上に知らせないと、部長はわからないよ)

1.2 目標に近づく結果を表す

“赶上去”(追いつく、急いでついていく)、“跟上去”(後についていく)、“涌上去”(なだれ込んでいく)、“游上去”(泳いでついていく)など。

③ 他刚走，你快追上去。Tā gāng zǒu, nǐ kuài zhuīshàngqu.
（彼は行ったばかりだから、早く追いかけていって）

④ 看见领导的车停下来，他马上就迎上去。
Kànjiàn lǐngdǎo de chē tíngxiàlai, tā mǎshàng jiù yíngshàngqu.
（上司の車が止まったのを見て、彼はすぐ迎えにいった）

1.3 ある場所に何か付け加え、固定する結果を表す

“装上去”（部品、器具などつける）、“画上去”（描いておく）、“穿上去”（着る）など。

⑤ 你这篇文章，最好把他得奖的事也写上去吧。
Nǐ zhèi piān wénzhāng, zuìhǎo bǎ tā dé jiǎng de shì yě xiěshàngqu ba.
（この文章は彼が賞をもらったことも付け加えたほうがいい）

⑥ 把药膏涂上去，再把创口贴贴上去。
Bǎ yàogāo túshàngqu, zài bǎ chuāngkǒutiē tiēshàngqu.
（塗り薬を塗ってから絆創膏を貼ってください）

1.4 “看上去”：見たところ…、見た感じ…

この用法の動詞は“看”だけですが、よく使います。

⑦ 看上去，她只有五十岁，实际上她已经七十岁了。
Kànshàngqu, tā zhǐyǒu wǔshí suì, shíjìshang tā yǐjīng qīshí suì le.
（見た感じでは、彼女は 50 歳にしか見えないが、実はもう 70 歳だ）

⑧ 那双鞋看上去很漂亮，不知道穿上去舒服吗。
Nèi shuāng xié kànshàngqu hěn piàoliang, bù zhīdào chuānshàngqu shūfu ma.
（あの靴は見た目はとてもきれいだが、履き心地がいいかどうかわからないね）

2 動詞＋"下去"

2.1 上から下へ行う動作の結果を表す

"发下去"(メール、知らせなどを下へ出す)、"吩咐下去"(言いつける)、"带下去"(犯人などを連れて行く) など。

⑨ 领导的新指示传下去了没有?
Lǐngdǎo de xīn zhǐshì chuánxiàqule méiyǒu?
(上司の新しい指示を下に伝えましたか)

⑩ 这个工作你安排下去，让你的部下好好儿干。
Zhèige gōngzuò nǐ ānpáixiàqu, ràng nǐ de bùxià hǎohāor gàn.
(この仕事はあなたが手配して、あなたの部下達にちゃんとしてもらうよ)

2.2 動作の継続を表す

"说下去"(話し続ける)、"听下去"(聞き続ける)、"讨论下去"(討論し続ける)、"工作下去"(働き続ける) など。動作が続く時によく使います。

⑪ 日元再贬值下去就糟了。Rìyuán zài biǎnzhíxiàqu jiù zāo le.
(円が引き続き安くなったら大変ですよ)

⑫ 这点儿困难你得坚持下去。Zhèdiǎnr kùnnan nǐ děi jiānchíxiàqu.
(このぐらいの困難なら、頑張り続けなければならない)

練　習

1．次の中国語を日本語に訳してください。

① 不管生活多难，我们都得活下去。

② 他们在前边儿，我们快赶上去。

③ 我们一定要把 IT 产业发展下去。

④ 第一眼看上去，他好像是个很慈祥的人。

⑤ 这个计划书拿下去征求大家的意见。

2．次のピンインを中国語に直し、日本語に訳してください。

① Hànyǔ jiānglái yídìng yǒu yòng, nǐ yīnggāi jìxù xuéxiàqu.

② Kànshàngqu, zhèi jiā gōngsī shēngyi hái búcuò.

③ Nǐ huà de huàr jiù yīnggāi bǎ nǐ de míngzi xiěshàngqu.

④ Jīnglǐ, nín háishi kuài bǎ jiǎngjīn fāxiàqu gěi dàjiā ba.

⑤ Wǒmen yào chéngrèn luòhòu, yào nǔlì gǎnshàngqu.

3．次の日本語を中国語に訳してください。

① 見た感じでは、このスイカはきっと甘そうです。

② 社長の指示はすでに全員に伝えましたか。

③ 彼と話し続けたくない。

④ この写真を貼りつけましょう。

⑤ 早くあなたの来年の予算を上に提出しなさい。

4．次の誤文を正しく直してください。

① このように疲れが続いたら、病気になるよ。

＊这样继续累，生病了。

② 傷口がひどくなったら危ない。

＊伤口继续烂就很危险。

③ 代表団が出口から出て来ると、社長と私はすぐ迎えに行った。

＊代表团从出口一出来，社长和我马上去迎接。

④ 彼の息子は、見た感じは7、8歳だそうです。

＊他的儿子看来，只有七、八岁。

⑤ この塗り薬は悪くないよ、2日塗ったらよくなるよ。

＊这个药膏不错，涂了两天就好。

第 108 課

動詞＋“出来／过来”

複合方向補語の“出来 chūlai”(出て来る) は結果補語として、①「新しい事物ができあがる」“做出来”(作りだす) など、②「識別できる、わかる」“看出来”(見てわかる) など、という結果を表します。“过来 guòlai”(やって来る) は①「正常に戻る」“醒过来”(意識が戻る) など、②「困難を乗り越える」“熬过来”(辛抱してくる) など、という結果を表します。

1 動詞＋“出来”

1.1 物事が動作によって無から有に変わったり、現れる／現れた結果を表す

“说出来”(言いだす)、“找出来”(探しだす)、“开发出来”(開発してくる) など。目的語があれば、“出” と “来” の間に置きます。

① 听了我的话，她终于笑出来了。
Tīngle wǒ de huà, tā zhōngyú xiàochūlai le.
(私の話を聞いて、彼女はとうとう笑いだした)

② 我终于想出一个好办法来了。
Wǒ zhōngyú xiǎngchū yí ge hǎo bànfǎ lái le.
(私はついに良い方法を考え出した)

1.2 動作によって理解したり、わかる／わかった結果を表す

“吃出来”(食べてからわかる)、“猜出来”(当てて正解とわかる)、“检查出来”(検査してわかる) など。

③ 李先生在跟你开玩笑，你没看出来吗？
Lǐ xiānsheng zài gēn nǐ kāi wánxiào, nǐ méi kànchūlai ma?
（李さんはあなたに冗談を言っているのよ。わからないの？）

④ 你的声音我一听就听出来了。
Nǐ de shēngyīn wǒ yì tīng jiù tīngchūlai le.
（あなたの声は聞いたらすぐわかったよ）

2 動詞＋“过来”

2.1 正常に戻る結果を表す

元の状態に戻るという結果を表します。“恢复过来”（健康が戻ってくる）、“活过来”（死にそうな状態から生き帰ってくる）、“反应过来”（わかるようになる）など。

⑤ 他昏迷了很久，现在才醒过来，吓死我了。
Tā hūnmíle hěn jiǔ, xiànzài cái xǐngguòlai, xiàsǐ wǒ le.
（彼はずいぶん長い間意識不明で、今やっと意識が戻ってきた。びっくりした）

⑥ 他解释了三遍，我才明白过来。
Tā jiěshìle sān biàn, wǒ cái míngbaiguòlai.
（彼が 3 回説明して、私はやっと理解できた）

2.2 困難を乗り越えることを表す

「頑張る」、「生きる」などの動詞、或いは「苦しい」、「辛い」などの形容詞の後に置き、その辛さを経験して、乗り越えることを表します。“生活过来”（生活してくる）、“挣扎过来”（懸命に頑張ってくる）、“苦过来”（苦労してくる）、“穷过来”（貧乏を経験してくる）など。

⑦ 你不会知道那几年王女士是怎么熬过来的。
Nǐ bú huì zhīdào nà jǐ nián Wáng nǚshì shì zěnme áoguòlai de.（あの数年間、王さんがどのように困難に耐えてきたかあなたにわかるはずがない）

⑧ 那些困苦的日子他挺过来了，现在好多了。

Nèixiē kùnkǔ de rìzi tā tǐngguòlai le, xiànzài hǎo duō le.

（あの辛い日々を彼は頑張ってきたので、今はずいぶんよくなった）

練　習

1．次の中国語を日本語に訳してください。

① 你哭吧，哭出来会好受一点儿。

② 这是他的鬼计，你没看出来吗?

③ 他们都是那个大学培养出来的。

④ 当年我也是那样奋斗过来的。

⑤ 他的身体还没完全康复过来。

2．次のピンインを中国語に直し、日本語に訳してください。

① Zhèige fāngfǎ shì Zhōngshān xiǎngchūlai de.

② Zuótiān jiànmiàn shí, wǒ méi rènchūlai tā jiùshì Lǐ Jiàn.

③ Jīntiān dàjiā yídìng yào xuǎnchū yí ge dàibiǎo lái.

④ Xiànzài Rìběn jīngjì yǐjīng huīfùguòlai le.

⑤ Shānběn nǚshì shì zài kǔ rìzizhong áoguòlai de, fēicháng jiānqiáng.

3．次の日本語を中国語に訳してください。

① 彼の意図を何日も考えて、やっとわかってきた。

② 結果はまだ分析できていない。

③ ちょっと聞くと、すぐ田中さんの声だとわかった。

④ 彼らは戦争で生き残ってきた人だ。すごく強い。

⑤ あの秘密を言わないでください。

4．次の誤文を正しく直してください。

① 彼は2か月病気で、身体はまだ回復してない。

＊他病了两个月，身体还没回复了。

② ワクチンはすでに開発された。

＊疫苗已经被开发好了。

③ 彼は私の兄を見てわかった。

＊他认出来我哥哥了。

④ 私達は絶対にいい方法を考え出さなければならない。

＊我们一定要想出来一个好方法。

⑤ この10年間、彼はいい事も悪い事も経験してきた。

＊这十年，很多好事坏事，他都经历了。

第109課

動詞＋“起来”

“起来 qǐlai”は本来の複合方向補語（起きてくる、起き上がる）の他によく結果補語として使います。主に「始まる」、「集合する、集まる」、「試行する」という3つの結果を表します。

1 複合方向補語の“起来”：起きてくる、起き上がる

① 他高兴地把孩子抱起来。Tā gāoxìng de bǎ háizi bàoqǐlai.
（彼はうれしそうに子供を抱き上げた）

② 你看，太阳升起来了。Nǐ kàn, tàiyáng shēngqǐlai le.
（見て、太陽が昇ってきた）

2 結果補語の“起来”

2.1 …し始める

“学习起来”（勉強し始める）、“唱起来”（歌い始める）など。目的語があれば、“起”と“来”の間に置きます。“学习起汉语来”（中国語を勉強し始める）、“唱起歌来”（歌を歌い始める）など。

③ 雨下起来了。Yǔ xiàqǐlai le.（〈予報通り〉雨が降りだした）
④ 下起雨来了。Xiàqǐ yǔ lái le.（〈思いがけない〉雨が降って来た）

2.2 「集中する」、「まとめる」、「収まる」という結果を表す

“组织起来”（人手を集めて配置する）、“收起来”（片付ける）など。目的語があれば、“起”と“来”の間に置きます。“组织起大家来”（皆を集めて配置する）、“收起书来”（本を片付ける）など。“把”構文は目的語を動詞の前に置きます。“把大家组织起来”（皆を集めて配置する）、“把书收起来”（本を片付けて）など。

⑤ 大家团结起来，一起解决这个困难吧。

Dàjiā tuánjiéqǐlai, yìqǐ jiějué zhèige kùnnan ba.

（みんなで団結して、一緒にこの困難を解決しよう）

⑥ 快把这些钱收起来，别放在桌子上。

Kuài bǎ zhèixiē qián shōuqǐlai, bié fàngzài zhuōzishang.

（早くこれらのお金をしまって、机に置かないで）

2.3 「…をした感じでは」、「…をしてみると」という結果を表す

“看起来”（見た感じでは）、“听起来”（聞いてみると）、“穿起来”（着てみると）など。目的語は後に置けず、必ず動詞の前に置きます。

⑦ 那个老人看起来好像有七十岁左右。

Nèige lǎorén kànqǐlai hǎoxiàng yǒu qīshí suì zuǒyòu.

（あの老人は見たところ70歳前後のようだ）

⑧ 这个菜看起来很好吃，吃起来不怎么样。

Zhèige cài kànqǐlai hěn hǎochī, chīqǐlai bù zěnmeyàng.

（この料理はおいしそうだが、食べたら大したことはなかった）

練　習

1．次の中国語を日本語に訳してください。

① 算起来，我们已经有二十多年没见面了。

② 他最近为什么抽起烟来了？是不是有什么不愉快的事？

③ 这个孩子怎么哭起来了？快把他抱起来。

④ 说起来，陈老师的留学生活真的很不容易。

⑤ 你把想参加志愿工作的人组织起来，分配一下工作。

2．次のピンインを中国語に直し、日本語に訳してください。

① Lǐ Yīng chàngqǐ gē lái zhēn bàng.

② Zhèi shuāng xiézi chuānqǐlai zěnmeyàng? Shūfu ma?

③ Tīngle Lǐ Jiàn de huà, dàjiā dōu xiǎngqǐ qùnián de shì lái le.

④ Nǐ ràng háizi bǎ nèixiē wánjù shōushiqǐlai ba.

⑤ Hěn duō shìqing zuòqǐlai méiyǒu nǐ xiǎngxiàng de nàme nán.

3．次の日本語を中国語に訳してください。

① あの国の経済は発展し始めた。

② これらのお金を早くしまってください。

③ 見たところこのケータイは高そう。いくらで買ったの？

④ 彼女達はうれしくて、踊り始めた。

⑤ みんなの意見をまとめると、以下の 4 点になる。

4．次の誤文を正しく直してください。

① 兄は自分で商売し始めた。

＊我哥哥自己做起来生意了。

② 子犬は跳び上がって私のボールを奪いに来た。

＊小狗跳上抢我的球。

③ 赤ちゃんは笑うと、とても可愛いですね。

＊婴孩笑，非常可爱。

④ あの２人はまた口喧嘩を始めたよ。

＊那两个人又开始吵了。

⑤ 言うは易く、行うは難し。

＊说容易，做难。

第 110 課

可能補語

可能補語は動作が可能か不可能かを表します。「動詞＋方向補語」と「動詞＋結果補語」の動詞と補語の間に、肯定は“得 de”、否定は“不 bu”を入れると可能補語になります。“上去”(方向補語)、“做完”(結果補語) は “上得去”(上がれる)、“上不去”(上がれない)、“做得完”(やり終えることができる)、“做不完”(やり終えることができない) という可能補語になります。疑問文は肯定形を使い、“吗” をつけます。或いは肯定形と否定形を並べる言い方もあります。目的語は主語として文全体の前に、あるいは動詞の前か補語の後に置きます。“把” 構文と受け身文では可能補語を使えません。

1 動詞＋“得 / 不”＋単純方向補語

① 我相信他爬得上那座山。Wǒ xiāngxìn tā pádeshàng nèi zuò shān.
（彼があの山に登れると信じる）

② 这个门进不去。Zhèige mén jìnbuqù.（この門から入れない）

2 動詞＋“得 / 不”＋複合方向補語

③ 电梯坏了，他们走得上来吗?
Diàntī huài le, tāmen zǒudeshànglai ma?
（エレベーターが壊れましたが、彼らは上がって来られるでしょうか）

④ 这座桥太危险了，恐怕咱们走不过去。
Zhèi zuò qiáo tài wēixiǎn le, kǒngpà zánmen zǒubuguòqu.
（この橋は大変危険だ、恐らく私達は渡れない）

3 動詞＋“得／不”＋結果補語（動詞／形容詞）

⑤ 这么多作业你一天做得完做不完？

Zhème duō zuòyè nǐ yì tiān zuòdewán zuòbuwán?

（こんなにたくさんの宿題をあなたは１日で終われますか）

⑥ 这件衣服洗得干净吗？ Zhèi jiàn yīfu xǐdegānjìng ma?

（この服はきれいに洗えますか）

4 結果補語と可能補語の否定

結果補語の否定は動詞の前に“没”を置き、可能補語の否定は動詞と補語の間に“不”を置きます。

⑦ 我没听懂他的话。Wǒ méi tīngdǒng tā de huà.

（私は彼の話を聞いたが、意味がよくわからなかった）

⑧ 我听不懂上海话。Wǒ tīngbudǒng Shànghǎihuà.

（上海語がわからないので、聞いてわからない）

練　習

１．次の中国語を日本語に訳してください。

① 门关了，我们走不出去了，怎么办？

② 在这儿买不到那本书，网上可能买得到。

③ 这条路太窄了，我的车开不进去。

④ 一瓶啤酒我喝不完，他喝得完。

⑤ 你觉得那个人靠得住靠不住？

2．次のピンインを中国語に直し、日本語に訳してください。

① Wǒ zǒubushàngqu, wǒ zuò lǎnchē shàngqu.

② Wǒ kěnéng jiǎngbuhǎo, qǐng nǐ yuánliàng.

③ Dàxià tīngbudǒng Hànyǔ, nǐ shuō Rìyǔ ba.

④ Jiāwù shì yǒngyuǎn zuòbuwán de.

⑤ Nǐ bú dài yǎnjìng kàndeqīngchu kànbuqīngchu?

3．次の日本語を中国語に訳してください。

① エレベーターが壊れたよ。冷蔵庫を上に運べますか。

② この服は汚すぎる。きれいに洗えないかもしれない。

③ Yahoo であのソフトを見つけられますか。

④ この小説を彼は3日で読みきるが、私は読みきれない。

⑤ 私はみんなのレベルに追いつけない。

4．次の誤文を正しく直してください。

① このマニュアルは読んでもわからない。

＊我不能看明白这个说明书。

② 広島で中華料理の材料を買えますか。

＊在广岛能不能买中国菜的材料？

③ 今、彼は中国語を聞き取れないが、勉強したいと思っている。

＊他现在不能听懂汉语，可是他想学。

④ 眼鏡をかけないとはっきり見えない。

＊我不戴眼镜不能看清楚。

⑤ 話がたくさんあるので、5分間で話せない。

＊我有很多话，五分钟不能说。

第111課

動詞＋“得／不”＋“出来”

「動詞＋“得／不”＋“出来 chūlai”」はよく使われる可能補語で、“出来”の方向補語と結果補語の意味を引き受けて、①動作によって中から外へと移動する可能性、②動作ができるかどうかの可能性、③動作によって目的語について理解できるかの可能性、という3つの意味があります。

1 中から外へと移動できるかどうかの可能性を表す：…出せる／出せない

“走得／不出来”(歩いて出て来られる／歩いて出て来られない)、“跳得／不出来”(跳び出られる／跳び出られない)、“爬得／不出来”(はい出られる／はい出られない) など。動詞は身体動作が多いです。

① 他爸爸不让他出来，他跑得出来吗?
Tā bàba bú ràng tā chūlai, tā pǎodechūlai ma?
(彼のお父さんが彼の外出を許さないが、彼は逃げられる？)

② 她好像小鸟一样被关在笼子里，飞不出来了。
Tā hǎoxiàng xiǎo niǎo yíyàng bèi guānzài lóngzili, fēibuchūlai le.
(彼女は小鳥のように籠に閉じこめられて、外に飛び出せない)

2 動作ができるかどうかの可能性を表す：…出せる、できる

“说得／不出来”(言い出せる／言い出せない)、“表达得／不出来”(表現できる／表現できない)、“写得／不出来”(書き出せる／書き出せない) など。

③ 这么好吃的菜我做不出来。Zhème hǎochī de cài wǒ zuòbuchūlai.
(こんなおいしい料理を私は作り出せない)

④ 那个时候你怎么笑得出来？我一点儿也笑不出来。

Nèige shíhou nǐ zěnme xiàodechūlai? Wǒ yìdiǎnr yě xiàobuchūlai.

（その時、あなたはどうして笑えるの？私はちっとも笑えない）

3 人や物事が理解できるかどうかの可能性を表す：…わかる

“听得／不出来”（聞いてわかる／聞いてわからない）、“认得／不出来”（見分けられる／見分けられない）、“感觉得／不出来”（感じられる／感じられない）など。感覚動詞がよく使われます。

⑤ 那两个双胞胎，谁是哥哥，谁是弟弟，你看得出来吗？

Nèi liǎng ge shuāngbāotāi, shéi shì gēge, shéi shì dìdi, nǐ kàndechūlai ma?

（あの双子は、誰が兄で、誰が弟か、あなたは見分けられる？）

⑥ 她想说的意思，你听不出来吗？

Tā xiǎng shuō de yìsi, nǐ tīngbuchūlai ma?

（彼女が言いたいことが、あなたは聞いてわからないの？）

4 動詞＋“得／不”＋“出”＋目的語＋“来”：…を～し出せる／出せない

目的語があれば“出”と“来”の間に置きます。“看得／不出她来”（彼女を見分けられる／見分けられない）、“选得／不出一个好代表来”（いい代表を選べる／選べない）など。

⑦ 那种学校培养得出人才来吗？

Nèi zhǒng xuéxiào péiyǎngdechū réncái lái ma?

（あのような学校では人材を育てることはできますか）

⑧ 我想不出好办法来，你想吧。

Wǒ xiǎngbuchū hǎo bànfǎ lái, nǐ xiǎng ba.

（私はいい方法を考え出せない。あなたが考えて）

5 「"没"＋動詞＋"出来"」と「動詞＋"不"＋"出来"」

「"没"＋動詞＋"出来"」は結果補語の否定で、「動詞＋"不"＋"出来"」は可能補語の否定。

⑨ 你的秘密我没说出来啊。Nǐ de mìmì wǒ méi shuōchūlai a.
（あなたの秘密を言わなかったよ）

⑩ 那种伤人的话我说不出来。
Nèi zhǒng shāng rén de huà wǒ shuōbuchūlai.
（あのような人を傷つける言葉を私は言い出せない）

練　習

1．次の中国語を日本語に訳してください。

① 她今年多大年纪你猜得出来吗?
② 这种欺骗老人的事他们也做得出来。
③ 这是什么地方的菜，你吃得出来吗?
④ 她好像对你有意思，你感觉不出来吗?
⑤ 那些高官的贪污事件，警察调查不出来吗?

2．次のピンインを中国語に直し、日本語に訳してください。

① Nèi zhǒng bìngdú de yìmiáo bànnián yánfābuchūlai ba.
② Nǐ zài diànhuàli, tīngdechūlai tā zài shénme dìfang ma?
③ Tīngshuō yì jí huò èr jí de dìzhèn, yǒu shíhou gǎnjuébuchūlai.
④ Nèige gōngsī de yíngyè qíngkuàng wǎngshang chádechūlai ma?
⑤ Zhèige háizi jiānglái huì chéngwéi shénmeyàng de rén, wǒ xiǎngxiàngbuchūlai.

3．次の日本語を中国語に訳してください。

① 論文を1年に1本書けますか。

② 10年会わなかったので、本当にあなたのことがわからなかった。

③ Yahooで3年前の記事を探せますか。

④ あの違いは気をつけて見ないと、見てもわからないよ。

⑤ 今、あなたは100万円を出せますか。

4．次の誤文を正しく直してください。

① これは北京料理ですか。あなたは食べてわかりますか。

＊这是北京菜吗？你吃了知道吗？

② 悲しくて話ができない。

＊我很伤心，不能说话。

③ どうしよう？　みんないい方法を思いつかない。

＊怎么办？大家都想不出来一个好方法。

④ この2年間、彼女は体調がよくないので、どんな論文も書けない。

＊这两年她身体不好，什么论文也不能写。

⑤ どんなに化粧しても、私は見てわかるよ。

＊你再怎么化妆，我也看明白。

第112課

動詞＋“得／不”＋“起”

単純方向補語「動詞＋“起 qǐ”」(…上げる) も “得／不” を入れると可能補語になります。“拿得／不起”(力があって持ち上げられる／力がなく持ち上げられない)。経済的に負担できるかどうか、精神的に耐えられるかどうかの可能性を表す可能補語にもなります。“买得／不起”(お金があって買える／買えない)、“受得／不起”(耐えられる／耐えられない) など。さらに、謝る時に使う “对不起”(申し訳ない) とその反対の意味の “对得起”(申し訳が立つ) という可能補語もあります。

1 動作によって下から上に移動する可能性を表す

“提得／不起”(提げられる／提げられない)、“扶得／不起”(支えられる／支えられない)、“吊得／不起”(つるせる／つるせない) など。

① 这块石头你搬得起搬不起? Zhèi kuài shítou nǐ bāndeqǐ bānbuqǐ?
(この石を運び上げることができる?)

② 要做一个抬得起头的人，就别做亏心事。
Yào zuò yí ge táideqǐ tóu de rén, jiù bié zuò kuīxīn shì.
(胸をはれる人間になりたいなら、やましいことをしないで)

2 経済的、精神的に負担できるかどうかの可能性を表す

“病得／不起”(経済的に病気になれる／病気になれない)、“赔得／不起”(弁償できる／弁償できない)、“经受得／不起”(精神的に耐えられる／耐えられない)、“忍受得／不起”(我慢できる／我慢できない) など。

③ 房租一个月三十万日元，你住得起住不起?
Fángzū yí ge yuè sānshí wàn Rìyuán, nǐ zhùdeqǐ zhùbuqǐ?
(家賃が月 30 万円の部屋に、あなたは住めますか)

④ 我经受不起那样的压力。你经受得起吗?
Wǒ jīngshòubuqǐ nàyàng de yālì. Nǐ jīngshòudeqǐ ma?
（私はあのようなプレッシャーに耐えられないが、あなたは？）

3 「申し訳ない」、「申し訳が立つ」、「重視する」、「軽蔑する」という固定の可能補語

⑤ 你这样做对得起你父母吗? Nǐ zhèyàng zuò duìdeqǐ nǐ fùmǔ ma?
（このようにして、あなたの両親に申し訳が立つ？）

⑥ 别看不起那些残疾人，他们比我们坚强。
Bié kànbuqǐ nèixiē cánjírén, tāmen bǐ wǒmen jiānqiáng.
（あの障害者達を軽蔑しないで、彼らは私達より強い）

練　習

1．次の中国語を日本語に訳してください。

① 他现在买得起买不起房子啊?

② 我很想养狗，但是我现在养不起狗。

③ 要看得起自己，首先要看得起别人。

④ 她昨天跌倒受伤了，抬不起脚了。

⑤ 你千万别做对不起老天爷的事。

2．次のピンインを中国語に直し、日本語に訳してください。

① Wǒ yòngbuqǐ nàme guì de shǒujī.

② Wǔxīngjí gāojí fàndiàn nǐ zhùdeqǐ zhùbuqǐ?

③ Zuò shénme shì dōu yào duìdeqǐ zìjǐ de liángxīn.

④ Nǐ nádeqǐ shí gōngjīn de dàmǐ ma?

⑤ Bié kànbuqǐ zìjǐ, duì zìjǐ yào yǒu xìnxīn.

3．次の日本語を中国語に訳してください。

① 彼らの今の収入では、子供を養えないかもしれない。

② 以前は大学に入れなかったが、今は幼稚園にも入れない。

③ 5万円も私はあげられない。あなたはあげられる？

④ あんなに高い日本料理を私はおごることができない。

⑤ あなたはちゃんと勉強しないと、先生に申し訳ないと思います。

4．次の誤文を正しく直してください。

① あれらの物はとても高くて、私は買えない。

＊那些东西很贵，我不可能买。

② あんなに重い荷物は、私は持てない。

＊那么重的行李，我不会拿起。

③ あんなにたくさんのお金、私は弁償することができない。

＊那么多钱，我不能赔。

④ 医療費が高すぎて、多くの老人は病気にもなれない。

＊医疗费太贵，很多老人不能生病。

⑤ あんなに高価な料理は私は食べられない。彼女は金持ちなので、食べられる。

＊我不能吃那么贵的菜，她很有钱，能吃。

第113課

動詞＋“得／不”＋“了 liǎo”

「動詞＋“得／不”＋“了 liǎo”」の“了”は動詞“完了 wánliǎo”の“了”で、目的語の量が動作によってなくなるかどうかの可能性と、条件によって動作が行われるかどうかの可能性を表します。目的語は動詞の前、または「動詞＋“得／不”＋“了”」の後に置きます。

1 目的語の量がなくなるかどうかの可能性を表す：…しきれる／しきれない

① 五十个饺子你吃得了吃不了？ Wǔshí ge jiǎozi nǐ chīdeliǎo chībuliǎo?
(50 個の餃子を食べきれますか)

② 一瓶啤酒我喝不了，半瓶可能喝得了。
Yì píng píjiǔ wǒ hēbuliǎo, bàn píng kěnéng hēdeliǎo.
(ビール 1 本を私は飲みきれないが、半分なら飲みきれるかもしれない)

2 個人の都合、条件でできるかどうかの可能性を表す：…できる／できない

③ 明天的会议你参加得了吗？ Míngtiān de huìyì nǐ cānjiādeliǎo ma?
(明日の会議、あなたは参加できますか)

④ 我怕热，这种天气受不了。Wǒ pà rè, zhèi zhǒng tiānqì shòubuliǎo.
(私は暑がりで、このような天気は耐えられない)

3 客観条件でできるかどうかの可能性を表す：…できる／できない

⑤ 那个地方有 Wi-Fi 吗？ 上得了网吗？
Nèi ge dìfang yǒu Wi-Fi ma? Shàngdeliǎo wǎng ma?
(そこは Wi-Fi がある？インターネットができる？)

⑥ 那儿没有名胜古迹，吸引不了游客。

Nàr méiyǒu míngshèng gǔjì, xīyǐnbuliǎo yóukè.

（そこは名所旧跡がないので、観光客を引き寄せられない）

練　習

1．次の中国語を日本語に訳してください。

① 今年因为要准备考试，我回不了老家。

② 这么多工作，我一个人做不了。

③ 这个时代已经阻止不了无现金付款的潮流了。

④ 下大雨了，我们散不了步了。

⑤ 你忘得了她吗？我觉得你忘不了。

2．次のピンインを中国語に直し、日本語に訳してください。

① Zhème dà de bǐsà, wǒmen liǎng ge rén chībuliǎo ba.

② Zhèige zhìdù nǐ gǎibiànbuliǎo nǐ jiù bié pīpíng.

③ Shǒujī méi diàn le, dǎbuliǎo diànhuà. Zěnmen bàn?

④ Nǐ dàitìdeliǎo duìzhǎng ma? Dàitìbuliǎo ba.

⑤ Nǐmen xiànzài jiějuédeliǎo zhèige wèntí ma?

3．次の日本語を中国語に訳してください。

① 削除されたファイルは復元できますか。

② 今の機械は消費者のニーズを満足させられないね。

③ このことは私は処理できないが、あなたは処理できますか。

④ 私はあなたを助けられないよ。李先生ならあなたを助けられるかもしれない。

⑤ インターネット通信の状況がよくないので、今このソフトの更新はできない。

4．次の誤文を正しく直してください。

① この仕事は難しすぎて、私はできない。

＊这个工作太难，我不能做。

② 中国語で私の気持ちを伝えられない。

＊用汉语我不能说我的意思。

③ 母は仕事があって、おばあちゃんの世話ができないので困っている。

＊妈妈有工作，不能照顾奶奶，她很难受。

④ これらの料理は多すぎるので、全部食べきれない。

＊这些菜太多，全部我不能吃完。

⑤ 英語の能力が低いので、こんな複雑なことは話せない。

＊我英语能力很低，不能说这么复杂的事。

第114課

状態補語

動作の評価や、様子を説明するものを状態補語と言います。“做得很好／不好”(するのがうまい／うまくない)、“做得很开心／不开心”(やって楽しい／楽しくない)。“得”は必ず動詞の直後に置きます。「動詞＋目的語」の場合はもう一度動詞をくり返すか、目的語を動詞の前に置きます。評価したり、描写したりするものは、状態を示す形容詞や形容詞句、動詞や「動詞＋補語」などの動詞句があります。形容詞は程度副詞や否定副詞と一緒に使うことが多いです。対比文と疑問文は副詞がなくてもいいです。

1　動作の評価

1.1　主語(＋目的語)＋動詞＋“得”(＋副詞)＋形容詞

目的語は動詞の前に置くことが多いです。

① 她走得快，我走得慢。Tā zǒude kuài, wǒ zǒude màn.
(彼女は歩くのが速いが、私は遅い)

② 我棒球打得不好。Wǒ bàngqiú dǎde bù hǎo.(私は野球がうまくない)

③ 他日语说得好吗？ Tā Rìyǔ shuōde hǎo ma?
(彼は日本語を話すのが上手ですか)

1.2　主語＋「動詞＋目的語」＋動詞＋“得”(＋副詞)＋形容詞

動詞と目的語を分けにくい時には、「動詞＋目的語＋“得”」ではなく、もう一度動詞を繰り返してから“得”を使います。

④ 她拍照拍得怎么样？ Tā pāizhào pāide zěnmeyàng?
(彼女は写真を撮るのはどうですか)

⑤ 他吹牛吹得很可怕，没人相信。
Tā chuīniú chuīde hěn kěpà, méi rén xiāngxìn.
（彼はほらを吹くのがひどすぎて、誰も信じない）

2 動作の描写

2.1 主語＋動詞＋“得”（＋副詞）＋形容詞

自然現象や動作の様子、病気の症状などもこの文型を使います。

⑥ 雨下得不大。Yǔ xiàde bú dà.（雨は強く降ってない）

⑦ 他的手举得高高的。Tā de shǒu jǔde gāogao de.
（彼は手を高く挙げている）

⑧ 她感冒了，咳嗽得很厉害。Tā gǎnmào le, késoude hěn lìhai.
（彼女は風邪をひいて、咳がひどい）

2.2 主語＋感情動詞＋“得”（＋副詞）＋動詞 / “得”＋動詞＋補語

感情の様子を描写します。

⑨ 她吓得一直哭。Tā xiàde yìzhí kū.
（彼女はびっくりしてずっと泣いている）

⑩ 他高兴得跳了起来。Tā gāoxìngde tiàole qǐlai.
（彼はうれしくて跳び上がった）

2.3 主語＋形容詞＋“得”（＋副詞）＋動詞 / “得”＋動詞＋補語

形容詞の状態を表す時にも使えます。

⑪ 他紧张得一直发抖。Tā jǐnzhāngde yìzhí fādǒu.
（彼は緊張してずっと震えている）

⑫ 她累得晕倒了。Tā lèide yūndǎo le.（彼女は疲れて、気絶して倒れた）

2.4 主語＋動詞／形容詞＋“得”＋状態を表す語句か短文

⑬ 他长得跟他爸爸一样高。Tā zhǎngde gēn tā bàba yíyàng gāo.
（彼は父親と同じく背が高い）

⑭ 我冷得一句话也说不出来。Wǒ lěngde yí jù huà yě shuōbuchūlai.
（私は寒くて一言も言いだせない）

練　習

1．次の中国語を日本語に訳してください。

① 王老师汉语教得非常好，我们都很喜欢他。

② 她的汉字写得很漂亮。你写得怎么样？

③ 他怎么了？喘得那么厉害。

④ 那条河流的河水流得很急。

⑤ 他开心得一直唱着歌。

2．次のピンインを中国語に直し、日本語に訳してください。

① Wǒ pīngpāngqiú dǎde bú tài hǎo, nǐ dǎde zěnmeyàng?

② Nèige háizi shuōhuà shuōde hěn kuài.

③ Zuótiān yǔ xiàde nàme dà, nǐ hái chūqu a.

④ Lǐ lǎoshī qìde shuōbuchū huà lái.

⑤ Wǒmen dōu wánde hěn gāoxìng, xiàode hěn kāixīn.

３．次の日本語を中国語に訳してください。

① 彼女はびっくりしてずっと震えている。

② 李英さんはタイピングが速い。1分間に100字も打てる。

③ 田中さんはあのことをうまく処理しました。

④ 暑くて、私は今めまいもする。

⑤ 李明さんは走るのは速くない、王明さんはとても速い。

４．次の誤文を正しく直してください。

① 彼女は中国語を話すのが上手です。

＊她说汉语得很好。

② 彼は野球がうまくない。

＊他棒球不好。

③ 昨日彼は忙しくて、休む時間もなかった。

＊昨天他很忙了，没有时间休息。

④ 彼は喜びのあまり跳び上がった。

＊他很高兴，跳了起来。

⑤ 雪が激しく降っているので、前方が見えない。

＊雪下很大，不能看见前方。

第115課

程度補語「形容詞/感情動詞+“极了/死了/透了”」

形容詞と感情動詞の後につけて、極端なレベルを表す語句を程度補語と言います。よく使うのは“极了 jíle”(極めて)、“死了 sǐ le”(死ぬほど)、“透了 tòu le”(ひどい)です。“好极了”(極めてよい)、“高兴极了”(すごくうれしい)、“忙死了”(死ぬほど忙しい)など。状態補語の後にも使えます。“玩得开心死了”(死ぬほど楽しく遊んだ)など。文末に“了”をつけられません。否定形がなく、程度副詞“很”“非常”などとも一緒に使えません。

1 形容詞/感情動詞+“极了”

ほとんどの形容詞と感情動詞に“极了”が使えます。“贵极了”(値段が極めて高い)、“便宜极了”(極めて安い)、“喜欢极了”(極めて好きだ)、“讨厌极了”(極めて嫌だ)など。

① 你放心，她聪明极了，不会受骗的。
Nǐ fàngxīn, tā cōngmíng jíle, bú huì shòu piàn de.
(安心してください、彼女は極めて賢いので騙されないよ)

② 昨天你没来，她难受极了。Zuótiān nǐ méi lái, tā nánshòu jíle.
(昨日あなたが来なかったので、彼女はすごく悲しかった)

2 形容詞/感情動詞+“死了”

“死了”はほとんど望ましくない意味の形容詞/感情動詞に使います。“贵死了”(死ぬほど高い)、“伤心死了”(死ぬほど悲しい)など。親しい間柄なら、望ましい形容詞も使えます。“高兴死了”(死ぬほどうれしい)、“乐死了”(死ぬほど楽しい)など。“死了”の後ろに人称代名詞をつけることもあります。“辣死我了”(辛くて私は死ぬほどだ)など。

③ 今天我累死了，让我休息一会儿吧。
Jīntiān wǒ lèisǐ le, ràng wǒ xiūxi yíhuìr ba.
（今日は死ぬほど疲れた。ちょっと休ませて）

④ 他现在后悔死了。Tā xiànzài hòuhuǐsǐ le.（彼は今死ぬほど後悔している）

⑤ 昨天小王的表演笑死我了。
Zuótiān Xiǎo Wáng de biǎoyǎn xiàosǐ wǒ le.
（昨日王君の演技に死ぬほど笑った）

3 形容詞 / 感情動詞＋“透了”

不愉快、不満の気持ち、或いは批判のニュアンスがあります。

⑥ 这几天我真烦透了。Zhè jǐ tiān wǒ zhēn fántòu le.
（この何日か、本当にいらいらしている）

⑦ 那些骗子伤透了奶奶的心，我恨透了他们。
Nèixiē piànzi shāngtòule nǎinai de xīn, wǒ hèntòule tāmen.（あの詐欺師達は、おばあちゃんをひどく悲しませた。私は彼らを非常に憎んでいる）

4 状態補語の形容詞＋“极了 / 死了”

“透了”はあまり使いません。

⑧ 她汉语说得好极了。Tā Hànyǔ shuōde hǎo jíle.
（彼女は中国語を話すのが極めてうまい）

⑨ 我们聊天聊得开心死了。Wǒmen liáotiān liáode kāixīnsǐ le.
（私達はすごく楽しくおしゃべりをした）

練　習

1．次の中国語を日本語に訳してください。

① 这个地方漂亮极了，我得多拍几张照片。

② 那些苹果都烂透了，快扔了吧。

③ 饿死了，快吃吧，别等他了。

④ 那时我兴奋极了，不知道说什么好。

⑤ 现在我的胃疼死了，我得马上吃药。

2．次のピンインを中国語に直し、日本語に訳してください。

① Chǎosǐ le, nǐmen ānjìng yìdiǎnr kěyǐ ma?

② Nèi zhǒng diànnǎo bìngdú kěpà jíle, nǐ qiānwàn bié dàyi.

③ Nèi tiān kǎoshì de shíhou, wǒ jǐnzhāngsǐ le.

④ Gōngsī de rénshì guānxi ràng wǒ fántòu le.

⑤ Shǒujī néng fùkuǎn、néng dìng huǒchēpiào, fāngbiàn jíle.

3．次の日本語を中国語に訳してください。

① 彼女の愛犬が亡くなったので、彼女はすごく悲しんでいる。

② 今日は最高気温がマイナス 4 度よ。死ぬほど寒い。

③ あの人はひどすぎるよ、多くの老人のお金を騙し取った。

④ あの国の政治はひどく腐敗している。国民は政府をすごく恨んでいる。

⑤ 山根さんの中国語は非常にうまい。本当にすごく羨ましい。

4．次の誤文を正しく直してください。

① 彼女の英語はすごくうまい。

＊她的英语非常好极了。

② このゴーヤは大変苦い。

＊这个苦瓜苦得死了。

③ 田中さんのガールフレンドが中国に帰った後、彼はすごく寂しく思っている。

＊田中的女朋友回中国后，他想寂寞透了。

④ 今日は遊んだが、楽しくなかった。

＊今天我们玩得不开心极了。

⑤ 足がすごく痛い。

＊我的脚很痛极了。

第116課

形容詞/感情動詞＋“得”＋“要命/要死/不得了”

“要命 yàomìng”（命が奪われる）、“要死 yàosǐ”（もうすぐ死ぬ）、“不得了 bùdeliǎo”（大変だ）は形容詞／感情動詞／痛みの後につけると、程度の激しさを表す程度補語になります。“贵得要命”（値段が極めて高い）、“恨得要死”（ものすごく憎む）、“胃疼得不得了”（胃が痛くてたまらない）など。望ましくない事に使われることが多いです。“极了／死了／透了”より口語的です。望ましい形容詞と感情動詞は親しい間柄でよく使います。

1 形容詞／感情動詞／痛み＋“得”＋“要命”

“贵得要命”（値段が極めて高い）、“热得要命”（ものすごく暑い）、“烦得要命”（極めて煩わしい）、“恨得要命”（ものすごく憎む）、“头疼得要命”（頭が痛くてたまらない）、“牙疼得要命”（歯が痛くてたまらない）など。

① 今天我忙得要命，累死我了。Jīntiān wǒ mángde yàomìng, lèisǐ wǒ le.
（今日は忙しくてたまらない。死ぬほど疲れた）

② 她很怕蟑螂，怕得要命。Tā hěn pà zhānglláng, pàde yàomìng.
（彼女はゴキブリに弱い、すごく怖がる）

③ 上个星期我腰疼得要命。Shàng ge xīngqī wǒ yāo téngde yàomìng.
（先週、腰が痛くてたまらなかった）

2 形容詞／感情動詞／痛み＋“得”＋“要死”

“累得要死”（死ぬほど疲れる）、“困得要死”（死ぬほど眠い）、“寂寞得要死”（死ぬほど寂しい）、“讨厌得要死”（極めて嫌だ）、“疼得要死”（死ぬほど痛い）、“咳得要死”（咳がひどくてたまらない）など。

④ 那家超市的东西贵得要死，我不去那儿买。

Nèi jiā chāoshì de dōngxi guìde yàosǐ, wǒ bú qù nàr mǎi.

（あのスーパーの物はすごく高い、私はあそこに買い物に行かない）

⑤ 你那样说她，她当然气得要死。

Nǐ nàyàng shuō tā, tā dāngrán qìde yàosǐ.

（あなたがあのように彼女を叱ったら、彼女は当然ひどく怒るよ）

⑥ 昨天我肚子疼得要死，可能吃错什么东西。

Zuótiān wǒ dùzi téngde yàosǐ, kěnéng chīcuò shénme dōngxi.

（昨日お腹がひどく痛かった。何か変なものを食べたかもしれない）

3 形容詞 / 感情動詞 / 痛み＋“得”＋“不得了”

“难得不得了”（極めて難しい）、“乱得不得了”（ものすごく乱れる）、“怕得不得了”（大変怖がっている）、“紧张得不得了”（ものすごく緊張している）、“耳朵疼得不得了”（耳がものすごく痛い）など。

⑦ 那儿的冬天冷得不得了，都是雪，什么都没有。

Nàr de dōngtiān lěngde bùdeliǎo, dōu shì xuě, shénme dōu méiyǒu.

（あそこの冬はものすごく寒くて、雪ばかりで何もない）

⑧ 听了他的话，她感动得不得了。

Tīngle tā de huà, tā gǎndòngde bùdeliǎo.

（彼の話を聞いて、彼女はものすごく感動した）

⑨ 今天我的胃疼得不得了。Jīntiān wǒ de wèi téngde bùdeliǎo.

（今日は胃が痛くてたまらない）

練　習

1．次の中国語を日本語に訳してください。

① 啊啊！我饿得要命了，快走吧，去吃饭吧。

② 苹果手机贵得不得了，我买不起。

③ 今天热得要死，我受不了了，快开空调。

④ 地道的麻婆豆腐辣得不得了，不过很好吃。

⑤ 她迷那个歌星迷得要命，墙上都是那个歌星的照片。

2．次のピンインを中国語に直し、日本語に訳してください。

① Wǒ kùnde yàosǐ le, wǒ xiǎng shuì le.

② Jīntiān dìtiě rén duōde yàomìng, jǐde bùdeliǎo.

③ Dì-yī cì gēn Lǐ lǎoshī shuōhuà, wǒ jǐnzhāngde yàosǐ.

④ Nèige dàngāo tiánde yàomìng, wǒ chībuliǎo.

⑤ Lǐ Jiàn de nǚpéngyou dāying gēn tā jiéhūn shí, tā gāoxìngde bùdeliǎo.

3．次の日本語を中国語に訳してください。（"要命" "要死" "不得了" いずれでもよい）

① あのトイレはすごく汚い、行かないで。

② あの神社は初詣での時、人がすごく多い。

③ このスープはすごく塩辛い！あなたは塩を入れすぎだ。

④ 今日の数学の試験はすごく難しかった。1問もできなかった。

⑤ 彼女の電話を受けた後、田中さんはすごく喜んだ。

4．次の誤文を正しく直してください。

① 今日はものすごく疲れた。

＊今天我太累得要命。

② 今回の試験はものすごく難しかった。

＊这次考试困难要死了。

③ 家の犬が大好きだ。

＊我喜欢我家的狗不得了。

④ 彼の部屋はものすごく散らかっている。

＊他的房间不得了乱。

⑤ 今日私は歯がすごく痛い。

＊今天我的齿很痛要命。

第117課

形容詞/感情動詞＋“得”＋“很/慌/不行”

「形容詞/感情動詞/痛み＋“得”」の後に、副詞の“很 hěn”、動詞の“慌 huāng”、形容詞の“不行 bùxíng”をつけると、激しい程度を表す程度補語になります。“很”は形容詞と感情動詞、痛みに使えます。“好得很”(大変良い)、“头疼得很”(頭痛がひどい) など。“慌”は感情動詞と気持ちを表す形容詞に使えますが、痛みには使えません。マイナスイメージの言葉によく使います。“闷得慌”(すごく退屈だ)。“不行”もマイナスイメージの形容詞と感情動詞、痛みの後に使えます。“累得不行”(すごく疲れている)、“气得不行”(すごく怒っている)、“疼得不行”(痛くてたまらない) など。

1 形容詞/感情動詞/痛み＋“得”＋“很”

形容詞、感情動詞、痛みに使えます。“贵得很”(すごく高い)、“喜欢得很”(すごく好きだ)、“牙疼得很”(すごく歯が痛い) など。

① 在这儿喝茶听音乐，舒服得很。
Zài zhèr hē chá tīng yīnyuè, shūfude hěn.
(ここでお茶を飲みながら音楽を聞くのは最高だ)

② 对媒体报道的那些负面新闻，他烦得很。
Duì méitǐ bàodào de nèixiē fùmiàn xīnwén, tā fánde hěn.
(マスコミが報道する暗いニュースに彼はうんざりした)

③ 今天不知道为什么，我头晕得很。
Jīntiān bù zhīdào wèi shénme, wǒ tóuyūnde hěn.
(今日はどういうわけか、めまいがひどい)

2 形容詞 / 感情動詞 + “得” + “慌”

感情動詞と気持ちを表す形容詞に使うことが多いです。“憋得慌”（すごく我慢している）、“气得慌”（すごく怒る）、“心里乱得慌”（心がすごく乱れる）など。マイナスなことを表す場合が多いです。

④ 今天地铁人太多，挤得慌，上不去，我急得慌。
Jīntiān dìtiĕ rén tài duō, jĭde huāng, shàngbuqù, wŏ jíde huāng.
（今日の地下鉄は人が多すぎて、大変混んで乗れなかったので、すごく焦った）

⑤ 现在你妈心里堵得慌，你去安慰她一下吧。
Xiànzài nĭ mā xīnli dŭde huāng, nĭ qù ānwèi tā yíxià ba.（今、お母さんはひどく気がふさいでいるので、ちょっと慰めてあげてください）

3 形容詞 / 感情動詞 / 痛み + “得” + “不行”

マイナスイメージの形容詞、感情動詞と痛みに使います。“饿得不行”（すごくお腹が空いた）、“后悔得不行”（すごく後悔している）、“胃疼得不行”（胃がすごく痛い）など。

⑥ 我困得不行了，我先睡了。Wŏ kùnde bùxíng le, wŏ xiān shuì le.
（私はすごく眠いから、先に寝るよ）

⑦ 地震时，她吓得不行，一直躲在桌子下。
Dìzhèn shí, tā xiàde bùxíng, yìzhí duŏzài zhuōzixià.
（地震の時、彼女はすごくびっくりして、ずっと机の下に隠れていた）

⑧ 昨晚头一直疼得不行，吃了止痛药也不管用。
Zuówăn tóu yìzhí téngde bùxíng, chīle zhĭtòngyào yĕ bù guănyòng.
（昨日一晩中頭がすごく痛くて、痛み止めの薬を飲んでも役に立たなかった）

練　習

1．次の中国語を日本語に訳してください。

① 他一到晚上九点就饿得不行。

② 因为疫情不能出去，他在家没事做，闷得慌呢。

③ 你傻得很，什么都听他的，自己不会想想吗？

④ 四川火锅辣得很，你敢吃吗？

⑤ 我的脚疼得不行，走不动了。

2．次のピンインを中国語に直し、日本語に訳してください。

① Nǐ zhèige bànfǎ hǎode hěn, wǒmen kěyǐ shìshi.

② Wǒ yéye zhùyuàn shí, wǒ māma dānxīnde huāng le.

③ Yí kàndào xiě, wǒ jiù pàde bùxíng.

④ Nèige dìfang wēixiǎnde hěn, nǐ bié qù.

⑤ Gāoqiáo yì hē jiǔ, liǎn jiù hóngde bùxíng.

3．次の日本語を中国語に訳してください。

① 何の匂い？臭くて堪らない。

② この小説を読んで、すごく感動しました。

③ この花は香りがすごくいいですね。何という名前ですか。

④ あなたの業績に、あの人達はすごく焼きもちをやくよ。

⑤ 彼女は犬や猫などの小動物が大好きです。

4．次の誤文を正しく直してください。

① 日本は自動販売機がすごく多くて、どこにでもある。

＊日本自动售货机非常得多，到处都有。

② 今日の夜、地震があったので彼女はすごくびっくりした。

＊今天晚上发生地震，她吃惊不行。

③ 彼は自分がすごく愚かである事がわからない。

＊他不知道自己糊涂很不行。

④ コロナウイルスはすごく変わっている。ワクチンはとても開発しにくい。

＊新冠病毒非常奇怪，疫苗开发得很难。

⑤ これらの資料は大変重要なので、なくさないでね。

＊这些资料极重要得，你别丢了。

13

常用文型

第118課

A“比”B＋形容詞／感情動詞

比較文型の「A“比”B＋形容詞／感情動詞」(AはBより…）は、形容詞、感情動詞の後ろに数量、“一点儿”(ちょっと…)、“得多／多了”(ずいぶん…）も追加できます。比較文に副詞“很”は使えず、“更”(さらに）を使います。否定は「A“不比”B＋形容詞／感情動詞」と「A“没(有)”B＋形容詞／感情動詞」があります。

1　A“比”B＋形容詞／感情動詞：AはBより…

① 他比我大。Tā bǐ wǒ dà.（彼は私より年上です）

② 李明比我高兴。Lǐ Míng bǐ wǒ gāoxìng.
（李明さんは私より喜んでいます）

2　A“比”B＋形容詞＋“一点儿”：AはBよりちょっと…

感情動詞の後ろには“一点儿”をあまり使いません（文学的な表現では使うことがあります)。

③ 他比我大一点儿。Tā bǐ wǒ dà yìdiǎnr.（彼は私よりちょっと年上です）

④ 李明比我高一点儿。Lǐ Míng bǐ wǒ gāo yìdiǎnr.
（李明さんは私よりちょっと背が高い）

3　A“比”B＋形容詞＋数量詞：AはBより（数量)…

数量詞は必ず形容詞の後に置きます。感情動詞の後ろにはあまり数量詞を使いません。

⑤ 他比我大两个月。Tā bǐ wǒ dà liǎng ge yuè.
（彼は私より2か月年上です）

⑥ 我比李明矮一公分。Wǒ bǐ Lǐ Míng ǎi yì gōngfēn.
（私は李明さんより1センチ背が低い）

4 A“比”B＋形容詞／感情動詞＋“得多／多了”：AはBよりずいぶん…

“很”“非常”などの程度副詞を使えません。説明文は“得多”を使います。語気を強めたり変化を示す時は“多了”を使います。

⑦ 他的汉语比我好得多（／多了）。
Tā de Hànyǔ bǐ wǒ hǎode duō (/duō le).
（彼の中国語は私よりずいぶん上手です）
＊他的汉语比我很好。

⑧ 他比我高兴得多（／多了）。
Tā bǐ wǒ gāoxìngde duō (/duō le).
（彼は私よりずいぶん喜んでいます）
＊他比我高兴很多。

5 A“比”B＋“更”＋形容詞／感情動詞：AはBよりさらに…

AはBよりさらにレベルが高いことを示す時は“更”を形容詞、感情動詞の前に使います。

⑨ 他很高了，李健比他更高。Tā hěn gāo le, Lǐ Jiàn bǐ tā gèng gāo.
（彼は背が高いが、李健さんは彼よりもっと高い）

⑩ 我比他更高兴。Wǒ bǐ tā gèng gāoxìng.（私は彼よりもっとうれしい）

6 A“不比”B＋形容詞：AはBより…ない

“不比”という否定は「…より～ない」という意味ですが、「同じぐらい」という意味もあります。感情動詞はあまり使いません。

⑪ 他不比我高。Tā bù bǐ wǒ gāo.
（彼は私より背が高くない）（彼は私と同じ高さ）

⑫ 他不比李伟瘦。Tā bù bǐ Lǐ Wěi shòu.
（彼は李偉さんよりやせてない）（彼は李偉さんと同じぐらいやせている）

7 A“没(有)”B＋形容詞／感情動詞：A は B ほど…くない／ではない

明らかに差がある時に使います。

⑬ 他没有我高。Tā méiyǒu wǒ gāo.（彼は私ほど背が高くない）

⑭ 他没李伟高兴。Tā méi Lǐ Wěi gāoxìng.
（彼は李偉さんほど喜んでいない）

練　習

1．次の中国語を日本語に訳してください。

① 中药比西药便宜多了。

② 今年夏天比去年热一点儿。

③ 健康比地位更重要。

④ 我的智能手机比她的贵一万日元。

⑤ 我爸爸没有我妈妈开心。

2．次のピンインを中国語に直し、日本語に訳してください。

① Wǒ de fángjiān bǐ wǒ gēge de xiǎode duō.

② Shānxià de gōngzī bǐ wǒ de gāo yìdiǎnr.

③ Nǐ jiějie bǐ nǐ dà jǐ suì?

④ Shànghǎi de dōngtiān méiyǒu Běijīng lěng.

⑤ Wǒ nǎinai bǐ wǒ yéye gèng shāngxīn.

3．次の日本語を中国語に訳してください。

① 年寄りは若い人より経験があります。

② 中国の面積は日本より何倍広いですか。

③ 彼の身長は私より高くない。同じぐらいだと思います。

④ 彼の学習態度はあなたよりちょっとまじめだと思います。

⑤ 私は日中関係は日米関係より複雑ではないと思う。

4．次の誤文を正しく直してください。

① 彼の中国語は私より大変上手です。

＊他的汉语比我的汉语很好。

② 母が作る料理は食堂の料理よりとてもおいしい。

＊我妈妈做的菜比食堂的太好吃了。

③ 今日のテストは先週よりちょっと難しい。

＊今天的测验比上个星期的一点儿难。

④ 私のパソコンは彼のより３万円高い。

＊我的电脑比他的三万日元贵。

⑤ 私の英語は彼女ほどうまくない。

＊我的英语比她不好。

第119課

“比起”A, B…

「A“比”B＋形容詞／感情動詞」は形容詞と感情動詞以外の動詞述語文には使えませんが、「“比起”A, B…（…より、…に比べて、比べたら…）はどちらも使えます。主に動詞述語文で使われます。特に「AとくらべたらBは…」のようにBを取り上げて比較する時は“比起A…, B～”を使います。“比起篮球，我更喜欢踢足球”(バスケットボールより、私はサッカーのほうが好きだ)。A、Bは主語に限らず、目的語、動作、場所、時間も使えます。比較するので、“更／比较”という副詞をよく使いますが、使わない場合もあります。副詞の“很”“太”“非常”などは使えません。

1 AもBも名詞
“比起”A, B(＋“更／比较”)＋形容詞／動詞：
Aより、Bのほうが…である／する

2つの名詞の比較。比較して状態か動作を述べます。「A“比”B…」も使えます。

① 比起英语，汉语比较容易。Bǐ qǐ Yīngyǔ, Hànyǔ bǐjiào róngyì.
（英語より、中国語のほうが易しい）

①a 汉语比英语容易。Hànyǔ bǐ Yīngyǔ róngyì.
（中国語は英語より易しい）

② 比起他，我走得慢。Bǐ qǐ tā,wǒ zǒude màn.
（彼より、私は歩くのが遅い）

②a 我走得比他慢。Wǒ zǒude bǐ tā màn.
（彼より、私は歩くのが遅い）

② AもBも「動詞＋目的語」
"比起"A，B(＋"更／比较")＋形容詞／動詞：
AよりBのほうが…である／する

2つの動作を比較して、状態なら「A"比"B…」が使えることもあれば、使えない場合もあります。動作の場合は使えません。

③　比起打电话，发邮件更方便。
Bǐ qǐ dǎ diànhuà, fā yóujiàn gèng fāngbiàn.
（電話をかけるより、メールを送るほうがもっと便利だ）

③a 发邮件比打电话更方便。Fā yóujiàn bǐ dǎ diànhuà gèng fāngbiàn.

④　比起踢足球，打篮球不太累。Bǐ qǐ tī zúqiú, dǎ lánqiú bú tài lèi.
（サッカーより、バスケットボールのほうがそんなに疲れない）

④a ＊打篮球比踢足球不太累。

⑤ 比起看电视，他更常看油管。
Bǐ qǐ kàn diànshì, tā gèng cháng kàn yóuguǎn.
（テレビより、彼はYouTubeをよく見る）

③ AもBも場所詞
"比起"A，B(＋"更／比较")＋形容詞／動詞：
AよりBのほうが…である／する

2つの場所を比較して、状態なら、「A"比"B…」も使えますが、動作なら使えません。

⑥　比起大阪，东京更热闹。Bǐ qǐ Dàbǎn, Dōngjīng gèng rènao.
（大阪より、東京のほうがもっと賑やかだ）

⑥a 东京比大阪更热闹。Dōngjīng bǐ Dàbǎn gèng rènao.
（東京は大阪よりもっと賑やかだ）

⑦ 比起那儿，这儿坐地铁比较方便。
Bǐ qǐ nàr, zhèr zuò dìtiě bǐjiào fāngbiàn.
（あそこより、ここで地下鉄に乗るほうが便利です）

④ AもBも時間詞
“比起”A，B（＋“更／比较”）＋形容詞／動詞：Aより、Bは…する

2つの時間を比較して、状態なら、「A“比”B…」は使えますが、動作なら使えません。

⑧ 比起十二月，三月比较忙。Bǐ qǐ shí'èr yuè, sān yuè bǐjiào máng.
（12月に比べると、3月はわりと忙しい）

⑧a 三月比十二月忙。Sān yuè bǐ shí'èr yuè máng.
（3月は12月より忙しい）

⑨ 比起以前，现在骑自行车的人少了。
Bǐ qǐ yǐqián, xiànzài qí zìxíngchē de rén shǎo le.
（以前より、今自転車に乗る人は少なくなった）

練　習

1．次の中国語を日本語に訳してください。

① 他觉得比起运动，睡觉更重要。

② 比起中国人，韩国人学日语比较简单。

③ 比起流行音乐，他比较喜欢听古典音乐。

④ 比起九十年代，现在都用手机拍照了。

⑤ 比起跑步，他更喜欢散步。

2．次のピンインを中国語に直し、日本語に訳してください。

① Bǐ qǐ kàn diànyǐng, wǒ gèng xǐhuan tīng yīnyuè.

② Bǐ qǐ yǐqián, xiànzài mǎi dōngxi fāngbiàn le.

③ Bǐ qǐ Dàxià tāmen de dàxué, wǒmen dàxué de túshūguǎn xiǎo duō le.

④ Bǐ qǐ Běijīngrén, Shànghǎirén bǐjiào huì zuò shēngyi.

⑤ Bǐ qǐ tā de shǒujī, wǒ de bú tài guì.

3．次の日本語を中国語に訳してください。

① 秋より、春のほうがきれいだと思います。

② 東京に比べると、北京の人口は多いですか。

③ 以前より、今のほうが日本語を習う人は多くなっているそうです。

④ 彼らの英語と比べたら、私達はそんなに上手ではない。

⑤ 日本料理より、中国料理は油っこいと思います。

4．次の誤文を正しく直してください。

① 昨年と比べて、今年のほうが忙しい。

＊比去年，今年忙。

② 新幹線より、飛行機に乗るほうが高い。

＊比新干线，坐飞机贵。

③ 1年生の時と比べたら、今は緊張しなくなった。

＊比一年级，现在不紧张。

④ 野球より、彼はサッカーをするほうが好きです。

＊比棒球，他足球比较喜欢。

⑤ 掃除より、料理を作るほうが好きです。

＊我做菜比打扫喜欢。

第120課

A＋“跟”＋B＋“一样”

「A＋“跟”＋B＋“一样”」は「AはBと同じだ」という意味です。AとBは名詞、動詞、形容詞も可。“跟”は“和”に置き換えられます。形容詞、動詞の前によく範囲副詞の“都”(共に)を使います。

1 A＋“跟”＋B＋“(不)一样”

否定の“不一样”の前に程度副詞“很”、“太”などを置けますが、肯定文は置けません。

① 微博跟脸书很不一样。Wēibó gēn Liǎnshū hěn bù yíyàng.
(Weiboはfacebookとかなり違う)

② LINE跟微信一样吗？ LINE gēn Wēixìn yíyàng ma?
(LINEとWeChatは同じですか)

2 A＋“跟”＋B＋“一样”＋形容詞

否定の「“不一样”＋形容詞」はあまり使いません。否定は以下の③a④aの表現が多いです。

③ 南京跟重庆一样热。Nánjīng gēn Chóngqìng yíyàng rè.
(南京は重慶と同じく暑い)

③a 南京跟重庆不一样，重庆更热。
Nánjīng gēn Chóngqìng bù yíyàng, Chóngqìng gèng rè.
(南京は重慶と同じではなく、重慶のほうがもっと暑い)

④ 这件衣服跟那件一样大。Zhèi jiàn yīfu gēn nèi jiàn yíyàng dà.
(この服はあれと同じサイズです)

④a 这件衣服跟那件不一样，这件比较大。
Zhèi jiàn yīfu gēn nèi jiàn bù yíyàng, zhèi jiàn bǐjiào dà.
(この服はあれと同じではなく、これのほうが大きいです)

3 A＋"跟"＋B＋"一样"(＋"都／不／没")＋動詞(＋目的語)

⑤ 田中跟他一样（都）喜欢打棒球。

Tiánzhōng gēn tā yíyàng (dōu) xǐhuan dǎ bàngqiú.

（田中さんは彼と同じく野球が好きだ）

⑥ 山本跟中山一样不学习汉语。

Shānběn gēn Zhōngshān yíyàng bù xuéxí Hànyǔ.

（山本さんは中山さんと同じく中国語を勉強しない）

⑦ 山上跟高山一样没学习汉语。

Shānshàng gēn Gāoshān yíyàng méi xuéxí Hànyǔ.

（山上さんは高山さんと同じく中国語を勉強していない／しなかった）

4 A＋"跟"＋B＋"一样"(＋"都")(＋"是／不是")＋名詞／名詞句／数量

⑧ 这个跟那个一样（都）是我妈妈做的。

Zhèige gēn nèige yíyàng (dōu) shì wǒ māma zuò de.

（これはあれと同じく母が作ったものだ）

⑨ 他跟孙明一样（都）不是北京人。

Tā gēn Sūn Míng yíyàng (dōu) bú shì Běijīngrén.

（彼は孫明さんと同じく北京の出身ではない）

⑩ 我跟他一样（是）十八岁。Wǒ gēn tā yíyàng (shì) shíbā suì.

（私は彼と同じで 18 歳です）

⑪ 他跟我一样不是一米七。Tā gēn wǒ yíyàng bú shì yī mǐ qī.

（私は彼と同じで 1 メートル 70 センチではない）

練　習

1．次の中国語を日本語に訳してください。

① 你跟他一样是 90 后吗？

② 微信和连我（LINE）的功能一样吗？

③ 中国社会跟日本社会一样都很照顾老人。

④ 扫条形码跟扫二维码不一样。

⑤ 汉语跟英语一样难学吗？

2．次のピンインを中国語に直し、日本語に訳してください。

① Shāntián gēn nǐ yíyàng shì dàxuéshēng ma?

② Nǐmen lǎojiā de niángāo gēn zhèr de bù yíyàng ma?

③ Zhōngguó běifāng gēn nánfāng de shēnghuó xíguàn hěn bù yíyàng.

④ Zhèi jiā chāoshì de dōngxi gēn nèi jiā yíyàng piányi.

⑤ Qī yuè gēn bā yuè yíyàng shì sānshiyī tiān.

3．次の日本語を中国語に訳してください。

① 地震は台風と同じく怖い。

② 私は彼と同じくジョギングが好きです。

③ コロナウイルスはインフルエンザウイルスとまるで違います。

④ 李健さんは王英さんと同じく私達の大学の留学生です。

⑤ 今月は先月のバイト料と同じく 3 万円です。

4．次の誤文を正しく直してください。

① これから、中国語は英語と同じく大切になると思います。

＊我觉得从此汉语跟英语一样重要了。

② あの駐車場はこの駐車場と違って無料ではない。

＊那个停车场跟这个停车场不一样免费。

③ 去年は一昨年と同じく忙しかった。

＊去年是前年一样忙了。

④ 彼は私と同じくタバコを吸わない。

＊他跟我一样香烟不抽。

⑤ このケータイはあのケータイと同じく５万円ではない。

＊这个手机跟那个手机不一样五万日元。

第 121 課

“是…的”

“是…的”(…しているのだ、…したのだ) は過去と現在で行われている既知の動作の時間、場所、方法、目的を確認する文で、説明文と疑問文に使えます。“是”は動作の時間、場所、方法、目的の前に置き、省略可。否定の“不是”は省略不可。“的”は文末に置き、省略不可。返答は目的語を省略可。北方では“的”を動作の前に置くこともありますが、ここでは練習しません（『誤用から学ぶ中国語 続編 2』第 25 課を参照)。

1 “是”＋時間＋動詞(＋目的語)＋“的”

① A：你（是）什么时候开始学习汉语的？
Nǐ (shì) shénme shíhou kāishǐ xuéxí Hànyǔ de?
（あなたはいつ中国語を習い始めたの？）
B：去年四月开始学习的。Qùnián sì yuè kāishǐ xuéxí de.
（昨年 4 月から習い始めたのです）

② 我昨天不是八点起床的，我（是）八点半起床的。
Wǒ zuótiān bú shì bā diǎn qǐchuáng de,wǒ (shì) bā diǎn bàn qǐchuáng de.
（私は昨日 8 時に起きたのではなく、8 時半に起きたのです）

2 “是”＋場所を示す介詞＋場所＋動詞(＋目的語)＋“的”

③ A：你（是）在哪儿学习汉语的？ Nǐ (shì) zài nǎr xuéxí Hànyǔ de?
（あなたはどこで中国語を習っているのですか）
B：我（是）在大学学习的。Wǒ (shì) zài dàxué xuéxí de.
（大学で習っているのです）

④ 昨天我不是从我家来学校的，我（是）从我爷爷家来的。
Zuótiān wǒ bú shì cóng wǒ jiā lái xuéxiào de, wǒ (shì) cóng wǒ yéye jiā lái de.
（昨日、家から学校に来たのではなく、おじいちゃんの家から来たのです）

3 "是"＋方法＋動詞(＋目的語)＋"的"

⑤ A：你（是）怎么学习汉语的？ Nǐ (shì) zěnme xuéxí Hànyǔ de?
（あなたはどうやって中国語を勉強しているの？）
B：我是跟郭老师学习的。Wǒ shì gēn Guō lǎoshī xuéxí de.
（私は郭先生について勉強しているのです）

⑥ 我昨天不是坐公交车来学校的，我（是）骑自行车来的。
Wǒ zuótiān bú shì zuò gōngjiāochē lái xuéxiào de, wǒ (shì) qí zìxíngchē lái de.（昨日はバスで学校に来たのではなく、自転車で来たのです）

4 "是"＋目的を示す介詞＋目的＋動詞(＋目的語)＋"的"

⑦ A：你（是）为了什么学习汉语的？
Nǐ (shì) wèile shénme xuéxí Hànyǔ de?
（あなたは何のために中国語を習っているのですか）
B：我（是）为了去中国工作学习的。
Wǒ (shì) wèile qù Zhōngguó gōngzuò xuéxí de.
（中国に働きに行くため習っているのです）

⑧ 我昨天不是为了找你来学校的，我（是）为了参加课外活动来的。
Wǒ zuótiān bú shì wèile zhǎo nǐ lái xuéxiào de, wǒ (shì) wèile cānjiā kèwài huódòng lái de.（昨日はあなたに会いに学校に来たのではなく、クラブ活動に参加するために来たのです）

練　習

1．次の中国語を日本語に訳してください。

① 昨天我是两点半才睡觉的。

② 田中是在哪个大学毕业的?

③ 你是怎么说服她的?

④ 他们不是坐长途巴士去东京的。

⑤ 他们是为了什么来日本的?

2．次のピンインを中国語に直し、日本語に訳してください。

① Zhèi jiàn yīfu, wǒ shì zài wǎngshang mǎi de.

② Nǐ shénme shíhou huàn shǒujī de?

③ Nǐmen shì zěnme xiàzài nèige ruǎnjiàn de?

④ Mùxià shì wèile jiàn tā nǚpéngyou qù Shànghǎi de.

⑤ Wǒmen bú shì yòng nǐ de fāngfǎ zuò de.

3．次の日本語を中国語に訳してください。

① 昨日あなた達は何時に起きたのですか。

② このお土産は東京ではなく、京都で買ったのです。

③ 李健さんは去年ではなく、一昨年中国に帰ったのです。

④ 先週の日曜日、彼はバイクで大阪から広島に来たのです。

⑤ あなたはどうやってこんなにおいしい料理を作ったの？

4．次の誤文を正しく直してください。

① 彼は昨年の６月に結婚したのです。

＊他是去年六月结婚了。

② 彼女も妹さんもハルビンで生まれたのです。

＊她和她妹妹是在哈尔滨出生了。

③ 彼女の発音はとてもいいです。どのように勉強したのですか。

＊她的汉语发音很好，她是怎么学习?

④ 彼は就職のために中国語を習っているのではない。

＊他不为了就职学习汉语的。

⑤ 昨日どんな料理を食べたの？

＊昨天你吃了什么菜的?

第122課

“坐／骑／开…来／去／回”

“坐…来／去／回”、“骑…来／去／回”、“开…来／去／回”は「(交通手段）で、…へ行く／来る／帰る」という意味で、“坐”は交通機関で、“骑”は2輪車、“开”は自動車を運転してという意味で使うことが多いです。否定の“不／没／别”は“坐／骑／开”の前に置きます。

1 主語＋“坐”＋交通機関＋“来／去／回”(＋目的地)(＋動作)

① 我们坐飞机去吧。Wǒmen zuò fēijī qù ba.（飛行機で行きましょう）

② 他们不坐新干线来广岛旅游。
Tāmen bú zuò xīngànxiàn lái Guǎngdǎo lǚyóu.
（彼らは広島の旅行に新幹線で来ない）

③ 他们坐巴士回家了。Tāmen zuò bāshì huí jiā le.
（彼らはバスで家に帰った）

2 主語＋“骑”＋2輪車＋“来／去／回”(＋目的地)(＋動作)

④ 你骑自行车来吧。Nǐ qí zìxíngchē lái ba.（自転車で来てください）

⑤ 你别骑摩托车去买东西。Nǐ bié qí mótuōchē qù mǎi dōngxi.
（バイクで買い物に行かないで）

⑥ 他没骑共享单车回公司。Tā méi qí gòngxiǎng dānchē huí gōngsī.
（彼は会社にシェア自転車で戻らなかった）

3 主語＋“开”＋自動車＋“来／去／回”(＋目的地)(＋動作)

⑦ 明天你开车来吧。Míngtiān nǐ kāi chē lái ba.（明日車で来てください）

⑧ 你别开公家车去旅游。Nǐ bié kāi gōngjiāchē qù lǚyóu.
（会社の車で旅行に行かないで）

⑨ 他想开车回老家看姥姥。Tā xiǎng kāichē huí lǎojiā kàn lǎolao.
（彼は車で実家におばあちゃんに会いに帰ろうと思う）

練　習

1．次の中国語を日本語に訳してください。

① 今天下班后，我开车去接你。

② 骑共享单车去上班又方便又环保。

③ 快递员都是骑电动车去送货的。

④ 我不坐飞机回北京，我坐高铁回去。

⑤ 咱们今天别坐地铁，坐公交车去吧。

2．次のピンインを中国語に直し、日本語に訳してください。

① Liúxuéshēng dōu shì qí diàndòngchē qù shàngkè.

② Zuìjìn hěn shǎo rén qí zìxíngchē qù shàngbān le.

③ Jīntiān wǎnshang wǒ kāichē qù jiē nǐmen.

④ Tiánzhōng cháng zuò xīngànxiàn qù Dōngjīng chūchāi.

⑤ Nǐ bié zuò gōngjiāochē qù ba, zuò dìtiě qù bǐjiào kuài.

3．次の日本語を中国語に訳してください。

① 彼は船で小さい島々に旅行に行くのが好きです。

② 山中さんはいつも車で買い物に行きます。

③ 彼女はバイクで学校に来ない。バスで来るよ。

④ 高橋さんは飛行機で大阪に出張しない。いつも新幹線で行く。

⑤ 地下鉄は混んでいるので、私は地下鉄で学校に行かない。

4．次の誤文を正しく直してください。

① 彼は毎日自転車で学校に来ます。

＊他每天坐自行车来学校。

② 兄は車で私を迎えに来なかった。

＊哥哥没坐车来接我。

③ 彼女は飛行機で東京に行かない。

＊她坐飞机不去东京。

④ すごい！彼は１人でバイクで日本１周の旅行をした。

＊了不起，他一个人坐摩托车去日本一周旅游。

⑤ 多くの人は自転車でスーパーに買い物に来る。

＊很多人骑自行车买东西来超市。

第123課

“用”＋道具、方法など＋動詞（＋目的語）

“用”は「用いる、使う」という意味がありますが、“用”の後に言語、道具、材料、方法、手段、時間などを置き、そのあとに動作を置くと、“用”はその動作の道具・方法・手段などを表し，日本語の「で」になります。返答文は目的語を省略可。

1 主語＋“用”＋言語＋動作

① 这个用汉语怎么说？ Zhèige yòng Hànyǔ zěnme shuō?
（これは中国語で何と言いますか）

② 这些抽象名词用日语很难翻译。
Zhèixiē chōuxiàng míngcí yòng Rìyǔ hěn nán fānyì.
（これらの抽象名詞を日本語に訳すのは難しい）

2 主語＋“用”＋道具＋動作（目的語）

③ A：他们用什么教材学习汉语？
Tāmen yòng shénme jiàocái xuéxí Hànyǔ?
（彼らはどんな教材で中国語を勉強していますか）
B：听说用这本教材。Tīngshuō yòng zhèi běn jiàocái.
（この教材だそうです）

④ A：你用什么付钱？ Nǐ yòng shénme fù qián?
（どのように支払いますか）
B：我用支付宝。Wǒ yòng Zhīfùbǎo.（アリペイでお願いします）

3 主語＋“用”＋材料＋動作（目的語）

⑤ 我妈妈常常用椰油炒菜。Wǒ māma chángcháng yòng yēyóu chǎo cài.
（母はよくココナッツオイルで野菜を炒める）

⑥ 她用毛线做了三个洗锅刷子。

Tā yòng máoxiàn zuòle sān ge xǐguō shuāzi.

（彼女は毛糸で鍋を洗うたわしを３つ作った）

4 主語＋“用”＋方法／手段＋動作（目的語）

⑦ 你是用什么方法解决那个问题的？

Nǐ shì yòng shénme fāngfǎ jiějué nèige wèntí de?

（どんな方法であの問題を解決したのですか）

⑧ 那个国家用发展经济提高了国际信誉。

Nèige guójiā yòng fāzhǎn jīngjì tígāole guójì xìnyù.

（あの国は経済の発展によって国際的な信望を高めた）

5 主語＋“用”＋金／時間＋動作（目的語）

⑨ 你用多少钱买了他的专利？

Nǐ yòng duōshao qián mǎile tā de zhuānlì?

（いくらで彼の特許を買ったの？）

⑩ 我们只用了一年的时间完成了那个项目。

Wǒmen zhǐ yòngle yì nián de shíjiān wánchéngle nèige xiàngmù.

（私達はわずか１年間であのプロジェクトを完成した）

練　習

1．次の中国語を日本語に訳してください。

① 今晚我们用微信打电话吧。

② 用这种洗发剂洗头比较好。

③ 这些衣服先用热水泡一下再洗。

④ 你用什么方法获得了她的爱?

⑤ 现在都不用相机拍照了，都用手机拍了。

2．次のピンインを中国語に直し、日本語に訳してください。

① Yòng zhèyàng de fāngfǎ xuéxí Hànyǔ bú tài hǎo.

② Wǒ kěyǐ yòng xìnyòngkǎ fù qián ma?

③ Zuòyè zuìhǎo yòng qiānbǐ xiě, bié yòng yuánzhūbǐ xiě.

④ Zhèige dōngxi yòng Rìyǔ zěnme shuō?

⑤ Zhèige gōngzuò Dàqiáo yòngle liǎng tiān jiù zuòwán le.

3．次の日本語を中国語に訳してください。

① このせっけんで顔を洗ったほうがいいですか。

② オリーブオイルで料理を作るほうが健康的よ。

③ 今、万年筆で字を書く人は少なくなった。

④ 日本語の「一応」は中国語に翻訳するのは難しい。

⑤ この方法で子供を教育するのはあまりよくない。

4．次の誤文を正しく直してください。

① 彼はパソコンではなく、ケータイでレポートを書く。

＊他不是电脑，是用手机写报告。

② 彼らは「人民日報」を使って中国語を勉強している。

＊他们使用人民日报学习汉语。

③ キャベツを使った餃子はおいしくない。

＊使卷心菜包的饺子不好吃。

④ 彼は50万円であの中古車を手に入れた。

＊他五十万日元用买了那辆二手车。

⑤ 2年間で中国語をマスターすることができるかな？

＊用两年能学汉语吗？

第124課

主語＋“帮”＋対象

動詞“帮”は“帮助”（手伝う）の省略で、“我帮他”（私は彼を手伝う）。手伝う対象の後に手伝う内容を述べることができます。「主語＋“帮”＋対象＋動詞（＋目的語）/ 介詞構造」（主語は対象が…することを手伝う）という文型になります。一緒にする時も、代わりにしてあげる時も、この“帮”を使います。“我帮妈妈打扫”（私は母の掃除を手伝う）、“我帮他把那本书还了”（私は彼の代わりにあの本を返してあげた）。否定詞、副詞、助動詞は“帮”の前に置きます。

1　主語＋“帮”＋対象

① 我帮你。Wǒ bāng nǐ.（私は手伝います）

② 你帮我。Nǐ bāng wǒ.（手伝ってください）

2　主語＋“帮”＋対象＋動詞（＋目的語）

対象は人に限らず、国、会社などの組織でもいいです。

③ 她帮丁老师看孩子。Tā bāng Dīng lǎoshī kān háizi.
（彼女は丁先生の子供の世話を手伝う）

④ 家长们帮学校做了很多事。
Jiāzhǎngmen bāng xuéxiào zuòle hěn duō shì.
（親達は学校のいろいろな仕事を手伝った）

3　主語＋“帮”＋対象＋介詞構造

⑤ 我帮你给他发邮件吧。Wǒ bāng nǐ gěi tā fā yóujiàn ba.
（彼にメールを送る手伝いをしてあげましょう）

⑥ 请你帮我把这个礼物交给她。

Qǐng nǐ bāng wǒ bǎ zhèige lǐwù jiāo gěi tā.

（このプレゼントを私の代わりに彼女に渡してください）

4 主語＋否定詞／副詞／助動詞＋"帮"＋対象＋動詞（＋目的語）／介詞構造

⑦ 我不帮你洗衣服，你自己洗。 Wǒ bù bāng nǐ xǐ yīfu, nǐ zìjǐ xǐ.

（洗濯を手伝わないよ。自分で洗いなさい）

⑧ 昨天你又没帮你妈妈做家务吗？

Zuótiān nǐ yòu méi bāng nǐ māma zuò jiāwù ma?

（昨日、またお母さんの家事を手伝わなかったの？）

⑨ 你能帮我们拍一下照吗？ Nǐ néng bāng wǒmen pāi yíxià zhào ma?

（写真を撮っていただけませんか）

⑩ 李老师已经帮他在日本找到工作了。

Lǐ lǎoshī yǐjīng bāng tā zài Rìběn zhǎodào gōngzuò le.

（李先生はすでに彼の日本での就職の手助けをした）

練　習

1．次の中国語を日本語に訳してください。

① 下个星期日，你能去帮李明搬家吗？

② 请你帮我复印这些资料好吗？

③ 我没帮我弟弟打扫房间，他自己打扫的。

④ 那些富人怎么不帮那些穷人摆脱贫困呢？

⑤ 对不起，麻烦你帮我开一下门行吗？

2．次のピンインを中国語に直し、日本語に訳してください。

① Wǒ bāng nǐ zài wǎngshang dìng fēijīpiào ba.

② Tiánzhōng měi ge xīngqītiān dōu bāng māma xǐ cèsuǒ.

③ Xiànzài de xuésheng dōu bù bāng lǎoshī cā hēibǎn ma?

④ Wǒ bāng nǐ chá zīliào, nǐ bāng wǒ shōushi fángjiān.

⑤ Xuéxiào bù bāng nǐmen zhǎo gōngzuò ma?

3．次の日本語を中国語に訳してください。

① みんなに連絡するのを手伝ってくれませんか。

② これらのものを中に運ぶのを手伝ってくれませんか。

③ 彼らがあの事をするのを手伝えますか。

④ スーパーへ牛乳と卵を買いに行ってくれる？

⑤ 誰か明日の会議の準備を手伝ってくれますか？

4．次の誤文を正しく直してください。

① 弟は母の家事を手伝わない。

＊我弟弟帮妈妈不做家务。

② 母が野菜炒めをする時に、私は手伝いで野菜を洗う。

＊我妈妈炒菜时，我帮洗菜。

③ 料理をする時、彼は何も手伝ってくれない。

＊做菜的时候，他不帮什么。

④ 私は彼女が図書館で本を借りるのを手伝ってあげました。

＊我去帮她在图书馆借书。

⑤ 妹は掃除を手伝わない。コップ洗いしか手伝わない。

＊我妹妹不帮打扫，只帮洗杯子。

第125課

“不是…，就是～”

“不是…, 就是～”は「…でなければ～である」という意味で、“不是”と“就是”の後は同じ品詞でも、違う品詞でもいいです。現在、過去、未来すべてに使えます。動作、状態なども使えます。

1 “不是”＋名詞$_1$，“就是”＋名詞$_2$

① 他不是中国人，就是韩国人。
Tā bú shì Zhōngguórén, jiùshì Hánguórén.
（彼は中国人でなければ、韓国人だ）

② 这个菜不是你妈妈做的，就是买的。
Zhèige cài bú shì nǐ māma zuò de, jiùshì mǎi de.
（この料理はお母さんが作ったのでなければ、買ってきたのだ）

2 “不是”＋動詞$_1$（＋目的語），“就是”＋動詞$_2$（＋目的語）

③ 他不是去钓鱼，就是去打高尔夫球。
Tā bú shì qù diàoyú, jiùshì qù dǎ gāo’ěrfūqiú.
（彼は魚釣りでなければ、ゴルフに行っている）

④ 他每天不是睡觉，就是玩儿手机游戏。
Tā měitiān bú shì shuìjiào, jiùshì wánr shǒujī yóuxì.
（彼は毎日寝ているのでなければ、ケータイゲームで遊んでいる）

3 “不是”＋時間詞$_1$＋動詞（＋目的語），“就是”＋時間詞$_2$＋動詞（＋目的語）

⑤ 田中不是明年去，就是后年去。
Tiánzhōng bú shì míngnián qù, jiùshì hòunián qù.
（田中さんは来年でなければ、再来年行く）

⑥ 王伟不是周一休息，就是周二休息。

Wáng Wĕi bú shì zhōuyī xiūxi, jiùshì zhōu'èr xiūxi.

（王偉さんは月曜日でなければ、火曜日に休む）

4 "不是"＋形容詞$_1$, "就是"＋形容詞$_2$

⑦ 不是成功，就是失败，你敢挑战吗？

Bú shì chénggōng, jiùshì shībài, nĭ găn tiăozhàn ma?

（成功でなければ、失敗ですよ。チャレンジする勇気はあるの？）

⑧ 他做菜常失败，不是太甜，就是太咸。

Tā zuò cài cháng shībài, bú shì tài tián, jiùshì tài xián.

（彼の料理はいつも失敗する。甘すぎでなければ、しょっぱすぎだ）

5 "不是"＋介詞構造$_1$, "就是"＋介詞構造$_2$

⑨ 他不是在图书馆看书学习，就是在运动场锻炼身体。

Tā bú shì zài túshūguăn kàn shū xuéxí, jiùshì zài yùndòngchăng duànliàn shēntĭ.（彼は図書館で本を読んだり、勉強したりしているのでなければ、グラウンドで体を鍛えている）

⑩ 她晚上一定打电话，不是给她男朋友打，就是给她妈妈打。

Tā wănshang yídìng dă diànhuà, bú shì gĕi tā nánpéngyou dă, jiùshì gĕi tā māma dă.（彼女は夜、必ず電話をする。ボーイフレンドでなければ、母親に電話をする）

練　習

1．次の中国語を日本語に訳してください。

① 她成绩特别好，在班上不是第一，就是第二。

② 他不是今天来，就是明天来。

③ 事情很简单，不是黑，就是白，不是真的，就是假的。

④ 他这几天，不是在家写书，就是在图书馆查资料。

⑤ 我觉得你不及格的原因，不是你不努力学习，就是你的学习方法有问题。

2．次のピンインを中国語に直し、日本語に訳してください。

① Wèntí hěn jiǎndān, dá'àn bú shì duì, jiùshì cuò.

② Xiàtián chángcháng chūchāi, bú shì qù Zhōngguó, jiùshì qù Měiguó.

③ Lǐ Qiáng bú shì mǎi héfàn chī, jiùshì zài shítáng chī.

④ Nǐ dùzi bù shūfu, bú shì chī tài duō, jiùshì chīcuò dōngxi.

⑤ Tiánzhōng měitiān bú shì dǎgōng, jiùshì wánr yóuxì.

3．次の日本語を中国語に訳してください。

① 彼は今週でなければ、来週中国に帰る予定だと思います。

② 父は今、新幹線でなければ、飛行機に乗っているよ。

③ 李健さんの中国語を聞くと、上海でなければ、南京の出身だと思います。

④ 来年彼は大阪でなければ、神戸で働く。

⑤ この漫画の本は王明さんのでなければ、李強さんのです。

4．次の誤文を正しく直してください。

① 彼は毎日早く来るよ。8時でなければ、8時半にはもう来るよ。

＊他每天很早就来，不是八点，是八点半也来。

② 晩ごはんの後、私は散歩でなければ、買い物に行く。

＊晚饭后，我去散步还是去买东西。

③ この問題を解決できる人は2人しかいない。父でなければ母だ。

＊这个问题只有两个人能解决，不是我爸爸，或者我妈妈。

④ 彼は子供のためでなければ、奥さんのためにこのことをしたと思う。

＊我猜他不是为了孩子，就为了妻子做这件事的。

⑤ 犯人は死んでいなければ、外国に逃げたと警察は思っている。

＊警察觉得犯人不死了，是逃到国外去了。

第126課

“一…，就～”

“一…，就～”という文型は「…すると、（すぐ）～をする／になる」と言う意味で、前後の主語は同じでも同じでなくても言えます。また、“一”と“就”の後は動詞（＋目的語）も形容詞も使えます。

1 主語＋“一”＋動詞1（＋目的語）…，“就”＋動詞2（＋目的語）～

主語は後の文の“就”の前に置いてもいいです。

① 他一回家，就玩儿手机游戏。Tā yì huí jiā, jiù wánr shǒujī yóuxì.
（彼は家に帰るとすぐケータイゲームで遊びます）

② 一到北京，田中就去故宫了。
Yí dào Běijīng, Tiánzhōng jiù qù gùgōng le.
（北京に着くと、田中さんはすぐ故宮に行きました）

2 主語1＋“一”＋動詞1（＋目的語）…，主語2＋“就”＋動詞2（＋目的語）～

③ 老师一进来，我们就不说话了。
Lǎoshī yí jìnlai, wǒmen jiù bù shuōhuà le.
（先生が入って来ると、私達はすぐ話をやめた）

④ 闹钟一响，他就起床了。Nàozhōng yì xiǎng, tā jiù qǐchuáng le.
（目覚まし時計が鳴ったら、彼はすぐ起きた）

3 主語(／無主語)＋"一"＋動詞$_1$(＋目的語)…，無主語(／主語)＋"就"＋動詞$_2$(＋目的語)～

自然現象の主語はよく省略します。"一下雪"(雪が降ると)、"一到春天"(春になると) など。あえて主語 "天" をつけることもありますが、普通はつけません。

⑤ 我一出门，就刮大风。Wǒ yì chūmén, jiù guā dà fēng.
(私が家を出ると、すぐ強い風が吹き出した)

⑥ 一下大雨，这一带的河流就泛滥。
Yí xià dàyǔ, zhè yídài de héliú jiù fànlàn.
(大雨が降ると、この辺の河川はすぐ氾濫する)

4 主語＋"一"＋動詞…，"就"＋状態(形容詞)～

⑦ 老师一问她问题，她就很紧张。
Lǎoshī yí wèn tā wèntí, tā jiù hěn jǐnzhāng.
(先生が彼女に質問すると、彼女はすぐとても緊張する)

⑧ 一吃药，她就好了。Yì chī yào, tā jiù hǎo le.
(薬を飲むと、彼女はすぐよくなった)

5 主語$_1$＋"一"＋形容詞…，主語$_2$＋"就"＋動詞／状態(形容詞)～

⑨ 天一冷，她就感冒。Tiān yì lěng, tā jiù gǎnmào.
(寒くなると、彼女はすぐ風邪をひく)

⑩ 他一忙，工作就乱。Tā yì máng, gōngzuò jiù luàn.
(彼は忙しくなると、仕事がめちゃくちゃになる)

練　習

1．次の中国語を日本語に訳してください。

① 她一紧张，手就出汗。

② 一到三、四月，我的花粉症就来了。

③ 昨天我一到公司，就下大雨了。

④ 我一看就知道是假的。

⑤ 那个地方一下雪，就不能开车了。

2．次のピンインを中国語に直し、日本語に訳してください。

① Wǒ yì gěi Lǐ Míng dǎ diànhuà, tā jiù lái le.

② Lǎoshī yì shuō, wǒ jiù míngbai le.

③ Tiánzhōng yì huí Rìběn jiù gǎnmào le.

④ Zuótiān yí xiàbān, Tàitián jiù qù kàn dìanyǐng le.

⑤ Zhōngtián měitiān yí dào xuéxiào, jiù xiān qù túshūguǎn.

3．次の日本語を中国語に訳してください。

① 風邪をひいても、すぐ薬を飲まないでください。

② 冬になると、この辺りはすぐ雪が降る。

③ 李健さんが教室に入ると、みんなはすぐ大きな拍手をしました。

④ 彼女はこの知らせを聞くと、すぐ涙をこぼした。

⑤ 彼は以前まったく料理をしなかったが、結婚すると、すぐ料理を習った。

4．次の誤文を正しく直してください。

① 彼は毎朝起きると、すぐ散歩に行きます。

＊他每天早上起床，就去散步。

② 夏休みになると、私はおじいちゃんの家に行きます。

＊到了夏假，我就去爷爷的家。

③ 弟はエビを食べると、すぐアレルギーの症状が出るので食べられません。

＊我弟弟吃虾就起敏感，不能吃。

④ 彼女は結婚すると、すぐ仕事をやめた。

＊她结婚，就辞职了。

⑤ 私はよく酒を飲むと、すぐ酔っぱらってしまう。

＊我常常喝酒就醉。

第 127 課

“越来越…”

“越来越…”は「ますます」、「だんだん」と言う意味です。後ろに形容詞、感情動詞、理解動詞などを言います。“越来越…”の直後の形容詞／感情動詞に程度副詞の“很”“非常”などを使えません。“越来越…”の前に否定詞は置けませんが、助動詞と副詞は置けます。

1 “越来越”＋形容詞：ますます…、だんだん…になる

① 天越来越热了。Tiān yuè lái yuè rè le.（だんだん暑くなってきた）

② 东西越来越不便宜了。Dōngxi yuè lái yuè bù piányi le.
（物はだんだん安くなくなっている）

2 “越来越”＋感情動詞：ますます…、だんだん…になる

③ 我越来越喜欢中国文化了。
Wǒ yuè lái yuè xǐhuan Zhōngguó wénhuà le.
（私はますます中国文化が好きになった）

④ 那件事后，她越来越不放心了。
Nèi jiàn shì hòu, tā yuè lái yuè bú fàngxīn le.
（あのことの後、彼女はますます安心できなくなった）

3 “越来越”＋理解動詞：ますます…、だんだん…になる

⑤ 他越来越理解谦虚和勤奋的重要性。
Tā yuè lái yuè lǐjiě qiānxū hé qínfèn de zhòngyàoxìng.
（彼はますます謙虚と勤勉の大切さを理解するようになった）

⑥ 她越来越不明白自己的丈夫到底在做什么。
Tā yuè lái yuè bù míngbai zìjǐ de zhàngfu dàodǐ zài zuò shénme.
（彼女はますます自分の夫が何をしているかわからなくなった）

④ 助動詞 / 副詞＋“越来越”：ますます…、だんだん…になる

⑦ 天天看那些负面新闻，你会越来越害怕。

Tiāntiān kàn nèixiē fùmiàn xīnwén, nǐ huì yuè lái yuè hàipà.

（毎日あんな暗い記事を読んでいたら、君はだんだん怖くなってくるだろう）

⑧ 这几年的生活已经越来越好了。

Zhè jǐ nián de shēnghuó yǐjīng yuè lái yuè hǎo le.

（この数年、生活はもうだんだんよくなっている）

練　習

1．次の中国語を日本語に訳してください。

① 怎么最近天气越来越冷呢?

② 大家已经越来越明白健康比什么都重要了。

③ 爷爷的病越来越严重，我们都越来越担心。

④ 最近我突然觉得时间越来越短了。

⑤ 人工智能时代，人们的交流好像越来越少了。

2．次のピンインを中国語に直し、日本語に訳してください。

① Zuìjìn xuéxí Hànyǔ de rén hǎoxiàng yuè lái yuè duō le.

② Shānběn lǎoshī tuìxiū hòu, yuè lái yuè shòu le.

③ Tiánzhōng qù Zhōngguó liúxué hòu, yuè lái yuè xǐhuan Zhōngguó le.

④ Wǒ yuè lái yuè bù míngbai tā zài shuō shénme.

⑤ Wèi shénme xiàndàirén de shēnghuó yuè lái yuè máng le?

3．次の日本語を中国語に訳してください。

① 最近、中国の観光客はだんだん多くなりました。

② 私は腰がこの１週間だんだん痛くなくなりました。

③ 家電製品はだんだん便利になったが、値段はだんだん高くなったよ。

④ 学生が勉強するものはだんだん少なくなると思います。

⑤ 彼らはだんだんメディアの信憑性を疑うようになった。

4．次の誤文を正しく直してください。

① 私達の大学の留学生はとても多くなりました。

＊我们大学的留学生越来越很多了。

② 地球の大気はだんだんよくなくなっている。

＊地球的空气不越来越好。

③ 私は最近ますます中国語が面白いと思うようになった。

＊我越来越想汉语很有意思。

④ 彼は大学院に入ると、ますます歴史が好きになりました。

＊他上了大学院，越喜欢历史了。

⑤ 中国では、ますます多くの人が現金を使わなくなっている。

＊在中国越来越太多人不用现金了。

第 128 課

“越”＋形容詞＋“越”

「“越”＋形容詞＋“越”」の後ろには形容詞、感情動詞、理解動詞が来ます。「…であれば…であるほど～」という意味です。後ろに一般動詞を取れません。変化を表す助動詞や受け身動詞は取れます。また、「“越”＋形容詞＋“越”」の後ろに程度副詞を置けず、前に否定副詞を置けません。

1 “越”＋形容詞$_1$＋“越”＋形容詞$_2$ / 感情動詞 / 理解動詞

① 有人觉得天气越冷越好，有人觉得越热越好。
Yǒu rén juéde tiānqì yuè lěng yuè hǎo, yǒu rén juéde yuè rè yuè hǎo.
（寒ければ寒いほどよいと思う人もいれば、暑ければ暑いほどよいと思う人もいる）

② 地位越高越烦恼，人事关系越复杂越头疼。
Dìwèi yuè gāo yuè fánnǎo, rénshì guānxi yuè fùzá yuè tóuténg.
（地位が高ければ高いほど悩みが多くなり、人間関係が複雑になればなるほど頭が痛くなる）

③ 人越谦虚越能原谅别人的过错。
Rén yuè qiānxū yuè néng yuánliàng biérén de guòcuò.
（人は謙虚であればあるほど、他人の過ちを許せる）

2 “越”＋形容詞＋“越”＋助動詞 / 受け身動詞

④ 方法越简单越能解决问题。Fāngfǎ yuè jiǎndān yuè néng jiějué wèntí.
（方法が簡単であればあるほど、問題を解決できる）

⑤ 东西越便宜越不受欢迎。Dōngxi yuè piányi yuè bú shòu huānyíng.
（品物は安ければ安いほど、人気がない）

3 主語$_1$＋“越”＋形容詞$_1$，主語$_2$＋“越”＋形容詞$_2$／感情動詞／理解動詞／助動詞／受け身動詞

⑥ 工作越多，我们干劲越高。Gōngzuò yuè duō, wǒmen gànjìn yuè gāo.
（仕事が多ければ多いほど、私達はもっとやる気が出る）

⑦ 作业越少，学生越高兴。Zuòyè yuè shǎo, xuésheng yuè gāoxìng.
（宿題が少なければ少ないほど、学生が喜ぶ）

⑧ 你的图表越简单，大家越能明白。
Nǐ de túbiǎo yuè jiǎndān, dàjiā yuè néng míngbai.
（あなたの図表が簡単であればあるほど、みんなが理解できる）

⑨ 监控越多，人的自由会不会越受限制？
Jiānkòng yuè duō, rén de zìyóu huì bu huì yuè shòu xiànzhì?
（監視カメラが多ければ多いほど、人の自由が制限されるだろうか）

練　習

1．次の中国語を日本語に訳してください。

① 买楼房，越高越贵。

② 人越谦虚，越受大家喜欢。

③ 越急躁越不能把事做好。

④ 上课时问题越多，老师越高兴啊。

⑤ 有时候，跟别人交流越多，越能了解自己。

2．次のピンインを中国語に直し、日本語に訳してください。

① Nǐ duǒ de dìfang yuè wēixiǎn yuè bù róngyì bèi fāxiàn.

② Yīfu yuè qíguài nèixiē niánqīngrén yuè xǐhuan.

③ Yǒu rén juéde zhūròu yuè féi yuè hǎochī, wǒ bù juéde.

④ Shānzhōng hǎoxiàng yuè máng yuè kāixīn de yàngzi.

⑤ Fùmǔ yuè jízào, háizi yuè bù zhīdào zěnme zuò.

3．次の日本語を中国語に訳してください。

① 切手は古ければ古いほど価値がある。

② 時々、物が高ければ高いほど、人気がある。

③ ケータイが便利になればなるほど、学生の理解力は低くなる。

④ 仕事は速ければ速いほどよいとはかぎらない。

⑤ IT が発達すればするほど、人々のストレスが多くなるだろう。

4．次の誤文を正しく直してください。

① 彼は忙しければ忙しいほど、勉強がよくできる。

＊他越忙学习越很好。

② 車の運転は速ければ速いほど、危険性が高い。

＊开车越快，越危险性高。

③ 車が多くなればなるほど、空気が悪くなる。

＊汽车越多，空气不好了。

④ あの店は寒ければ寒いほど、商売が繁盛する。

＊那家店天气越冷越生意很好。

⑤ お金は多ければ多いほどよいが、宿題は多ければ多いほどよくない。

＊钱越多越很好，作业越多越不好。

“越”＋動詞＋“越”＋形容詞／動詞

「“越”＋動詞＋“越”＋形容詞／動詞」は「…すればするほど～になる／をする」の意味です。128課と同じく後ろの“越”の後には程度副詞の“很”“非常”などが使えません。形容詞／感情動詞／理解動詞の否定は過去、現在、未来のすべて“不”を使います。“汉语越学越不容易”(中国語を勉強すればするほど簡単ではなくなる)、“他越想越不高兴”(彼は考えれば考えるほどうれしくなくなる)、“我越想越不明白”(私は考えれば考えるほどわからなくなる)。前後の“越”の前の主語は異なることもあります。“你越说，他越不开心”(あなたが言えば言うほど、彼はますますうれしくない)。

1 “越”＋動詞＋“越”＋形容詞：…すればするほど～になる

① 有时候，越有钱越不幸福。Yǒu shíhou, yuè yǒu qián yuè bú xìngfú.
(時には、お金があればあるほど不幸になる)

② 越学越聪明，越不学越笨。
Yuè xué yuè cōngmíng, yuè bù xué yuè bèn.
(勉強すればするほど賢くなり、勉強しなければしないほど頭が悪くなる)

2 “越”＋動詞＋“越”＋感情動詞：…すればするほど～になる

③ 那件事我越想越伤心。Nèi jiàn shì wǒ yuè xiǎng yuè shāngxīn.
(あのことを考えれば考えるほど悲しくなる)

④ 有些人越看越喜欢，有些人越看越不喜欢。
Yǒuxiē rén yuè kàn yuè xǐhuan, yǒuxiē rén yuè kàn yuè bù xǐhuan.
(見れば見るほど好きになる人もいれば、見れば見るほど嫌になる人もいる)

③ "越"＋動詞＋"越"＋理解動詞：…すればするほど〜になる

⑤ 这个问题我越研究越不明白。

Zhèige wèntí wǒ yuè yánjiū yuè bù míngbai.

（この問題は研究すればするほどわからなくなる）

⑥ 现在的行政机构越改越难理解。

Xiànzài de xíngzhèng jīgòu yuè gǎi yuè nán lǐjiě.

（今の行政組織は改めれば改めるほどわかりにくくなる）

④ 主語$_1$＋"越"＋動詞，主語$_2$＋"越"＋形容詞／感情動詞／理解動詞：…すればするほど〜をする

前半と後半の主語が異なる場合。

⑦ 你越说，她越糊涂。Nǐ yuè shuō, tā yuè hútu.

（あなたが言えば言うほど、彼女は訳がわからなくなる）

⑧ 你越批评他们，他们越不学习。

Nǐ yuè pīpíng tāmen, tāmen yuè bù xuéxí.

（怒れば怒るほど、彼らは勉強しなくなる）

練　習

1．次の中国語を日本語に訳してください。

① 学习外语跟学习开车一样，越练习越熟练。

② 人越有知识越谦虚。

③ 为什么我越鼓励，他们越不参加呢？

④ 雨越下越大了，怎么办？

⑤ 负面问题越报道，影响越不好。

2．次のピンインを中国語に直し、日本語に訳してください。

① Nǐ zěnme yuè chī yuè shòu ne? Nǐ chī shénme a?

② Nèi cì dìzhèn yuè xiǎng yuè kěpà.

③ Jiàoshī yuè bù guānxīn xuésheng, xuésheng yuè bú ài xuéxí.

④ Nèige huódòng yuè bàn yuè hǎo, cānjiā de rén yuè lái yuè duō le.

⑤ Hǎoxiàng yuè yǒu xuéwèn de rén yuè xǐhuan xuéxí.

3．次の日本語を中国語に訳してください。

① 私は寝れば寝るほど疲れてしまう。

② 親が言えば言うほど、子供は聞きたくなくなる。

③ お酒を飲めば飲むほど、悩みは多くなるよ。

④ 中国語は勉強すればするほど難しくなる。

⑤ アルバイトをすればするほど、勉強する時間がなくなるよ。

4．次の誤文を正しく直してください。

① 彼女は薬を飲めば飲むほど、かえって身体が悪くなる。

＊她越喝药，可是越身体不好。

② この問題は考えれば考えるほど、わからなくなる。

＊这个问题我越想，不明白了。

③ 勉強をしなければしないほど、就職が難しくなる。

＊越不学习越就职很难。

④ 彼女の料理は作れば作るほど、おいしくなったと私は思う。

＊她的菜越做，我觉得越好吃了。

⑤ おかしい、彼はごはんを食べれば食べるほど、体重が減ったよ。

＊很奇怪，他越吃多饭，越体重减了。

第 130 課

疑問代詞＋“都”

全ての物事を言う「何でも」「何も」「誰でも」「誰にも」「どこでも」「どこにも」などの文型は中国語も同じく疑問詞を使います。「疑問詞＋“都”」という文型です。以前は否定なら“也”も使いましたが、最近の傾向は否定も“都”を使うことが多いです。

1 “什么”＋“都”（＋助動詞）＋動詞 / 形容詞：何でも、何も

① 只要是中国菜，他什么都吃（／不吃）。
Zhǐyào shì Zhōngguócài, tā shénme dōu chī (/bù chī).
（中華料理であれば、彼は何でも食べる / 何も食べない）

② 只要是中国菜，他什么都能吃（／不能吃）。
Zhǐyào shì Zhōngguócài, tā shénme dōu néng chī (/bù néng chī).
（中華料理であれば、彼は何でも食べられる / 何も食べられない）

③ 他昨天什么都没吃。Tā zuótiān shénme dōu méi chī.
（彼は昨日何も食べなかった）

④ 那家超市的东西什么都贵（／不贵）。
Nèi jiā chāoshì de dōngxi shénme dōu guì (/bú guì).
（あのスーパーのものは何でも高い / 何も高くない）

2 “什么”＋名詞＋“都”（＋助動詞）＋動詞 / 形容詞：どんな物事でも、どんな物事にも

⑤ 他什么饮料都喝（／不喝）。Tā shénme yǐnliào dōu hē (/bù hē).
（彼はどんな飲み物も飲む / 飲まない）

⑥ 他什么饮料都想喝（／不想喝）。
Tā shénme yǐnliào dōu xiǎng hē (/bù xiǎng hē).
（彼はどんな飲み物も飲みたい / 飲みたくない）

⑦ 昨天他什么书都没看。Zuótiān tā shénme shū dōu méi kàn.
（昨日彼はどんな本も読まなかった）

⑧ 什么办法都好（／不好）。Shénme bànfǎ dōu hǎo (/bù hǎo).
（どんな方法もよい／よくない）

3 "谁"＋"都"（＋助動詞）＋動詞／形容詞：誰でも、誰にも

⑨ 那件事，谁都知道（／不知道）。
Nèi jiàn shì, shéi dōu zhīdào (/bù zhīdào).
（あのことは、誰でも知っている／誰も知らない）

⑩ 那件事，谁都应该知道。Nèi jiàn shì, shéi dōu yīnggāi zhīdào.
（あのことは、誰でも知るべきだ）

⑪ 听了那件事，谁都开心（／不开心）。
Tīngle nèi jiàn shì, shéi dōu kāixīn (/bù kāixīn).
（あのことを聞いて、誰でもうれしい／誰もうれしくない）

4 "什么时候"＋"都"（＋助動詞）＋動詞／形容詞：いつでも

⑫ 他什么时候都看（／不看）书。
Tā shénme shíhou dōu kàn (/bú kàn) shū.
（彼はいつでも本を読む／読まない）

⑬ 他什么时候都可以来（／不可以来）。
Tā shénme shíhou dōu kěyǐ lái (/bù kěyǐ lái).
（彼はいつでも来られる／来られない）

⑭ 他什么时候都忙（／不忙）。
Tā shénme shíhou dōu máng (/bù máng).
（彼はいつでも忙しい／忙しくない）

5 "哪儿／哪里／什么地方"＋"都"（＋助動詞）＋動詞／形容詞：どこでも、どこにも

⑮ 哪儿都有（／没有）自动售货机。
Nǎr dōu yǒu (/méiyǒu) zìdòng shòuhuòjī.
（どこでも（／どこにも）自動販売機がある（／はない））

⑯ 这个星期天我哪里都想去（／不想去）。
Zhèige xīngqītiān wǒ nǎli dōu xiǎng qù (/bù xiǎng qù).
（今週の日曜日私はどこでも行きたい／どこにも行きたくない）

⑰ 上个星期六我哪儿都没去。Shàng ge xīngqīliù wǒ nǎr dōu méi qù.
（先週の土曜日、私はどこにも行かなかった）

⑱ 什么地方都漂亮（／不漂亮）。
Shénme dìfang dōu piàoliang (/bú piàoliang).
（どこでもきれいだ／どこもきれいではない）

6 "怎么"＋動詞$_1$＋"都"（＋助動詞）＋動詞$_2$／形容詞：どのようにしても

「"怎么"+動詞」の主語と"都"の主語が違うこともあります。

⑲ 你怎么说，他都听（／不听）。Nǐ zěnme shuō, tā dōu tīng (/bù tīng).
（あなたがどう言っても、彼は聞く／聞かない）

⑳ 你怎么说，他都不爱听。Nǐ zěnme shuō, tā dōu bú ài tīng.
（あなたがどう言っても、彼は聞きたくない）

㉑ 这个菜你怎么做都好吃（／不好吃）。
Zhèige cài nǐ zěnme zuò dōu hǎochī (/bù hǎochī).
（この野菜はあなたがどのように作ってもおいしい／おいしくない）

練　習

1．次の中国語を日本語に訳してください。

① 我怎么小心都会犯错。

② 小孩子什么东西都要问。

③ 他什么时候都开心，真羡慕他。

④ 那个国家哪儿都有垃圾箱，你千万别乱扔垃圾。

⑤ 谁都不喜欢战争，你说是吗？

2．次のピンインを中国語に直し、日本語に訳してください。

① Wèi shénme Lǐ Qiáng shénme gōngzuò dōu zuò bù jiǔ?

② Nǐ bié làngfèi shíjiān le, shéi dōu méiyǒu bànfǎ shuōfú nèige rén.

③ Nǐ shénme shíhou dōu kěyǐ lái zhǎo wǒ.

④ Wáng Kāng zěnme dàoqiàn, Lǐ Yīng dōu bù jiēshòu.

⑤ Chūnjié qījiān, wǒ nǎr dōu méi qù.

3．次の日本語を中国語に訳してください。

① 彼はどんな肉も食べません。

② 子供の安全のために、親はいつでも油断できない。

③ 日本ではどこにでも桜があるのですか。北海道にもあるの？

④ 私はどんなに勉強しても、彼に追いつかない。

⑤ あの交流会は誰でも参加できますか。

4．次の誤文を正しく直してください。

① 彼女は中国を旅行した時、何でも買いたかった。

＊她去旅游中国时，什么东西想买了。

② あのスーパーの物は何でも高い。

＊那个超市的东西，什么也贵。

③ どんなに勉強してもわからない。

＊我什么学习也不明白。

④ あの公園はいつでも入れるわけではない。

＊那个公园什么时候都能进不是。

⑤ 彼はすごい。誰でも彼に敬服する。

＊他很厉害，谁都也佩服他。

第131課

疑問詞の連鎖複文“什么…，什么～”

同じ疑問詞を前後の文に使い、任意の人や事、場所を示す複文は日本語にはありませんが、中国語ではよく使います。“谁想去，谁去”は直訳の「誰が行きたいなら、誰が行きなさい」から「行きたい人は行きなさい」の意味になります。後ろの文の述語の前によく副詞の“就”を使いますが、省略も可。主語、目的語は前後の文で同じでも異なってもいいです。

1 “谁…，谁～”

① 谁有问题，谁先问。Shéi yǒu wèntí, shéi xiān wèn.
（質問がある人が先に聞く）

② 谁有能力，我（就）选谁。Shéi yǒu nénglì, wǒ (jiù) xuǎn shéi.
（能力がある人を選びます）

2 “什么（＋名詞）…，什么（＋名詞）～”

③ 什么好吃，我吃什么。Shénme hǎochī, wǒ chī shénme.
（おいしい物があれば食べる）

④ 你做什么菜，我（就）吃什么菜。
Nǐ zuò shénme cài, wǒ (jiù) chī shénme cài.
（あなたが作った料理は何でも食べる）

3 “什么样…，什么样～”

⑤ 什么样的人说什么样的话。
Shénmeyàng de rén shuō shénmeyàng de huà.（人によって話は違う）

⑥ 什么样的父母，就培养出什么样的孩子。
Shénmeyàng de fùmǔ, jiù péiyǎngchū shénmeyàng de háizi.（蛙の子は蛙）

4 "什么时候…，什么时候～"

⑦ 你什么时候来，我（就）什么时候给你。

Nǐ shénme shíhou lái, wǒ (jìu) shénme shíhou gěi nǐ.（来た時にあげるよ）

⑧ 什么时候需要我，你就什么时候给我来电话。

Shénme shíhou xūyào wǒ, nǐ jìu shénme shíhou gěi wǒ lái diànhuà.

（私が必要なら、電話で連絡してください）

5 "哪儿…，哪儿～"

⑨ 哪儿有需要，我（就）去哪儿。Nǎr yǒu xūyào, wǒ (jìu) qù nǎr.

（必要とされるところに、私は行く）

⑩ 我去哪儿，我家的狗就跟着我去哪儿。

Wǒ qù nǎr, wǒ jiā de gǒu jiù gēnzhe wǒ qù nǎr.

（私がどこへ行っても、家の犬はついてくる）

6 "怎么…，怎么～"

⑪ 他怎么说，我就怎么做。Tā zěnme shuō, wǒ jiù zěnme zuò.

（彼が言うとおりにします）

⑫ 你怎么进来，就怎么出去。Nǐ zěnme jìnlai, jiù zěnme chūqu.

（入って来たとおりに、出ればいい）

練　習

1．次の中国語を日本語に訳してください。

① 我问谁，谁就回答，其他的人别说话。

② 他怎么教，你就怎么学，别多问。

③ 你什么时候想喝酒，我什么时候都陪你。

④ 那个明星去哪儿，他的粉丝都追到哪儿。

⑤ 什么立场的人，一定会说什么立场的话。

2．次のピンインを中国語に直し、日本語に訳してください。

① Jǐngchá wèn shénme, nǐ jiù huídá shénme, bié pà.

② Shéi yǒu shíjiān, shéi jiù qù bāng Lǐ lǎoshī ba.

③ Nǐ yào wǒ zěnme zuò, wó jiù zěnme zuò.

④ Wáng Jiàn qù nǎr, nǎr dōu xiàyǔ.

⑤ Wǒ děng nǐ, nǐ shénme shíhou tóngyì, wǒmen jiù shénme shíhou jiéhūn.

3．次の日本語を中国語に訳してください。

① いつでも帰国したい時に、一緒に帰りましょう。

② あなたが行きたいところに連れて行ってあげる。

③ 誰か好きなら、その人と結婚したほうがいいよ。

④ 季節によって、咲く花が違います。

⑤ 社長の指示通りにやればいいよ。余計なことを聞かないで。

4．次の誤文を正しく直してください。

① 食べたいものを作ってあげるよ。

＊想吃什么，我做吧。

② いつかお金ができたら、ヨーロッパを旅行する。

＊什么时候有钱，我去欧洲旅游。

③ あなたの考えた通りにやってみてください。

＊你怎么想就做吧。

④ 空き地があれば広場ダンスをする人がいる。

＊有空地就有人在跳广场舞。

⑤ ほしい人にあげる。

＊要的人我给那个人。

第132課

"除了…，都/没/不/还～"

"除了…"の文型は4つあります。

① "除了A，B都"(Aを除いて、Bは全て…)"除了他，我们都去"(彼以外、私たちはみんな行く)。

② "除了A，没人…"(Aを除いて、誰も…いない/しない/できない)"除了你，没人能做"(あなた以外、誰もできない)。①②のAはBに含まれません。

③ "除了A，还B"(述語の追加)"这个菜除了便宜，还很好吃"(この料理は安くて、またおいしくもある)。

④ "除了A，B也"(主語の追加)"除了四川菜，湖南菜也很辣"(四川料理の他に、湖南料理もとても辛い)③④はAもBも同時に存在します。

4つとも前半の"除了…"の文末に"以外"、"之外"をつけられます。

1 "除了A，B都…"：Aを除いて、Bは全て…

① 除了纳豆（以外），其他日本菜我都喜欢。
Chúle nàdòu (yǐwài), qítā Rìběncài wǒ dōu xǐhuan.
（納豆以外、他の日本料理は全部好きだ）

② 除了睡觉（之外），他什么事都不做。
Chúle shuìjiào (zhīwài), tā shénme shì dōu bú zuò.
（寝る以外、彼は何もしない）

2 "除了A，没人…"：Aを除いて、誰も…いない/しない/できない

③ 除了我（以外），没人在。Chúle wǒ (yǐwài), méi rén zài.
（私以外に誰もいない）

④ 除了他（之外），没人去过南京。

Chúle tā (zhīwài), méi rén qùguo Nánjīng.

（彼以外に、南京に行ったことがある人はいない）

3 “除了A，还B…”

述語の追加の場合は“还”を使います。

⑤ 他除了聪明（以外），还很谦虚、认真、努力。

Tā chúle cōngmíng (yǐwài), hái hěn qiānxū、rènzhēn、nǔlì.

（彼は頭がよい以外に、また謙虚で、真面目で、努力家だ）

⑥ 除了喜欢看电影（之外），她还喜欢看电视剧。

Chúle xǐhuan kàn diànyǐng (zhīwài), tā hái xǐhuan kàn diànshìjù.

（映画の他に彼女はテレビドラマも好きだ）

4 “除了A，B也…”

主語の追加の場合は“也”を使います。

⑦ 除了词汇，发音和语法也很重要。

Chúle cíhuì, fāyīn hé yǔfǎ yě hěn zhòngyào.

（語彙の他に、発音と文法もとても大切です）

⑧ 除了田中和山下，中山也想去。

Chúle Tiánzhōng hé Shānxià, Zhōngshān yě xiǎng qù.

（田中さんと山下さんの他に、中山さんも行きたい）

練　習

1．次の中国語を日本語に訳してください。

① 除了法国以外，我还去过美国、英国。

② 除了中国，韩国和越南也过春节。

③ 蜂蜜除了有营养以外，还能刺激免疫系统。

④ 这件事除了李老师，没人能解决吗？

⑤ 除了跳广场舞，他什么运动都不做吗？

2．次のピンインを中国語に直し、日本語に訳してください。

① Chúle kàn shū, nǐ hái yǒu shénme àihào ma?

② Nèige fángzi chúle bǐjiào yuǎn yǐwài, qítā fāngmiàn dōu búcuò a.

③ Wǒmen gōngsī chúle Běijīng, Shànghǎi yě yǒu fēndiàn.

④ Chúle shēngyúpiàn, qítā Rìběncài Wáng Kāng dōu gǎn chī.

⑤ Wǒ xiànzài chúle shuìjiào, shénme dōu bù xiǎng zuò.

3．次の日本語を中国語に訳してください。

① 彼はピーナッツ以外は何でも食べられる。

② 賛成する国は日本の他に、あと中国、韓国だ。

③ 私はLINEの他に、WeChatもXも使います。

④ 手洗いとマスクをする以外に、うがいも大切だと思います。

⑤ 政治は経済以外に、教育への影響もとても大きいと思われる。

4．次の誤文を正しく直してください。

① 私を除いて、みんなは中国に行ったことがない。

＊除了我，大家没去过中国。

② リンゴとブドウ以外、私はどんな果物も好きではない。

＊除了苹果和葡萄，我都不喜欢什么水果。

③ 野球の他に、私はサッカーも好きです。

＊打棒球以外，我都喜欢踢足球。

④ 北海道の冬は雪以外に、何か見るところがありますか。

＊北海道的冬天雪以外，都有什么看的地方？

⑤ あれの他に、これもほしい。

＊除了那个，其他这个也我要。

第133課

“一点儿”+“都/也”+“不/没”+動詞/形容詞

「“一点儿”+“都/也”+“不/没”+動詞/形容詞」は「少しも…しない/ない」と言う意味で、“也”よりも“都”のほうがよく使われます。“一点儿”(少し)の代わりに“一个”(1個)“一本”(1冊)などの数量詞の最小限の数を言う文型「“一”+量詞(+名詞)+“都/也”+“不/没”+動詞/形容詞」もあります。

1 “一点儿”+“都/也”+“不/没”+動詞:少しも…しない/しなかった

① 他一点儿都(/也)不理解我的心情。
Tā yìdiǎnr dōu (/yě) bù lǐjiě wǒ de xīnqíng.
(彼は少しも私の気持ちを理解していない)

② 他昨天不舒服，那些菜一点儿都(/也)没吃。
Tā zuótiān bù shūfu, nèixiē cài yìdiǎnr dōu (/yě) méi chī.
(彼は昨日気分が悪くて、あれらの料理は少しも食べなかった)

2 “一点儿”+名詞+“都/也”+“不/没”+動詞:少しの…も～しない/しなかった

③ 最近他怎么了? 一点儿消息都(/也)没有。
Zuìjìn tā zěnme le? Yìdiǎnr xiāoxi dōu (/yě) méiyǒu.
(最近彼はどうしたの?消息が少しもない)

④ 那些志愿者很了不起，一点儿报酬都(/也)不要。
Nèixiē zhìyuànzhě hěn liǎobuqǐ, yìdiǎnr bàochou dōu (/yě) bú yào.
(あのボランティア達はすごい、少しの報酬もいらない)

3 “一点儿”＋“都／也”＋“不／没”＋形容詞：少しも…ない／ではない

⑤ 没事儿，今天我一点儿都（／也）不忙。

Méishìr, jīntiān wǒ yìdiǎnr dōu (/yě) bù máng.

（大丈夫、今日は少しも忙しくない）

⑥ 那个电影一点儿都（／也）没意思。

Nèige diànyǐng yìdiǎnr dōu (/yě) méi yìsi.

（あの映画は少しも面白くない）

4 “一”＋量詞（＋名詞）＋“都／也”＋“不／没”＋動詞／形容詞：1つも…しない／しなかった

⑦ 以后我一分钱都（／也）不给你，你自己挣。

Yǐhòu wǒ yì fēn qián dōu (/yě) bù gěi nǐ, nǐ zìjǐ zhèng.

（これからは1円もあげないよ、自分で稼ぎなさい）

⑧ 上个星期我一本书都（／也）没看。

Shàng ge xīngqī wǒ yì běn shū dōu (/yě) méi kàn.

（先週本を1冊も読まなかった）

⑨ 他们一个都不笨，都非常聪明。

Tāmen yí ge dōu bú bèn, dōu fēicháng cōngmíng.

（彼らは誰一人バカではない、みんなすごく賢い）

練　習

1．次の中国語を日本語に訳してください。

① 我真的一点儿印象都没有。

② 这一带我一点儿都不熟悉。

③ 你能保证所有的中药一点儿副作用都没有吗?

④ 最近电视上那些搞笑节目，你一个也没看吗?

⑤ 这次救济活动，他一分钱也不捐，太吝啬了。

2．次のピンインを中国語に直し、日本語に訳してください。

① Nǐ de shì, nǐ bàba yìdiǎnr dōu bú fàngzài xīnshang ma?

② Jīntiān zěnme le? Yí ge kèrén dōu méiyǒu.

③ Méishìr, wǒ yìdiǎnr dōu bú lèi.

④ Nèi jiā chāoshì de dōngxi yìdiǎnr dōu bù piányi.

⑤ Xiànzài wǒ shēnshang yí kuài qián dōu méiyǒu.

3．次の日本語を中国語に訳してください。

① このマーボー豆腐は少しも辛くない。

② 彼が言っていることは私は少しもわからない。

③ この夏休みは彼は本を１冊も読まなかった。

④ 彼はただあそこに立って、一言も言わない。

⑤ 彼は何回も面接の経験があったので、今回は少しも緊張しなかった。

4．次の誤文を正しく直してください。

① 昨日、中国語を少しも勉強しなかった。

＊昨天我汉语一点儿没学习。

② この本は少しも面白くない。

＊这本书很少也没有意思。

③ 彼女は１滴のお酒も飲めない。

＊她一滴的酒都不喝。

④ 私は留学生の友達は１人もいない。

＊我留学生的朋友一个人都没有。

⑤ 先週、彼は１日も休まなかった。

＊上个星期，他一天也不休息。

第134課

“连…都～”

“连…都～”(…さえも～) と言う文型は、極端な例をあげて、前半の状態や程度を強調する表現です。“这个问题很难，连大学教授都不明白”(この問題はとても難しくて大学教授さえもわからない)。以前、否定は“也”を使っていましたが、最近は肯定も否定も“都”を使う傾向にあります。

1 “连”＋名詞＋“都／也”＋動詞：…さえも～する／しない

① 这个问题太容易了，连小学生都能回答。

Zhèige wèntí tài róngyì le, lián xiǎoxuéshēng dōu néng huídá.

（この問題は簡単すぎるよ、小学生さえも答えられる）

② 今天太忙了，连吃饭的时间都没有。

Jīntiān tài máng le, lián chīfàn de shíjiān dōu méiyǒu.

（今日は忙しすぎて、ごはんを食べる暇さえもなかった）

2 “连”＋名詞＋“都／也”＋形容詞：…さえも～である／ではない

③ 他每天都忙，连星期天都忙。

Tā měitiān dōu máng, lián xīngqītiān dōu máng.

（彼は毎日忙しく、日曜日さえも忙しい）

④ 那家超市什么都贵，连水都不便宜。

Nèi jiā chāoshì shénme dōu guì, lián shuǐ dōu bù piányi.

（あのスーパーは何でも高い。水さえも安くない）

3 "连"＋動詞（＋目的語）＋"都／也"＋動詞：…も～する／しない

⑤ 他整天玩儿手机游戏，连吃饭上厕所都玩儿。

Tā zhěngtiān wánr shǒujī yóuxì, lián chīfàn shàng cèsuǒ dōu wánr.

（彼は1日中ケータイゲームをしている。食事中もトイレに行ってもしている）

⑥ 他真的不会做饭，连煎鸡蛋都不会。

Tā zhēn de bú huì zuò fàn, lián jiān jīdàn dōu bú huì.

（彼は本当に料理ができない。目玉焼きさえもできない）

4 "连"＋動詞（＋目的語）＋"都／也"＋形容詞：…も～である／ではない

⑦ 这个地方下雪时很麻烦，别说开车，连走路都很危险。

Zhèige dìfang xiàxuě shí hěn máfan, biéshuō kāichē, lián zǒulù dōu hěn wēixiǎn.（ここは雪が降ったら面倒だね。車と言わず、歩くのも危ない）

⑧ 我的脚疼得很厉害，走也疼，坐也疼，连睡觉也疼。

Wǒ de jiǎo téngde hěn lìhai, zǒu yě téng, zuò yě téng, lián shuìjiào yě téng.

（足がすごく痛い、歩いても座っても痛い。寝ていても痛い）

5 "连"＋フレーズ＋"都／也"＋文：…も～である／ではない

⑨ 爷爷病后，精神有点儿不安定了，连我爸爸和我是谁都不认得了。

Yéye bìng hòu, jīngshén yǒudiǎnr bù āndìng le, lián wǒ bàba hé wǒ shì shéi dōu bú rènde le.（おじいちゃんは病気の後、精神的にちょっと不安定になり、父と私のことさえもわからなくなった）

⑩ 中国现在到处都能用 Wi-Fi，连小小的拉面店都有 Wi-Fi。

Zhōngguó xiànzài dàochù dōu néng yòng Wi-Fi, lián xiǎoxiao de lāmiàndiàn dōu yǒu Wi-Fi.（今、中国では至るところで Wi-Fi を使え、小さいラーメン店にも Wi-Fi がある）

練　習

1．次の中国語を日本語に訳してください。

① 今天地铁特别挤，连站都不能站。

② 不知道为什么，今天我右脚很疼，连走都不能走。

③ 现在智能手机已经很普遍了，连七、八十岁的老太太都会用呢。

④ 你不能这样天天从早工作到半夜，你连命都不要了吗？

⑤ 我们的社长对员工都很好，连打扫卫生的人叫什么名字都知道。

2．次のピンインを中国語に直し、日本語に訳してください。

① Tā zěnme le, nǐ duì tā nàme hǎo, tā lián yì shēng xièxie dōu bù shuō.

② Wǒ zhēn shì tài bèn le, lián zhè yìdiǎnr dàolǐ dōu bù dǒng.

③ Lǐ Jiàn Rìyǔ shuōde hěn hǎo, lián Rìběnrén dōu pèifu tā.

④ Tiánzhōng de gōngsī tài máng le, lián xīngqītiān dōu děi shàngbān.

⑤ Zuò gālífàn hěn jiǎndān, lián xiǎoxuéshēng dōu huì zuò.

3．次の日本語を中国語に訳してください。

① 一般の中国人さえもわからない中国語を、日本人は勉強する必要はないと思います。

② 安心してください。総理大臣さえも失敗することがあります。

③ 彼は本当に中華料理なら何でも好きみたい。臭豆腐さえも好きだそうです。

④ 彼は自分が何を言ったのか、自分さえもわからない。

⑤ 今日彼はものすごく忙しかった。お茶を飲む時間さえもなかった。

4．次の誤文を正しく直してください。

① 彼の英語のレベルは、今英検の４級さえも受からないよ。

＊他的英语水平，现在英检四级连考都考不上。

② 彼は忍耐力がない人よ。５分間さえも待てない。

＊他没有耐心的人，连五分钟不能等。

③ 彼らは日本がとてもきれいで、駅のトイレさえも非常にきれいだと言っている。

＊他们说日本很干净，连车站的厕所非常干净。

④ 信じられる？彼女の友達はごはんや水さえコンビニで買うのですよ。

＊你相信吗？她朋友连饭，连水在便利店买。

⑤ あれらのドラッグストアは野菜や果物、肉類さえも売るようになった。

＊那些药店蔬菜、水果、肉类连也卖了。

解答例

第72課

1．①彼女の処理方法はあなたのと違う。

②日本と中国はちゃんと協力すれば、きっとウィンウィンになる。

③私は彼らと一緒にイギリス旅行に行きたくない。

④彼らはみんな郭先生について中国語を習っているのだ。

⑤この件はあなたと関係がないので、構わないで。

2．①昨天山中跟谁一起去喝酒了?

（昨日山中さんは誰と一緒にお酒を飲みに行ったの？）

②去中国留学的事你跟你爸爸商量了吗?

（中国に留学する件はお父さんと相談しましたか）

③请你跟田中联系一下好吗?

（ちょっと田中さんに連絡してくれませんか）

④上田的爱好跟你的一样，喜欢看电影。

（上田さんの趣味はあなたと同じで、映画を見るのが好きだ）

⑤最近中国跟美国的关系怎么样了?

（最近中国とアメリカの関係はどうなっていますか）

3．①他的汉语跟山根一样好。

②你不能跟他比。

③我觉得健康跟人的心态很有关系。

④他上周跟他女朋友分手了，现在心情不好。

⑤李康跟大家的关系很好，大家都很喜欢他。

4．①这件事，你跟大家说说吧。

②昨天我跟他借了一百日元。

③教育跟经济发展很有关系。

④他常常跟我开玩笑。

⑤他常常跟中国人交流。

第73課

1．①彼女は私にちょっとうなずいて、笑った。

②我々はあのことがすごく心配ですが、あなたは心配じゃないの？

③中国の文化が日本の社会に与える影響は大きいですか。

④先生が皆さんに言っていることは皆さんの将来に役に立つ。

⑤李健さんにとって、中国語は当然易しいです。

2．①你对这件事有什么看法?

（あなたはこのことについて、どう思いますか）

②对留学生来说，打工也很重要。

（留学生にとって、アルバイトも大切です）

③小岛对中国文化非常了解。

（小島さんは中国文化についてとても詳しい）

④这次疫情对世界经济打击很大。

（今回の感染状況は世界経済への打撃が大きい）

⑤你们要对自己有信心。（あなた方は自分に自信を持つべきだ）

3．①他对政治经济完全没有兴趣。

②那个国家的媒体对中国有偏见。

③我觉得人的心态对健康有很大的影响。

④王老师对学生的生活很关心。

⑤对这件事，警察还在调查中。

4．①她很喜欢吃甜的东西。

②我们常常问李老师问题。

③你对日本的人口问题有什么看法?

④他对我们点点头就走了。

⑤他研究那个问题。

第74課

1．①あの物語に関する伝説は多い。

②彼らの実際の状況について、私達はみんな知らない。

③今回の地震の災害は、私達はみんな悲しいです。

④代表達の情報社会に対する見方はそれぞれかなり違う。

⑤この1000元は彼にとっては少ないお金ではない。

2．①他写了一篇关于怎么解决空气污染的论文。

（彼はどのように大気汚染を解決するかについて論文を書いた）
②关于价格问题，是不是能再商量一下？
（価格の問題について、もう少し相談できないでしょうか）
③对于高中生来说，高考确实太可怕了。
（高校生にとって、「高考」は実に恐ろしいものだ）
④我对于那个国家的外交政策一直不能理解。
（私はあの国の外交政策について、ずっと理解できない）
⑤经理对于这个月的营业额，不太满意。
（社長は今月の売り上げについて、あまり満足ではない）

3．①对于那个人，你要小心。
②对于这一点，我不反对。
③关于（／对于）这一点，我们下次会议讨论吧。
④关于（／对于）那个事件，警察还在调查中。
⑤关于（／对于）上次我们商量的事，你有什么意见吗？

4．①她对于中日关系问题很关心。
②她喜欢谈关于自己儿子学习的事。
③对于两国首脑会议的结果，我很失望。
④今天我们写了关于网课的感想文。
⑤我觉得大家对于流感警戒心不够。

第75課

1．①この本は図書館から借りて来たものだ。
②あの入り口から入ったらわりと近い。
③北京から上海まで、高速鉄道に乗って何時間かかりますか。
④今日から毎日中国語を1時間勉強する。
⑤彼は毎週火曜日午前9時から午後4時半まで授業があります。

2．①山田从什么时候开始学习汉语的？
（山田さんはいつから中国語を習い始めたのですか）
②明天你从几点到几点打工？
（明日何時から何時までアルバイトをしますか）

③从明年起，上田要到北京去留学四年。

（来年から、上田さんは4年間北京に留学に行く予定です）

④从东京到广岛坐新干线要几个小时？

（東京から広島まで、新幹線で何時間かかりますか）

⑤从这儿到那个超市很近，走着去只要五分钟。（ここからあのスーパーまで近いので、歩いて5分しかかからない）

3．①从今天起，我们每天写日记吧。

②从中午十二点到一点，食堂人很多。

③从我出生到现在，我没看过这样的事。

④从我家到那家超市，只有一百米。

⑤从你家到大学，坐公交车要多长时间？

4．①我从昨天起一直咳嗽。

②我中午去了奶奶的家。（午後おばあちゃんの家に行った）

我从中午一直在奶奶的家。

（午後からずっとおばあちゃんの家にいた）

③他昨天晚上从广岛出发到大阪去了。

④从四月起，我是大学生了。

⑤在新干线上可以打电话吗？

第76課

1．①ここから北京駅まで遠いですか。歩いて行けますか。

②彼の家はあのコンビニまでとても近い、わずか100メートルぐらいです。

③今からパリオリンピックまで、あとどのぐらいですか。

④私の家は私達の学校までとても遠く、電車で1時間半かかる。

⑤今から締め切り日までわずか1週間ですよ。早く頑張ってください。

2．①这儿离那儿大概有两公里左右。

（ここからそこまで約2キロメートルぐらいです）

②我们的成绩离老师的要求还很远。

（私達の成績は先生の要求までまだ遠い）

③那家医院离我家很近，非常方便。

（あの病院は家からとても近いので、非常に便利だ）

④你家离那个车站没有一公里吧！

（あなたの家はあの駅まで１キロメートルもないでしょう！）

⑤这个月的营业额离我们的目标不远了。继续加油吧！（今月の売り上げは私達の目標までもう遠くないよ。引き続き頑張りましょう）

３．①他的纪录离世界纪录还很远。

②我也住在西区，离他家很近。

③新的机场离她家不太远。

④现在离期末考试只有一个星期了，得快准备了。

⑤现在离下班时间还有三十分钟，他已经准备回家了。

４．①现在离出发时间还有一个小时。

②我奶奶的家离车站很近。

③现在离暑假，还有一个星期。

④现在离新年只有一个星期。

⑤这儿离他家很远。

第77課

１．①勇気をもって彼女にプロポーズをしなければならないよ。

②生活は前向きになるべきだ。お金のほうばかり向かないで。

③新しい博物館は全国の人々に無料開放している。

④私はどのように彼にお礼をすべきですか。

⑤交差点に着いたら、右に曲がってください。左に曲がらないで。

２．①田上想向公司提一些意见。

（田上さんは会社にちょっと意見を出したい）

②我已经向上级报告了这件事了。

（私はすでに上司にこの件を報告した）

③生活很辛苦，可是还得向前走。

（生活は辛いが、まだ前に向かって行かなければならない）

④这件事学校应该向家长解释。

（この事を学校は親に説明しなければならない）

⑤年轻人得多向老年人学习一些经验。

（若い人はもっと年配者に何かしらの経験を学ぶべきだ）

3．①政府应该向人民解释新政策的目的。

②我家的狗见到我，就向我跑来。

③从这儿向东走还是向西走？

④她只是向我点点头，笑了笑。

⑤那个国家呼吁人民向日本学习。

4．①你应该向他道歉。

②他们向车站走去了。

③那件事他没向公司说。

④别向右拐，向左拐。

⑤我们努力应付考试吧。

第78課

1．①中国の河川はみんな東へ流れている。

②彼女は非常に悲しくて、涙がとめどなく流れている。

③私の声を聞いたら、小猫はすぐ私のほうへ歩いて来た。

④大丈夫、あなたは車をずっと東のほうへ運転すればいい。

⑤ここに道が２つあるが、どっちに行く？

2．①请大家往里边儿挤一挤。（みなさん、中へ少し詰めてください）

②这么大的冰箱要往哪儿放？

（こんなに大きな冷蔵庫をどこに置きたいの？）

③你想往哪儿逃？警察已经往你家走来了。

（どこへ逃げるつもり？警察はすでにあなたの家へ来ているよ）

④水往低处流，人往高处走。

（水は低い所に流れるが、人は高い所へ行く）

⑤年轻人都想往大城市去发展。

（若い人はみんな大都会へ行って頑張りたい）

3．①很多人往广场那儿跑去了。

②我不敢在那座桥上往下看。

③从这儿一直往前走，还是往右拐?

④气球慢慢儿地往天空飞去了。

⑤这趟车是往动物园开的，不是往火车站开的。

4．①他们往王老师那儿走去了。

②再往里走，就能看到喷水池了。

③我往房间里一看，一个人也没有。

④我们往他们那儿走吧。

⑤我想往他的银行帐户汇一万日元。

第79課

1．①みなさまが私のためにこの盛大な宴会を設けてくださったことを感謝いたします。

②家族の生活のために、彼は仕事が終わってからさらにバイトに行きます。

③公務員は国民に奉仕しなければならない。

④彼は好きな人のために、よろこんで何でも犠牲にする。

⑤私達はみんなあなたの健康をお祈りします。

2．①你到底为了什么要学习汉语?

（あなたは一体何のために中国語を勉強しているのか）

②田中为了提高英语水平去美国留学了。（田中さんは英語をレベルアップするためにアメリカに留学に行った）

③为了防止病毒的感染，得多洗手，戴口罩。（ウイルス感染の予防のために、たくさん手を洗い、マスクをするべきだ）

④公司为我们准备了很多很好的条件。

（会社は私達のためにたくさんいい条件を用意してくれた）

⑤李老师为当地居民办了很多学习班。

（李先生は現地の人々のためにたくさん学習講座を作った）

3．①他为现代医学作了很大的贡献。

②那所学校为国家培养了很多人材。
③为了适应新的时代，我们得每天学习。
④她为了钱，跟自己不喜欢的男人结婚了。
⑤为了解答这个问题，我查了很多资料。

4．①她给孩子买了很多玩具。
②你想吃什么，我给你做。
③为我们的友情干杯。
④我家人为我考上大学很高兴。
⑤为了预防不感染新冠病毒，我爷爷不想去那儿。

第80課

1．①彼はあの資料を送ってくれなかったよ。
②王明さんはすでに昨日起こったことを教えてくれた。
③これらのきれいな料理を写真に撮って、友達に送るべきだ。
④私の鍵をどこに置いたの？
⑤ごめんなさい、あなたのノートを濡らしてしまった。

2．①我想把这些旧书捐给图书馆。
（これらの古本を図書館に寄付しようと思っています）
②你别把这些衣服放在桌子上。（これらの服を机に置かないで）
③中田把那些苹果送给李健了。
（中田さんはあれらのリンゴを李健さんにあげた）
④我妈妈把我的漫画书都扔了。（母は私の漫画の本を全部捨てた）
⑤你放心，我不会把这件事告诉郭老师的。
（安心して、このことを郭先生に言わないよ）

3．①你别把你的手机放在这儿。
②他不会把那个东西送给你的。
③我弟弟把我的眼镜弄坏了。
④我已经把昨天的事告诉老师了。
⑤你要把这些旧的贺年片收在哪儿？

4．①你别把这些照片贴在这儿。

②他已经把那些钱还给我了。
③我常常把伞忘在电车上。
④我打算把那个礼物送给郭老师。
⑤听说他把他的车卖给他朋友了。

第81課

1．①彼の息子は学校でいじめられた。
②病院で多くの患者がコロナウイルスに感染した。
③時代に合わないものは全て淘汰された。
④人を愛することも、愛されることも幸せだ。
⑤多くの小国の政治は、ほとんど一部の大国にコントロールされている。

2．①朋友的重要性常常被忽略了。
（友達の大切さはよく軽んじられている）
②高桥他们班被校长表扬了。
（高橋さん達のクラスは校長先生に褒められた）
③山田人太好了，容易被人骗。
（山田さんは人が良すぎて、簡単に騙される）
④李爷爷的病被那个医生治好了。
（李おじいさんの病気はあの医者に治してもらった）
⑤你们的手机怎么都被偷了？报警了吗？（あなた達のケータイはなぜ全部盗まれたの？警察に届けましたか）

3．①以前不被接受的做法，现在被接受了。
②那些老人的钱都被骗了。
③昨天买来的蛋糕都被我妹妹吃了。
④他小时候常被父亲打。
⑤山本被经理批评了。

4．①三个月了，犯人还没被逮捕。
②他的脚被踩了。
③我的钱包被偷了。

④那本书是日本作家村上春树写的。

⑤听说很多社会科学的词汇是日本人创造的。

第82課

1．①自分の行いに気をつけてください。人にバカにされないように。

②人に尊重されたいなら、まず人を尊重すべきだ。

③これらの服は全部子供に汚された。

④ああ！私のイチゴは全部あなたに食べられたの？

⑤人に誤解されるのは不愉快なことだ。

2．①大川怎么让狗咬了？（大川さんはなぜ犬に噛まれたの？）

②单身老人比较容易让人骗。（単身の老人はわりと騙されやすい）

③我的电脑让我弟弟弄坏了。（私のパソコンは弟に壊された）

④让人信任也是很重要。（信頼されることも大切だ）

⑤今天田中让老师表扬了。（今日田中さんは先生に褒められた）

3．①父母常让孩子的问题烦恼。

②我的书包让我妹妹弄脏了。

③小心！别让自行车撞了。

④让人信任很高兴吧。

⑤别迟到，别再让老师批评了。

4．①我的自行车让人偷了。

②警察不小心，让犯人逃走了。

③我的脚让他踩了。

④很多树让人砍了。

⑤那个森林让人烧了。

第83課

1．①彼の話はみんなを安心させた。

②現実は時にはすごく残酷で、人をがっかりさせ、悲しませる。

③会社の社長は彼を明日北海道に出張させる。

④明日の会議は私が司会をさせていただきましょう。

⑤また王叔父さんにお金を使わせないで。

2．①说太多话会让人烦。（話が長いと、人をいらいらさせる）

②田中老师喜欢让学生自由讨论。

（田中先生は学生に自由討論をさせるのが好きだ）

③新冠疫情严重的时候，政府不让人民去国外旅游。

（コロナの状況が厳しい時、政府は国民に海外旅行をさせない）

④汉语的发音让我们很头疼。（中国語の発音は私達を悩ませた）

⑤今晚让我来请客，大家想吃什么？

（今晩は私がおごるよ、みんな何が食べたい？）

3．①老师让他念课文。

②别再让你妈妈生气了。

③这件事让我来做吧。

④他的回国让大家很吃惊。

⑤对不起，让你们担心了。

4．①老师，让我来擦黑板吧。

②我让我奶奶担心了。

③我妈妈让我自己洗衣服。

④上个星期，老师没让我们背课文。

⑤店长不让我们迟到。

第84課

1．①彼がやることは本当に安心できない。

②お母さんはあなたに晩ごはんを用意するように言わなかったか。

③彼は財布がなくなったので、私は彼に早く警察に届けるように言った。

④父は弟にコンビニに缶ビールを２本買いに行かせた。

⑤すみません、私のことで心配をおかけしました。

2．①社长常叫他到东京去出差。（社長はよく彼を東京に出張させる）

②孩子不学习的事叫父母很头疼。

（子供が勉強しないことは親の頭痛の種だ）

③我爷爷叫我多看书。
（おじいちゃんは私に本をたくさん読むように言った）
④快打电话叫你弟弟来。（早く電話して弟さんを来させて）
⑤郭老师叫我们用汉语写日记。
（郭先生は私達に中国語で日記を書かせた）

3．①我妈妈叫我给客人倒茶。
②那件事真叫人很感动。
③这次恐怖事件叫全世界的人都害怕。
④你叫他别忘了戴口罩。
⑤我爷爷的病叫我妈妈很伤心。

4．①那个新闻，叫大家很生气。
②我妈妈叫我姐姐自己做盒饭。
③我哥哥的社长常常叫他加班。
④上个星期，老师没叫我们抄写课文。
⑤那次地震真叫人害怕。

第85課

1．①彼を手伝うのは、私がうれしいからです。
②天気予報が明日は雨と言ったので、私達は行くのを止めた。
③彼は家にちょっと用事があるので、休みをとっている。
④あなたに言わないのは、悲しむのが心配だからです。
⑤彼は失恋したから、今、酒を飲みたいのだ。

2．①我身体不舒服，想休息一会儿。
（体調がよくないので、ちょっと休みたいです）
②李明夫妇常常因为一点儿小事就吵架。
（李明さん夫婦はしょっちゅう些細なことで口喧嘩する）
③今天第一节没课，所以可以晚点儿起床。
（今日は1コマ目の授業がないので、少し遅く起きてもいい）
④因为那件事，大家心情都不好。
（あの件のため、みんないい気分ではない）

⑤因为这篇论文对你很重要，所以你要好好儿写。（この論文はあなたにとってとても重要なので、しっかり書いてください）

3．①因为新冠疫情，全世界的经济受了很大的打击。

②因为下大雪，道路不能通行了。

③我不知道，所以没告诉你。

④我明年要到中国工作，所以现在在学习汉语。

⑤我觉得因为有武器商人，所以战争一直不能结束。

4．①最近因为工作很忙，我没时间跟她见面。

②（因为）我胃不好，所以不能喝咖啡。

③因为工资少，（所以）她辞职了。

④因为参加了国际交流会，我认识了很多外国朋友。

⑤老师，我忘了作业，下个星期交可以吗？

第86課

1．①インフルエンザはまだ厳しい状況だが、多くの人はマスクをしていない。

②お金を持ってないが、WeChatとクレジットカードを持っている。

③問題はそんなに簡単ではないよ。あなたは彼女を手伝いたいようだけど。

④お金を貸してあげてもいいが、来月必ず返してね。

⑤辛いことは辛いですが、彼はアルバイトをしないわけにはいかない。

2．①虽然李老师已经八十岁了，可是走得很快。

（李先生はもう80歳ですが、歩くのは速い）

②这件事虽然没成功，可是你尽力了。

（このことは成功しなかったが、あなたは全力を尽くした）

③小明想吃，可是你在，他不敢吃。（明ちゃんは食べたいが、あなたがいるから、彼は食べる勇気がなかった）

④累是累，可是我很高兴。

（疲れたことは疲れたが、とてもうれしいです）

⑤你可以不说，可是你得给我发邮件。（言わなくてもいいですが、私にメールを送らなければならないよ）

3．①虽然你不记得，可是我不会忘了。

②他买了很多书，可是不怎么看。

③今天我早起了，可是还是迟到。

④吃了是吃了，可是现在肚子又饿了。

⑤我本来身体很弱，可是锻炼后，现在身体很好了。

4．①我是大学生，你呢？

②虽然我想去留学，可是现在不能去。

③现在虽然是新时代，可是还有很多旧想法。

④田中去过中国，可是他不会说汉语。

⑤学习是学习了，可是这次考试不及格。

第87課

1．①もしボスが私達の要求を承諾してくれなかったら、どうしよう？

②もし給料が高ければ、私はその会社に働きに行きます。

③この時期、風邪をひいたら大変だよ。

④この問題をまだ解決しないと、きっと何か起こる。

⑤はいはい、あなたがしないなら、私がします。

2．①你要是困了，你就先睡吧。

（もし眠くなったら、先に寝てください）

②这件事要是经理知道了，你就完了。

（この事がもし社長に知れたら、あなたはおしまいだよ）

③明天下雨，运动会就没法举行。

（明日雨だったら、運動会は行えない）

④人生有目标就会奋斗。（人生は目標があると頑張れる）

⑤要是你不听我的，你会后悔的。

（もし私の話を聞かないと、後悔するよ）

3．①要是我是你，我不会帮助他的。

②要是还有一点儿希望，你还是要坚持到最后。

③要是没有战争，就不会有这么悲伤的事吧。

④要是不明白，你就问我。

⑤你想减肥，最好从今天开始就每天散三十分钟步。

4．①(要是) 我有时间，我就学习汉语。

②要是我有钱，我就买车。

③要是我有一百万日元，就给你。

④要是下大雪，电车不走，我们就上网课吧。

⑤(要是) 你不舒服，就休息一会儿吧。

第88課

1．①たとえ仙人でも、彼を救えない。

②たとえあなたがお金持ちでも、そんなにお金と食べ物を無駄にしてはいけない。

③たとえ関係がどんなに良くても、相手のプライバシーについて言うべきではない。

④ある愛情は、たとえ最大の努力をしても得られるとは限らない。

⑤明日たとえ大雪が降っても、車がなくても、私は歩いて彼をたずねよう。

2．①即使你很聪明，你也得努力学习。(たとえあなたはとても頭がよくても、一生懸命に勉強しなければならい)

②即使李叔叔真的病了，他儿子也不会来看他。(たとえ李叔父さんが本当に病気になっても、彼の息子が見舞いに来るはずはない)

③即使是兄弟，借东西也得还。

(たとえ兄弟でも、借りたものは返さないといけない)

④即使你是日本人，你也不一定能了解日本人的想法。(たとえあなたが日本人でも、日本人の考え方を理解できるとは限らない)

⑤即使你勉强接受，李英也不会高兴的。

(たとえあなたが無理に受け入れても、李英さんもうれしくない)

3．①即使是植物，也有感情。

②即使没有钱，他也不骗人。

③我觉得即使新冠解决了，也还会出现新的病毒。

④即使是世界上最优秀的医生，也不能治他的病。

⑤你要是不能停止吃甜的东西，那即使每天运动三个小时也不能减肥。

4．①即使有问题，他也不怕。

②即使没感冒，他也常常吃感冒药。

③即使价钱很贵，他也想买。

④即使你是机器猫，也不能帮我吧。

⑤即使是昆虫，也有生命。

第89課

1．①日中両国は体制が違っても、両国の関係はとても友好的です。

②多くの人がオリンピックを行うことに反対したが、政府は断固として行うつもりだ。

③私は中国にわずか1年留学しただけだが、多くの中国人の友達を作った。

④みんなもう望みがないと言ったが、私は諦めない。

⑤先生が何度も言ったが、彼は依然として聞かない。

2．①山下明子尽管感冒了，她还是来上课。

（山下明子さんは風邪をひいているのに、授業に来ている）

②尽管今天早上下大雨，李健也去跑步了。

（今朝大雨にもかかわらず、李健さんはジョギングに行った）

③尽管大家已经答应了，可是山本还是很不高兴。

（みんながすでに承諾したが、山本さんはまだ不服だ）

④他们尽管性格很不同，可是一直能互相尊重。（彼らの性格は全然違うにもかかわらず、ずっと互いに尊重し合える）

⑤尽管现在有很多困难，我也不放弃。

（今たくさんの困難があるが、私は諦めない）

3．①尽管他在日本住了五年了，他还是完全不会说日语。

②尽管现在很热，他还是一直穿长袖的衣服。

③尽管政府做出了很大的努力，还是不太有效果。
④尽管很多人反对他，他还是坚持自己的意见。
⑤尽管他在加拿大有很好的工作，他还是想回日本。

4．①尽管我写在本子上了，我还是忘了。
②尽管明天是假日，他还（／也）要上班。
③尽管我们做错了，她也没生气。
④尽管我现在很忙，我也得打工。
⑤尽管下大雪，没有电车，公司也不让我们休息。

第90課

1．①どんなに難しくても、あなたはやらなければならない。諦めてはいけない。
②何を食べるにしても、彼はトウガラシを入れる。
③どんな国、どんな民族であろうと、みんないい点も欠点もある。
④あなたがどう言おうが、私達は同意しない。
⑤どんな時でも、私はあなたのことを忘れることはない。

2．①不管怎么做，我们的经理都不满意。
（どのようにしても、社長は満足しない）
②不管什么时候，你都可以来找我。
（どんな時でも、訪ねて来ても大丈夫だよ）
③不管你多累，你今天得把这个工作做完。（あなたはどんなに疲れていようと、今日中にこの仕事を終わらせないといけない）
④不管你同意还是不同意，我都要去。
（あなたが同意しようが、反対しようが、私は行きたい）
⑤现在我饿了，不管好吃不好吃，我都要吃。（今お腹が空いているので、おいしくても、おいしくなくても、私は食べるよ）

3．①不管多忙，他每天都运动一个小时。
②不管什么理由，都不能打人。
③不管是大人还是小孩儿，都不能给人家添麻烦。
④那个人不管什么时候都在玩儿手机游戏。

⑤不管是坐新干线还是坐飞机，现在去都来不及了。

4．①不管好不好，我都要买。

②不管星期一还是星期天，他都很忙。

③不管在哪儿，他都看书。

④不管你有时间没时间，你都应该去。

⑤尽管下大雨了，他也去买东西了。

第91課

1．①彼の態度はあの調子だから、これ以上彼にお願いしないで。

②彼が謝らないのだから、もうこれ以上、彼を相手にしないで。

③問題はすでに解決したのに、どうしてまだそんなに不愉快なの？

④ウイルスの危険性を知っているのに、まだマスクをせずに出かけるの？

⑤わからないのに、どうして授業中に聞かないの？

2．①既然下雨了，你就别去吧。

（雨が降っているのだから、行かないで）

②你既然有问题，为什么当时不问?

（質問があるのに、どうしてその時に聞かなかったの？）

③既然你不参加，我也不参加了。

（あなたが参加しない以上、私もやめます）

④既然大家都反对了，你还坚持什么?

（みんな反対したのに、あなたはまだ何にこだわるの？）

⑤孩子既然坚决不想上大学，你就别勉强他了。（子供が大学に行こうとしない以上、あなたはもう無理強いしないで）

3．①既然你坚持要买，我就不反对了。

②既然你要学分，就得认真学习。

③既然经理已经说了，我们就按着他说的做吧。

④既然你不知道，就别乱说。

⑤既然你想提高汉语水平，就应该跟中国人交流。

4．①既然他可能不同意，我们就想别的方法吧。

②既然你明年想去中国，你就学习汉语吧。

③虽然他有手机，可是不会上网购物。

④既然他去过中国，就请他给我们介绍中国的情况吧。

⑤既然你要学习汉语，就去中国留学比较好。

第92課

1．①あなたさえ言わなければ、誰も知らないはずだ。

②世界に武器商人がまだいる限り、戦争は終わりません。

③毎日寝る前に10分瞑想さえすれば、朝までぐっすり寝られるそうだ。

④みんながルールを守り、勝手に出かけさえしなければ、感染は早くコントロールできる。

⑤条件さえよければ、彼は承諾するはずだと思う。

2．①只要你喜欢吃，我就天天给你做。

（あなたが好きでさえあれば、毎日作ってあげるよ）

②星期天只要有时间，我也帮妈妈做家务啊。

（日曜日に時間さえあれば、私も母の家事を手伝う）

③不管工作多难，只要你努力就一定会成功。（仕事がどんなに難しくても、努力さえすれば、きっと成功するだろう）

④只要是人，谁都有优缺点。

（人間であれば、誰でも長所と短所がある）

⑤只要你们相爱，你爸妈不会反对你们结婚的。（あなた達が愛し合ってさえいれば、両親は結婚に反対しないだろう）

3．①只要睡觉，感冒就会好的。

②只要孩子健康，我就很幸福了。

③山中只要有时间，就去旅游。

④现在只要有手机，什么都能做。

⑤只要你告诉我地址，我就能在网上查到，就能一个人去。

4．①只要你好好儿休息，你的病就会好。

②只要她不吃甜的东西，她就能减肥。

③只要有时间，我几乎每天都给妈妈打电话。

④只要减少国防费，教育费就能增加。

⑤只要没人知道，就没事儿。

第93課

1. ①政府は国民を守らない限り、国民の支持を得られない。

 ②あの大国の束縛を抜け出さない限り、本当の独立とは言えない。

 ③見返りにこだわらなくてこそ、いい報いが得られる。

 ④あなたは今彼の要求を承諾しない限り、会社の問題を解決できない。

 ⑤どんなことをするにしても、努力しないとだめです

2. ①只有教育做得好，国家才能发展。

 (教育をちゃんとしない限り、国は発展できない)

 ②只有你先尊重别人，别人才会尊重你。

 (先に人を尊重しない限り、人から尊重されない)

 ③只有改变这种政策，才能提高教育水平。

 (この政策を変えない限り、教育のレベルを高められない)

 ④只有身体健康，才能做你想做的事。

 (健康でない限り、自分がしたいことができない)

 ⑤现在没办法了，只有这样做才行。

 (今はもう仕方がない、このようにしない限り無理だ)

3. ①现在的情况只有校长来才能解决问题。

 ②只有更努力才能考上那所大学。

 ③只有当了父母，才能了解父母的心情。

 ④我觉得只有去旅行，才能扩大视野。

 ⑤只有向她道歉，她才会原谅你。

4. ①只有身体健康，你才能去留学。

 ②只有大家合作，才能完成这个工作。

 ③下个星期天，只要不下大雨，我就去爬山。

 ④只有郭老师来，大家才能安静学习。

⑤只有你告诉大家，大家才能安心。

第94課

1．①今すぐ彼女に謝らなければ。さもなければ彼女はあなたを許さないよ。

②期限内に罰金を支払わなければばらない。さもなければ大変なことになるよ。

③一緒に入って彼女に会いに行こうか。なんならあなたは1人で入ってください。

④あの会社と相談してみようか。なんならもう1、2日待ちましょうか。

⑤その中の1つしか使えない。Android か、さもなければ iPhone か。

2．①你自己要有能力，要不然，谁敢用你？（あなた自身の能力が必要だ。さもなければ誰もあなたを採用しない）

②要提高免疫力，要不然容易感染病毒。（免疫力を高めなくてはならない。さもなければウイルスに感染しやすくなるよ）

③你得买保险，要不然将来出事你就付不起。（保険に加入しなければならない。さもなければ事故にあったら払えないよ）

④我们今天去哪儿吃晚饭？要不我们在家吃咖喱饭？（今日どこに夕食を食べに行こうか。なんなら家でカレーライスを食べようか）

⑤要不你去，要不李明去，一定要一个人去。（あなたが行くか、または李明さんが行くか、絶対に1人は行かなければならない）

3．①你得现在就走，要不然来不及了。

②你要好好儿听话，要不然不给你零用钱。

③你要好好儿休息，要不然病情会更恶化的。

④明天我们去天安门吧。要不，也约李明一块儿去吧。

⑤那所大学的第二外语只有两种，要不选汉语，要不选韩语。

4．①你要注意健康，要不然你会生病的。

②不能缺席三次以上，要不然不能拿学分。

③你要带伞去，要不然，晚上下雨你怎么办？

④别吃太多，要不然你待会儿会很困。

⑤你自己去吧，要不我陪你去。

第95課

1．①この時代は、英語だけではなく、中国語も勉強しなければならない。

②ウイルス（感染）を予防するために、よく手を洗い、マスクをするだけではなく、免疫力も高めなければならない。

③早足で散歩するのは、足の力を鍛えるだけではなく、ストレス解消にもなる。

④あの件は、クラスのみんなが知っているだけではなく、校長先生や先生達もみんな知っているよ。

⑤彼本人が影響を受けるだけではなく、家族や会社にも大きな影響をもたらす。

2．①和田觉得汉语不但发音难，而且语法也很复杂。（和田さんは中国語は発音が難しいだけではなく、文法もとても複雑だと思う）

②李老师不但教我们汉语，而且还教我们中国文化。
（李先生は中国語だけではなく、中国文化も教えてくださる）

③那次交流会不但很有意思，而且大家都玩得很愉快。（この前の交流会は面白かっただけではなく、みんな楽しく過ごしました）

④小田不但聪明，而且很努力，很谦虚。（小田さんは頭が良いだけではなく、努力もして、また謙虚でもある）

⑤运动不但对身体好，而且对锻炼脑力也很重要。
（運動は体にいいだけではなく、知能の訓練にも大変重要だ）

3．①这次感冒很痛苦，不但头疼，还一直咳嗽。

②那个发言，不但女性不满，男性也很不满。

③他不但捐钱，而且还亲自到灾区去当志愿工。

④他平时不但不学习，而且还一整天玩儿手机游戏。

⑤她考上了三所大学，而且其中一所还是很有名的大学。

4．①瑜伽不但对身体很好，（而且）对精神也很好。

②不但他很高兴，他家人和朋友也都为他高兴。

③她不但会做中国菜，而且做的菜都很好吃。

④那里晚上不但没有人，而且很可怕，很危险。

⑤这个包不但很可爱，（而且）也很便宜。

第96課

1．①エレベーターで上がりましょう。

②彼女は出て来ない。仕方がないから、あなたが入りなさい。

③今すぐ会社に戻りますから、待っていてください。

④あなたはいつ入って来たの？どこから入って来たの？

⑤宅配員はネットで買ったカメラを届けに来た。

2．①你出来！我有话跟你说。（出て来て、話があるよ）

②你在这儿等我，我下楼去给你买咖啡。

（ここで待っててください、下に行ってコーヒーを買って来る）

③李老师已经上去了，我们也快上去吧。

（李先生はもう上がった。私達も早く上がりましょう）

④这个东西你要你拿去，我不要。

（これはほしいなら持って行って、私はいらない）

⑤妈妈和姐姐进厨房去包饺子了。

（母と姉は餃子を作りに台所に入って行った）

3．①我们坐扶梯上去吧。

②（已经）六点了？我们回去吧。

③他还在上边儿呢，给他打电话叫他快下来。

④昨天我爸爸买来了很多栗子。

⑤进我屋里来，我有话跟你说。

4．①她进教室去了。

②明天我带那本书来。

③昨天我妈妈买来了很多我喜欢吃的葡萄。

④电影快开始了，我们进去吧。

⑤她在大厅等我们，我们快下去吧。

第97課

1．①先生は非常に緊張して、出て来るように学生達に呼びかけた。

②壁にある絵を下ろすのを手伝ってくれませんか。

③彼は不愉快そうに100元を出してきて、机に投げた。

④先生は学生に学校を出て行って、会社で実習したり、農村で生活を体験するように励ました。

⑤お父さん、今日はまた何を持って帰って来たの？大きな袋やら小さな袋やらで。

2．①你想买什么东西回去?（何を買って帰りたいの？）

②走上去辛苦，走下来容易。（上るのは辛いが、降りるのは楽だ）

③从这儿走出去，往右拐，就有一个公交车站。

（ここから出て、右に曲がったら、すぐバス停がある）

④李康从钱包里拿出两张一百块来给我。

（李康さんは財布から100元札を2枚出して私にくれた）

⑤你带你弟弟出去，我有话跟你爸爸说。

（弟を外に連れて行って、私はお父さんと話がある）

3．①这么高的山，能跑上去吗?

②快躺下来，别再说话了，好好儿休息。

③他拿出一张名片来交给我。

④我昨天已经都把那些照片传发出去了。

⑤一个警察走进店里来，大家都吓了一跳。

4．①明天圣诞节，我买蛋糕回来，好吗?

②我看见他走出体育馆来了。

③他一上电车就拿出手机来看短信。

④那些剩菜我放进冰箱里去了。

⑤乌鸦从屋顶上飞下来吃垃圾。

第98課

1．①彼女は運転の時に不注意で、1人の老人をひいて怪我をさせた。

②あなたのケータイはどこに置いたの？車に置いてないでしょう

ね？

③不思議だ、この子はあなたを見るとすぐ泣きやむ。

④私は自転車を兄に乗って行かれた。

⑤アメリカチームに勝てないで、4強に入れるなんて思わないで。

2．①那本小说我还没看完。(あの小説はまだ読み終えてない)

②昨天我骑自行车跌倒了，还跌伤了脚。

(昨日自転車に乗って転んで足を怪我した)

③对不起，我没听懂你的意思。

(すみません、おっしゃる意味がわかりません)

④牛奶又喝完了？这么快，三天就喝完一包。(牛乳はまた終わったの？こんなに早く？3日でもう1パック飲んだ)

⑤前天我在校园里见到李老师了。

(一昨日、キャンパスで李先生を見かけた)

3．①台风刮倒了很多树。

②听完我的话你再走。

③把这个马铃薯切成丝。

④他的漫画书都被妈妈拿走了。

⑤明天要交的报告还没写完。

4．①妈妈做的三百个饺子，我们都吃完了。

②我的脚是踢足球时踢伤的。

③我奶奶把那些苹果做成苹果酱了。

④日本每天都倒掉很多剩菜。

⑤在中国时，我看见很多人抽烟。

第99課

1．①これらの洗った茶碗と皿を拭いてください。

②あなたのパソコンは高く買ってしまった。私のはたった5万円だよ。

③気をつけて、私のケータイを壊さないで。

④机はきれいに拭いた。食器もちゃんと並べた。

⑤あなたは多くの所を書き間違えた。私が全部ちゃんと直してあげた。

2．①在哪儿下车知道吗？别再下错站了。

（どこで降りるのか知ってますか？また降り間違えないで）

②这次地震，我们公司损失大了。

（今回の地震で、会社の損失は大きかった）

③治病要找对医生，别乱找。（病気を治すには正しく医者を探して診てもらわなければならない。やたらに探さないで）

④房间不打扫干净，你不能出门。

（部屋をきれいに掃除しないと、あなたは出かけてはいけない）

⑤饺子还没煮熟，快了，马上就熟。（餃子はまだゆであがっていない。もうすぐだよ。すぐできあがる）

3．①你问清楚了再去。

②窗帘洗干净了吗？

③鸡蛋都卖完（／光）了，你明天再来。

④这个问题你想多了，没那么复杂。

⑤他回答对了，你回答错了。

4．①他日语说错了。

②明天的会议准备好了吗？

③我叫我弟弟买三个，他买了五个，买多了。

④我妹妹的蛋糕，我做小了，她生气了。

⑤我的运动鞋洗干净了。

第100課

1．①この間あげたお酒はなくなりましたか。

②期末試験がついに全部終わって、ゆっくりできるようになった。

③あの日本の小説はまだ翻訳し終えてない。

④昨日の仕事の報告書はちゃんと書きましたか。

⑤安心してください。王先生はきっとお嬢さんの病気を治してくれるよ。

2．①咱们不是说好今天我请客吗？
（今日は私がおごるとちゃんと言ったでしょう）
②那个电影我昨天看完了，我觉得不太有意思。
（あの映画は昨日見た。あまり面白くないと思う）
③我说完了，你说吧。
（私は話し終わったので、あなたが話してください）
④晚饭已经准备好了，你吃了再走。
（晩ごはんはもう用意できたので、食べてから行きなさい）
⑤那些药我吃完了，可是病还没好。
（あれらの薬は全部飲んだが、病気はまだ治ってない）

3．①上周第五课学完了，今天继续学习第六课吧。
②汉语的发音我还没掌握好。
③今天的作业我还没做完（／好），怎么办？
④明天旅游的行李都准备好了吗？
⑤衣服都洗好（／完）了，还有要洗的衣服吗？

4．①汉语的作业做完了，接下来做英语的作业。
②下周的计划我们已经谈好了。
③大扫除要用的东西都买好了。
④咖啡喝完了可以再加吗？
⑤二十个饺子你一个人都吃完了吗？

第 101 課

1．①今行けば、まだ明日の切符を買えるが、遅くなったらなくなるよ。
②彼は昨年の成績があまりよくないので、今年は奨学金をもらえなかった。
③あなたは上海に住んでいるのではないの？いつ北京に商売しに来たの？
④ベッドで横になって本を読んでいたが、ドアのチャイムとあなたの声を聞いて、すぐ走って出て来た。
⑤彼は毎日 11、12 時まで残業しているので、疲れて身体を壊すよ。

2．①刘海他们都坐在教室里等你呢。
　（劉海さん達は教室に座ってあなたを待っているよ）
②从这儿开车开到大阪，要四个多小时吧。
　（ここから車で、大阪まで4時間あまりかかるでしょう）
③老师走到李明前边儿，阻止他玩儿手机。（先生は李明さんの前に行って、彼がケータイをいじるのを止めさせた）
④你一个月打工能挣到多少钱啊？
　（あなたは一ヶ月のアルバイトでどのぐらい稼ぐの？）
⑤今天我们就讨论到这儿，明天再继续讨论。（今日の話し合いはここまでにしましょう，明日また引き続き話し合いましょう）

3．①这项工程要拖到什么时候？
②这幅油画别挂在客厅的中央。
③我想到一个好方法了，要试试看吗？
④花了半年，我终于找到好工作了。
⑤猫跳到树上去时，小鸟都飞上天空去了。

4．①我的书包放在桌子下边儿。
②昨天我学习汉语学习到半夜一点。
③我的朋友搬到东京去了。
④我没达到我去年的目标。
⑤今年我哥哥拿到多少奖金啊？

第102課

1．①一昨日、本屋で王強さんと彼の奥さんに会った。
②昨日田中さんと李明さんが食堂で食事しているのを見た。
③今まで、おじいちゃんの夢を見たことがない。
④このことがわかったら、あなたはもう成長したよ。
⑤この論文が何を言っているか、3回読んでもわからない。

2．①请您再说一遍，我没听懂您的意思。
　（もう一度言ってください。言っていることがわからないです）
②看见了，看见了，是不是站在树下的那个人？

(見えた、見えた、木の下に立っているあの人ですか)

③我们说话，隔壁的人会听见吗?

(私達の話は、隣室の人に聞こえる？)

④我最近常常梦见我奶奶和我爷爷。

(最近よくおばあちゃんとおじいちゃんの夢を見る)

⑤这个问题你想懂了再来找我。

(この問題を考えて、わかったらまた来てください)

3．①你好好儿想，想明白了你就不会批评他了。

②我没听懂那个人说的英语。

③这本哲学书我以前没看懂，现在看懂了。

④听见脚步声，他就逃了。

⑤今天早上我看见田中在运动场做体操。

4．①我看见小川老师在食堂吃饭。

②我想了一天，想明白他为什么要那么做了。

③我没听懂他说的汉语。

④这个说明书我看了几遍还是没看懂。

⑤那件事我想了一个星期，想明白了，我不生气了。

第103課

1．①あのイギリス人の留学生はすでに引っ越してしまった。

②彼はケータイをつけると、すぐゲームをする。

③ドアをしっかり閉めて、彼に入らせないで。

④今回の投票は私達はみんな李明さんに投票した。

⑤元々はあと1個ありましたが、たった今、人に買われてしまいました。

2．①今天学的词汇你都记住了吗?

(今日習った単語は全部しっかり覚えた？)

②那些工人都让老板气走了。

(あの労働者達はみんな経営者に怒られて辞めてしまった)

③那本杂志你还给王英了吗?

（あの雑誌は王英さんに返しましたか）
④请把你的书包拿开，让别人坐。
（かばんをわきへ寄せて、人を座らせてください）
⑤你得看住这个孩子，别让他乱跑。
（しっかりこの子を見ていて。勝手に走り回らせないで）

3．①离开家乡后，他一次也没回去过。
②违法停车的车辆被警察拉走了。
③看见平安回来的孩子，妈妈紧紧地抱住他。
④她忍住眼泪，什么也没说。
⑤那个工程师把那个技术全部教给我们了。

4．①你记住老师说的考试要点了吗？
②我养的小鸟飞走了。
③这么优秀的人，公司一定要留住他。
④那个钱我交给他了。
⑤这次失敗的事我已经想开了。

第104課

1．①彼女は手を猫にひっかかれて怪我した。
②あの戦争で、多くの人は原子爆弾で死んでしまった。
③テレビは子供に叩き壊されてしまった。
④地面は滑るよ、気をつけて、転ばないで。
⑤このように適当にケータイを投げたら、壊れるよ。

2．①昨天我妈妈切菜时，不小心割伤了手指。
（昨日母は野菜を切る時に不注意で指を切った）
②李健前天骑自行车时，撞倒了一个小孩儿。
（李健さんは一昨日自転車に乗っている時、子供にぶつかった）
③你这样工作，身体弄坏了怎么办？
（あなたはこのように仕事をして、身体を壊したらどうするの）
④这几天太冷了，我种的那些花都被冻死了。
（ここ数日寒すぎて、私が植えた花が全部凍って枯れてしまった）

⑤身体重要，你要是病倒了，谁照顾你啊？（体が大切だよ。もし病気で倒れたら、誰があなたの面倒を見るのですか）

3．①我在外边儿站了一个多小时，脚被冻伤了。

②这次台风很多树被刮倒了。

③你开车时要注意，别撞伤人。

④那双鞋被老鼠咬坏了。

⑤那次水灾，几个孩子被淹死了。很可怜。

4．①她做菜的时候，被热水烧伤了手。

②卡车撞死了两个人。

③她没弄坏你的电脑。

④小心，别跌倒啊。

⑤要是你爸爸病倒了，怎么办？

第105課

1．①彼はケータイを置いて、イヤホンを外して、すぐ寝た。

②コートを着なさい、着なさいよ、外は風が強いから、着てから行って。

③餃子をゆでる時に鍋のふたをしないで。お湯が沸騰したら水をたすから。

④彼らの結婚の日はまだ決まっていない。

⑤ご意見と要望を書いてください。

2．①陈红回中国时留下很多东西给我。

（陳紅さんは中国に帰る時にたくさんのものを残してくれた）

②你把脏衣服脱下，换上干净的吧。

（汚れている服を脱いで、きれいな服に着替えなさい）

③那些志愿者给我们留下了很深的印象。

（あのボランティアの人達は私達に深い印象を与えてくれた）

④李康跑得很快，一下子就追上我们了。（李康さんは走るのが速いので、あっという間に私達に追いついた）

⑤你现在有没有看上的人？

（あなたは今気に入っている人がいますか）

3. ①他一进来就很有礼貌地摘下了帽子。
②你戴上眼镜再慢慢儿看吧。
③爱上人和被人爱上都很幸福。
④定下的规则别随便更改。
⑤附上我的履历书。

4. ①大家关上书，听老师解释。
②寄明信片要贴上六十三日元的邮票。
③护士在我受伤的脚上涂上药膏。
④把这些菜吃完吧，别剩下。
⑤他们的名字我全部记下了。

第106課

1. ①仕事が完成して、みんなほっとしました。
②みんな先に行ってください。私は残って李健さんを待ちます。
③人間は生まれてから、もう運命が定められているようだ。あなたは信じますか。
④無事に生きていられればもう十分幸せだよ。
⑤彼女はどういうコネを使ってこの部署に移動してきたの？

2. ①现在疫情已经缓和下来了。（今感染状況はすでに緩和してきた）
②你把电扇拆下来擦一下吧。
（扇風機を分解して、ちょっと拭きましょう）
③人事部准备好的资料还没发上来吗?
（人事部が準備した資料はまだ上がってきてないの？）
④财务部的预算案发下来了，大家看了吗?
（財務部の予算案が下りてきたよ。みんな読みましたか）
⑤我把当时拍的照片都保留下来了。
（当時撮った写真を全部保存しておいた）

3. ①把常写错的地方和要点都记下来吧。
②这些都是我爷爷留下来的书和画儿。

③这些都是我辛辛苦苦存下来的钱，不能给你。
④要是他追上来了，怎么办?
⑤快把昨天拍的照片传上来。

4. ①美国的经济还没稳定下来。
②那些钱都是我节省下来的。
③不知道她为什么突然沉默下来了。
④我一进教室，大家就围上来了。
⑤他很厉害，一天就把那篇文章背下来了。

第107課

1. ①生活がどんなに苦しくても、生きていかなければならない。
②彼らは先にいるので、私達は早く追いつきましょう。
③我々は必ずIT産業を発展させ続けていく。
④初めて見たが、彼はとても優しい人のようです。
⑤この計画書は下へ持って行って、みんなの意見を求めてみてください。

2. ①汉语将来一定有用，你应该继续学下去。
(中国語は将来きっと役に立つ、続けて勉強すべきだ)
②看上去，这家公司生意还不错。
(見た感じでは、この会社の商売はまあまあいいようです)
③你画的画儿就应该把你的名字写上去。
(あなたが描いた絵に自分の名前を書くべきだ)
④经理，您还是快把奖金发下去给大家吧。(社長、やはり早くボーナスをみんなにあげたらいかがでしょうか)
⑤我们要承认落后，要努力赶上去。
(遅れを認めて、一生懸命に追いつかないといけないね)

3. ①看上去，这个西瓜一定很甜。
②经理的指示已经传下去给大家了吗?
③我不想跟他说下去。
④把这张照片贴上去吧。

⑤快把你明年的预算报上去。

4．①这样累下去，你会生病的。

②伤口烂下去就很危险。

③代表团从出口一出来，社长和我马上迎接上去。

④看上去，他的儿子只有七、八岁。

⑤这个药膏不错，涂上去两天就会好的。

第108課

1．①泣きなさい、泣いたら気持ちが少し良くなるよ。

②これは彼の悪だくみだよ。わからないの？

③彼らはみんなあの大学から育ってきたのだよ。

④あの頃は私もあのように頑張ってきたよ。

⑤彼の身体はまだ完全に回復していない。

2．①这个方法是中山想出来的。

（この方法は中山さんが考え出したのだ）

②昨天见面时，我没认出来他就是李健。

（昨日会った時に、彼が李健さんとわからなかった）

③今天大家一定要选出一个代表来。

（今日はみんなで必ず代表を１人選ばなければならない）

④现在日本经济已经恢复过来了。

（今、日本の経済はすでに回復してきた）

⑤山本女士是在苦日子中熬过来的，非常坚强。

（山本さんは辛い日々を耐えてきたので、すごく強い）

3．①他的意图我想了几天才想出来了。

②结果还没分析出来。

③我一听就听出是田中的声音来。

④他们是在战争中活下来的人，非常坚强。

⑤那个秘密别说出来。

4．①他病了两个月，身体还没恢复过来。

②疫苗已经研发出来了。

③他认出我哥哥来了。

④我们一定要想出一个好方法来。

⑤这十年，很多好事坏事，他都经历过来了。

第 109 課

1．①数えてみると、私達はすでに 20 数年間会ってなかったね。

②彼は最近どうしてタバコを吸い始めたの？何か不愉快なことでもあるの？

③この子はどうして泣きだしたの？早く抱っこしてあげて。

④言ってみると、陳先生の留学生活は本当に楽ではなかった。

⑤ボランティアに参加したい人を集めて、仕事を割りふってください。

2．①李英唱起歌来真棒。

（李英さんは歌いだしたら、すごくうまい）

②这双鞋子穿起来怎么样？舒服吗？

（この靴は履いてみてどう？履き心地はいい？）

③听了李健的话，大家都想起去年的事来了。

（李健さんの話を聞いて、みんな昨年のことを思い出した）

④你让孩子把那些玩具收拾起来吧。

（子供にあれらのおもちゃを片付けさせたら）

⑤很多事情做起来没有你想像的那么难。

（多くのことはやってみると想像するほど難しくない）

3．①那个国家的经济发展起来了。

②这些钱快收起来吧。／快把这些钱收起来。

③这个手机看起来很贵，多少钱买的？

④她们高兴地跳起舞来了。

⑤大家的意见总结起来，有以下四点。

4．①我哥哥自己做起生意来了。

②小狗跳起来抢我的球。

③婴孩笑起来，非常可爱。

④那两个人又吵起来了。
⑤说起来容易，做起来难。

第110課

1．①ドアが閉まった。出られなくなったよ。どうしよう？
②ここであの本は手に入らない。ネットで買えるかもしれない。
③この道は狭すぎるので、私の車は入れない。
④ビール１本、私は飲み切れないが、彼は飲み切れる。
⑤あの人は信頼できると思いますか。
2．①我走不上去，我坐缆车上去。（私は歩いて上に登れないから、ケーブルカーに乗って上がります）
②我可能讲不好，请你原谅。
（うまく話せないかもしれないので、許してね）
③大下听不懂汉语，你说日语吧。（大下さんは中国語を聞いてもわからないので、日本語で話してあげてください）
④家务是永远做不完的。（家事は永遠に終わらないものだ）
⑤你不戴眼镜看得清楚看不清楚?
（眼鏡をかけないで、はっきり見えますか）
3．①电梯坏了，冰箱搬得上来吗?
②这件衣服太脏了，可能洗不干净。
③在雅虎上找得到那个软件吗?
④这本小说他三天看得完，我看不完。
⑤我的水平赶不上大家的水平。
4．①我看不明白这个说明书。
②在广岛买得到中国菜的材料吗?
③他现在听不懂汉语，可是他想学。
④我不戴眼镜看不清楚。
⑤我有很多话，五分钟说不完。

第111課

1．①彼女が今年何歳か当てられますか。

②彼らはこのような年寄りを騙すこともできるなんて。

③これはどの地方の料理か食べてわかりますか。

④彼女はあなたに気があるようですが、感じませんか。

⑤あれらの高官の汚職事件は、警察は調べ出せないの？

2．①那种病毒的疫苗半年研发不出来吧。

（あのウイルスのワクチンは半年で開発できないだろう）

②你在电话里，听得出来他在什么地方吗？

（電話で彼がどこにいるか聞いてわかりますか）

③听说一级或二级的地震，有时候感觉不出来。

（震度1か2の地震は時には感じられないそうです）

④那个公司的营业情况网上查得出来吗？

（あの会社の経営状況についてネットで調べられますか）

⑤这个孩子将来会成为什么样的人，我想像不出来。

（この子は将来どのような人になれるか私は想像できない）

3．①你一年写得出一篇论文来吗？

②十年没见了，我真的认不出你来了。

③在雅虎上，三年前的新闻查得出来吗？

④那个不同点，不小心看的话，真看不出来。

⑤现在你拿得出一百万日元来吗？

4．①这是北京菜吗？你吃得出来吗？

②我很伤心，说不出话来。

③怎么办？大家都想不出一个好方法来。

④这两年她身体不好，什么论文也写不出来。

⑤你再怎么化妆，我也认得出来。

第112課

1．①彼は今、家を買えますか。

②犬をとても飼いたいですが、今、お金がなくて飼えない。

③自分を尊重しようと思ったら、まず人を尊重しなければならない。
④彼女は昨日転んで怪我したので、足を上げられなくなった。
⑤くれぐれもお天道さまに申し訳ないことをしないで。

2．①我用不起那么贵的手机。（私はあんなに高いケータイは使えない）
②五星级高级饭店你住得起住不起？
（あなたは５つ星の高級ホテルに泊まれる？）
③做什么事都要对得起自己的良心。（どんなことをするにしても、自分の良心に申し訳が立つようにしなければならない）
④你拿得起十公斤的大米吗？（10キロのお米を持てる？）
⑤别看不起自己，对自己要有信心。
（自分を軽蔑しないで、自分に自信を持たなければならい）

3．①他们现在的收入，可能养不起孩子。
②以前上不起大学，现在幼稚园也上不起。
③五万日元我给不起，你给得起吗？
④那么贵的日本菜，我请不起。
⑤我觉得你不好好儿学习的话，会对不起老师的。

4．①那些东西很贵，我买不起。
②那么重的行李，我拿不起。
③那么多钱，我赔不起。
④医疗费太贵，很多老人病不起。
⑤我吃不起那么贵的菜，她很有钱，吃得起。

第113課

1．①今年は試験の準備をするため、実家に帰れない。
②こんなにたくさんの仕事は、私１人ではできない。
③この時代はもうキャシュレス決済の趨勢を止められない。
④大雨が降ってきたので、私達は散歩に行けなくなった。
⑤あなたは彼女を忘れられる？忘れられないと思う。

2．①这么大的比萨，我们两个人吃不了吧。
（こんな大きなピザは私達２人で食べきれないでしょう）

②这个制度你改变不了你就别批评。

（あなたはこの制度を変えられないなら批判をしないで）

③手机没电了，打不了电话。怎么办？

（ケータイの電池切れで電話ができないよ。どうしましょう？）

④你代替得了队长吗？代替不了吧。（あなたはキャプテンに代わることができるか？代わることができないでしょう）

⑤你们现在解决得了这个问题吗？

（あなた達は今、この問題を解決できる？）

3．①被删掉的文件恢复得了吗？

②现在的机器都满足不了消费者的需求。

③这件事我处理不了，你处理得了吗？

④我帮不了你，李老师可能帮得了你。

⑤网络情况不好，现在更新不了这个软件。

4．①这个工作太难，我做不了。

②用汉语表达不了我的意思。

③我妈妈有工作，照顾不了奶奶，她很难受。

④这些菜太多，我吃不了。

⑤我英语能力很低，说不了这么复杂的事。

第114課

1．①王先生は中国語を教えるのがとてもうまいので、私達はみんな先生が好きです。

②彼女の漢字はとてもきれいだ。あなたのはどうですか？

③彼はどうしたの？あんなにひどく息を切らして。

④あの川の流れはとても急です。

⑤彼はうれしくて、ずっと歌っています。

2．①我乒乓球打得不太好，你打得怎么样？

（私は卓球があまりうまくないが、あなたは？）

②那个孩子说话说得很快。（あの子はしゃべるのが速い）

③昨天雨下得那么大，你还出去啊。

（昨日あんなに大雨だったのに、あなたはまた出かけたの）
④李老师气得说不出话来。（李先生は腹が立って言葉も出なかった）
⑤我们都玩得很高兴，笑得很开心。
（私達は楽しく遊んで、愉快に笑った）

3．①她吓得一直发抖。
②李英打字打得很快，一分钟能打一百个字。
③田中那件事处理得很好。
④现在热得我头晕了。
⑤李明跑得不快，王明跑得很快。

4．①她汉语说得很好。
②他棒球打得不好。
③昨天他忙得没有时间休息。
④他很高兴得跳了起来。
⑤雪下得很大，看不见前方。

第115課

1．①ここは極めてきれいですね。たくさん写真を撮らないと。
②あれらのリンゴは全部腐っている、早く捨てなさい。
③死ぬほどお腹が空いた、早く食べようよ、彼を待たないで。
④その時、私は大変興奮して、何を言えばいいかもわからなかった。
⑤今胃が死ぬほど痛いので、すぐ薬を飲まないといけない。

2．①吵死了，你们安静一点儿可以吗？
（うるさくてたまらない、少し静かにしてくれない？）
②那种电脑病毒可怕极了，你千万别大意。（あのパソコンウイルスは大変恐ろしい、くれぐれも気をつけてください）
③那天考试的时候，我紧张死了。
（試験のあの日、私はすごく緊張した）
④公司的人事关系让我烦透了。
（会社の人間関係にすごく悩まされている）
⑤手机能付款、能订火车票，方便极了。（ケータイは支払いもで

き、汽車の切符も予約できて、とても便利だ）

3．①她的爱犬死了，她伤心死了。

②今天最高气温零下四度，冷死了。

③那个人可恶极了，骗了很多老人的钱。

④那个国家的政治腐败透了，人民都恨死政府。

⑤山根的汉语好极了，让人羡慕死了。

4．①她的英语好极了。

②这个苦瓜苦死了。

③田中的女朋友回中国后，他寂寞死了。

④今天我们玩得不开心。

⑤我的脚痛极了。

第116課

1．①ああ！ものすごくお腹が空いたよ、早く行こうよ、ご飯を食べに行こう。

② iPhone は大変高くて、私はお金がなくて買えない。

③今日はものすごく暑くて耐えられないよ、早くエアコンをつけて。

④本場のマーボー豆腐はものすごく辛いが、とてもおいしい。

⑤彼女はあの歌手にすごく夢中になっている。壁中あの歌手の写真だ。

2．①我困得要死了，我想睡了。

（眠くてたまらないので、もう寝たいよ）

②今天地铁人多得要命，挤得不得了。

（今日の地下鉄は人がものすごく多くて、すごく混んでいました）

③第一次跟李老师说话，我紧张得要死。

（初めて李先生と話す時、すごく緊張した）

④那个蛋糕甜得要命，我吃不了。

（そのケーキは甘くてたまらないので、食べられない）

⑤李健的女朋友答应跟他结婚时，他高兴得不得了。（李健さんはガールフレンドが結婚を承諾してくれた時、ものすごく喜んだ）

3．①那个厕所脏得要命，你别去。

②那个神社新年参拜时，人多得不得了。

③这个汤咸得要死，你放太多盐了。

④今天的数学考试难得要命，我一题都不会做。

⑤接到她的电话，田中高兴得不得了。

4．①今天我累得要命。

②这次考试难得要死。

③我喜欢我家的狗，喜欢得不得了。

④他的房间乱得不得了。

⑤今天我的牙齿疼得要命。

第117課

1．①彼は夜9時になると、ものすごくお腹が空く。

②感染状況により出かけられなくて、彼は家ですることがないので、退屈で堪らない。

③あなたはばかだね。何でも彼の言うことを聞いて、自分で考えられないの？

④四川の火鍋はものすごく辛いよ。食べる勇気がある？

⑤私は足が痛くてもうだめだ。歩けないよ。

2．①你这个办法好得很，我们可以试试。

（あなたのこの方法はすごく良い。試す価値がある）

②我爷爷住院时，我妈妈担心得慌了。

（おじいちゃんが入院した時に、母はものすごく心配した）

③一看到血，我就怕得不行。（血を見ると、私は怖くて堪らない）

④那个地方危险得很，你别去。

（あそこはものすごく危険だ、行かないで）

⑤高桥一喝酒，脸就红得不行。

（高橋さんは酒を飲むと、顔が赤くなって大変です）

3．①什么味道？臭得不行。

②看了这本小说，我感动得很。

③这个花香得很，叫什么名啊?

④你的业绩，那些人嫉妒得慌呢。

⑤她喜欢猫狗等小动物喜欢得很呢。

4．①日本自动售货机多得很，到处都有。

②今天晚上发生地震，她吓得慌呢。

③他不知道自己糊涂得很（／不行)。

④新冠病毒非常奇怪，疫苗的研发难得很。

⑤这些资料重要得很，你别丢了。

第118課

1．①漢方薬は西洋の薬よりずいぶん安い。

②今年の夏は昨年より少し暑い。

③健康は地位よりもっと重要だ。

④私のスマホは彼女のより１万円高い。

⑤父は母ほどうれしくない。

2．①我的房间比我哥哥的小得多。

(私の部屋は兄の部屋よりずいぶん狭い)

②山下的工资比我的高一点儿。

(山下さんの給料は私より少し高い)

③你姐姐比你大几岁?（お姉さんはあなたより何歳年上ですか)

④上海的冬天没有北京冷。(上海の冬は北京ほど寒くない)

⑤我奶奶比我爷爷更伤心。(祖母は祖父よりもっと悲しい)

3．①老年人比年轻人有经验。

②中国的面积比日本大几倍?

③他不比我高，我觉得大概一样高。

④我觉得他的学习态度比你认真一点儿。

⑤我觉得中日关系不比日美关系复杂。

4．①他的汉语比我的汉语好得多（／多了)。

②我妈妈做的菜比食堂的好吃得多（／多了)。

③今天的测验比上个星期的难一点儿。

④我的电脑比他的贵三万日元。

⑤我的英语没有她好。

第119課

1．①彼は運動より、睡眠のほうがもっと大切だと思う。

②中国人と比べたら、韓国人のほうが日本語の勉強がしやすい。

③流行の音楽より、彼はクラシック音楽のほうが好きだ。

④90年代と比べると、今はほとんどケータイで写真を撮るようになりました。

⑤ジョギングより、彼は散歩のほうがもっと好きです。

2．①比起看电影，我更喜欢听音乐。

（映画を見るのと比べたら、私は音楽を聴くほうがもっと好きだ）

②比起以前，现在买东西方便了。

（以前と比べたら、今買い物は便利になった）

③比起大下他们的大学，我们大学的图书馆小多了。（大下さん達の大学と比べたら、私達の大学の図書館はずいぶん小さい）

④比起北京人，上海人比较会做生意。

（北京の人と比べたら上海の人のほうが商売がうまい）

⑤比起他的手机，我的不太贵。

（彼のケータイに比べれば、私のはそんなに高くない）

3．①我觉得比起秋天，春天比较漂亮。

②比起东京，北京人口多吗？

③听说比起以前，现在学习日语的人比较多了。

④比起他们的英语，我们的不太好。

⑤我觉得比起日本菜，中国菜比较油腻。

4．①比起去年，今年比较忙。

②比起（坐）新干线，坐飞机比较贵。（飞机比新干线贵。）

③比起一年级的时候，现在我不紧张了。

④比起打棒球，他比较喜欢踢足球。

⑤比起打扫，我比较喜欢做菜。

第120課

1．①あなたは彼と同じく90年代生まれですか。
②WeChatとLINEの機能は同じですか。
③中国と日本の社会はどちらも高齢者の面倒をよくみる。
④バーコードとQRコードのスキャンは同じではない。
⑤中国語と英語は同じく習いにくいですか。

2．①山田跟你一样是大学生吗？
（山田さんはあなたと同じく大学生ですか）
②你们老家的年糕跟这儿的不一样吗？
（あなた達の故郷のお餅はここのと違いますか）
③中国北方跟南方的生活习惯很不一样。
（中国の北方と南方の生活習慣はずいぶん違う）
④这家超市的东西跟那家一样便宜。
（このスーパーの品はあのスーパーと同じく安い）
⑤七月跟八月一样是三十一天。（7月は8月と同じく31日ある）

3．①地震和台风一样（都）可怕。
②我跟他一样（都）喜欢跑步。
③新冠病毒跟流感病毒很不一样。
④李健和王英一样（都）是我们大学的留学生。
⑤这个月跟上个月打工的工资一样（都）是三万日元。

4．①我觉得今后汉语跟英语会一样重要。
②那个停车场跟这个停车场不一样，不是免费的。
③去年跟前年一样忙。
④他跟我一样不抽烟。
⑤这个手机跟那个手机一样，不是五万日元。

第121課

1．①昨日私は2時半にやっと寝たのです。
②田中さんはどこの大学を卒業したのですか。
③あなたはどのように彼女を説得したのですか。

④彼らは長距離バスで東京に行ったのではありません。

⑤彼らは何のために日本に来たのですか。

2．①这件衣服，我是在网上买的。

（この服はインターネットで買ったのです）

②你什么时候换手机的？（いつケータイを変えたの？）

③你们是怎么下载那个软件的？

（あなた達はどのようにあのソフトをダウンロードしたの？）

④木下是为了见他女朋友去上海的。

（木下さんはガールフレンドに会うために上海に行ったのだ）

⑤我们不是用你的方法做的。

（私達はあなたの方法でやったのではありません）

3．①昨天你们是几点起床的？

②这个土产不是在东京买的，是在京都买的。

③李健不是去年回中国的，他是前年回的。

④上个星期天，他是骑摩托车从大阪来广岛的。

⑤这么好吃的菜你是怎么做的？

4．①他是去年六月结婚的。

②她和她妹妹都是在哈尔滨出生的。

③她的汉语发音很好，她是怎么学习的？

④他不是为了就职学习汉语的。

⑤昨天你吃了什么菜？

第122課

1．①今日は仕事が終わってから、車であなたを迎えに行く。

②シェア自転車で会社に行くのは便利で環境保護にもなる。

③配達員はみんな電動バイクで荷物の配達に行っているのだ。

④飛行機ではなく、高速鉄道で北京に帰る。

⑤私達は今日、地下鉄ではなく、バスで行きましょう。

2．①留学生都是骑电动车去上课。

（留学生はみんな電動バイクで授業に行く）

②最近很少人骑自行车去上班了。

（最近自転車で会社に行く人は少なくなった）

③今天晚上我开车去接你们。

（今晩私は車でみなさんを迎えに行く）

④田中常坐新干线去东京出差。

（田中さんはよく新幹線で東京に出張に行く）

⑤你别坐公交车去吧，坐地铁去比较快。

（バスで行かないで、地下鉄のほうが早い）

3. ①他喜欢坐船去小岛旅游。

②山中常开车去买东西。

③她不骑摩托车来学校，她坐公交车来。

④高桥不坐飞机去大阪出差，她常坐新干线去。

⑤地铁很挤，我不坐地铁去学校。

4. ①他每天骑自行车来学校。

②我哥哥没开车来接我。

③她不坐飞机去东京。

④了不起，他一个人骑摩托车去周游日本一周。

⑤很多人骑自行车来超市买东西。

第123課

1. ①今晩、WeChatで電話をしましょう。

②このシャンプーで髪を洗ったほうがいい。

③これらの服は先にお湯につけてから洗ってください。

④あなたはどんな方法で彼女の愛を得たのですか。

⑤今は、カメラで写真を撮らなくなった。みんなケータイで撮るよ。

2. ①用这样的方法学习汉语不太好。

（このような方法で中国語を勉強するのはあまりよくない）

②我可以用信用卡付钱吗？

（クレジットカードで支払ってもいいですか）

③作业最好用铅笔写，别用圆珠笔写。（宿題はなるべく鉛筆で書い

てください。ボールペンで書かないで)

④这个东西用日语怎么说?(これは日本語で何と言いますか)

⑤这个工作大桥用了两天就做完了。

(この仕事は大橋さんは2日で全部終わらせた)

3. ①用这个肥皂洗脸比较好吗?

②用橄榄油做菜比较健康。

③现在用钢笔写字的人少了。

④日语的「一応」用汉语很难翻译。

⑤用这个方法教孩子不太好。

4. ①他不用电脑写报告，他用手机写。

②他们用人民日报学习汉语。

③用卷心菜包的饺子不好吃。

④他用五十万日元买了那辆二手车。

⑤用两年能学好汉语吗?

第124課

1. ①来週の日曜日に李明さんの引っ越しを手伝いに行ける?

②これらの資料のコピーを手伝ってくれないか。

③弟の部屋の掃除を手伝わなかった。彼は自分で掃除したのだ。

④あれらの金持ちはなぜ貧しい人が貧困を抜け出す手助けをしないのか。

⑤すみません。ドアをちょっと開けてくれませんか。

2. ①我帮你在网上订飞机票吧。

(インターネットで航空券を予約するのを手伝うよ)

②田中每个星期天都帮妈妈洗厕所。

(田中さんは毎週日曜日お母さんの手伝いでトイレ掃除をする)

③现在的学生都不帮老师擦黑板吗?

(今時の学生は先生が黒板を消すのを手伝わないの?)

④我帮你查资料，你帮我收拾房间。(資料を調べるのを手伝ってあげるから、あなたは私の部屋を片付けるのを手伝って)

⑤学校不帮你们找工作吗？（学校はみんなの就職を手伝わないの？）

3．①你帮我联系大家好吗？

②你帮我把这些东西搬到里边儿好吗？

③你能帮他们做那件事吗？

④你帮我到超市去买牛奶和鸡蛋好吗？

⑤谁帮我准备明天的会议？

4．①我弟弟不帮妈妈做家务。

②我妈妈炒菜时，我帮她洗菜。

③我做菜的时候，他什么都不帮我。

④我帮她去图书馆借书。

⑤我妹妹不帮我们打扫，只帮我们洗杯子。

第125課

1．①彼女の成績は素晴らしい。クラスで1番でなくても、2番です。

②彼は今日でなければ、明日来ます。

③事は大変簡単だ。黒でなければ白だし、本当でなければ嘘だ。

④彼はこの数日、家で本を書いているのでなければ、図書館で資料を調べている。

⑤あなたの不合格の原因は、一生懸命勉強しなかったのでなければ、学習方法に問題があったと思う。

2．①问题很简单，答案不是对，就是错。

（問題はとても簡単だ、答えが正しくなければ、間違いだ）

②下田常常出差，不是去中国，就是去美国。

（下田さんはよく出張する。中国でなければ、アメリカに行く）

③李强不是买盒饭吃，就是在食堂吃。

（李強さんはお弁当を買うのでなければ、食堂で食事をする）

④你肚子不舒服，不是吃太多，就是吃错东西。

（あなたのお腹の調子が悪いのは、食べすぎでなければ、変な物を食べたかだ）

⑤田中每天不是打工，就是玩儿游戏。（田中さんは毎日アルバイト

でなければ、ゲームをして遊んでいる）

3．①我想他不是这个星期回中国，就是下个星期要回中国。
②我爸爸现在不是在新干线上，就是在飞机上。
③听李健的汉语，他不是上海人就是南京人。
④明年他不是在大阪工作，就是在神户工作。
⑤这本漫画书不是王明的，就是李强的。

4．①他每天很早就来，不是八点，就是八点半就来了。
②晚饭后，我不是去散步就是去买东西。
③这个问题只有两个人能解决，不是我爸爸，就是我妈妈。
④我猜他不是为了孩子，就是为了妻子做这件事的。
⑤警察觉得犯人不是死了，就是逃到国外去了。

第126課

1．①彼女は緊張すると、手にすぐ汗をかく。
②3月、4月になると、私は花粉症が出る。
③昨日会社に着いたら、すぐ大雨が降ってきた。
④私はちょっと見ると、すぐ偽物だとわかる。
⑤あそこは雪が降ると、すぐ車の運転ができなくなる。

2．①我一给李明打电话，他就来了。
（私が李明さんに電話をすると、彼はすぐ来ました）
②老师一说，我就明白了。
（先生が言うと、私はすぐわかりました）
③田中一回日本就感冒了。
（田中さんは日本に帰るとすぐ風邪をひきました）
④昨天一下班，太田就去看电影了。
（昨日仕事が終わると、太田さんはすぐ映画を見に行きました）
⑤中田每天一到学校，就先去图书馆。
（中田さんは毎日学校に着くと、すぐ先に図書館に行きます）

3．①你别一感冒就吃药。
②一到冬天，这一带就下雪。

③李健一进教室，大家就热烈地鼓掌了。
④她一听这个消息，眼泪就流出来了。
⑤他以前完全不做饭，一结婚就学习做饭了。

4．①他每天早上一起床，就去散步。
②一到暑假，我就去爷爷的家。
③我弟弟一吃虾就敏感，不能吃。
④她一结婚，就辞职了。
⑤我常常一喝酒就醉。

第127課

1．①どうして最近の天候はだんだん寒くなっているのですか。
②みんなはもうだんだん健康が何より大切だとわかってきました。
③おじいちゃんの病気はますます重くなり、私達はますます心配です。
④最近突然時間がだんだん短くなっていると感じます。
⑤AIの時代、人々の交流はだんだん少なくなっているようです。

2．①最近学习汉语的人好像越来越多了。
（最近、中国語を習う人はますます増えているようです）
②山本老师退休后，越来越瘦了。
（山本先生は定年退職の後、ますます痩せてきました）
③田中去中国留学后，越来越喜欢中国了。（田中さんは中国に留学した後、ますます中国が好きになりました）
④我越来越不明白他在说什么。
（私はだんだん彼が何を言っているかわからなくなりました）
⑤为什么现代人的生活越来越忙了?
（なぜ現代人の生活はますます忙しくなったのでしょうか）

3．①最近中国游客越来越多了。
②我的腰这个星期越来越不疼了。
③家用电器产品越来越方便了，可是价钱越来越贵了。
④我觉得学生学习的东西越来越少了。

⑤他们越来越怀疑媒体的可靠性。

4．①我们大学的留学生越来越多了。
②地球的空气越来越不好。
③我越来越觉得汉语很有意思。
④他上了研究院，越来越喜欢历史了。
⑤在中国越来越多人不用现金了。

第128課

1．①マンションを買うのは、高ければ高いほど値段が高い。
②人間は謙虚になればなるほど、みんなから愛される。
③焦れば焦るほど、事がうまくいかない。
④授業の時に質問が多ければ多いほど、先生は嬉しいよ。
⑤時には、人とたくさん交流すればするほど、自分を理解できる。

2．①你躲的地方越危险越不容易被发现。
（隠れる場所が危険であればあるほど、発見されにくい）
②衣服越奇怪那些年轻人越喜欢。
（服は奇抜であればあるほど、あの若い人たちは好きです）
③有人觉得猪肉越肥越好吃，我不觉得。（豚肉は脂身が多ければ多いほどおいしいと思う人がいますが、私は思いません）
④山中好像越忙越开心的样子。
（山中さんは忙しければ忙しいほどうれしいようです）
⑤父母越急躁，孩子越不知道怎么做。
（親が焦れば焦るほど、子供はどうすればよいかわかりません）

3．①邮票越旧越有价值。
②有时候，东西越贵，越受欢迎。
③手机越方便，学生的理解能力越低。
④工作做得越快，不一定就越好。
⑤ IT 越发达，人的压力越多吧。

4．①他越忙学习越好。
②车开得越快，危险性越高。

③汽车越多，空气越不好。
④那家店天气越冷生意越好。
⑤钱越多越好，作业越多越不好。

第129課

1．①外国語を習うことは車の運転と同じく、練習すればするほどうまくなります。
②人は知識があればあるほど、謙虚になります。
③どうして私が励ませば励ますほど、彼らは参加しないの？
④雨はますますひどくなりました。どうしよう？
⑤よくないニュースを報道すればするほど、影響がよくありません。
2．①你怎么越吃越瘦呢？你吃什么啊？（どうして食べれば食べるほど痩せるの？何を食べているのですか）
②那次地震越想越可怕。
（その地震のことを考えれば考えるほど、怖くなります）
③教师越不关心学生，学生越不爱学习。（教師が学生に無関心であればあるほど、学生は勉強したくなくなる）
④那个活动越办越好，参加的人越来越多了。（あのイベントは行えば行うほどよくなり、参加者がますます多くなりました）
⑤好像越有学问的人越喜欢学习。
（知識があればあるほど、勉強が好きなようです）
3．①我越睡越累。
②父母越说，孩子越不爱听。
③越喝酒，烦恼就越多。
④汉语越学越难。
⑤越打工越没有时间学习。
4．①她越吃药，身体越不好。
②这个问题我越想越不明白。
③越不学习就职就越难。
④我觉得她的菜越做越好吃了。

⑤很奇怪，他越吃饭，体重越减了。

第130課

1．①私はどんなに気をつけても、誤りをしでかす。

②小さな子供はどんなことでも聞きたがります。

③彼はいつでもいい気分で、本当に羨ましい。

④あの国はどこでもごみ箱があるので、くれぐれもところかまわずごみを捨てないで。

⑤誰も戦争が好きではない。そうでしょう？

2．①为什么李强什么工作都做不久？

（どうして李強さんはどんな仕事をしても長く続かないの？）

②你别浪费时间了，谁都没有办法说服那个人。

（もう時間を無駄にしないで、誰もあの人を説得できない）

③你什么时候都可以来找我。（あなたはいつでも来ていいですよ）

④王康怎么道歉，李英都不接受。

（王康さんがどんなに謝っても、李英さんは受けいれない）

⑤春节期间，我哪儿都没去。

（春節の間、私はどこへも行かなかった）

3．①他什么肉都不吃。

②为了孩子的安全，父母什么时候都不能大意。

③日本哪儿都有樱花吗？北海道也有吗？

④我怎么学习都赶不上他。

⑤那个交流会谁都能参加吗？

4．①她去中国旅游时，什么东西都想买。

②那家超市的东西，什么都贵。

③我怎么学习都不明白。

④那个公园不是什么时候都能进去。

⑤他很厉害，谁都佩服他。

第131課

1．①聞かれた人が、答えてください。他の人は話さないで。

②彼の教えたとおりに習えばいい、余計なことを聞かないで。

③お酒を飲みたい時に、いつでも私は付き合ってあげるよ。

④あのスターはどこに行っても、彼のファンが追いかけて行きます。

⑤どんな立場の人も自分の立場の話をします。

2．①警察问什么，你就回答什么，别怕。

（警察が聞いたことに答えればいい、心配しないで）

②谁有时间，谁就去帮李老师吧。

（時間がある人は李先生を手伝いに行きましょう）

③你要我怎么做，我就怎么做。（あなたの要求通りにします）

④王健去哪儿，哪儿都下雨。

（王健さんが行くところはいつも雨です）

⑤我等你，你什么时候同意，我们就什么时候结婚。

（待ちます。同意したら、その時に結婚しましょう）

3．①你想什么时候回国，咱们就什么时候一起回去吧。

②你想去哪儿我就带你去哪儿。

③你喜欢谁就跟谁结婚比较好。

④什么季节开什么花。

⑤经理说什么你就做什么，别问太多。

4．①你想吃什么，我就给你做什么。

②什么时候有钱，我什么时候就去欧洲旅游。

③你怎么想就怎么做吧。

④哪儿有空地，哪儿就有人在跳广场舞。

⑤谁要我给谁。

第132課

1．①フランスの他に、アメリカとイギリスにも行ったことがあります。

②中国の他に、韓国とベトナムも春節を祝う。

③ハチミツは栄養が豊富な他に、また免疫システムを刺激します。

④このことは李先生の他に、誰も解決できないのですか。
⑤広場ダンスをする以外に、彼はどんなスポーツもしないのですか。

2．①除了看书，你还有什么爱好吗？
（読書の他に、何か趣味がありますか）
②那个房子除了比较远以外，其他方面都不错啊。
（あの家はわりと遠い以外、他の点は悪くないよ）
③我们公司除了北京，上海也有分店。
（わが社は北京の他に上海にも支店がある）
④除了生鱼片，其他日本菜王康都敢吃。
（刺身を除いて、王康さんは他の日本料理はみんな食べられる）
⑤我现在除了睡觉，什么都不想做。
（今、寝る以外に何もしたくない）

3．①他除了花生，什么都能吃。
②赞成的国家除了日本，还有中国和韩国。
③我除了用 LINE，还用微信和 X。
④除了洗手和戴口罩以外，我觉得漱口也很重要。
⑤政治除了对经济以外，对教育的影响也很大。

4．①除了我，大家都没去过中国。
②除了苹果和葡萄，我什么水果都不喜欢。
③除了打棒球以外，我还喜欢踢足球。
④北海道的冬天除了雪以外，还有什么值得看的地方吗？
⑤除了那个，我还要这个。

第133課

1．①私は本当に少しも印象がない。
②この辺りは少しも詳しくない。
③すべての漢方薬が少しも副作用がないと保証できますか。
④最近テレビのお笑い番組は、1つも見ていないのですか。
⑤今回の救済活動に、彼は1円も寄付しない。ケチすぎる。

2．①你的事，你爸爸一点儿都不放在心上吗？

（あなたのことをお父さんはちっとも気にかけてくれないの？）
②今天怎么了？一个客人都没有。
（今日はどうしたの？客が１人もいない）
③没事儿，我一点儿都不累。（大丈夫、少しも疲れていない。）
④那家超市的东西一点儿都不便宜。
（あのスーパーのものは少しも安くない）
⑤现在我身上一块钱都没有。（今、私は１元も持ってないよ）

3．①这个麻婆豆腐一点儿都不辣。
②他说的话我一点儿都不明白。
③这个暑假他一本书也没看。
④他就一直站在那儿，一句话也不说。
⑤他有很多次面试的经验了，这次面试他一点儿都不紧张。

4．①昨天我汉语一点儿也没学习。
②这本书一点儿意思都没有。
③她一滴酒都不能喝。
④我一个留学生的朋友也没有。
⑤上个星期，他一天也没休息。

第134課

1．①今日の地下鉄は大変混んでいて、立つことさえもできない。
②なぜかよくわからないが、今日は右足がすごく痛くて、歩くことさえもできない。
③今、スマホはもう大変普及しているので、70、80歳のおばあちゃんさえ使える。
④毎日こんなに朝から夜中まで働いてはいけないよ。命さえもいらないのですか。
⑤社長は社員にすごく親切で、掃除の人の名前さえもわかる。

2．①他怎么了，你对他那么好，他连一声谢谢都不说。（彼はどうしたの？あなたが彼にあんなによくしても、一言のお礼さえも言わない）

②我真是太笨了，连这一点儿道理都不懂。
（私は本当にバカだ、この少しの道理さえもわからない）
③李健日语说得很好，连日本人都佩服他。
（李健さんは日本語がうまい、日本人さえも感服している）
④田中的公司太忙了，连星期天都得上班。（田中さんの会社は忙しすぎる、日曜日さえも出勤しなければならない）
⑤做咖喱饭很简单，连小学生都会做。（カレーライスを作るのはとても簡単だ、小学生さえもできる）

3．①我觉得连一般中国人都不懂的汉语，日本人没必要学习。
②你放心吧。连总理都会失败的。
③他真的什么中国菜都喜欢，听说连臭豆腐都喜欢。
④他自己说了什么连自己都不知道。
⑤今天他忙死了，连喝茶的时间都没有。

4．①他的英语水平，现在连英检四级都考不上。
②他很没有耐心，连五分钟都等不了。
③他们说日本很干净，连车站的厕所都非常干净。
④你相信吗？她朋友连饭，连水都在便利店买。
⑤那些药店连蔬菜、水果、肉类都卖了。

参考文献

中国語：

1. 朱德熙《语法讲义》商务印书馆 1982
2. 吕叔湘《现代汉语八百词 增订本》商务印书馆 1999
3. 刘月华、潘文娱、故韡 等《实用现代汉语语法 增订本》商务印书馆 2001
4. 马真《简明实用汉语语法教程》北京大学出版社 1997
5. 马真《简明实用汉语语法教程 第二版》北京大学出版社 2015
6. 马真《现代汉语虚词研究方法论 修订本》商务印书馆 2016
7. 陆俭明《现代汉语语法研究教程 第五版》北京大学出版社 2019
8. 陆俭明、马真《现代汉语虚词散论 修订版》语文出版社 1999
9. 北京大学中文系 1955/1957 级语言班编《现代汉语虚词例释》商务印书馆 2010
10. 陆俭明主编 杨玉玲、应晨锦《现代汉语语法答问 上》北京大学出版社 2011
11. 陆俭明主编 杨玉玲《现代汉语语法答问 下》北京大学出版社 2011
12. 刘月华主编《趋向补语通释》北京语言文化大学出版社 1998

日本語：

1. 輿水優『中国語の語法の話』光生館 1985
2. 相原茂 他『中国語学習 Q & A 101』大修館書店 1991
3. 守屋宏則『やさしくくわしい 中国語文法の基礎』東方書店 1995
4. 丸尾誠『基礎から発展まで よくわかる中国語文法』アスク出版 2010
5. 丸尾誠『中級者の悩み解決！ピンポイント中国語文法』NHK 出版 2015
6. 郭春貴『誤用から学ぶ中国語』白帝社 2001
7. 郭春貴『誤用から学ぶ中国語 続編 1』白帝社 2014
8. 郭春貴『誤用から学ぶ中国語 続編 2』白帝社 2017
9. 郭春貴、徳永淳子、高橋海生『中国語作文 改訂版』白帝社 2000
10. 馬真、郭春貴『簡明中国語文法ポイント 100』白帝社 2001
11. 郭春貴『中国語検定対策３級・４級 文法編』白帝社 2005
12. 趙玲華『本気で学ぶ中国語作文』ベレ出版 2014

著者紹介

郭春貴（かく　はるき）

1986年東京大学大学院博士課程単位取得中退（中国語学専攻）。現在、広島修道大学名誉教授。2009年4月～9月 NHKラジオ まいにち中国語講師。

主な著書

『誤用から学ぶ中国語』白帝社 2001／『中国語検定対策3級・4級　単語編』白帝社 2003／『中国語検定対策3級・4級　文法編』白帝社 2005／『中国語検定対策2級　リスニング編』白帝社 2008／『中国語検定対策2級　語彙編』白帝社 2009／『やさしく楽しい400語で学ぶ中国語入門』共著、白帝社 2011／『品詞別・例文で覚える　HSK　基本語彙　1級-4級』共著、白帝社 2012／『品詞別・例文で覚える HSK 基本語彙　5級-6級』共著、白帝社 2013／『誤用から学ぶ中国語　続編1』白帝社 2014／『誤用から学ぶ中国語　続編2』白帝社 2017／『やさしく楽しい中級中国語』共著、白帝社 2017／『HSK成語用法』共著、白帝社 2018／『第2外国語中国語教育の諸問題』白帝社 2020／『作文から学ぶ中国語（上）』共著、白帝社 2022

郭久美子（かく　くみこ）

1976年青山学院大学英文学科卒業、2000年広島大学大学院教育学研究科修士課程修了（日本語教育専攻）。現在広島大学、広島修道大学中国語非常勤講師、広島 YMCA 日本語非常勤講師。

著書・訳書

『娘とわたしの戦争』（葉広芩著）／『やさしく楽しい400語で学ぶ中国語入門』共著、白帝社 2011／『品詞別・例文で覚える　HSK　基本語彙　1級-4級』共著、白帝社 2012／『品詞別・例文で覚える　HSK 基本語彙　5級-6級』共著、白帝社 2013／『やさしく楽しい中級中国語』共著、白帝社 2017／『HSK成語用法』共著、白帝社 2018／『作文から学ぶ中国語（上）』共著、白帝社 2022

●カバーデザイン：宇佐美佳子

作文から学ぶ中国語（下）

2024年 6 月 5 日　初版印刷
2024年 6 月 10 日　初版発行

著　者　郭春貴・郭久美子
発行者　佐藤和幸
発行所　白 帝 社
〒171-0014　東京都豊島区池袋 2-65-1
TEL　03-3986-3271
FAX　03-3986-3272（営）
https://www.hakuteisha.co.jp

組版・印刷／倉敷印刷株式会社　製本／㈱ティーケー出版印刷

Printed in Japan〈検印省略〉6914　ISBN978-4-86398-540-7
＊定価はカバーに表示してあります。